Les sciences humaines et sociales dans le Pacifique Sud
Terrains, questions et méthodes

Sous la direction de
Laurent Dousset, Barbara Glowczewski et Marie Salaün

Les sciences humaines et sociales dans le Pacifique Sud
Terrains, questions et méthodes

Sous la direction de
Laurent Dousset, Barbara Glowczewski et Marie Salaün

pacific-credo **Publications**

Remerciements

Le colloque Livre Blanc des recherches en Sciences Humaines et Sociales
sur le Pacifique (LBSHS), *qui eut lieu en mars 2010 et qui est à l'origine de cet
ouvrage, fut soutenu par l'InSHS du CNRS et son directeur à ce moment,
Bruno Laurioux, et l'EHESS et son président, en 2010, François Weil.
Nous les remercions vivement pour leur soutien et l'intérêt qu'ils ont porté aux
sciences humaines et sociales océanistes.*

Table des matières

Introduction

Laurent Dousset, Barbara Glowczewski et Marie Salaün

Il est incontestable que l'Océanie, ce paradoxal 5e continent composé de milliers d'îles du Pacifique Sud, a constitué depuis le XIXe siècle un terrain fertile pour des théories et modèles fondateurs qui ont été extrapolés et appliqués à l'ensemble des disciplines constituant les sciences humaines et sociales actuelles. Malthus, Morgan, Frazer, Freud, Durkheim ou Lévi-Strauss ont abondamment commenté les ethnographies océaniennes enrichies par les analyses de terrain de Spencer & Gillen, Malinowski, Mead, et plus récemment Godelier, Sahlins, Bell, Weiner ou Strathern. Tous et bien d'autres ont considérablement influencé les débats de fonds des sciences humaines et sociales, en particulier en anthropologie. Les études océanistes françaises ont connu depuis 50 ans une expansion croissante — depuis les territoires français vers d'autres pays — notamment devenus indépendants. Témoigne de l'émergence historique de ces nouveaux terrains et approches le livre collectif, *Le Pacifique-Sud aujourd'hui*, codirigé par Serge Tcherkezoff et Françoise Douaire-Marsaudon en 1997, dont le titre de la traduction anglaise, *The changing South Pacific* (2005) insistait sur les transformations en cours de cette « aire culturelle » et géopolitique.

Ce rôle central de l'Océanie dans la théorisation de l'humain et du social est à l'origine du regard attentif suscité par les travaux inspirés par les sociétés du Pacifique tant chez nos collègues travaillant sur d'autres aires géographiques que chez les jeunes chercheurs qui continuent à s'investir dans cette région du monde. Toutefois, la visibilité politique, diplomatique et militaire croissante des deux puissances régionales que sont l'Australie et la Nouvelle-Zélande, ainsi que le déplacement des enjeux géopolitiques et économiques de l'Océanie vers l'Asie, semblent avoir contribué à faire diminuer ces dernières années, aux yeux des tutelles scientifiques en France, l'intérêt que pouvait présenter le Pacifique Sud dans l'analyse et la compréhension d'enjeux sociaux et politiques d'une actualité brûlante. Pourtant nulle part ailleurs qu'en Océanie ne se cristallisent de manière aussi ostensible des problématiques qui articulent diversité linguistique et culturelle au regard de la construction de l'État-Nation. Nulle part ailleurs les questions de propriété intellectuelle, culturelle, matérielle et immatérielle ne se posent-elles de manière aussi complexe et explicite que dans le Pacifique Sud. Le monde contemporain a beaucoup à apprendre des terrains mélanésiens, micronésiens, polynésiens ou australiens, dont les peuples sont souvent amenés à inventer des réponses multiples aux situations extrêmes qui les affectent sur divers plans (social, économique, environnemental). L'Océanie avec sa multitude de situations locales et hétérogènes constitue une sorte de laboratoire d'observation pour le reste de la planète.

L'apport « historique » des terrains océaniens à la compréhension du monde et l'actualité croissante des recherches, des productions théoriques et heuristiques, ont incité le CREDO (Centre de Recherche et de Documentation sur l'Océanie) et le Réseau IMASIE à organiser une rencontre nationale en 2010 sous l'égide du CNRS et de l'EHESS, dont l'objectif était double. Il s'agissait d'une part de démontrer aux instances scientifiques et politiques françaises l'importance du champ des recherches océanistes dans toutes les disciplines des sciences humaines et sociales. D'autre part, il était nécessaire d'établir un état des lieux des recherches francophones dans ce domaine, pour évaluer par nos discussions interdisciplinaires les perspectives intellectuelles, scientifiques et politiques qui devaient être saisies, notamment pour encourager auprès de nos tutelles un soutien aux travaux existants et en prospective.

L'organisation de ce colloque national déboucha la même année sur la constitution d'un annuaire des chercheurs (statutaires ou non), de leurs champs thématiques et de leurs travaux, source d'un état des lieux représentatif des problématiques et des chercheurs investis en Océanie. Cet annuaire[1], géré par le CREDO à Marseille, attira l'attention de la Commission Européenne surprise par la richesse de ce vivier de compétences européennes sur le Pacifique : deux représentants de la CE vinrent expliquer au colloque que n'ayant pas investi jusqu'alors dans la recherche en sciences humaines et sociales dans cette région, ils souhaitaient remédier à la situation. La Direction Générale pour le Développement et la Direction Générale pour la Recherche de la Commission ont effectivement mis en place depuis des mesures — en concertation avec plusieurs centres d'océanistes européens, dont le CREDO — pour identifier et localiser les compétences européennes sur lesquelles elles pouvaient asseoir leurs décisions, et ont ainsi publié en 2012 un appel à projet pour la constitution d'un tel réseau.

Cet annuaire a permis de dessiner une image plus réaliste du paysage de la recherche francophone en sciences humaines et sociales sur le Pacifique, dont voici quelques éléments. Notons d'abord que 240 personnes se sont inscrites en tant que spécialistes du Pacifique, toutes disciplines des sciences humaines et sociales francophones confondues, et que 163 personnes ont effectivement pu se rendre au colloque organisé en mars 2010, qui comportait 105 interventions scientifiques. Les principales thématiques représentées à ce colloque étaient :

- la culture et le politique
- la documentation
- la culture matérielle
- l'économie locale et nationale

---

1. Disponible en ligne à l'adresse http://www.e-toilepacifique.fr/

- les relations politiques internationales, nationales et régionales
- les aires culturelles
- le colonialisme et les conversions religieuses
- les représentations exogènes et endogènes des Océaniens
- la littérature et les performances artistiques

D'autres thématiques furent moins représentées mais sont tout aussi importantes, comme les langues, les savoirs locaux, la parenté et les cycles de vie, l'enseignement et l'éducation, la juridiction et la constitution des nations océaniennes, l'urbanisation et les migrations, la notion de personne, ainsi que les conflits sociaux (ethniques, religieux, politiques) et les violences tant au niveau domestique qu'au-delà. Parmi les problématiques émergentes, soulignées comme priorités, nous avons relevé divers enjeux posés par la relation homme-environnement, les droits et savoirs autochtones, et la construction des démocraties nationales dans des contextes pluriethniques et pluriculturels. Toutes ces questions soulignent la nécessité de dialogues et de collaborations entre les disciplines des sciences humaines et sociales d'une part, et entre les sciences humaines et sociales et d'autres domaines comme les sciences environnementales, la climatologie et la géographie physique (géophysique), d'autre part.

Les disciplines ou sous-disciplines les plus représentées au Livre Blanc des SHS sur le Pacifique 2010 furent, par ordre décroissant, l'histoire, l'anthropologie, la sociologie, les sciences politiques, la géographie humaine, la littérature, l'archéologie, la linguistique, l'histoire de l'art, la philosophie et les sciences économiques. Bien que moins massivement représentées, d'autres disciplines — le droit, la psychologie sociale, la démographie, la muséologie, les sciences de l'éducation et les ethnosciences — furent aussi mobilisées dans les sessions thématiques.

L'annuaire et le colloque ont également permis de dresser un profil affiné des chercheurs océanistes. Plus de 22 % étaient des Doctorants, 14 % des Maîtres de Conférences, 13 % des Professeurs des Universités ou Directeurs d'Études, 10 % des Chargés de Recherche, 8 % des Chercheurs Indépendants, 6 % des Post-doctorants, 4 % des Ingénieurs de Recherche, 4 % des Directeurs de Recherche, et les 19 % restants étaient des chercheurs sous contrats divers et majoritairement non-statutaires. Hormis le fait que plus de 50 % des spécialistes océaniens (doctorants compris) sont dans une situation instable, et pour certains précaires, il apparaît aussi que l'ensemble de cette population est vieillissant, avec un âge moyen des doctorants de 34 ans, des Maîtres de Conférences et Chargés de Recherche de 47 ans et des titulaires de rang A de 58 ans. Une autre caractéristique notable est que, hormis le CREDO à Marseille, centre de petite taille mais exclusivement centré sur des problématiques océaniennes, aucun autre centre de recherche français ne se spécialise spécifiquement sur cette région du monde. La majeure partie des chercheurs est distribuée dans des universités et laboratoires sur l'ensemble du territoire. Ainsi, le vivier des Océanistes, toutes disciplines confondues, est notable, mais difficile à repérer car dispersé dans diverses institutions et pour moitié dans une situation précaire, en contrats à durée déterminée ou à la recherche d'un poste[2].

Au-delà de ces constats généraux sur la recherche océanienne francophone, nous avons décidé de rassembler en un ouvrage qui présenterait, de manière pédagogique et accessible à un public informé, une première sélection des recherches des interve-nants au colloque en veillant à restituer aux lecteurs — en particulier étudiants — à la fois l'aspect pluridisciplinaire et les perspectives scientifiques dévoilées par la recherche actuelle. L'objectif est de donner ici un aperçu non exhaustif des questions que le Pacifique pose aujourd'hui aux chercheurs, et de proposer des pistes de réflexion pour le futur. Si le résultat reflète, à l'image du colloque de 2010, prioritai-rement la recherche francophone, certains des chapitres n'excluent pas une mise en perspective situant cette recherche francophone dans l'ensemble des recherches océanistes au niveau international. Organisé en cinq parties, le livre rassemble les contributions de chercheurs provenant de divers horizons et disciplines, le parti pris étant de proposer une vision en « instantané » de cette décennie, vision qui associe jeunes et moins jeunes chercheurs, actualité des thématiques traditionnelles des recherches océanistes et des champs innovants.

Les cinq parties de cet ouvrage se déclinent en autant de thématiques d'actualité dans le Pacifique Sud. La première, que nous avons appelée « Déplacement des Fron-tières », interroge divers fondements disciplinaires de la définition même de l'Océanie : par l'archéologie, la linguistique et la géographie. L'enjeu est de situer le contexte temporel et géographique du peuplement et de l'extension de l'espace océanien.

Dans leur chapitre, *Jean-Christophe Galipaud*, *I-Lin Wu* et *Anne Di Piazza* présentent et discutent les hypothèses de peuplement pour expliquer l'avancée austronésienne en Asie du Sud-Est et dans le Pacifique. Ils suggèrent qu'il y a eu plusieurs modes d'expansion des sociétés austronésiennes, l'un rapide et étendu vers l'est et sans doute aussi l'ouest et l'autre, plus lent et plus diffus à l'intérieur du monde de l'Asie du Sud-Est insulaire. Le premier est représenté en Océanie par les cultures anciennes de Micronésie occidentale (Yap, Guam, Palau, etc.) et par la période initiale du Lapita caractérisée par des voyages rapides et lointains vers des îles dont les ressources n'ont pas encore été exploitées. *Anne Di Piazza* poursuit dans le second chapitre l'enquête

---

2. La deuxième édition du colloque « e-toile Pacifique » a eu lieu à Paris en octobre 2013, hébergée par l'EHESS et accueillie par son président Pierre-Cyrille Hautcœur. Avec plus de 150 interventions, cet événement a également été marqué par la présence de disciplines qui n'avaient pas participé au premier colloque, dont l'agronomie, les sciences de l'information, l'ethnomusicologie et la philosophie. Notable fut également la présence de chercheurs francophones provenant de pays non représentés en 2010 – à savoir l'Italie, la Nouvelle-Zélande, le Canada et l'Australie –, ainsi que la participation de nombreux collègues de la Nouvelle-Calédonie et de la Polynésie Française. Suite au succès de ce colloque, l'assemblée générale a décidé d'engager des discussions sur la formalisation du réseau.

sur l'occupation du Pacifique et de ses parties (micronésiennes mais aussi mélanésiennes et polynésiennes) en analysant les divers types de pirogues conçues au cours
du temps pour la navigation. Montrant d'abord comment il est possible de proposer
des hypothèses historiques à partir d'éléments de la culture matérielle comparée,
elle peut ainsi confirmer son hypothèse d'un peuplement tardif de la Polynésie
orientale, il y a quelque 900 ans.

L'archéologie et la linguistique, en particulier historique, sont des disciplines
complémentaires, reconstruisant des histoires similaires par le biais de corpus de
données et d'analyses distinctes. La linguistique de l'Océanie est, explique *Claire
Moyse-Faurie* dans son chapitre, particulièrement riche et diversifiée, tout en incor-
porant des principes et des thématiques identiques entre différentes langues. Après
une présentation des divers types de recherches entreprises par les linguistes océanistes français, l'auteure analyse de manière comparative, les expressions de la
« réciprocité », concept fondamental pour de nombreuses sociétés d'Océanie,
démontrant de quelle manière la linguistique peut également dialoguer avec d'autres
sciences sociales, telle l'anthropologie.

Le dernier chapitre de cette première partie interroge la notion même des frontières
au sein et autour de l'Océanie du point de vue de la géographie avec *Luc Vacher,* dont
la problématique est celle du découpage du monde et de ses hiérarchies. L'Océanie
pose des problèmes particuliers sur ce plan, considérant que l'ensemble de ce cinquième
continent n'est pas une masse continentale comme les autres, mais essentiellement
une myriade d'îles dans un océan plus vaste que les terres. La conséquence de cet
émiettement insulaire pose la question de la représentation de la continuité territoriale. *Luc Vacher* suggère en effet que si le traçage de frontières sur des cartes ne
pose pas de problèmes au niveau mondial, l'opération a toutefois des conséquences
importantes sur la perception même des identités et des différences intrarégionales,
car elle conditionne la lecture de l'espace.

La seconde partie, « Particularités océaniennes au regard des modèles de la
connaissance », analyse des problématiques de l'ethnographie du Pacifique Sud qui,
au-delà de leur ancrage empirique océanien, présentent un intérêt plus large pour les
sciences humaines et sociales. Les auteurs interrogent ici les modèles de la connaissance,
les typologies, les épistémologies, les ontologies, et leur validité dans d'autres
contextes. Quatre problématiques générales sont analysées dans cette partie : la culture
matérielle, l'art, les échanges économiques et les questions du genre.

Processus de transformation de la matière ou comportements de consommation
des objets déjà produits, l'étude de la culture matérielle apporte, comme le montre
Pierre Lemonnier dans son chapitre, des éclaircissements sur les systèmes de pensées
et les organisations sociales difficiles à identifier sans reconnaître le génie créateur du
retraitement de la matière propre à chaque société. Ce domaine touche à l'ensemble
des champs sociaux, des questions de genre jusqu'à celle du rituel, en passant par la

communication non verbale. Dans ce contexte, les recherches océanistes se distinguent par la qualité et la quantité des travaux qui y ont été entrepris et par la diversité des situations économiques, politiques et historiques caractérisant les sociétés du Pacifique contemporaines.

De même, expliquent *Brigitte Derlon* et *Monique Jeudy-Ballini* dans leur chapitre, aucune région du monde n'a contribué autant que l'Océanie à l'essor de l'anthropologie de l'art. Ici encore pour deux raisons majeures : d'une part la quantité et la qualité des travaux ethnographiques depuis le début de la discipline à aujourd'hui, et d'autre part les apports théoriques qu'à partir de cette région très hétérogène les chercheurs de tous pays ont produits pour le reste du monde. Les auteurs recensent de manière critique plusieurs approches qui ont marqué le champ d'investigation, dont la sémiologie, l'esthétisme ou encore les études qui conçoivent les productions artistiques comme des agents. Les auteurs montrent également que ce champ d'investigation éclaire les transformations sociales avec le rôle qu'occupe l'analyse de l'art dans l'étude des constructions d'identités ethniques ou des processus d'interaction culturelle.

Un des plus anciens thèmes de recherche de l'anthropologie de l'Océanie, celui des échanges, fait l'objet du chapitre de *Denis Monnerie*. En synthétisant les différentes approches et travaux des chercheurs qui ont analysé les questions de l'échange en Océanie, l'auteur montre comment les ethnographies particulières donnent lieu à des théorisations diverses mais qui toutes intègrent le domaine économique dans d'autres considérations sociologiques, notamment celles qui ont trait à l'espace et à la temporalité, ou encore aux usages et aux valeurs sociales. Dans tous les cas, l'échange apparaît comme une donnée fondamentale, en particulier en Mélanésie, qui nécessite des définitions minutieuses des concepts appliqués afin de rendre compte de réalités socioculturelles diverses, tout en considérant le caractère relatif et localisé des pratiques et représentations en fonction de leur milieu d'origine.

Le dernier chapitre de cette partie est consacré aux questions de genre que *Pascale Bonnemère* présente d'abord comme les « formes sociales que revêtent les relations entre les hommes et les femmes », approche générale qui est affinée et complexifiée au long du chapitre en mettant en perspective l'objet d'étude avec les théorisations progressives qui ont été proposées à son sujet. S'intéressant d'abord aux divisions sexuelles des tâches et des domaines, les recherches, comme le montre l'auteure, se sont par la suite complexifiées en intégrant les questions de la domination pour enfin embrasser l'analyse des notions plus transversales comme la personne ou le corps. Tout comme la culture matérielle, l'art et les échanges traités dans cette partie de l'ouvrage, les questions du genre sont fondamentales car elles traversent tous les domaines du social qui, comme le souligne *Pascale Bonnemère*, ne peut être conçu comme une collection d'individus répartis en des sous-ensembles. La partition sexuelle des activités sociales, particulièrement en Mélanésie, et la porosité de cette opposition au niveau symbolique, mythique et rituel offrent une grande richesse de variétés pour la comparaison entre sociétés du Pacifique et au-delà.

La troisième partie, intitulée « Décolonisation des regards » interroge les conditions historico-politiques des mutations sociales et culturelles qui dans les pays anglophones ou francophones du Pacifique ont forcé nos disciplines à critiquer le regard ethnocentrique ayant présidé à leur formation. L'un des objectifs des sciences humaines et sociales est de penser le paradigme qui a déplacé les valeurs (scientifiques ou autres) associées à la fondation et à la filiation des disciplines au regard des valeurs promues par les gens dont nous étudions les pratiques et les discours. L'une des questions posées est : comment les sociétés peuvent-elles gérer différents systèmes de valeur sans que cela ne conduise à la domination totale d'un système par un autre ? La mise en réserve des objets et des savoirs du passé — comme celle des populations — menace toujours d'un décret de mort ce qu'elle prétendait préserver. *Jessica De Largy Healy et Barbara Glowczewski*, à partir d'exemples australiens et polynésiens, abordent la question sous l'angle de la réappropriation par les populations concernées de leur patrimoine matériel et immatériel tel que collecté (depuis l'époque coloniale) et présenté aujourd'hui dans les musées ou d'autres espaces notamment sur Internet. Ces collections et d'autres archives sont réinterprétées par la mise en valeur engagée par les populations locales, individuellement par leurs pratiques artistiques ou éducatives, ou collectivement par la patrimonialisation nationale. Les formes sont multiples, allant des expositions et collaborations avec les institutions et les chercheurs, aux divers sites et banques de données sur Internet. L'Océanie propose une effervescence de production de valeurs qui renouvelle la définition des autochtonies locales comme processuelles — et non figées dans des traditions immuables — mais aussi comme stratégies transnationales d'affirmation des cultures et souvent de la souveraineté.

L'histoire des sciences humaines et sociales est en constante réévaluation du marché du patrimoine en tension avec les valeurs singulières et subjectives — parfois conflictuelles — qui lui sont attachées selon les publics : population sur place ou en diaspora et réseaux transnationaux militants pour la préservation des cultures, tel le Festival des Arts du Pacifique Sud.

L'enjeu politique de la relativité ou de la reconnaissance des valeurs culturelles s'applique aussi à d'autres disciplines, notamment l'analyse des médias et *performance studies*, la littérature et les *postcolonial studies*, et à la manière dont ces disciplines récentes et d'autres plus classiques sont amenées à prendre en compte la voix des populations que nous étudions. Pour cela, toutes sont conviées à analyser leur visibilité, quitte à utiliser elles-mêmes une méthode ethnographique pour rendre compte des réalités de terrains. *Estelle Castro*, spécialiste de littérature aborigène, propose ici une analyse des festivals autochtones qui se déroulent soit dans le Pacifique (par exemple le Festival du Dreaming en Australie), soit avec des représentants de ces populations dans d'autres régions du monde, qu'ils soient invités (comme les Aborigènes en France) ou en diaspora (les Māori au Royaume Uni). Elle développe le concept d'axiopraxis pour analyser les performances festivalières autochtones et examiner comment les festivals permettent aux Océaniens autochtones d'injecter un message politique, leur intentionnalité et leur créativité dans la sphère publique.

Benoît Trépied passe en revue la production anthropologique relative aux sociétés de Nouvelle-Calédonie, qui a longtemps omis ou dénié les effets de la colonisation française — dont la résistance kanak — du fait d'un clivage idéologique et simpliste opposant les colons et les Kanaks confinés dans des réserves jusqu'en 1946. Il montre le changement impulsé par la prise de parole Kanak, qui a obligé les chercheurs à se positionner autrement dans leurs travaux, à prendre en compte leur histoire et organisation politique dans une approche ethnolinguistique, à analyser la frontière coloniale, comme une zone grise faite de circulations et de malentendus, un espace ambigu toujours en devenir dans des complexités nouvelles, ce dont l'auteur donne l'exemple à partir d'entretiens recueillis sur son propre terrain.

Natacha Gagné analyse l'investissement d'un espace particulier par les Polynésiens aujourd'hui : le *marae*. Si la comparaison qu'elle propose entre Tahiti et Aotearoa est *a priori* osée, tant l'investissement (physique, affectif, symbolique, etc.) est différent sur ces deux terrains, *Natacha Gagné* montre à travers différents exemples comment le *marae* sert de cadre pour (re) penser l'entre-soi et faire face au monde extérieur. Lieux cruciaux en ville pour la résistance aux effets de la colonisation et de l'urbanisation, les *marae* sont des lieux importants pour le maintien et l'actualisation des relations sociales entre les Māori vivant en ville, entre les Māori citadins et les Māori ruraux, entre ceux vivant en Nouvelle-Zélande et ceux vivant outre-mer, et finalement entre les Māori et leurs amis et alliés non māori. À Tahiti, les *marae*, un temps désertés puisque déclarés incompatibles avec les christianisations, sont désormais le lieu focal de la résurgence de pratiques et références culturelles anciennes ou « traditionnelles » — à côté de la danse et du tatouage — et de l'affirmation d'une identité qui prend ses distances avec les référents coloniaux, une identité enracinée dans la terre des îles, une identité *mā'ohi*.

Les questions environnementales occupent une importance croissante dans la vie des habitants du Pacifique, et, partant, dans les projets et questionnements scientifiques. Réchauffement climatique et catastrophes naturelles (éruptions volcaniques, tremblements de terre, tsunamis etc.) ne relèvent pas seulement de la géophysique ou de la météorologie ; ils articulent aussi des systèmes ouverts et complexes dans lesquels les interactions humaines et sociales sont des facteurs centraux qui sollicitent les chercheurs en sciences humaines et sociales tant sur le long terme que dans les situations d'urgence. La quatrième partie de l'ouvrage aborde une problématique particulièrement complexe de ces champs d'investigations dits « environnementaux » : la biodiversité. Les enjeux sont soulignés dès le chapitre de *Céline Castets-Renard* qui recense de manière critique des modèles de protection et de valorisation de la biodiversité permettant d'articuler la tension systémique entre volonté de développement et volonté de protection ou de préservation. L'auteur discute les deux textes internationaux qui doivent assurer ce double objectif de valorisation et de protection de la biodiversité (la Convention sur la biodiversité et la Convention de Montego Bay), tout en démontrant les limites de ces dispositifs et les possibles pistes qui permettraient de mieux les adapter au contexte océanien.

Si des dispositifs juridiques sont nécessaires, c'est que la biodiversité est source d'enrichissement économique pour les entreprises cosmétiques et pharmaceutiques, souvent internationales, mais également pour les habitants des pays concernés. Le chapitre de *Nathalie Hilmi* et ses co-auteurs — résultat d'une recherche collective en Océanie — recense ces problématiques en examinant plus particulièrement les conséquences économiques de la dégradation des récifs coralliens. Les auteurs questionnent la gestion des impacts environnementaux et aussi d'évaluation des conséquences des diverses dégradations sur les populations du Pacifique. Ils soulignent la multiplicité des acteurs qui, impliqués dans cette gestion, tentent d'articuler exploitation et développement des récifs d'une part, et leur protection d'autre part. Dans ce contexte, l'évaluation économique des « services écosystémiques coralliens » tient une place importante, pour laquelle les auteurs présentent différentes approches méthodologiques.

Elsa Faugère ouvre son chapitre sur l'émergence d'un « business de la biodiversité » dont témoigneraient les vastes expéditions naturalistes aujourd'hui menées dans le Pacifique et ailleurs grâce au mécénat d'entreprise. Que nous disent ces nouvelles relations entre « science » et « finance » sur les liens qui se tissent désormais entre entreprises, recherche et sociétés sur fond de désengagement de l'État ? Quelle est la signification anthropologique du développement du mécénat en France et de son nouveau langage *écolo-nomique*, où la biodiversité est vue comme un portefeuille d'investissement ? Le Pacifique Sud, frappé de plein fouet par ce que les spécialistes ont nommé « la 6e crise d'extinction des espèces » est un lieu privilégié pour comprendre comment ces alliances inédites jettent les bases d'un développement durable et d'une « écologisation » de la société. *Elsa Faugère* le démontre en exposant les résultats d'une enquête menée auprès des acteurs de l'expédition Santo au Vanuatu en 2006 considérée comme « la plus ambitieuse mission naturaliste de tous les temps », montrant comment ces alliances inédites jettent les bases d'un développement durable et d'une « écologisation » de la société.

La cinquième et dernière partie, « Souveraineté et Citoyenneté », interroge le déploiement de nouvelles formes d'appartenance collective, de la problématique de la citoyenneté dans le cadre d'États émergents formellement indépendants (Vanuatu, Papouasie Nouvelle-Guinée, Fidji, les îles Salomon etc.), et le rapport entre minorités et majorités ethniques nationales et locales en Australie, Nouvelle-Calédonie ou Hawai'i, dont la présence autochtone (minoritaire ou majoritaire face aux anciens colons ou nouveaux arrivants) oblige les citoyens à une redéfinition du lien de concitoyenneté et les chercheurs à penser les conflits engagés dans ces processus.

Martin Préaud et *Laurent Dousset* soulignent le flou sémantique autour des politiques du gouvernement australien visant à reconnaître des droits aux Aborigènes depuis presque un demi-siècle : successivement baptisées politiques d'autodétermination, d'autogestion puis de réconciliation, ces politiques visant à articuler spécificité culturelle et universalité des droits du citoyen australien sont dites désormais « de reconnaissance », sans que la succession des dénominations ne préjuge de leur effi-cacité en termes de réduction des inégalités économiques et sociales. Cette reconfiguration du lien de concitoyenneté est contemporaine d'une redéfinition des conditions du travail de l'anthropologue, redéfinition qui concerne aussi bien ses objets (*exit* les « sociétés traditionnelles ») que ses méthodes (*exit* l'autorité de l'ethno-graphie coloniale), redéfinition qu'elle alimente, voire qu'elle impose. *Martin Préaud* et *Laurent Dousset* ont choisi de privilégier deux aspects clés de ces politiques de reconnaissance — les organisations autochtones et les procédures légales concernant le foncier — pour faire la lumière sur les implications pour la recherche des nouvelles exigences politiques d'une « expertise » anthropologique prise dans les contradictions de la participation à des processus politiques envers lesquels elle ne peut produire qu'un discours critique.

C'est également par le recours à la comparaison, cette fois-ci entre Hawai'i et la Nouvelle-Calédonie, que *Marie Salaün* analyse le devenir d'une institution importée par la colonisation dans le Pacifique : l'école. Lieu de ségrégation avant de devenir l'instrument privilégié de l'assimilation au lendemain de la seconde guerre mondiale au nom de « l'égalité » citoyenne de l'idéal démocratique occidental, elle a été sévè-rement mise en cause par les mouvements souverainistes autochtones sur ces deux terrains il y a une quarantaine d'années, accusée d'une part de faillir à sa mission de promotion de l'égalité des chances, et d'autre part de contribuer à la disparition des langues et des cultures locales. En réponse à cette contestation, les pouvoirs publics se sont engagés à soutenir, avec plus ou moins de conviction, un ensemble de réformes visant à transformer langues et cultures autochtones en véhicule et contenu d'enseignement. *Marie Salaün* interroge la portée de cette prise en compte des langues et cultures autochtones en contexte scolaire pour le mot d'ordre de « décolo-nisation » de l'école aujourd'hui.

Éric Wittersheim, pour sa part, discute de manière critique l'extension à l'Océanie de cadres conceptuels forgés pour d'autres contextes, à la faveur des graves problèmes politiques survenus simultanément à Fidji, aux Îles Salomon, et en Papouasie-Nouvelle-Guinée au tournant des années 2000. Analysant les termes de l'article fondateur de Patrick Reilly sur « l'africanisation du Pacifique » en 2000 et les critiques justifiées que ce texte a provoquées, l'auteur restitue le déploiement de raisonnements qui, de généralisations en analogies abusives, du recyclage de concepts en vogue dans les institutions internationales (*weak* et *failed states*) à la construction de paradigmes *ad hoc* (la Mélanésie comme « arc d'instabilité »), et sur fond de reprise en main des micro-États insulaires par les puissances régionales, ont masqué la résistance économique et la créativité sociale de ces États. Sa démonstration sur la sous-évaluation de certaines réussites de gouvernance dans les pays mélanésiens invoque l'impérieuse nécessité d'une production scientifique de qualité sur cette région du monde.

Les enjeux de la biodiversité, les déplacements d'hier et d'aujourd'hui, les échanges et les conflits économiques, l'éducation, le genre, l'art ou encore l'affirmation des voix autochtones dans le contrôle de leurs systèmes de savoir, de leur patrimoine ou de leur destin politique, sont quelques exemples des problématiques abordées dans cet ouvrage. Elles démontrent — à partir de nombreuses recherches de terrain analysées en termes comparatifs — ce qui fut souligné dès les premières lignes de cette introduction : les recherches dans le Pacifique Sud, qui ont historiquement suscité des théories parmi les plus sophistiquées et déployées hors de cette aire, continuent à être en première ligne et même à l'avant-garde des sciences humaines et sociales en produisant des données et s'appuyant sur un vivier de jeunes et moins jeunes chercheurs de très grande qualité. Cet ouvrage démontre, selon nous, la nécessaire rupture avec une forme de science qui par la conceptualisation à outrance de modèles détachés des situations de terrain en oubliait l'objectif premier : celui de pouvoir comparer des situations de terrain, aussi diverses soient-elles. Les particularités locales ne sont pas en opposition avec la capacité comparative inhérente aux sciences sociales et humaines.

Un des enjeux contemporains des sciences humaines et sociales est de comprendre la cohérence de ce qui, selon les habitants d'un lieu — ou ceux qui s'y réfèrent dans l'exil — fait « système », les distinguant d'autres. Système n'est pas entendu ici au sens d'une reproductibilité atemporelle, mais, de ce qui, tout en se référant à des savoirs hérités d'une « tradition » (y compris la tradition scientifique), résiste comme agencement dynamique permettant aux acteurs collectifs de « tenir » une singularité. Celle-ci peut souvent ne tenir qu'à se reconstruire régulièrement, ou selon les contextes, par-delà les contingences historiques et la violence des transformations sociales (économiques, politiques, environnementales, et aussi psychiques et religieuses) que les groupes concernés ont subis avec la colonisation jusqu'aux flux constants de la globalisation actuelle. Il n'est pas seulement question de « mémoire » ou de « résilience », mais bien de la structuration de l'intimité des collectivités, qui, quoique leur trajectoire ait été considérablement infléchie par des expériences coloniales particulières, ont également gardé une historicité propre dans leur tentative de traverser les moments difficiles au mieux de leurs intérêts matériels et spirituels. Face à cet impératif, les chercheurs sont eux-mêmes confrontés à un examen critique de leurs traditions disciplinaires — souvent teintées d'ethnocentrisme colonial voire d'un renouveau suprématiste. Ethnographier les réponses les plus singulières ne nous voue pas au relativisme culturel mais, au contraire, à tenter de comprendre des formes transversales à l'espace et au temps à l'œuvre dans ce qui non seulement maintient ces singularités culturelles mais encore en fait émerger de nouvelles.

Les dix-huit chapitres rassemblés ici montrent que la plupart des champs disciplinaires se sont renouvelés au regard des contraintes de la globalisation. Bien des thématiques sont transversales à différents champs, l'interdisciplinarité s'est imposée en stimulant la naissance de nouvelles disciplines — études postcoloniales, subalternes, etc. — qui, plutôt que de remplacer les anciennes, semblent circonscrire un moment critique d'une crise épistémologique qui fait rebondir l'ensemble des Sciences Humaines et Sociales. L'anthropologie du genre par exemple ne peut ignorer les *Queers* ou *LGBT Studies* — et certains de nos jeunes doctorants se penchent sur ces questions en Australie ou ailleurs en Océanie. De même les études environnementales doivent tenir compte des *Sciences Studies*. Cet enchevêtrement des méthodes et des questions propres à chaque discipline reflète aussi à sa façon la complexification des échanges du monde globalisé et du regard multisitué que les chercheurs sont obligés de lui porter avec la circulation tant des informations (Internet) que des populations. Il n'existe plus de terrain « fermé », mais ces traversées du monde en chaque objet n'empêchent pas les études de terrain fines. Au contraire, toute réalité devient observable, mais d'une manière qui ne dichotomise plus le monde en « nous », producteurs occidentaux de discours, et les « autres », anciens colonisés, supposés « primitifs », etc. C'est une hétérogénéité multipliée qu'il s'agit de saisir derrière les processus d'uniformisation, à l'instar du projet écosophique de Félix Guattari qui, à la suite de l'écologie de l'esprit de Gregory Bateson, a appelé à nouer trois écologies — mentale, sociale et environnementale. Si comprendre l'humain ne repose plus sur les anciennes oppositions, ce n'est pas que les différences sont gommées, mais qu'elles se complexifient dans des agencements de subjectivation où chacun est traversé de flux à la fois biologiques, sociaux et technologiques. Le choix des textes ici présentés démontre à sa façon que l'Océanie, tant par son héritage ancestral de diversité sur ces trois plans, que dans ses réponses locales contemporaines, offre aux chercheurs diverses manières de penser cette complexité pour mieux appréhender le monde de demain.

Déplacement des frontières

Un monde sans frontières : La diaspora austronésienne en Asie du Sud-Est et en Océanie

Jean-Christophe Galipaud, I-Lin Wu et Anne Di Piazza

L'expansion austronésienne pendant le néolithique moyen va en quelques siècles radicalement transformer l'univers insulaire sud asiatique et océanien. Par son ampleur géographique et ses effets, ce grand mouvement d'idées et de personnes interroge sur les dynamiques culturelles anciennes en Asie du Sud-Est insulaire et oblige à repenser les processus d'adaptation et de transformation des sociétés humaines. Dans ce chapitre, nous présentons les hypothèses récentes pour expliquer l'avancée austronésienne en Asie du Sud-Est et en Océanie. Nous discutons également les modèles proposés et leurs implications pour comprendre les processus de diffusion des langues et cultures austronésiennes sur un territoire aussi étendu.

Un monde austronésien

La famille des langues austronésiennes comprend 1 200 langues et au moins 300 millions de locuteurs, de Madagascar à l'ouest jusqu'à l'île de Pâques à l'est. Il existe un consensus entre chercheurs pour situer l'origine de ces langues à Taiwan. En effet parmi les quatre sous-groupes de premier ordre reconnus dans la famille des langues austronésiennes, trois ne sont représentés qu'à Taiwan (Atayalic, Tsouic et Paiwanic). Le quatrième, le groupe des langues Malayo-Polynésiennes, inclut toutes les langues austronésiennes parlées en dehors de Taiwan (Blust 1977, Tryon 2006).

L'origine de la famille des langues austronésiennes serait corrélée à l'expansion néolithique de populations à partir des grandes vallées de la Chine du Sud et à leur passage vers Taiwan, un fait confirmé par les recherches archéologiques. Durant la période récente de la séquence du néolithique taiwanais appelée culture de Tapenkeng, il y a environ 4 000 ans et peut-être plus tôt, on observe ainsi l'émergence d'une économie néolithique basée sur la culture du riz, du millet et du vulpin ainsi que sur l'élevage du porc (Tsang 2007). Les sociétés néolithiques de l'est de Taiwan ont quant à elles, des relations d'échanges avec le nord des îles Philippines à une période et dans un contexte que les archéologues associent au processus qui aboutira à la colonisation de l'Océanie insulaire (Hung *et al.* 2011).

La culture qui illustre la diffusion rapide de locuteurs austronésiens issus de ce ferment culturel néolithique asiatique dans, autour et au-delà des îles déjà peuplées de l'Océanie proche s'appelle la culture Lapita. Elle est caractérisée par une production céramique abondante et richement décorée de motifs complexes, qui apparaît dans les îles vierges du Pacifique il y a environ 3 000 ans. Les gens du Lapita sont les ancêtres directs des Océaniens d'aujourd'hui et sont, compte tenu de leurs origines asiatiques, perçus comme les témoins du monde austronésien ancien de l'Asie du Sud-Est. On comprend donc les enjeux qui entourent la question de l'origine de la culture Lapita. Il ne s'agit pas seulement d'identifier les hommes qui ont peuplé l'Océanie lointaine et leur origine, mais aussi à travers eux de saisir la nature de l'incroyable ferment culturel qui agite l'Asie du Sud-Est insulaire (ASEI) à l'aube du troisième millénaire avant notre ère (figure 1). La question de l'origine ultime du Lapita implique à la fois la connaissance du monde néolithique asiatique et de sa genèse, et la compréhension des mécanismes sociaux et des conditions environnementales qui vont déclencher le processus de diffusion rapide des langues et de la culture austronésienne.

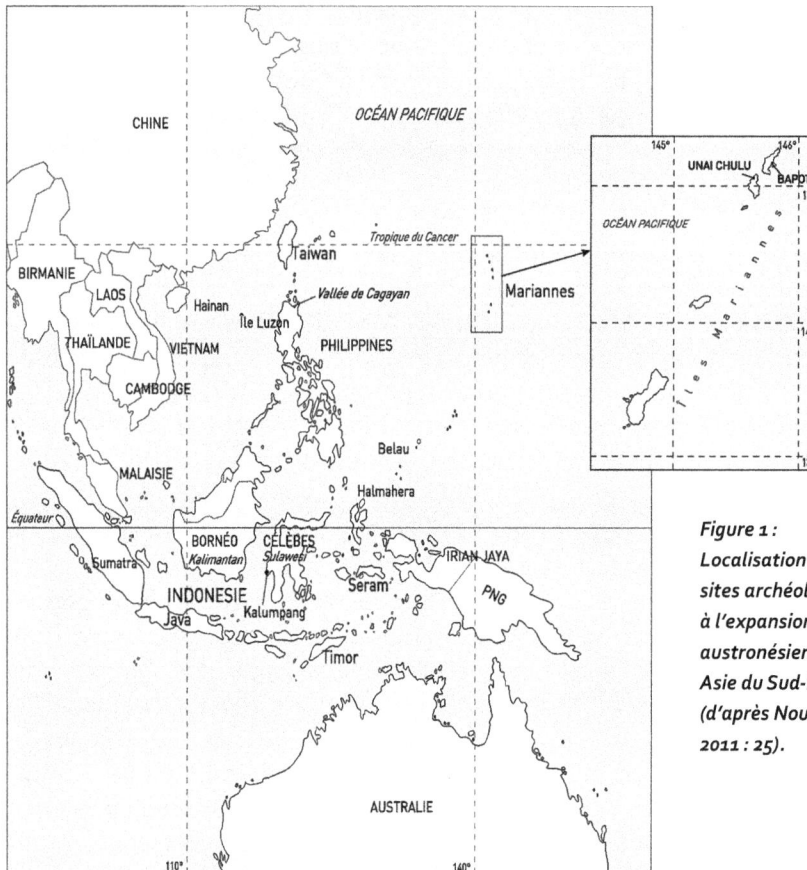

Figure 1 :
Localisation des principaux sites archéologiques associés à l'expansion des cultures austronésiennes en Asie du Sud-Est Insulaire (d'après Noury et Galipaud 2011 : 25).

L'expansion des langues austronésiennes et de leurs locuteurs telle qu'elle peut être perçue par l'étude archéologique suggère une diffusion de Taiwan vers les Philippines il y a 4 500-4 000 ans, puis à travers l'archipel Indo-Malais vers 4 000-3 500. De Bornéo et Halmahera, les Austronésiens auraient alors navigué vers l'est, en direction du Pacifique, en longeant, la côte nord de la Nouvelle-Guinée pour atteindre l'archipel de Bismarck il y a 3 400 ans. Après une pause, pendant laquelle les caractères marquants du Lapita se développent, ils auraient, essaimé à travers les îles Salomon puis le Vanuatu, il y a 3 100 ans, la Nouvelle-Calédonie et l'archipel des îles Fiji à peine un siècle plus tard et enfin, les îles Tonga puis Samoa, ultime étape de leur odyssée, vers 2900 BP (figure 2). On a longtemps cherché en Asie du Sud-Est insulaire (ASEI) des traces de ces potiers Lapita arguant que leurs traditions céramiques devaient être asiatiques. Aujourd'hui, la spécificité de la céramique Lapita et en particulier ses décors très élaborés réalisés au peigne sur de grands pots composites, dans la mesure où on ne la trouve que dans le Pacifique, montre qu'il y a eu une transformation culturelle significative au contact du monde océanien. Le lieu de cette alchimie semble être l'archipel Bismarck, car on y trouve les plus anciennes formes de ce style céramique.

L'élément commun de cette expansion est en Asie du Sud-Est la poterie à engobe rouge, puis, plus tard dans les îles du Pacifique, la poterie Lapita. Un certain nombre d'autres éléments de la culture matérielle font également partie de ce « néolithique package » : herminettes en pierre ou coquillage, objets de parure, hameçons et objets de prestige en coquillage.

Figure 2 :
Expansion néolithique de populations à partir de la Chine (1), diffusion des cultures austronésiennes (2,3) et peuplement de l'Océanie par les Lapita (4) (d'après Noury et Galipaud 2011 : 41).

Archéologie et diffusion

La recherche archéologique sur cette période en ASEI est encore fragmentaire et souvent orientée vers la compréhension du peuplement des îles du Pacifique. L'analyse des sites connus et datés fournit néanmoins un cadre chronologique assez cohérent et permet d'entrevoir l'ampleur et la rapidité de cette dynamique.

L'origine ultime du néolithique asiatique est la Chine du sud et en particulier les vallées de grands fleuves comme le Fleuve Jaune ou le Yangtze où se développent, au début de l'Holocène, des sociétés agricoles adaptées au milieu aquatique des grands fleuves et organisées autour de la culture du millet et du riz. Le cochon domestique apparaît vers 6600 BC dans la région du fleuve Jaune (Cucchi *et al.* 2011). Ces sociétés migrent rapidement à travers les petites îles séparant le continent chinois de l'île de Taiwan et s'installent dans cette grande île où ils développent une culture néolithique originale car insulaire, associant sur la côte est de l'île cultures et exploitation des ressources marines. C'est dans cet environnement que vont se développer les langues austronésiennes.

Le long de la côte orientale de Taiwan, plusieurs grands sites archéologiques témoignent de l'essor d'un monde basé sur la riziculture et l'élevage dans un contexte côtier d'exploitation des ressources marines qui va favoriser les premières traversées vers le sud (Lanyu ou Boteltobago, îles Batanes et Luzon) et l'est (îles Yaeyama et Micronésie occidentale). Des éléments du néolithique de Taiwan apparaissent dans les sites archéologiques du nord des îles Philippines vers 4500 BP, et dans les îles orientales du Japon et de Micronésie occidentale entre 4000 et 3500 BP.

Les avis divergent sur les étapes des premières traversées de Taiwan vers le nord de Luzon, à travers les îles Batanes (Hung *et al.* 2011) ou directement vers Luzon (Anderson 2005 : 35). Pour Anderson, les îles Batanes ont été découvertes un millénaire plus tard, de Luzon ou directement de Taiwan. Cet exemple illustre les limites et les incertitudes de l'étude archéologique aujourd'hui et met l'accent sur un point fondamental de cette dynamique : l'origine des langues austronésiennes est assurément Taiwan et leur genèse est bien corrélée au développement des cultures néolithiques, cependant les dynamiques de diffusion de ces cultures prennent naissance dans une région plus étendue, de l'est de Taiwan au nord des îles Philippines, dans un contexte lié à la maîtrise du monde marin et à l'exploitation de ses ressources. Cette évidence contredit partiellement les modèles qui associent expansion et développement de l'agriculture. Nous en reparlerons plus loin.

Deux autres exemples illustrent la complexité et la diversité des premiers échanges à partir de Taiwan mais aussi des îles Philippines. Entre 4500 et 3900 BP, des Austronésiens quittent Taiwan et colonisent les îles inhabitées de l'archipel japonais de Yaeyama à 250 km à l'est (Summerhayes *et al.* 2009). La nature de ce mouvement de colonisation ne peut être comparée aux contacts avec les Philippines : « *less compre-*

hensive in cultural content, much less expansive, and not just short-lived but quite possibly a colonisation which became extinct » (Summerhayes *et al.* 2009 : 88). Pourtant, ce départ sans retour éclaire peut-être sur la nature résolument exploratoire de ces premiers mouvements et semble préfigurer la reconnaissance quelques siècles plus tard de l'Océanie insulaire.

Le deuxième grand voyage attesté par l'archéologie a lieu en direction de la Micronésie occidentale. Des marins abordent à Guam, Tinian et Saipan, dans les îles Mariannes autour de 3400-3200 BP. À Palau, pourtant plus proche de la côte orientale des Philippines, les sites les plus anciens sont pour l'instant datés de 3100-3000 BP dans les îles de Babeldaob et Ulong (Fitzpatrick 2002, Clarck *et al.* 2006, 2010). Des modifications importantes de l'environnement végétal dès 4000 BP dans ces îles pourraient indiquer une présence humaine plus ancienne (Athens *et al.* 2004). À Guam, la poterie la plus ancienne, caractérisée par des décors pointillés et des cercles estampés, souvent rehaussés d'un remplissage de chaux, est identique à la poterie des sites de la vallée de Cagayan au nord de Luzon et annonce par ses décors la poterie Lapita. Il se pourrait que Guam et Palau aient été découvertes par des groupes aux origines distinctes, venus du nord des îles Philippines pour Guam et du sud de ce même archipel ou des îles indonésiennes pour Palau (Callaghan & Fitzpatrick 2008).

Dans cette région, tous les ingrédients sont en place pour un peuplement de l'Océanie vierge, et les données assez précises dont nous disposons aujourd'hui permettent d'entrevoir les modalités probables de cette expansion austronésienne ancienne : une dynamique de peuplement stratifiée, caractérisée à la fois par un diffusionnisme local et régional à partir de Taiwan associé à des explorations de territoires lointains sporadiques (Clarck *et al.* 2010).

Le néolithique de l'ASEI est assez difficilement identifié par la poterie, et en particulier la poterie à engobe rouge, mais comprend une grande variété de formes et de motifs interdisant d'associer de façon évidente la culture matérielle des différentes régions. L'originalité du style de la poterie Lapita, au contraire, induit un lien évident entre les sites, de l'archipel de Bismarck jusqu'à Tonga. Enfin, une grande partie de l'expansion des Austronésiens du Lapita se fait à travers les îles vierges de l'Océanie lointaine, augmentant la visibilité de ce phénomène culturel. Le Lapita est donc souvent perçu comme l'expression idéale de la dynamique austronésienne en Océanie insulaire.

Le déclencheur de ces voyages rapides et lointains dans des mers inconnues pourrait avoir été le climat (Oppenheimer 1998, Bird 2004, Anderson 2005 : 40). Entre 4500 et 3700 BP des fluctuations climatiques majeures ont entraîné des sécheresses importantes dans le Nord et des inondations catastrophiques dans le Sud de cette partie du monde. Ces perturbations pourraient être à l'origine d'une reconfiguration du paysage social dans des milieux particulièrement vulnérables.

Dynamiques et modèles

L'archéologue australien Peter Bellwood (2002, 2006, 2011) a tenté de synthétiser les apports de l'archéologie, de la linguistique et de la génétique pour modéliser l'expansion austronésienne. Son modèle « Out of Taiwan », plus connu aujourd'hui sous la dénomination de « Farming and Language Dispersal Hypothesis » (FLDH) stipule que des migrants de langue austronésienne naviguent à travers l'Asie du Sud-Est et le Pacifique avec une langue et une culture héritée de leurs ancêtres de Taiwan. Ils cultivent riz et millet, élèvent des porcs et des chiens, fabriquent des poteries à engobe rouge parfois décorées d'incisions ou d'impressions, des haches de pierres et des objets de parure en coquillage. Enfin, ils maîtrisent la construction navale et la navigation hauturière. Dans son modèle, le moteur de l'expansion est celui proposé par Renfrew (1996) pour expliquer le processus de néolithisation de l'Europe et par Cavalli-Sforza (1988). Pour ces derniers, il y a un lien de cause à effet entre l'apparition des sociétés agricoles et les dernières grandes migrations humaines. Bellwood défend qu'une augmentation rapide de la démographie à Taiwan résultant de l'opulence de l'économie néolithique provoque une diaspora, à travers l'Asie du Sud-Est insulaire, des populations de langue austronésienne au détriment des populations de chasseurs-cueilleurs déjà installées dans les îles. La situation est un peu différente dans le Pacifique quand les migrants atteignent les archipels vierges de l'Océanie lointaine, à partir du sud de l'archipel des îles Salomon.

Certains chercheurs ont opposé à ce modèle phylogénique un modèle de diffusion réticulée impliquant que les Austronésiens d'aujourd'hui sont le résultat d'une dynamique complexe d'échanges, d'emprunts et de mouvements au sein de réseaux culturels ou économiques plus ou moins développés dans les îles d'ASE dès le début de la période néolithique (Monnerie, ce volume). Bulbeck (2008) et Sather (2006) suggèrent, par exemple, que les Austronésiens anciens alliaient, comme certains nomades marins de l'ASEI contemporaine, une maîtrise du monde aquatique et une économie diversifiée, basée à la fois sur la cueillette, la chasse, l'horticulture et l'agriculture, qui auraient favorisé, au cours du temps, des adaptations locales originales. Ils rejoignent en cela l'hypothèse formulée par Cavalli-Sforza *et al.* (1988 : 6006) à propos des nomades des steppes :

> Pastoral nomadism, coupled with new social structures and with new techniques of transportation and warfare, mostly using the horse, supported the expansions in which the steppe nomads have been major actors until very recently and for several millennia. A rapid expansion can be viewed as a punctuationist episode in evolution, and such events are likely to occur repeatedly in general and not only in human evolution.

Les avancées récentes de la recherche archéologique et les résultats des études génétiques et linguistiques conduisent aujourd'hui à revoir ces modèles ; l'objectif étant de comprendre, à la fois, les modalités de ces mouvements migratoires et les raisons qui ont pu conduire au remplacement linguistique sur un territoire aussi étendu. De nombreuses voix se sont élevées récemment pour signaler la difficulté à placer les découvertes tant en archéologie qu'en génétique mais aussi en linguistique dans le cadre du modèle FLDH (voir par exemple Szabo *et al.* 2004, Donohue *et al.* 2011, Blench 2011). Beaucoup de ces propositions intéressent la phase initiale de l'expansion austronésienne en Asie du Sud-Est plutôt que son extension mélanésienne représentée par la colonisation Lapita. Ces auteurs (Blench 2011, Spriggs 2011) notent que la situation pendant le néolithique en ASEI paraît plus complexe, les cultures plus diverses, et ne semble de ce fait pas correspondre au modèle de remplacement des chasseurs-cueilleurs par les fermiers néolithiques taiwanais. La faiblesse la plus apparente du modèle FLDH porte sur la difficulté à identifier les traces d'une diffusion de nouvelles techniques agricoles ou de cultivars. Le riz, qui forme avec le millet la base de l'agriculture néolithique à Taiwan, est, à ce jour, quasi absent dans les sites néolithiques des Philippines et de l'archipel indo-malais. Il en est de même pour l'outillage associé à ces cultures, en particulier la houe présente à Taiwan et en Chine du Sud mais pas plus au sud. Enfin, les traces d'une faune domestique sont également trop limitées et quand elles sont disponibles suggèrent plutôt une introduction plus ancienne, directement du continent asiatique. C'est le cas en particulier pour le cochon dont l'origine est probablement le Vietnam (Larson *et al.* 2007). Un cochon domestique existe bien à Taiwan et dans le nord des îles Philippines (Piper *et al.* 2009), mais il n'a jamais été trouvé plus au sud. D'une façon générale, le cochon est absent des sites austronésiens les plus anciens, une situation que l'on observe également pendant la première phase de la colonisation Lapita.

La linguistique enfin, que nous n'évoquons ici que pour mémoire car elle nécessiterait un article à part entière (pour une discussion des données récentes en Asie du Sud-Est, voir par exemple Blench 2011 ou Donohue & Denham 2010) ne permet pas aujourd'hui d'éclairer le débat sur les voies migratoires austronésiennes dans ces îles. Il est en particulier difficile d'expliquer les raisons du remplacement quasi total dans cette région des langues locales par des langues austronésiennes. Blench (2011) note par exemple que dans la mesure où les Austronésiens adoptent le mode de subsistance des populations qu'ils rencontrent, il semble illogique que leur langage ait remplacé la plupart des autres langues locales. La substitution des anciennes populations, suggérée par Bellwood, ou la diffusion d'un nouveau système social élitiste dont la langue aurait été le vecteur, comme le propose Donohue, n'apportent pas de réponse satisfaisante à cette question.

Il y a en ASEI au début de la période néolithique des interactions entre les îles et le continent asiatique, en particulier le Vietnam, qui précèdent l'expansion des Austronésiens au départ de Taiwan. Oppenheimer en 1998 proposait dans son modèle de peuplement « Eden in the East » que l'origine des Austronésiens se trouvait dans l'ASEI plutôt qu'à Taiwan et que les migrations et interactions à l'intérieur de l'Asie insulaire débutèrent avant l'arrivée supposée des Austronésiens de Taiwan. Il associait cette reconfiguration du paysage culturel aux dérèglements climatiques du milieu de l'holocène, vers 6000 BP. Anderson (2005) défend l'idée de multiples vagues de peuplement durant le néolithique à travers l'ASEI, une première vague migratoire ancienne ayant pu préparer le chemin utilisé plus tard par les agriculteurs austronésiens. Il suggère également que la poterie aurait pu être introduite en Nouvelle-Guinée au milieu de l'holocène par des migrants qui auraient en retour introduit en ASE l'usage de la culture des tubercules (Anderson 2005 : 39). Cette dernière hypothèse est attrayante pour rendre compte de la diversité des céramiques dans le néolithique de l'ASEI.

Avec la multiplication des recherches archéologiques sur la période néolithique dans la région asiatique émerge l'idée d'une dynamique d'expansion complexe et à plusieurs niveaux. Plusieurs alternatives sont évoquées qui ramènent toutes à une dynamique réticulée, un monde culturellement hétérogène traversé de grands mouvements expansionnistes et de réseaux commerciaux. Le peuplement de la Micronésie occidentale, les tentatives de peuplement des îles japonaises de Yaeyama, au départ de Taiwan ou des îles Philippines, illustrent la maîtrise de la mer de certains groupes austronésiens, mais interrogent aussi sur les raisons de ces grandes traversées. Les mouvements austronésiens à travers l'ASE insulaire et la diffusion de la poterie à engobe rouge signalent la mise en place de réseaux étendus dans un monde insulaire en transformation. Anderson (2005 : 37) identifie deux grandes étapes, dont la plus ancienne ne serait pas austronésienne :

1. Chine du Sud-Thaïlande-Vietnam-Malaisie puis Bornéo avec céramique imprimée (battoir et tressage), peu d'engobe rouge et peut-être pas agricole. Expansion des langues austroasiatiques.

2. Diffusion de la poterie à engobe rouge, des langues austronésiennes et de l'agriculture à partir de Taiwan vers les Philippines et ailleurs en ASE, puis plus tard en Malaisie et Vietnam.

Spriggs (2011) souligne avec justesse que notre connaissance du néolithique asiatique ne permet pas aujourd'hui d'avoir une vision claire des processus en cours entre 4500 et 2000 BP. De même, la rareté de sites de plein air bien datés oblitère notre compréhension de l'évolution des cultures au niveau régional.

Il apparaît aujourd'hui que l'expansion austronésienne en ASE et en Océanie au cours de l'holocène n'est pas un phénomène linéaire et que l'origine et les étapes de cette diffusion sont multiples. Parmi les nombreuses pistes évoquées dans notre chapitre, il nous semble que l'on peut aujourd'hui accepter l'idée que les modalités et peut-être les acteurs du peuplement des îles vierges de l'Océanie lointaine, les Lapita, ne peuvent être directement comparés à leurs ancêtres en ASEI dont ils ne représentent qu'une branche atypique maîtrisant la navigation hauturière, qui a essaimé dans les environnements vierges de l'Océanie insulaire, ouvrant la voie, dans un second temps, aux colons de l'ASEI.

Il y a donc eu plusieurs modes d'expansion des sociétés austronésiennes, l'un rapide et étendu vers l'est et sans doute aussi l'ouest et l'autre, plus lent et plus diffus, à l'intérieur du monde de l'ASEI. Le premier est représenté en Océanie par les cultures anciennes de Micronésie occidentale et par la période initiale du Lapita et est caractérisé par des voyages rapides et lointains vers des îles dont les ressources n'ont pas encore été exploitées. Les acteurs sont d'origines multiples, le nord des îles Philippines ou les îles à l'ouest de la Nouvelle Guinée (Noury et Galipaud 2011) et ils introduisent dans le Bismarck les ressources animales et végétales qu'ils ont adoptées dans les îles asiatiques (Clarck 2005, Spriggs 2011). Le second mode d'expansion, en ASEI, est caractérisé par l'interaction de migrants austronésiens et de groupes indigènes austroasiatiques ou papous et produit une riche mosaïque culturelle, « *a palimpsest on which a whole range of mobile populations imprinted and then partly erased their legacy over time* » (Blench 2011).

En s'affranchissant de la terre à leur départ de Chine, les Austronésiens en devenir ont inventé un nouvel espace culturel, celui des îles, qui repousse les frontières loin en deçà de l'horizon. La liberté durement acquise au cours de l'apprentissage des voyages hauturiers a forgé cette culture et révolutionné le monde insulaire asiatique et océanien.

Bibliographie

Anderson, A.

2005   « Crossing the Luzon Strait: archaeological chronology in the Batanes Islands, Philippines and the regional sequence of Neolithic dispersal ». *Journal of Austronesian Studies*, 1(2) : 25-44.

Athens, J. S., M. F. Dega and J. V. Ward.

2004   « Austronesian colonisation of the Mariana Islands: The palaeoenvironmental evidence ». *Bulletin of the Indo-Pacific Prehistory Association*, 24 : 21- 30.

Bellwood, P.

1997   *Prehistory of the Indo-Malaysian Archipelago*, revised ed. Honolulu : University of Hawai'i Press.

2002   « Farmers, foragers, languages, genes: the genesis of agricultural societies ». In P. Bellwood and C. Renfrew (eds), *Examining the Farming/Language Dispersal Hypothesis*. Cambridge : McDonald Institute for Archaeological Research, p. 17-28.

2011   « Holocene Population History in the Pacific Region as a Model for Worldwide Food Producer Dispersals ». *Current Anthropology*, 52(S4) : 363-378.

Bellwood, P., J.-J. Fox and D. Tyron

2006   « The Austronesians : Historical and Comparative Perspectives ». *The Journal of Asian Studies*, 56 : 543.

Bird, M.
2004   « Populating PEP II : the dispersal of humans and agriculture through Austral-Asia and Oceania ». *Quaternary International*, 118-119 : 145-163.

Blench, R.
2011   « Austronesians or Austronesianisation or why we should take the sociolinguistics of the past seriously ». In M.-L. Bonatz (ed.), *Proceedings of EurASEAA 13, Berlin 2010*. Singapore : National University of Singapore Press, p. 1-20.

Blust, R.A.
1977   « The Proto-Austronesian pronouns and Austronesian subgrouping ». *Working Papers in Linguistics*, University of Hawaii, 9(2) : 1-15.

Bulbek, D.
2008   « An Integrated Perspective on the Austronesian Diaspora : The Switch from Cereal Agriculture to Maritime Foraging in the Colonisation of Island Southeast Asia ». *Australian Archaeology*, 67 : 31-52.

Callaghan, R. and S.M. Fitzpatrick
2008   « Examining Prehistoric Migration Patterns in the Palauan Archipelago : A Computer Simulated Analysis of Drift Voyaging ». *Asian Perspectives*, 47(1) : 28-44.

Cavalli-Sforza, L. L., A. Piazza, P. Menozzi and J. Mountain
1988   « Reconstruction of human evolution : Bringing together genetic, archaeological, and linguistic data ». *Proceedings of the National Academy of Sciences*, 85(16) : 6002-6006.

Clark, G., A. Anderson and D. Wright
2006   « Human Colonization of the Palau Islands, Western Micronesia ». *The Journal of Island and Coastal Archaeology*, 1(2) : 215-232.

Clark, G., F. Petchey, O. Winter, M. Carson and P. O'Day
2010   « New Radiocarbon Dates from the Bapot-1 Site in Saipan and Neolithic Dispersal by Stratified Diffusion ». *Journal of Pacific Archaeology*, 1(1) : 21-35.

Cucchi, T., A. Hulme-Beaman, J. Yuan and K. Dobney
2011   « Early Neolithic pig domestication at Jiahu, Henan Province, China : clues from molar shape analyses using geometric morphometric approaches ». *Journal of Archaeological Science*, 38(1) : 11-22.

Donohue, M. and T. Denham
2010   « Farming and Language in Island Southeast Asia ». *Current Anthropology*, 51(2) : 223-256.

Fitzpatrick, S. M.
2002   « AMS dating of human bones from Palau: new evidence for a pre-2000 BP settlement ». *RADIOCARBON*, 44(1) : 217-221.

Hung, H.-chun, M.T. Carson, P. Bellwood, F.Z. Campos, P.J. Piper, E. Dizon, M.J.L.A. Bolunia *et al.*
2011   « The first settlement of Remote Oceania: the Philippines to the Marianas: supplementary information on radiocarbon dating of the Nagsabaran site ». *Antiquity*, 85(329) : 1-9.

Hurles, M. E., E. Matisoo-Smith, R.D. Gray and D. Penny

2003   « Untangling Oceanic settlement: the edge of the knowable ». *Trends in Ecology & Evolution*, 18(10) : 531-540.

Larson, G., T. Cucchi, M. Fujita, E. Matisoo-Smith, J. Robins, A. Anderson, B. Rolett *et al.*

2007   « Phylogeny and ancient DNA of Sus provides insights into neolithic expansion in Island Southeast Asia and Oceania ». *Proceedings of the National Academy of Sciences of the United States of America*, 104(12) : 4834-4839.

Noury A. et J.-C. Galipaud

2011   *Les Lapita, Nomades du Pacifique*. Montpellier : IRD Éditions.

Oppenheimer, S.

1998   *Eden in the East: the drowned continent of Southeast Asia*. London : Weidenfeld and Nicholson.

Piper, P. J., H.-C. Hung, F.Z. Campos, P. Bellwood and R. Santiago

2009   « A 4000 year-old introduction of domestic pigs into the Philippine Archipelago: implications for understanding routes of human migration through Island Southeast Asia and Wallacea ». *Antiquity*, 83(321) : 687-695.

Renfrew, C.

1996   « Language families and the spread of farming ». In D.R. Harris (éd.), *The Origins and Spread of Agriculture and Pastoralism in Eurasia*. London : University College London Press, p. 70-92.

Sather, C.

2006   « Sea Nomads and Rainforest Hunter-Gatherers: Foraging Adaptations in the Indo-Malaysian Archipelago ». In P. Bellwood, J.J. Fox and D. Tyron (eds.), *The Austronesians: Historical and Comparative Perspectives*. Canberra : ANU E Press, chapter 13.

Spriggs, M.

2011   « Archaeology and the Austronesian expansion: where are we now? ». *Antiquity*, 85(328) : 510-528.

Summerhayes, G. R. and A. Anderson

2009   « An Austronesian Presence In Southern Japan: Early Occupation In The Yaeyama Islands ». *Bulletin of the Indo-Pacific Prehistory Association*, 29 : 76-91.

Szabo, K. and S. O'Connor

2004   « Migration and complexity in Holocene Island Southeast Asia ». *World Archaeology*, 36(4) : 621-628.

Tryon, D.

2006   « Proto-Austronesian and the Major Austronesian Subgroups ». In P. Bellwood, J.J. Fox and D. Tyron (eds), *The Austronesians: Historical and Comparative Perspectives*. Canberra : ANU E Press, chapter 2.

Tsang, C.H.
2007   « Recent archaeological discoveries in Taiwan and Northern Luzon. Implications for Austronesian Expansion ». In S. Chiu and C. Sand (eds), *From Southeast Asia to the Pacific. Archaeological perspectives on the Austronesian Expansion and the Lapita Cultural Complex*. Taipei : Centre for Archaeological Studies, p. 47-74.

Chapitre 2

La pirogue monodrome à voile à livarde : l'outil de peuplement de la Polynésie orientale

Anne Di Piazza

Dans l'introduction à son ouvrage « *On the road of the winds* », P. V. Kirch, interrogeant le bien fondé des catégories Mélanésie, Polynésie, Micronésie et de l'uniformité ou hétérogénéité des traits culturels rencontrés, écrit :

> *On close inspection of technological details one finds amazing diversity in the distribution patterns of lashing methods, sail types, and outrigger forms, yielding hypotheses concerning the historical development of sailing traditions (Haddon and Hornell 1936-1938 ; Horridge 1987). For example, the extremely wide distribution of the Oceanic lateen sail throughout the island Pacific strongly implies that this was the sail type used on the canoes of early Austronesian speakers when they rapidly dispersed across Remote Oceania beginning around 1200 B.C. On the other hand, the restriction of the Oceanic spritsail* [notre voile à livarde océanienne] *to Eastern Polynesia shows this to be a later, and independent, development* (Kirch 2000 : 9).

Cette remarque, apparemment anodine dans la mesure où l'auteur n'y revient pas, mérite pourtant que l'on s'y arrête. En effet, aucun des chercheurs (Haddon et Hornell, Neyret, Dodd, Horridge) qui ont élaboré des typologies des pirogues océaniennes ne sont arrivés à ces conclusions. Pourquoi ? Une partie de la réponse tient au fait que tous ont voulu montrer une « évolution » générale, une transformation progressive de la pirogue, des formes « archaïques » aux formes plus « évoluées », mais point d'innovation ou de rupture.

L'objectif de ce chapitre est d'une part de revenir sur ces typologies de pirogues et modèles diffusionnistes associés, et de proposer une nouvelle catégorisation des embarcations, qui reprend et précise celle-là même développée succinctement par Kirch. Nous considérerons enfin les pirogues comme un véhicule qui transgresse les aires mélanésiennes, micronésiennes et polynésiennes, mais qui pourrait bien participer à la construction de la Polynésie orientale.

I. Premières classifications et premières chronologies de pirogues

Il a fallu attendre la première moitié du XXᵉ siècle et les travaux de Haddon et Hornell (1936-1938), pour qu'une première classification des pirogues océaniennes à voile [1],

---

1. Nous ne traitons ici ni des radeaux, ni des pirogues à pagaie.

censée éclairer les migrations océaniennes, soit établie. Dès le XIXᵉ siècle cependant, l'amiral Pâris est affirmatif : les bateaux « sont susceptibles d'être des sujets d'histoire au même titre que d'autres expressions matérielles de ces sociétés extra-européennes, s'agissant d'édifices civils, militaires, et surtout religieux » (Rieth 2010 : 17-18).

Haddon et Hornell articulent leur typologie des pirogues pour « l'Océanie »[2] selon trois axes principaux relatifs : aux coques, aux éléments de fixations des traverses du balancier et aux gréements[3]. Leur œuvre, en trois volumes, intitulée *Canoes of Oceania*, est monumentale et l'importante documentation réunie est exemplaire. Elle rassemble les plans et les descriptions des pirogues de l'amiral Pâris, véritable pionnier de l'ethnographie nautique, mais aussi les illustrations et textes plus partiels des officiers de marine, des missionnaires, des administrateurs coloniaux et des pionniers de l'ethnographie. Ces différentes sources sont des témoignages précis et irremplaçables des embarcations aujourd'hui en grande partie disparues.

Quarante ans plus tard, une autre somme, parue sous le titre de « Pirogues océaniennes », est publiée par J. Neyret[4]. Ce Père mariste, qui résida aux îles Fiji, aux îles Salomon et en Nouvelle-Calédonie pendant trente ans, s'inspire très largement de l'ouvrage de Haddon et Hornell, tout en complétant leurs données par des connaissances maritimes acquises sur place. La classification ne diffère guère de celle de ses prédécesseurs, hormis pour le gréement[5].

La troisième et dernière véritable typologie des pirogues à voile a été réalisée par Edwin Doran dans les années 1980 (Doran 1981)[6].

Tous ces auteurs, mêlant répartition géographique, éléments linguistiques, migrations, performances des pirogues, parfois même aspect physique des populations, ont voulu étayer l'hypothèse de l'antériorité d'une forme sur une autre, arguant de la théorie de la forme primitive à l'extrémité d'une aire culturelle, ou d'une histoire

---

2. Contrairement à Haddon et Hornell (1975 [1936-1938]), nous traitons ici de l'Océanie au sens étroit du terme ; nous nous restreignons aux locuteurs du sous-groupe océanien.

3. Pour Haddon et Hornell, les coques sont doubles et symétriques, doubles et asymétriques, ou à balancier ; les éléments de fixations des traverses du balancier sont directes ou indirectes, etc. ; les gréements sont constitués d'une voile latine primitive avec vergue soutenue par une fourche sans drisse et marche monodrome, d'une voile latine océanienne avec drisse et marche amphidrome, ou d'une voile à livarde.

4. Ses études très documentées sur les pirogues du Pacifique sont publiées dès les années 1960 dans la revue Triton, puis dans Neptunia. L'ensemble a été réédité en 2 volumes en 1974.

5. Neyret distingue deux types de voiles triangulaires océaniennes (la voile simple sans mât indépendant et la voile latine océanienne), qu'il subdivise respectivement en deux et trois : voile simple polynésienne marche monodrome, voile simple mélanésienne marche amphidrome, ainsi que voile latine mélanésienne avec vergue parallèle au mât et marche amphidrome, voile latine polynésienne avec vergue inclinée et marche généralement monodrome, voile latine micronésienne avec vergue inclinée et marche amphidrome.

6. Là encore, on retrouve la distinction pirogue à balancier, pirogue double, marche monodrome, marche amphidrome, voile à livarde et voile à livarde grue (ou « *crane spritsail* »), que les chercheurs précédents nomment voile latine.

généralement progressive. Chacune de ces classifications se termine donc par un essai de synthèse soutenant :

– pour Haddon et Hornell l'antériorité de la voile à livarde (pièce de bois ou espar liée sur tout le long de la chute d'une voile) sur la voile latine[7] ; de la marche mono-drome (pirogue qui navigue dans un seul sens et reçoit le vent alternativement d'un bord ou de l'autre) sur la marche amphidrome (pirogue qui peut se déplacer dans les deux sens, qui prend le vent d'un seul côté et dont la proue et la poupe sont symétriques). Quant au type de coque, dans trois articles (1920a, 1920b et 1932 cité par Boulinier et Boulinier-Giraud 1976) traitant de l'Inde, de l'Indonésie et de la Polynésie, Hornell affirme l'antériorité « absolue » de la pirogue à simple balancier, idée à laquelle il semble renoncer ensuite dans *Canoes of Oceania*.

– pour Neyret l'antériorité de la pirogue à balancier sur la pirogue double, de la marche amphidrome sur la marche monodrome, de la voile latine mélanésienne sur la voile latine polynésienne, la voile triangulaire simple et la voile latine micronésienne.

– pour Doran l'antériorité de la pirogue double sur la pirogue à simple balancier, de la marche monodrome sur la marche amphidrome, de la voile à livarde océa-nienne sur la voile latine.

Il n'est pas dans notre propos ici de revenir sur les arguments avancés pour défendre telle ou telle position, mais plutôt d'interroger la typologie elle-même et revoir les catégories énoncées. Notre approche est à la fois semblable, car elle repose sur des sources similaires, et bien différente. En effet, la conduite des pirogues à voile monodromes et amphidromes est fondamentalement différente lors des changements d'amure. Ces manœuvres n'ont pu correspondre à une modification progressive d'un type de pirogue à un autre, mais à un changement radical : une innovation.

II. La prééminence de la manœuvre

Pour changer d'amure en marche amphidrome, les hommes tirent sur l'étai (corde qui maintient le mât vers l'avant) arrière pour soulever la vergue supérieure (pièce de bois ou espar qui supporte la partie supérieure d'une voile), la faire sortir de son emplanture et aider les hommes qui portent le point de jonction des vergues à l'autre

---

7. Pour la voile à livarde, Haddon et Hornell estiment que la voile à deux vergues droites précède la voile à une vergue verticale et une livarde courbée, qui elle-même précède la voile munie d'une bôme et d'une livarde fixée à son extrémité.

bout de la pirogue, tandis que l'étai de l'avant est filé jusqu'à ce que la vergue supérieure soit à nouveau implantée, pendant que le gouvernail (ou grand aviron) est également transporté à l'autre extrémité de l'embarcation (voir figure 1). La voile est finalement bordée et l'on peut faire route sur un autre cap (Pâris 1841 : 105 & 125, Doran 1974). Pour chaque manœuvre, la proue devient la poupe et le balancier (ou dans le cas d'une pirogue double, la petite coque) est toujours au vent. En marche monodrome, l'embarcation est menée au près, la voile faseye (c'est-à-dire qu'elle dévente et bat dans le vent), l'écoute est filée puis tirée quand la proue passe le vent, la voile ventée, et l'embarcation suit son nouveau cap. La voile et le mât ne sont pas déplacés. Les principes fondamentaux de ces deux manœuvres sont bien différents et les réflexes acquis lors d'un changement d'amure amphidrome deviennent inutiles, voire incommodes, pour un virement de bord en marche monodrome (et inversement). La difficulté, nous semble-t-il, de passer d'une pratique de voile à une autre est bien réelle. Et la distribution géographique marquée de ces manœuvres vient corroborer cette idée, avec d'un côté les pirogues amphidromes présentes sur l'ensemble de la Micronésie et de la Mélanésie, ainsi que Wallis et Futuna, et de l'autre les pirogues monodromes en Polynésie orientale. Pirogues amphidromes et monodromes coexistent sur Samoa, peut-être Tonga. Les rares exceptions sont discutées plus loin dans le texte.

Question gréement, nous différencierons la voile latine océanienne et la voile à livarde océanienne (voir figure 1). Le qualificatif « océanienne » est nécessaire pour souligner que si la voile latine et la voile à livarde, connues dès l'Antiquité en Méditerranée, présentent des similitudes avec les gréements du Grand Océan, ils ne sont pas identiques (Cadoret *et al.* 2009). La voile à livarde océanienne, triangulaire ou quadrangulaire, a deux espars (parfois nommés vergue, gui ou mât), dont l'un sert de mât, l'autre de livarde, permettant de tendre la voile (Haddon et Hornell 1975 vol. 1, Neyret 1974 vol. 2, Doran 1981). Seul le mât est implanté à l'avant de la pirogue. La voile latine océanienne, généralement triangulaire, est bordée de deux vergues : une vergue supérieure (ou antenne) et une vergue inférieure (gui ou bôme), liées entre elles à l'extrémité avant de la pirogue. La vergue supérieure, toujours inclinée, est soit suspendue à la tête du mât, soit repose sur une fourche en tête de mât. Ce dernier, fortement incliné vers l'avant, pivote au centre de la coque principale. L'une des contrainte de la manœuvre de la voile latine est que l'on ne peut naviguer qu'à la bonne main : l'antenne (et la voile) doivent toujours être sous le vent du mât.

Là encore, la distribution géographique de ces deux gréements est relativement bien marquée et se superpose à celle des pirogues amphidromes et monodromes : la voile à livarde en Polynésie orientale, la voile latine en Micronésie et Mélanésie, la coexistence des deux sur un (Samoa), voire deux (Tonga ?) archipels de Polynésie occidentale.

Si mathématiquement quatre combinaisons ou classes de pirogues s'offrent à nous (1 – pirogue amphidrome et voile à livarde ou bien 2 – voile latine, 3 – pirogue monodrome et voile à livarde ou bien 4 – voile latine), en réalité, seules deux sont

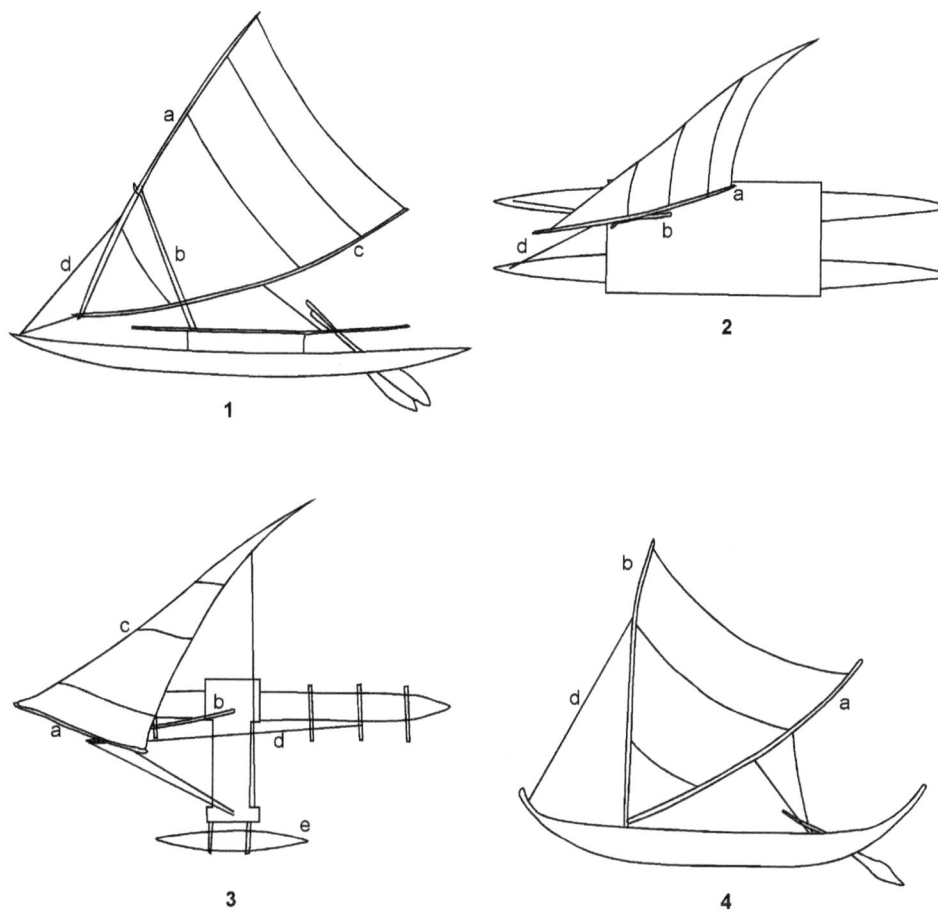

Figure 1 : Croquis de pirogues d'après Neyret 1974 (113, 166, 17)

1 et 2. Tongiaki de Tonga. Pirogue à double coques symétriques, voile latine océanienne
et marche monodrome. Le mât (b) amovible, implanté à l'avant de l'embarcation est tenu par deux étais (d).
Sa fourche soutient la vergue (a). La voile est maintenue par la vergue et la bôme (c).
3. Kotraol des îles Palau. Pirogue à balancier (e), voile latine océanienne et marche amphidrome.
On retrouve les mêmes éléments que pour le tongiaki : la vergue (a), le mât (b) au centre de l'embarcation,
la bôme (c) et l'étai (d).
4. Pirogue de voyage des îles Marquises. Pirogue double, voile à livarde océanienne et marche monodrome.
Le mât (b) vertical et fixe est tenu par un étai (d). La voile est maintenue par le mât et la livarde (a).

largement répandues : amphidrome et voile latine, monodrome et voile à livarde. Quelques exceptions cependant sont à discuter. Nous aborderons ici la seule distribution des pirogues monodromes et voile à livarde et examinerons les îles de Polynésie orientale sur lesquelles ce type de pirogue est absent.

III. La distribution géographique de la pirogue monodrome et voile à livarde en Polynésie orientale

Dans la préface et l'introduction de son *Essai sur la construction navale des peuples extra-européens…*, l'amiral Pâris écrit :

> […] je remarquai dès le principe une lacune dans les relations des voyageurs : ils semblent, en effet, avoir dédaigné ce qui tient à notre art chez les peuples sauvages, où cependant il est souvent digne de remarque, et, au lieu de plans exacts de leurs pirogues, ils n'en donnent que des descriptions vagues » ou encore « ces particularités [balancier double, balancier simple…] ont dû frapper les marins capables de les bien apprécier ; cependant aucun n'a eu l'idée de rapporter en Europe des données exactes sur ces essais de la navigation : peut-être les ont-ils dédaignés, et ce n'est guère que dans Cook, Anson et Duperrey que l'on trouve des plans corrects. Quelques autres navigateurs se sont contentés de vues qui ne donnent ni dimensions ni détails, mais seulement le corps des navires […] (Pâris 1841 : 5, 10).

Ces critiques des sources, somme toute classiques, ne signifie pas qu'il faille en rejeter l'usage, au contraire. Au-delà, il convient aussi de souligner la difficulté qu'il y a pour rendre compte d'une embarcation autre perçue à travers le prisme d'une vision occidentale comme d'une tradition maritime fort différente. Ces mises en garde énoncées, dressons l'inventaire des exceptions, examinons les sources utilisées et retenons ou non ces exceptions.

Plusieurs types d'exceptions s'offrent à nous. Les exceptions « artificielles » pour lesquelles nous n'avons pas de données, soit que les îles aient été inhabitées au temps des premiers contacts, soit qu'aucune pirogue à voile n'ait été décrite par les Occidentaux ; les exceptions « discutables » pour lesquelles les sources sont contradictoires ou bien uniques ; enfin les exceptions « vraies », attestées par différents croquis et écrits.

Parmi les exceptions « artificielles », nous trouvons l'ensemble des îles mystérieuses[8] de Polynésie orientale, mais aussi l'île de Pâques, les îles Chatham et Tongareva. Pour ces trois derniers exemples, seuls des pirogues à pagaie monodromes ou des radeaux ont été inventoriés. Aucune voile n'a été décrite.

Parmi les exceptions « discutables », nous avons une pirogue monodrome à voile bermudienne décrite en 1933 par MacGregor sur l'île de Pukapuka (archipel des îles Cook). La voile bermudienne, nommée ainsi en raison de son origine géographique, apparaît au cours des XVIIᵉ et XVIIIᵉ siècles et se généralise sur les chaloupes des goélettes qui vont parcourir le Pacifique. Il s'agit donc vraisemblablement d'un emprunt européen sur Pukapuka. Nous avons aussi certaines des pirogues à balancier monodromes et voile à livarde des îles Manihiki et Rakahanga, qui pour les voyages

---

8. Les îles mystérieuses de Polynésie orientale comprennent les îles de l'archipel Pitcairn, de l'archipel de la Ligne, de l'archipel Phoenix, deux îles des Cook (Palmerston, Suwarrow), une île des Tuamotu (Temoe), deux îles de Hawaii (Nihoa, Necker), ainsi que Norfolk, Raoul et les îles Snares.

épisodiques entre les deux îles (Buck 1988), se transforment en pirogues doubles à deux mâts, aux coques liées prou et poupe inversées, et fonctionnant donc vraisemblablement comme des embarcations amphidromes. Haddon et Hornell recensent au moins 13 maquettes pour ce type d'embarcation, mais estiment que :

> *The divergences are so striking as to arouse suspicion that the models have been manufactured specifically for sale to travelers and that their makers allowed themselves considerable latitude when rigging them.*

ou encore que

> *Possibly the fact that the hulls of these double canoes were taken apart and refitted as outriggers as soon as they had fulfilled their special purpose may have prevented the stereotyping of many of the equipment details. Such may have been left largely to individual fancy and convenience and these individual differences may afford a reason for some of the puzzling museum models* (1975 : vol. 1, 186-187, 189).

Remarquons aussi qu'aucune illustration ne nous est parvenue et qu'aucun musée ne possède une telle pirogue grandeur nature.

Parmi les « véritables » exceptions, nous trouvons les radeaux monodromes à voiles latines de Mangareva et certaines pirogues doubles amphidromes des îles Tuamotu. La plus ancienne description des radeaux sur Mangareva[9] remonte à 1825. Beechey écrit :

> *Contrary to the general custom, no canoes are seen at Gambier islands, but rafts or katamarans are used instead. They are from forty to fifty feet in length, and will contain upwards of twenty persons. They consist of the trunks of trees fastened together by rope and cross-beams: upon this a triangular sail is hoisted, supported by two poles from each end; but it is only used when the wind is very favourable* […] (Beechey:1831, vol. 1 195).

William Smyth, aspirant lieutenant et artiste à bord du même navire, le *Blossom*, est l'auteur de l'aquatinte[10] intitulée « *A raft of Gambier Island* » reproduite dans maints ouvrages. Le radeau illustré est très clairement pourvu d'une voile latine, alors que la description de Beechey ne permet pas de l'affirmer. Pour Haddon et Hornell (1975 : vol. 1, 95), ce type d'embarcation résulterait d'une « dégénérescence » du *tongiaki*, un type de pirogue double monodrome à voile latine rencontrée par Schouten et Lemaire au large de Tafahi ou encore par Tasman au large de Tongatabu.

---

9. Les îles de Mangareva n'ont pas toujours été exemptes de pirogues. Le Père Laval (1938, cité par Buck 1942 : 191) affirme que les pirogues doubles, alors principalement utilisées comme pirogues de guerre, ont cessé d'être construites d'après l'injonction d'un personnage de haut rang Te Ma-teo qui pour mettre un terme aux rivalités aurait interdit la construction de pirogues doubles et ordonné la destruction des pirogues doubles existantes.

10. Cette illustration sera reprise pour illustrer *le Voyage pittoresque autour du monde*, un récit de voyage fictif publié sous la direction de Dumont d'Urville « pour rendre aussi populaire que possible la connaissance des grandes expéditions » (Dumont D'Urville 1834, tome 1 : i).

L'argument avancé étant qu'il suffit pour passer de l'un à l'autre de remplacer les doubles coques par une plateforme de troncs assemblés. Pour Horridge (2008 : 86), les radeaux sont les plus anciennes formes d'embarcations. Le radeau de Mangareva serait donc une relique des temps anciens. Nous serons moins évolutionnistes et plus circonspects en insistant sur le fait que l'existence de la voile latine à Mangareva, et donc en Polynésie orientale, repose sur une seule illustration.

La description la plus complète que nous ayons d'une pirogue double des îles Tuamotu [11] est celle de Pâris. Il écrit :

> Nous avons vu de loin une de ces pirogues avec deux mâts de la même longueur, mais double comme une chèvre, et paraissant reposer sur le milieu de chacune [des coques] ; ils étaient aussi retenus par des étais et par une corde joignant leurs sommets. Nous regrettons de n'avoir pu voir les voiles pour les mesurer exactement : il paraîtrait, d'après la description des naturels, qu'ils n'en ont qu'une, qu'on hisse sur l'un ou l'autre mât, suivant le bord que l'on veut courir ; elle est triangulaire, à deux vergues égales, d'une longueur un peu moindre que celle de la petite pirogue, sur l'avant de laquelle son angle inférieur vient se fixer ; elle est en nattes et en tout semblable à celle de Tonga-Tabou. Les naturels nous disaient aussi que lorsque le vent soufflait trop violemment, ou que le temps, obscurci par les nuages, leur ôtait tout moyen de se diriger, il fallait souvent attendre longtemps avec la voile descendue, et qu'il était bien pénible alors de vider l'eau qui embarquait ou entrait par les coutures (1841 : 142).

Cette description ainsi que le plan exécuté par le même auteur ne laisse aucun doute quant à la présence d'une pirogue double [12] amphidrome — puisque la voile est hissée sur l'un ou l'autre mât selon l'amure — et voile à livarde en Polynésie orientale ; ce type de pirogue (bien qu'aux voiles abattues) est également attesté par les deux dessins illustrant le récit de voyage de Wilkes aux îles Tuamotu (1845 : vol.1, 327 & 345) et quelques maquettes anciennes dont la plus connue provient de Fangatau et est conservée au Bernice P. Bishop Museum d'Hawaii (Emory 1975 : 173). Reste que ce type de pirogue est « atypique » au sens où il n'est pas nécessaire de transporter l'ensemble du gréement à l'autre extrémité de la pirogue pour changer d'amure, comme cela se fait plus à l'ouest avec la voile latine océanienne, mais de faire « glisser » la voile d'un mât à l'autre, à l'aide vraisemblablement du cordage tendu entre les deux mâts. Cette solution originale nous laisse à penser qu'il s'agit d'une innovation locale des îles Tuamotu. Horridge estime pour sa part que ce type de gréement a largement été influencé par le naufrage d'une caravelle espagnole (San Lesmes) sur l'île d'Amanu [13] (Tuamotu) au XVIe siècle (Horridge 2008 : 98).

---

11. Pâris ne spécifie pas sa localisation.
12. Emory signale la maquette d'une pirogue à balancier à deux mâts et voile à livarde en provenance de Tureia et conservée au Peabody Museum de Cambridge (Emory 1975 : fig. 143, 170).
13. Pour la localisation du naufrage sur Amanu, Horridge se réfère aux ouvrages de Langdon (1975 et 1988).

40

Cette rapide analyse des sources, et le nombre peu élevé de véritables exceptions, vient souligner l'homogénéité maritime de la Polynésie orientale. La question qui se pose alors est relative à l'origine de ces embarcations. Existent-elles plus à l'ouest ?

IV. Les pirogues monodromes et voile à livarde de l'Ouest

À Samoa, moins sûrement pour Tonga, pirogues monodromes à voile à livarde et pirogues monodromes à voile latine coexistent[14]. Un seul croquis et deux aquatintes (qui reprennent ce croquis) exécutés par James Webber, lors du troisième voyage de Cook, suggèrent la présence d'une pirogue monodrome à voile à livarde[15] à Tonga (Haddon et Hornell 1975 : vol.1, 270, Dodd 1972 : 21 & 134). Au sujet de Samoa[16], les sources sont plus nombreuses. Haddon et Hornell (citant Turner 1861, Brown 1910, Krämer 1902-1903 et Buck 1930) différencient deux types de pirogues de pêche à balancier monodrome et voile à livarde, selon que leur coque est monoxyle ou faite de planches assemblées. Les monoxyles possèdent des noms (par exemple *soatau*, *'iatolima*, *'iato-ono*…) relatifs au nombre de traverses (jusqu'à neuf) qu'elles ont. Buck (1930 : 378) précise que le *iatolima* (cinq traverses) était aux temps anciens équipé de fargues, ponté aux extrémités et muni d'un contre-balancier. Autant d'éléments qui en font une pirogue de haute mer. Les embarcations dont les coques sont faites de planches assemblées nommées *va'a alo* sont utilisées pour la pêche à la bonite ou aux daurades coryphènes. Et à la question ces pirogues de pêche peuvent-elles être des pirogues de voyage, la réponse est affirmative dans la mesure où les bonites et les dorades coryphènes sont bien des poissons de haute mer.

D'ailleurs, existe-t-il une distinction entre pirogue de pêche hauturière et pirogue de voyage en Océanie ? Rien n'est moins sûr. Seuls trois types d'embarcations ont pu être reconstruits linguistiquement par Pawley et Pawley (1994 : 336). Ces auteurs soulignent qu'en proto-Océanien (PO), le terme de *waga a deux usages. Il peut être un terme générique pour tout type d'embarcation (à l'exception du radeau) ou désigner une grande pirogue à voile. Celui de *paopao en proto-Polynésien (PPN) renvoie à

---

14. Des pirogues monodromes à voile à livarde sont mentionnées sur Malekula (Vanuatu) et amphidrome avec deux voiles à livarde en Nouvelle Calédonie (Haddon et Hornell, 1975 : vol. 2, 8-13 & 30, Neyret, 1974 : vol.1, 21-26).

15. Haddon et Hornell (1975 : 259-260) ainsi que Neyret (1974 : vol. 2, 110-112) estiment que cette pirogue qu'ils nomment *tafa-anga* est similaire au *va'a alo* de Samoa. Le croquis de Webber ne nous semble cependant pas suffisamment explicite pour préciser s'il s'agit ou non d'une coque à planches assemblées ou d'une coque monoxyle avec bordés. Pâris (1841 : 122) décrit également les *tafa-anga*, mais précise « qu'elles sont uniquement destinées à marcher à la pagaie ».

16. La source la plus ancienne pour les descriptions de pirogues des îles Samoa provient du journal de Roggeveen. Voici ce qu'il écrit en mouillant sur Tau : « *Meanwhile there came two to three canoes – which were not hollowed-out trees, but made of planks and inner timbers and very neatly joined together, so that we supposed that they must have some tools of iron…* » (Sharp 1970 : 151).

une petite pirogue à balancier ou une pirogue monoxyle pour la navigation côtière. Enfin, le terme de *paqurua ou pirogue double pourrait remonter au proto-Océanien de l'Est, qui inclut les îles Fiji, Rotuma, Malaita, Kiribati, et de nombreuses îles polynésiennes.

Pour en terminer avec les pirogues de Samoa, remarquons que si Haddon et Hornell, tout comme Neyret, font de la pirogue de voyage de type *amatasi*[17], une pirogue à balancier à voile latine, la seule illustration ancienne que nous en ayons, celle de Croisy pour « Le Voyage autour du monde » de Bougainville (1771 : 238), figure bien une voile à livarde. D'ailleurs Bougainville, mais aussi Vivez (et Lapérouse[18]) emploient le terme de livarde pour caractériser cette voilure. Bougainville écrit à propos de Tau :

> Leurs pirogues sont faites avec assez d'art. Elles n'ont point l'avant ni l'arrière relevés, mais pontés l'un et l'autre, et sur le milieu de ces ponts il y a une rangée de chevilles terminées en forme de gros clous, mais dont les têtes sont recouvertes de beaux limas [porcelaines] d'une blancheur éclatante. La voile de leurs pirogues est composée de plusieurs nattes et triangulaire ; deux de ses côtés sont envergués sur des bâtons dont l'un sert à assujettir le long du mât, et l'autre, établi sur la ralingue du dehors, fait l'effet d'une livarde. Ces pirogues nous ont suivis assez au large, lorsque nous avons éventés nos voiles ; il en est même venu quelques-unes des deux petites îles […].

puis pour Tutuila :

> Un grand nombre de pirogues à la voile, semblables à celles des dernières îles, vinrent autour des navires, mais sans vouloir s'approcher […] quoique nous fissions alors sept et huit milles par heure, ces pirogues à la voile tournaient autour de nous avec la même aisance que si nous eussions été à l'ancre. On en aperçu du haut des mâts plusieurs qui voguaient dans le sud.

---

17. Le type *amatasi* demeure incertain. Il est possible que les pirogues samoanes aperçues par la Boudeuse soient des *va'a alo*. Pour Kramer (1995 : 304), le *amatasi* est une pirogue de jeu, une pirogue miniature utilisée pour les courses de modèles réduits.

18. Voici ce qu'écrit La Pérouse (1797 : tome 3, 233) « Leurs pirogues sont à balancier, très petites, et ne contiennent assez ordinairement que cinq ou six personnes ; quelques-unes cependant peuvent en contenir jusqu'à quatorze, mais c'est le plus petit nombre : elles ne paraissent pas, au surplus, mériter l'éloge que les voyageurs ont fait de la célérité de leur marche ; je ne crois pas que leur vitesse excède sept nœuds à la voile ; et, à la pagaie, elles ne pouvaient nous suivre lorsque nous faisions quatre milles par heure. Ces Indiens sont si habiles nageurs, qu'ils semblent n'avoir de pirogues que pour se reposer : comme au moindre faux mouvement elles se remplissent, ils sont obligés, à chaque instant, de se jeter à la mer, pour soulever sur leurs épaules ces pirogues submergées, et en vider l'eau. Ils les accolent quelquefois deux à deux, au moyen d'une traverse en bois, dans laquelle ils pratiquent un étambrai pour placer leur mât ; de cette manière, elles chavirent moins, et ils peuvent conserver leurs provisions pour de longs voyages. Leurs voiles, de natte, ou de toile nattée, sont à livarde, et ne méritent pas une description particulière ».

Vivez relate [dans le manuscrit de Rochefort (Taillemite 2006 : 251)] que :

> [...] leur voile faitte en matière de nattes avec l'écorce d'arbre à pain, le mâts qui sert de vergue par le haut à une livarde en benbou, un étai qui prend à la moitié du mâts et vient joindre à une espèce de moque qu'ils ont devant le balancier, lequel est construit avec trois ou quatre bout dehors qui s'éloigne à 5 à 6 pied au large [...].

Il complète sa description des pirogues dans le manuscrit de Versailles (Taillemite 2006 : 250) par

> [...] nous élongeasme une autre isle à laquelle nous donnasmes le nom des Navigateurs que lui méritèrent une douzaine de pirogues grandement voillée qui avoit un ballancier la traversant dont le haubant été frappé sur le haut du mâts. Un enfant placé sur ce ballancier ne donné à la pirogue que la pente nécessaire selon qu'il était plus ou moins éloigné du bout du ballancier [...].

Toujours pour Samoa, Caro (Taillemite 2006 : 333) dit :

> Leurs pirogues m'ont parue mieux travaillée que celle de Cythère. Elles ont des petits manbres très bien ajustée, ces pirogues sont touttes soutenue par un balancier. Il y en avoit ausy à la voille mais leurs voille sont toute différentes qu'à Cythère, elles sont large par le haut et venant à rien en bas, elles sont faitte ausy de paille, il y en avoit qui avois quelques cocos, plusieurs des poissons volland.

Quant à Commerson et Duclos-Guyot, ils s'attachent davantage à leur dimension (Taillemite 2006 : 475). « Les petites pyrogues sont de 16 à 20 pieds [5-6 m] sur 2 de large, les grandes de 30 à 40 pieds [9-12 m] sur près de 3 de diamètre ». En résumé, la voile à livarde est clairement attestée sur Samoa.

Conclusion

Il ressort de ces différentes considérations que certaines des pirogues de Samoa « présentent des ressemblances marquées avec celle de Polynésie orientale : construction en planches assemblées, étrave verticale, voile triangulaire verticale [notre voile à livarde], présence d'un contre-balancier, manœuvre monodrome » (Neyret 1974 : vol. 2, 87). Le bien-fondé de cette remarque nous permet d'aller plus loin et de poser l'hypothèse suivante : le véhicule utilisé par les insulaires pour découvrir et peupler la Polynésie orientale est vraisemblablement une pirogue monodrome à voile à livarde. Seul ce type d'embarcation est trouvé sur l'ensemble de la Polynésie orientale au temps des premiers contacts. Plus à l'ouest, sa présence est attestée à Samoa, moins sûrement à Tonga. Notons aussi que Pawley et Pawley (1994 : 351) écrivent que « *the use of reflexes of *jila denote a fixed mast* [qui renvoie à la voile à livarde et par opposition le mât amovible à la voile latine] *is confined to certain parts of Polynesia and this sense probably represents a post-PPN innovation* ». Cette proposition s'accorde plutôt bien avec le modèle archéologique de peuplement de la Polynésie orientale il y a quelque 900 ans d'après les travaux de synthèse les plus récents (Anderson 1991, Spriggs et Anderson 1993, Pearthree et Di Piazza 2003, Hunt et Lipo 2006, Rieth *et al.* 2011, Wilmshurst *et al.* 2011) qui suggèrent une pause de plus de 2000 ans à Fiji-Tonga-Samoa. Les traditions maritimes étant généralement considérées comme stables et pérennes, une longue pause a toutes les chances de rendre possible les innovations. Poursuivant notre hypothèse, il semble donc que la voile à livarde en association avec la marche monodrome sont des innovations qui sont probablement à mettre à l'actif d'un groupe de locuteurs du Polynésien nucléaire du Nord[19] (Northern Nuclear Polynesian), voire même originaire de Samoa : la voile à livarde étant inconnue sur 'Uvea, Futuna et les Niuas. C'est donc cette nouvelle génération de marins qui, ayant laissé de côté la voile latine et la marche amphidrome, aurait colonisé les dernières terres inhabitées du Pacifique : la vaste étendue que couvre la Polynésie orientale. De ce point de vue, le nom d'archipel des navigateurs donné à Samoa par Bougainville semble parfaitement approprié.

---

19. Le NP du Nord regroupe (d'après Pawley 1996 : figure 5) l'archipel des îles Samoa, 'Uvea, Futuna, et les Niuas.

Bibliographie

Anderson, Atholl
1991   « The chronology of colonization in New Zealand ». *Antiquity*, 65 : 767-795.

Beechey, Frederik W.
1831   *Narrative of a Voyage to the Pacific and Beering's Strait to co-operate with the polar expeditions: performed in his majesty's ship Blossom, under the command of Captain F.W. Beechey.* 2 vols. Londres : Henry Colburn and Richard Bentley.

Bougainville, Louis Antoine de
1771   *Voyage autour du monde (1766-1769).* Paris.

Boulinier, Georges et G. Boulinier-Giraud
1976   « Chronologie de la pirogue à balancier : le témoignage de l'océan indien occidental ». *Journal de la Société des Océanistes*, 50 (32) : 89-98.

Brown, George
1910   *Melanesians and Polynesians.* London.

Buck, Peter (Te Rangi Hiroa)
1930   *Samoan Material Culture.* Honolulu : Bernice P. Bishop Museum Bulletin, 75.
1942   « The disappearance of canoes in Polynesia ». *Journal of the Polynesian Society*, 51 (3) : 191-199.
1988 [1932]. *Ethnology of Manihiki and Rakahanga.* Honolulu : Bernice P. Bishop Museum Bulletin, 99.

Cadoret, Bernard, Cl. Maho et M. Cadoret
2009   *Le grand livre des voiles et gréements.* Grenoble : Chasse-marée, Glénat.

Dodd, Edward
1972   *Polynesian seafaring. The ring of fire.* Vol. II. New York: Dodd, Mead and Company.

D'Urville, Dumont Jule Sébastien César
1834-1835. *Voyage pittoresque autour du monde.* 2 volumes. Paris.

Emory, Kenneth P.
1975   *Material culture of the Tuamotu archipelago.* Pacific Anthropological Records 22. Honolulu : Bernice P. Bishop Museum.

Haddon, Alfred C. and J. Hornell
1975 [1936-1938]. *Canoes of Oceania.* 3 vols. Special Publications, 27-29. Honolulu : Bernice P. Bishop Museum.

Hornell, James
1920a   « The origins and ethnological significance of Indian boat designs ». *Memoirs of the Asiatic Society of Bengal*, 7 (3) : 139-256.
1920b   « The outrigger canoes of Indonesia ». *Madras Fisheries Bulletin*, 12 : 43-114.
1932   « Was the double outrigger known in Polynesia and Micronesia ? ». *Journal of the Polynesian Society*, 41 (162) : 131-143.

Horridge, Adrian

1987   *Outrigger Canoes of Bali and Madura, Indonesia*. Special Publication, 77. Honolulu :
        Bernice P. Bishop Museum.

2008   « Origins and relationships of Pacific canoes and rigs ». In A. Di Piazza and E. Pearthree
        (eds.), *Canoes of the Grand Ocean*. Oxford : Bar-Archaeopress, p. 85-105.

Hunt, Terry L. and C.P. Lipo

2006   « Late colonization of Easter Island ». *Science,* 311 : 1603-1606.

Kirch, Patrick V.

2000   *On the road of the winds : an archaeological history of the Pacific Islands before European
        Contact*. Berkeley and Los Angeles : University of California Press.

Krämer, Augustin

1995 [1902-1903]. *The Samoa Islands. An outline of a Monograph with particular consideration of
        German Samoa* (translated by T. Verhaaren). Vol. 2. Honolulu : University of Hawai'i Press.

Laval, Honoré

1938   *Mangareva : l'histoire ancienne d'un peuple polynésien*. Mémoires ethnographiques
        conservées aux archives de la Congrégation des Sacrés-Coeurs de Picpus.
        Paris : Librairie Orientale Paul Geuthner.

Langdon, Robert

1975   *The lost caravel*. Sydney : Pacific Publications.

1988   *The lost caravel re-explored*. Canberra : Brolga Press.

La Perouse, Jean-François de Galaup de

1797   *Voyage de La Pérouse autour du monde* rédigé par M. L. A. Milet-Mureau. 4 tomes.
        Paris : Imprimerie de la République.

MacGregor, Gordon

1933   *Notes on the ethnology of Pukapuka*. Occasional Papers, 11 (6). Honolulu : Bernice
        P. Bishop Museum.

Neyret, Jean

1974   *Pirogues océaniennes*. 2 tomes. Paris : Association des Amis des Musées de la Marine.

Pâris, Edmond

1841   *Essai sur la construction navale des peuples extra-européens ou collection des navires
        et pirogues construits par les habitants de l'Asie, de la Malaisie, du Grand Océan et de
        l'Amérique...* Paris : Arthus Bertrand.

Pawley, Andrew

1996   « On the Polynesian subgroup as a problem for Irwin's continuous settlement
        hypothesis ». In J.M. Davidson, G. Irwin, B.F. Leach, B.F. Pawley and D. Brown (eds),
        Oceanic culture History : Essays in Honour of Roger Green. Wellington : New Zealand
        Journal of Archaeology Special Publication, p. 387-410.

Pawley, Andrew and M. Pawley

1994   « Early Austronesian terms for canoe parts and seafaring ». In A.K. Pawley and M.D. Ross
        (eds.), *Austronesian terminologies : continuity and change*. Pacific linguistics, C-127.
        Canberra : ANU, p. 329-361.

Pearthree, Erik et A. Di Piazza
2003   « An 'archaic East Polynesian assemblage' from the Phoenix and Line archipelagos ».
        In C. Sand (ed.), *Pacific Archaeology : assessments and prospects. Proceedings of the
        International Conference for the 50th anniversary of the first Lapita excavation (July 1952),
        Koné-Nouméa 2002*. Les Cahiers de l'Archéologie en Nouvelle-Calédonie, 15, p. 349-358.

Rieth, Éric
2010   « François-Edmond Pâris (1806-1893) : aux origines de l'ethnographie nautique ».
        In E. Rieth (éd.), *Tous les bateaux du monde*. Grenoble : Chasse-marée/Glénat, p. 10-23.

Rieth, Timothy M., T.L. Hunt, C. Lipo and J.M. Wilmshurst
2011   « The 13th century polynesian colonization of Hawai'i Island ». *Journal of Archaeological
        Science*, 38 : 2740-2749.

Sharp, Andrew (ed.)
1970   *The Journal of Jacob Roggeveen*. Oxford : Oxford University Press.

Taillemite, Étienne
2006 [1977]. *Bougainville et ses compagnons autour du monde : 1766-1769. Journaux de navigation*.
        Paris : Imprimerie Nationale.

Spriggs, Matthew et A. Anderson
1993   « Late colonization of East Polynesia ». *Antiquity*, 67 : 200-217.

Turner, George
1861   *Nineteen years in Polynesia*. London.

Wilmshurst, Janet M., T.L. Hunt, C.P. Lipo and A. Anderson
2011   « High-precision radiocarbon dating shows recent and rapid colonization of East
        Polynesia ». *Proceedings of the National Academy of Sciences*, 108 : 1815-1820.

Wilkes, Charles
1845   *Narratives of the U.S. Exploring Expedition (1832-1842)*. Philadelphia.

47

La linguistique océanienne en France : état des lieux et exemple de recherche contextualisée

Claire Moyse-Faurie

Introduction

Les langues, l'histoire du peuplement et des contacts, les vestiges archéologiques et les spécificités culturelles des peuples océaniens sont les objets d'étude de plusieurs disciplines bien distinctes comme la linguistique, l'histoire, l'anthropologie ou l'archéologie, auxquelles se mêle depuis peu la génétique des populations. Les rapports entre ces disciplines sont complexes et leurs résultats sont souvent complémentaires, même s'ils peuvent aussi parfois être contradictoires, mais les interroger est toujours source d'intérêt.

La première partie de ce chapitre s'attachera à présenter ce que la linguistique nous enseigne du monde océanien, à la fois sous l'angle synchronique : quelles sont les langues parlées actuellement en Océanie ? Et sous l'angle diachronique : grâce à l'étude comparée des langues océaniennes, que sait-on du pays d'origine, des déplacements, des contacts et du mode de vie des premiers occupants de l'Océanie ? Nous ferons ensuite un bref état des lieux des récentes recherches linguistiques françaises en Océanie effectuées par les chercheurs du laboratoire de Langues et Civilisations à Tradition orale (Lacito) du CNRS, montrant leur intégration dans l'ensemble des recherches océanistes actuelles.

Dans la seconde partie de cet article, à titre d'exemple, nous présenterons l'expression linguistique des situations réfléchies et réciproques, en mettant en évidence d'une part, ce qui relève de l'universel et du spécifiquement océanien et, d'autre part, l'insertion de ce type d'étude dans une problématique culturelle plus large.

1. État des lieux : langues en présence et recherches linguistiques

Les grandes familles de langues présentes en Océanie correspondent à des vagues de peuplement différentes (Ozanne-Rivierre 1998). Deux familles proviennent des premières migrations, liées au peuplement initial de l'Australie et de la Nouvelle-Guinée : les langues australiennes et les langues papoues/non austronésiennes. Deux autres familles de langues proviennent de migrations maritimes beaucoup moins anciennes :
- La famille austronésienne, qui, après s'être diffusée à travers l'Insulinde, atteignit les côtes de la Nouvelle-Guinée et les îles voisines il y a environ 4 000 ans avant de

poursuivre son expansion vers les îles lointaines d'Océanie jusqu'alors inhabitées. Cette famille comporte, selon les estimations, de 1 000 à 1 200 langues. La carte des langues austronésiennes permet de mesurer l'immensité de cette aire linguistique qui s'étend depuis Taïwan/Formose au nord, jusqu'à Madagascar à l'ouest, la Nouvelle-Zélande au sud, Hawaii au nord-est et l'île de Pâques à l'est.

- La famille indo-européenne, d'implantation beaucoup plus récente, représentée essentiellement par l'anglais et le français et, dans une moindre mesure, l'espagnol et le portugais, ainsi que l'hindi (à Fidji). Le français et l'anglais se sont répandus en Océanie à partir du XIXe siècle avec l'expansion européenne dans cette partie du monde. Outre leur utilisation comme langues premières ou secondaires par des habitants océaniens, l'anglais et le français, tout comme le portugais et l'espagnol, ont aussi fortement influencé certaines langues austronésiennes, essentiellement sous forme d'emprunts lexicaux.

Aux langues indo-européennes, il faut ajouter différents créoles et pidgins, à base lexicale anglaise comme le tok pisin de Papouasie Nouvelle-Guinée, le pijin des îles Salomon, le bislama du Vanuatu et le créole hawaiien, ou à base lexicale française : le tayo de Saint Louis en Nouvelle-Calédonie. La genèse et la spécificité de ces langues, nées du contact forcé entre des Européens et des autochtones parlant diverses langues austronésiennes, ont fait l'objet d'études approfondies qui s'attachent aussi bien à l'aspect synchronique que diachronique de ces langues (cf. interalia Corne 1999 et Ehrhart 1993 sur le tayo, Crowley 2003 et 2004 sur le bislama).

Les recherches linguistiques françaises menées actuellement en Océanie par les chercheurs du laboratoire du Lacito peuvent être schématiquement réparties selon trois axes principaux : (i) description des langues à partir d'enquêtes de terrain approfondies (cf. § 1.1) et prise en compte de leur nécessaire sauvegarde et revitalisation (cf. § 1.2) ; (ii) comparatisme et linguistique historique ; (iii) typologie. Le premier axe de recherche est commun à la plupart des autres linguistes océanistes, tant du point de vue des approches théoriques que des méthodes d'enquête. Le second a été l'un des points forts du Lacito mais est devenu marginal, la majorité des études historiques restant l'œuvre de linguistes relevant du monde anglo-saxon (cf. § 1.3). Le troisième axe est une spécificité plus européenne qui est, concernant l'Océanie, particulièrement bien représentée au Lacito (cf. § 1.4).

1.1. Description : dictionnaires et grammaires

Une description complète d'une langue comporte plusieurs approches, parmi lesquelles l'étude des sons (phonétique, phonologie), des formes (morphologie), des structures grammaticales (syntaxe), du sens (sémantique) et de la pratique de la langue (pragmatique).

Les langues océaniennes offrent une grande diversité de structures grammaticales et de systèmes phonologiques. Ainsi, à côté de systèmes de sons très simples comme ceux des langues polynésiennes, on trouve des langues à plus de 60 consonnes ou à plus de 30 voyelles ; certaines langues de Nouvelle-Calédonie sont à registre tonal. Sur le plan grammatical, les langues océaniennes présentent des constructions possessives complexes et variées avec, outre une opposition entre possession aliénable et possession inaliénable, des classificateurs différents selon la nature de la relation de possession. Les constructions verbales sont parfois très déroutantes pour des locuteurs de langues indo-européennes, comme la construction dite « ergative », présente dans plusieurs langues polynésiennes comme le wallisien, le samoan, le tongien ou le futunien, et aussi dans quelques langues kanak, comme le nêlêmwa (Bril 2010b), dans laquelle l'actant référant au patient d'un verbe transitif est marqué de la même façon que l'unique actant d'un verbe intransitif. L'ordre des mots place fréquemment en tête de la phrase le verbe, suivi des différents actants et circonstants. Cependant, certaines langues océaniennes, en contact avec des langues papoues, ont à présent un ordre à verbe final, tandis que d'autres ont évolué vers un ordre Sujet Verbe Objet, semblable à celui du français. Les langues océaniennes ont toutes un système de marques personnelles très riche, présentant différents degrés de nombre (singulier, duel, pluriel, parfois même triel) et une opposition entre inclusif (incluant l'interlocuteur) ou exclusif (excluant l'interlocuteur) pour les premières personnes.

Même si à peine un quart des langues océaniennes ont été décrites en profondeur ces dernières cinquante années, nous ne pouvons faire l'inventaire de toutes les grammaires et dictionnaires les concernant ; nous signalerons simplement dans ce chapitre quelques publications récentes et significatives. Les linguistes océanistes appartiennent pour la plupart à des universités du monde anglophone situées dans ou en bordure du Pacifique. Leurs ouvrages — dictionnaires et grammaires — sont basés sur des enquêtes de terrain menées pour l'essentiel aux îles Salomon, en Papouasie Nouvelle-Guinée, en Micronésie, à Vanuatu et, plus marginalement, en Polynésie et en Nouvelle-Calédonie. Citons à titre d'exemples N. Thieberger (2006), Å. Naess (2011), B. Palmer (2009) en Australie ; F. Lichtenberk (2008), W. Bauer (2010) en Nouvelle-Zélande, ainsi que des ouvrages plus généraux aussi basés sur des descriptions (Lynch *et al.* 2011 ; Ross *et al.* 1998-2011).

Les linguistes appartenant à des universités ou des centres de recherche européens, outre les chercheurs français impliqués dans les actuels pays d'outre-mer (Polynésie française, Wallis et Futuna, et Nouvelle-Calédonie) ou à Vanuatu, sont peu nombreux et se sont principalement intéressés à des langues polynésiennes, tandis que les langues kanak continuent à attirer aussi des linguistes japonais, comme Midori Osumi qui enquête actuellement sur la langue neku parlée au sud de la Grande Terre. À titre indicatif, voici un aperçu des descriptions en cours ou très récentes réalisées par les linguistes océanistes du Lacito, présentées par pays d'enquêtes :

– Vanuatu : Alexandre François, outre ses recherches sur plusieurs langues du Nord Vanuatu, décrit actuellement trois langues de Vanikoro (teanu, lovono, tanema). Le groupe des îles Santa Cruz possède une douzaine de langues particulièrement diverses, et mal connues. Or, des recherches récentes en linguistique et en archéologie suggèrent qu'il s'agit d'un point crucial dans l'histoire du peuplement du Pacifique. Agnès Henri (2011) a décrit le sungwadia et poursuit des enquêtes de terrain sur les langues voisines, parlées sur l'île de Maewo. Benjamin Touati rédige une description du sakao, langue océanienne du Nord Santo, dans le cadre de sa thèse.

– Nouvelle-Calédonie[1] : Parmi les doctorants rattachés au Lacito, deux ont travaillé sur leurs langues maternelles : Suzie Bearune (2012) sur l'expression linguistique de l'espace en nengone (Maré, îles Loyauté) ; Alexandre Djoupa (2013), sur une description morpho-syntaxique du fagauvea (Ouvéa, îles Loyauté). Fabrice Wacalie, de langue maternelle drehu, a achevé une description phonologique et morpho-syntaxique du numèè, langue kanak de l'extrême-sud de la Grande Terre (thèse soutenue en novembre 2013) ; Aurélie Cauchard prépare un doctorat sur l'expression linguistique de l'espace en caac (extrême-nord de la Grande Terre) et Anne-Laure Dotte a étudié la langue iaai (Ouvéa, îles Loyauté) dans une approche sociolinguistique, prenant en compte l'évolution de cette langue du point de vue lexicologique et dans l'expression de la possession (thèse soutenue en décembre 2013). Isabelle Bril et moi-même travaillons actuellement à la description de plusieurs langues kanak en danger (cf. § 1.2.).

– Wallis et Futuna : je termine actuellement une grammaire du wallisien.

– Polynésie française : Jean-Michel Charpentier et Alexandre François (sous presse) ont réalisé un Atlas linguistique de la Polynésie française (Projet conjoint Lacito et Université de la Polynésie Française), qui offrira un panorama dialectologique de l'ensemble des archipels, incluant 20 dialectes, avec 2 200 entrées-cartes réunies dans deux volumes thématiques. Il s'agira d'une édition trilingue français-tahitien-anglais.

1.2. Sauvegarde de langues en danger et revitalisation

Les linguistes participent, d'une part, à l'élaboration de documents pédagogiques, d'abécédaires et de textes de littérature enfantine plurilingues, en partenariat avec l'Académie des Langues Kanak et la Direction de l'Enseignement pour ce qui concerne la Nouvelle-Calédonie et, d'autre part, à des programmes de documentation audiovisuels sous forme de vidéos dans le cadre de l'association Sorosoro pour la

---

1. Le Lacito a une longue tradition de recherches linguistiques en Nouvelle-Calédonie : l'approche scientifique des langues kanak a été initiée dans les années 1960 par A.-G. Haudricourt, s'est poursuivie sans relâche jusqu'à nos jours (I. Bril, F. Ozanne-Rivierre, J.-C. Rivierre et moi-même) et, grâce aux nouveaux doctorants, la relève semble assurée.

sauvegarde des langues en danger. En 2010, j'ai participé à un ensemble de tournages mettant en valeur les langues kanak xârâcùù, xârâgurè et haméa, et l'urgence d'œuvrer à leur sauvegarde[2].

Bien trop souvent, malgré l'ensemble des travaux accomplis et malgré une reconnaissance politique formelle au niveau national ou international, beaucoup de langues océaniennes sont menacées de disparition, par manque de transmission intergénérationnelle, par un nombre trop faible de locuteurs, à cause de l'urbanisation, des médias majoritairement francophones ou anglophones, etc.

Rares sont les langues océaniennes ayant un statut de langue officielle. C'est cependant le cas, par exemple, du māori de Nouvelle-Zélande, du samoan, du fidjien, du gilbertais, aux côtés de l'anglais. Par contre, aucune langue océanienne de Vanuatu n'a le statut de langue officielle, statut seulement octroyé au bislama, à l'anglais et au français.

Le statut de « langues régionales de France » appartenant au patrimoine national (loi constitutionnelle du 23 juillet 2008) devrait en principe garantir la sauvegarde et la revitalisation des langues parlées dans les trois pays d'outre-mer français de l'Océanie (Nouvelle-Calédonie, Polynésie française et Wallis-et-Futuna), statut renforcé pour les langues kanak par l'Accord de Nouméa (1998) les garantissant « langues d'enseignement et de culture ». Cependant, la Charte européenne des langues régionales n'a toujours pas été ratifiée par le gouvernement français.

Le programme de sauvegarde initié par la Province Nord de la Nouvelle-Calédonie, en partenariat avec le Lacito, consiste dans l'élaboration de dictionnaires comparatifs et thématiques de langues en danger. Il concerne une langue de l'extrême-nord, le yuanga/zuanga (I. Bril), les langues de la région de Voh-Koné (J.-C. Rivierre) et, pour ma part, le haméa, parlé dans la haute vallée de la Kouaoua. Dans leurs démarches, ces travaux s'apparentent, à une moindre échelle, à ceux financés par de grands programmes européens tel celui sur la documentation de langues en danger (DoBes) qui finance plusieurs projets en Océanie (http://www.mpi.nl/DOBES/projects/).

1.3. Reconstruction et comparatisme historique

La linguistique historique s'intéresse à l'origine et à la diversification des langues austronésiennes. L'approche historique de ces langues offre un témoignage important, tant sur le plan de la linguistique générale (mécanismes d'évolution) que par l'éclairage apporté sur la culture ancienne des peuples de cette région du monde, grâce aux termes anciens qu'il est possible de reconstruire à partir des langues parlées actuellement.

---

2. Sorosoro (http://www.sorosoro.org) signifie « esprit » en araki, langue du Vanuatu quasiment éteinte, décrite par François (2002). Les enregistrements vidéos sont devenus d'importants supports pour la documentation des langues, comme le montrent Margetts et Margetts (2012).

L'île de Taïwan, où les langues austronésiennes sont très différenciées mais aussi conservatrices de certains traits archaïques phonologiques et syntaxiques, est aujourd'hui considérée comme le centre de diffusion le plus probable des langues austronésiennes. En utilisant essentiellement la méthode dite « comparative », les linguistes sont parvenus à une classification des langues de cette famille qui reflète à la fois les apparentements des divers sous-groupes et le rattachement de cet ensemble de langues à une langue-mère, le proto-austronésien. Cette méthode repose sur la comparaison des langues non pas d'après leurs formes, mais d'après les correspondances régulières que l'on peut établir entre elles. Du fait de la régularité des changements dans une langue donnée, il s'ensuit que les correspondances entre les langues seront régulières dans le stock de mots qui sont génétiquement apparentés. La famille austronésienne présente un arbre généalogique fortement stratifié et, depuis les travaux de Blust (2009 pour les plus récents), Lynch *et al* (2002), parmi bien d'autres publications, les sous-groupements majeurs font l'objet d'un fort consensus parmi les linguistes. Parmi ces grands sous-groupes, l'océanien commun, ou « proto-océanien », est un groupe important puisqu'il est l'ancêtre d'environ cinq cents langues, soit la moitié des langues austronésiennes. Il regroupe à la fois des langues parlées sur les côtes de la Nouvelle-Guinée et dans les îles mélanésiennes proches et lointaines (archipel des Bismarck et Bougainville, Salomon, Vanuatu, Nouvelle-Calédonie, Fidji), les langues micronésiennes (à l'exception du chamorro et du palau, rattachés aux langues des Philippines) et les langues polynésiennes.

Dans la continuation des travaux initiés par André-Georges Haudricourt, Françoise Ozanne-Rivierre et Jean-Claude Rivierre ont contribué à une meilleure connaissance de l'histoire des langues austronésiennes et, en particulier, ils ont prouvé l'appartenance des langues kanak à cette grande famille, expliquant les évolutions qui ont conduit à leur diversification. Voir, dans la même démarche intégratrice, l'article de Andrew Pawley (2006).

Tout récemment, Alexandre François a mis en évidence les limites du modèle arborescent en Océanie, montrant que les phénomènes de divergence sont constamment contrebalancés par des processus de convergence, par le biais de contacts de langues (François 2011). Afin de représenter ces contacts, il propose un modèle visant à quantifier et représenter les apparentements généalogiques entre langues dans les contextes de réseaux sociaux multilingues (Kalyan & François, sous presse)[3].

---

3. G. W. Grace (1986) a été confronté dans les années 1970 à des difficultés similaires pour rendre compte sous forme d'arbre généalogique de la parenté entre diverses langues kanak du sud de la Grande Terre et le proto-océanien. Ayant moi-même travaillé dans cette région (Canala-La Foa-Kouaoua), il semble évident que des contacts récurrents et multidirectionnels entre locuteurs de langues voisines ont grandement contribué à multiplier dans ces langues le nombre de reflets pour chaque proto-phonème océanien, complexité mieux expliquée par des vagues successives de contacts que par une diversification *in situ*.

Ce bref tour d'horizon est loin d'être exhaustif, d'autres recherches en cours impliquant les linguistes océanistes du Lacito s'insèrent dans des programmes européens ou nationaux, essentiellement dans le domaine de la typologie.

1.4. Typologie syntaxique

L'approche typologique est une démarche relativement nouvelle dans le cadre des études linguistiques océaniennes, et est principalement le fait de linguistes européens. La typologie linguistique repose sur la comparaison des langues, sans tenir compte de la parenté génétique. Elle consiste à comparer les langues du monde à partir de notions choisies arbitrairement, afin de rechercher de façon empirique les traits communs et les limites de la variation à travers les langues (Lazard 2006). Parmi les thématiques abordées récemment par les linguistes océanistes du Lacito, citons l'expression linguistique de l'espace (Bearune 2012, Bril 2004, François 2004, Moyse-Faurie 2010), celle des prédicats complexes, de la coordination et de la subordination (Bril 2010, Bril & Ozanne-Rivierre (eds) 2004, Bril & Rebuschi (eds) 2006), ou encore, le domaine du réfléchi et du réciproque (Bril 2005, 2007, Moyse-Faurie 2007, 2008, König & Moyse-Faurie 2009).

2. Un exemple : l'expression linguistique du réfléchi et du réciproque

Pour illustrer la richesse des langues océaniennes, j'ai choisi l'exemple de l'expression linguistique du réfléchi et du réciproque, domaines qui offrent un pont entre les approches linguistique et anthropologique, parce qu'ils sont au cœur de nombre d'actions individuelles et collectives. Dans cette section, je tenterai de décrire le plus simplement possible les principales stratégies grammaticales utilisées dans les langues océaniennes pour exprimer ce type d'action, au regard des stratégies en œuvre dans d'autres langues comme le français ou l'anglais.

Ainsi, contrairement au français qui utilise la même marque (le « pronom réfléchi ») pour exprimer des actions aussi diverses que :

(i) celles que l'on exerce le plus souvent sur soi (*Jean se rase*) qui relèvent du domaine du moyen,

(ii) celles que l'on exerce exceptionnellement sur soi (*Jean se mord*), l'action réfléchie proprement dite,

(iii) et celles dans lesquelles deux ou plusieurs personnes interagissent en étant tour à tour ou simultanément patient et agent (*Pierre et Jean se tapent dessus*), l'action typiquement réciproque, la plupart des langues océaniennes présentent des stratégies différentes pour exprimer ces diverses situations. Par conséquent, il est nécessaire de différencier ces trois domaines conceptuels — moyen, réfléchi et réciproque — dont l'expression grammaticale est souvent différente, même si, en français, les stratégies utilisées pour ces trois domaines se recoupent.

Par ailleurs, il peut exister plusieurs stratégies par langue pour chacun des domaines. Ainsi, en français, le moyen peut aussi être exprimé par un simple verbe intransitif (*l'eau bout*) ou par l'emploi du pronom réfléchi (*le jour se lève*) ; le réfléchi peut être exprimé par l'emploi du pronom objet/réfléchi (*je me pince/il se pince*), du pronom indépendant suivi de *même* (appelé « intensifieur ») dans *il est fier de lui-même*, ou par la combinaison des deux stratégies pour éviter une confusion possible avec le réciproque (*ils se pincent eux-mêmes* versus *ils se pincent les uns les autres*). Le réciproque peut lui-même n'être exprimé que par cette locution dite « quantificationnelle », par exemple dans *Ils combattent les uns pour les autres*.

Reprenons dans un premier temps les différents domaines énumérés précédemment, en examinant leurs champs sémantiques respectifs et leurs expressions grammaticales dans quelques langues océaniennes, les exemples ou traductions en langues indo-européennes permettant la comparaison.

2.1. Le domaine du moyen

Le domaine du moyen couvre les situations suivantes, exemplifiées tout d'abord en français, en allemand et en anglais :

– actions sur son propre corps
Il se rase/lave ; *Er rasiert/wäscht sich* ; *He shaves/washes.*

– mouvements et positions du corps
Le garçon s'est levé ; *Der Junge erhob sich* ; *The boy stood up.*

– procès spontanés (ou anticausatifs)
La porte s'ouvre ; *Die Tür öffnet sich* ; *The door opens.*

– facilitatif
Le vin blanc se boit frais ; *Der Weißwein trinkt sich frisch* ; *The white wine is drunk fresh.*

– actions naturellement réciproques, actions conjointes
Ils se sont rencontrés et ils se sont embrassés ; *Sie sind sich begegnet und sie haben sich umarmt* ; *They met and they kissed.*

En français ou en allemand, presque tous les différents types de situation relevant du domaine du moyen sont exprimés à l'aide du pronom dit « réfléchi », qui n'offre une forme spécifique que pour la 3ᵉ personne. Dans les exemples ci-dessus, le pronom réfléchi n'a pas d'emploi référentiel, de sorte que le dénominateur commun de ces constructions est leur caractère intransitif. Cette intransitivité suffit à l'expression du moyen en anglais (*John stands up, is shaving, goes to sleep*, etc.). Dans les langues océaniennes, ce type de situation peut aussi être exprimé par une simple construction intransitive (stratégie dite lexicale), comme dans les exemples (1) et (2), ou à l'aide d'un préfixe verbal, reflet du préfixe proto-océanien *paRi- (stratégie affixale) en (3) et (4) :

FUTUNIEN (Futuna, Wallis-et-Futuna)

1.
Kua	*ma'anu*	*a*	*ia.*
PERF	se baigner	ABS	3SG

« Il s'est baigné. »

XÂRÂCÙÙ (Nouvelle-Calédonie, sud de la Grande Terre)

2a.
Nâ	*xii.*
1SG	raser

« Je me rase. »

2b.
Ri	*tôôbùtù.*
3PL	réunir

« Ils se réunissent. »

FUTUNIEN

3.
E	*ke*	**fe**-*vaku*	*i*	*le*	*kai*	*e*	*namu.*
IMPF	2SG	PREF-gratter	OBL	ART	manger	ERG	moustique

« Tu te grattes à cause des piqûres de moustiques. »

DREHU (Lifou, îles Loyauté)

4.
Kola	**i**-*xatua*	*la*	*lue*	*trefën.*
DUR	PREF-aider	ART	deux	époux

« Les époux s'entraident. »

2.2. Le domaine du réfléchi

Dans les langues océaniennes, les situations réfléchies sont généralement exprimées à l'aide de constructions transitives comportant une marque spécifique (le plus souvent, un « intensifieur ») indiquant la coréférence entre l'agent/sujet et le patient/objet, construction assez semblable à celle utilisée en anglais (*He pinches him* vs *he pinches himself* – Il le pince *vs* Il se pince).

Cette marque a souvent pour origine des notions spatiales (« vers le bas », « retourner »), des termes exprimant la véracité (« vrai, exact »), ou encore la singularité (« seul »), tandis que seules quelques langues océaniennes utilisent une marque ayant pour origine une partie du corps, stratégie pourtant la plus répandue dans les langues du monde.

– notions spatiales :
XÂRÂGÙRÈ (Nouvelle-Calédonie, sud de la Grande Terre)

5. | *Nyärä* | *sa* | *nyärä* | ***mûgé*.** |
   |---|---|---|---|
   | 3PL | frapper | 3PL | RETOURNER |

   « Ils se frappent eux-mêmes. »

AJIË (Nouvelle-Calédonie, centre de la Grande Terre)

6. | *Na* | *rhau-è* | ***yâi*** | *na* | *öyari*. |
   |---|---|---|---|---|
   | 3SG | frapper-3SG | VERS L'ARRIÈRE | MS | enfant |

   « L'enfant se frappe (se blesse) accidentellement. »

TAHITIEN (Polynésie française)

7. | *Tē* | *hohoni* | *'ona* | *iā* | *na* | ***iho*.** |
   |---|---|---|---|---|---|
   | DUR | pincer | 3SG | OBL | 3SG | VERS LE BAS |

   « Il se pince. » (*tē hohoni 'ona iā na* « Il le pince. »)

– notion de véracité :
WALLISIEN (Wallis, Wallis-et-Futuna)

8. | *'E* | *ilo'i* | *e* | *Petelo* | *iā* | *ia* | ***totonu*.** |
   |---|---|---|---|---|---|---|
   | IMPF | connaître | ERG | Petelo | ABS | 3SG | REDUP.VRAI |

   « Petelo se connaît bien. »

– notions restrictives :
FUTUNIEN

9. | *E* | *'ita* | *a* | *Petelo* | *kiate* | *ia* | ***fa'i*.** |
   |---|---|---|---|---|---|---|
   | IMPF | être en colère | ABS | Petelo | OBL | 3SG | SEULEMENT |

   « Petelo est en colère après lui-même. »

FAGAUVEA (Ouvéa, îles Loyauté)

10. | *E* | ***hage*** | *fuatiaina* | *ie* | *ia* | *a* | *Pol.* |
    |---|---|---|---|---|---|---|
    | IMPF | SEUL | haïr.TR | ABS | 3SG | PERS | Pol |

    « Pol se déteste. »

2.3. Le domaine du réciproque

Alors que le français utilise à nouveau la stratégie pronominale, éventuellement combinée à la stratégie quantificationnelle (*Ils **se** pincent **les uns les autres***) qui est celle de l'anglais (*They are pinching **each other***), les situations de réciprocité sont souvent exprimées en Océanie par des stratégies affixales, avec le même préfixe que celui utilisé pour le domaine du moyen, mais associé soit à un suffixe comme dans les exemples (13) et (14), soit à un pronom objet comme en (11 et 12).

Xârâgurè (Nouvelle-Calédonie, sud de la Grande Terre)

11. *Nyärä*   *naa*   **pu-xwi**   *rè*   **nyärä**.
    3PL   IMPF.PASSÉ   PREF-manger   IMPF   3PL
    « Ils avaient l'habitude de se manger. »

Caac (Nouvelle-Calédonie, extrême-nord de la Grande Terre)

12. *Ra*   **pe-wi**   *ra*   *tale*   *cawek*.
    3PL   PREF-mordre   3PL   ART.PL   chien
    « Les chiens s'entre-mordent. »

Drehu (Lifou, îles Loyauté)

13. *Itre*   *lapa*   *a*   **i-xatua-keu**   *kowe*   *la*   *ifaipoipo*.
    ART.PL   clan   IMPF   PREF-aider-SUF   vers   ART   mariage
    « Les clans s'entraident pour (préparer) le mariage. »

Futunien

14. *Ofolele*   *kua*   **fe-tio-'aki**   *le*   *sā*   *tagata*   *o*   *lā*   **fe-iloa-'aki**.
    soudain   PERF   PREF-voir-SUF   ART   CLAS   homme   et   3DU   PREF-savoir-SUF
    « Soudain les deux hommes se regardèrent et se reconnurent. »

Cette stratégie affixale, reconstruite en proto-océanien, a été abandonnée dans les langues polynésiennes orientales et dans quelques langues kanak, remplacée parfois par la même stratégie que celle utilisée pour exprimer le réfléchi (15), parfois par l'absence de toute marque (16), donnant alors lieu à une double interprétation possible :

Tahitien

15. *E*   *aroha*   *tātou*   *iā*   *tātou*   **iho**.
    IMPF   aimer   1PL.INCL   OBL   1PL.INCL   VERS LE BAS
    « Aimons-nous les uns les autres. » (Coppenrath & Prevost 1975 : 168)

Numèè (Nouvelle-Calédonie, extrême-sud de la Grande Terre)

16. *Treâ*   *trooke*   *nê*   *kwè*   *nê*.
    ART.PL   chien   3PL   mordre   3PL
    « Les chiens les mordent./ Les chiens s'entre-mordent. »

À l'inverse, ce sont parfois les marques de réciproque qui se sont étendues au domaine du réfléchi, comme c'est le cas dans quelques langues kanak du nord ou du centre-nord de la Grande Terre, donnant lieu ici à une double interprétation possible entre situation réfléchie ou réciproque :

FWÂI (Nouvelle-Calédonie, nord de la Grande Terre)
17.　*Yele*　***pe*-*cebi***　***yele*.**
　　3PL　　PREF-pincer　　3PL
　　« Ils se pincent (les uns les autres/eux-mêmes). »

HMWAVEKE (Nouvelle-Calédonie, centre-nord de la Grande Terre)
18.　*Le*　***ve*-*caina***　***le*.**
　　3PL　　PREF-connaître　　3PL
　　« Ils se connaissent (les uns les autres/eux-mêmes). »

2.4. Réflexivité et réciprocité au-delà de leur expression linguistique

Après cet aperçu mettant en valeur la richesse et la complexité linguistique dans le domaine du réfléchi et du réciproque, deux questions peuvent être soulevées : l'importance de la réciprocité, pilier de l'organisation sociale en Océanie, est-elle reflétée dans la syntaxe ou dans le lexique des langues océaniennes ? Les marques de réfléchi ou de réciproque ayant pour origine des notions spatiales sont-elles plus spécifiques à l'Océanie ?

La fréquence d'emploi de marques provenant de notions spatiales, qu'elles aient pour origine des (ad)verbes (« retourner », « de nouveau », « descendre ») ou des directionnels (« vers l'arrière ») est notable, même si cette origine est attestée dans d'autres langues du monde (par exemple, « donner en retour » en français traduit aussi la notion de réciprocité).

Le concept de réciprocité est à la base de toute organisation sociale. On distingue différents types de réciprocité (König 2011) :

- la réciprocité directe (échange, un prêté pour un rendu ; achat/vente ; corruption…)
- la réciprocité généralisée (solidarité, coopération, réciprocité intergénérationnelle) : le donneur ne connaît pas le récipiendaire, ce dernier devenant à son tour donneur.
- la réciprocité des rôles (artiste/public, docteur/patient ; enseignant/apprenant)
- la réciprocité des perspectives (se mettre à la place de quelqu'un)

Ainsi, il n'est pas étonnant que chaque langue élabore tout un ensemble de stratégies grammaticales pour exprimer tous ces concepts de réciprocité.

Les phrases en français ci-dessous illustrent en partie ces différents types de réciprocité :

Pierre et Jean se détestent. (réciprocité forte)
Les habitants de ce village s'entraident. (réciprocité faible : tous les habitants ne sont pas nécessairement impliqués)
Les invités mangent face à face. (réciprocité par paires)
Pierre et Jean ont le même âge. Pierre est le frère de Jean. Pierre est aussi grand que Jean. (réciprocité de relation)
Les journaux sont empilés les uns sur les autres. (chaîne de réciprocité)

Ces différentes situations de réciprocité sont souvent exprimées en Océanie par des reflets du préfixe proto-océanien *paRi-.

Par ailleurs, tout comme dans beaucoup d'autres langues, les constructions réciproques des langues océaniennes ont souvent des valeurs connexes : collective, dispersive, successive, distributive, itérative, etc. (Lichtenberk 2000, Nedjalkov 2007), illustrées ci-dessous par quelques exemples futuniens montrant le rôle des affixes dans l'expression de situations de réciprocité bien particulières :

– sociatif
  fe-'uluga-'aki « partager le même oreiller » (*'uluga* « oreiller »)
– successif
  fe-to'o-'aki « passer de main en main » (*to'o* « prendre »)
– itératif
  fe-tapa-'aki « zébrer le ciel (éclairs) » (*tapa* « briller (éclair) »)
  fe-ligi-'aki « verser à plusieurs reprises » (*ligi* « verser »)
– dispersif
  fe-pū-'aki « être troué de part en part » (*pū* « trou », « être troué »)
  fe-lele-'aki « s'envoler dans tous les sens » (*lele* « voler »)

D'autre part, on assiste fréquemment à la lexicalisation des formes dérivées utilisées pour exprimer le réciproque. C'est par exemple le cas en drehu ou en wallisien ; le préfixe de ces deux langues reflète bien le préfixe proto-océanien *paRi-, mais les suffixes ont une origine différente. Le suffixe *-keu* du drehu est vraisemblablement apparenté à la forme ayant donné la préposition spatiale *kowe* « vers », tandis que le suffixe wallisien *-'aki* est un reflet du suffixe applicatif proto-océanien.

Les exemples ci-dessous donnent une idée de la formation lexicale à l'aide de ces affixes dans le domaine de l'échange :

DREHU (Lifou, îles Loyauté) (Lenormand 1999)

i-öle-keu « offrande à l'aîné, au chef, des prémices de la récolte d'ignames, comportant la cuisson réciproque des ignames nouvelles et leur offrande réciproque » (*öl* « cuisiner »)

i-hotre-keu « s'offrir réciproquement des présents traditionnels ; présentation d'une offrande collective de produits de la terre » (*hotr* « don d'allégeance au moyen des prémices de la récolte d'ignames, pratiqué de frères cadets directs ou classificatoires au frère aîné (*haetra*), de frère aîné au chef de lignée (*tixe*), et de ce dernier au chef (*joxu*) et plus haut au grand chef (*angajoxu*) »)

i-sisinyi-keu « alliance, promesse ; être lié par serment, se conjurer » (*sisiny* « prêter serment »)

i-caasi-keu « se réunir, se rassembler » (*caas* « un »)

WALLISIEN

fe -to'o-'aki « échanger » (*to'o* « prendre »)

fe-tuku-'aki « échanger, troquer, brocanter, vendre » (*tuku* « laisser »)

fe'ilo « parenté éloignée » ; *fe-'ilo'aki* « se rendre visite, se fréquenter » (*'ilo'i* « connaître »)

Outre ces affixes, il existe des stratégies grammaticales telles le figement de l'article duel, ou l'emploi de classificateurs, qui donnent lieu à la formation de termes servant à désigner des couples ou des groupes de parenté, réunis dans une relation de réciprocité.

Ainsi, en xârâcùù (Nouvelle-Calédonie), l'article duel *du* est constitutif des composés désignant les couples de parenté, le deuxième élément du composé n'existant pas à l'état libre :

dumîî couple de parenté pouvant désigner « deux frères », « deux sœurs », « frère et sœur », « arrière-grand-père et son arrière-petit-fils »

dunyè « les parents géniteurs (père et mère) »

duduè « deux frères ou deux sœurs cadets »

dufã « jumeaux ».

En futunien, le classificateur *tau*, reconstruit sous la même forme (*tau) en proto-polynésien, comme « *prefix indicating reciprocal kin relation* » (Greenhill & Clark 2011), sert à former des couples de parenté :

tau tamana « père et fils/fille » (*tamana* « père »)

tau tinana « mère et fils/fille » (*tinana* « mère »)

tau māsaki « tante et neveu/nièce » (*māsaki* « tante »)

tau tu'atinana « oncle et neveu/nièce » (*tu'atinana* « oncle »)

> *tau tupuna* « grand-père/grand-mère et petit-fils/petite-fille » (*tupuna* « grand-parent »)
> *tau mātu'a* ou *tau āvaga* « mari et femme (couple d'époux) »
> *tau tuaga'ane* « un frère et une sœur »
> *tau ma'ā* « deux belles-sœurs » ou « deux beaux-frères »
> *tau puluga* « deux parents des mariés (les deux pères, les deux mères, un père et une mère de chaque famille) »

En xârâcùù, deux classificateurs, *döte* « couple de parenté » et *pââde* « groupe de parenté », permettent d'associer de la même façon différentes relations de parenté :

> *döte chää* « tante et neveu/nièce » (*chää* « tante », « nièce/neveu d'une femme »)
> *pââde chää* « tante et neveux/nièces »
> *döte xèrè* « petit-fils et grand-père », « oncle et neveu/nièce » (*xèrè* « petit-fils/petite-fille », « nièce/neveu » pour un homme)
> *paâde xèrè* « grand-père et petits-enfants »
> *döte cii* « deux cousins croisés », « deux beaux-frères », « deux belles-sœurs »
> *pââde cii* « plusieurs cousins croisés », etc.

Des études récentes (Evans *et al.* 2011) ont mis en avant l'importance du concept de réciprocité dans l'organisation sociale, non seulement parmi les êtres humains, mais aussi dans le monde animal (toilettage, partage de nourriture, soutien dans les conflits, etc. chez les primates). Ce concept intéresse ainsi tout un ensemble de disciplines (anthropologie, philosophie, économie, biologie, etc.), et il n'est pas étonnant que son expression linguistique, particulièrement riche et diversifiée, ait donné lieu à toute une série de recherches.

3. Conclusion

L'approche typologique ne se limite pas à une famille de langues mais doit au contraire rechercher, à partir d'une notion sémantique, comment celle-ci est exprimée grammaticalement dans les langues de monde, et quelles sont les limites dans la variation de cette expression. Concernant l'expression linguistique des situations réfléchies et réciproques, j'ai tenté de montrer comment les langues océaniennes s'insèrent dans des stratégies communes à d'autres familles de langues avec, en particulier, l'emploi d'intensifieurs pour marquer le réfléchi. Cette démarche à vision universalisante n'empêche pas la mise en évidence de tendances, de spécificités remarquables, comme l'origine souvent spatiale en Océanie des marques de réfléchi. Si la grande majorité des descriptions de langues océaniennes sont d'inspiration structuraliste ou fonctionnaliste quels que soient les centres de rattachement des linguistes océanistes, force est de constater que l'approche typologique reste jusqu'à présent un champ de recherche essentiellement européen. Nécessitant des données fiables sur des langues les plus variées possibles, la typologie rejoint l'approche descriptive, préalable à toute avancée théorique en linguistique. Enfin, outre l'aspect purement scientifique lié à une meilleure connaissance de la structure et du fonctionnement des langues, les données obtenues lors des enquêtes de terrain permettent aussi la reconnaissance, la sauvegarde et la revitalisation de ces langues bien souvent en danger : les applications, comme la contribution à l'élaboration d'outils pédagogiques permettant l'enseignement des langues océaniennes dans un cadre scolaire, ne doivent plus être négligées par les linguistes.

Typologie, description, sauvegarde des langues sont les trois démarches parallèlement prises en compte par les linguistes océanistes du Lacito, et c'est peut-être cette combinaison qui fait leur spécificité au sein de la communauté linguistique des Océanistes, même si l'aspect historique n'est pas négligé, grâce aux récents travaux d'Alexandre François.

Abréviations

ABS absolutif ;
ART article ;
CLAS classificateur ;
DU duel ;
DUR duratif ;
ERG ergatif ;
IMPF imperfectif ;
INCL inclusif ;
MS marque sujet ;
OBL marque oblique ;
PERF perfectif ;
PERS article personnel ;
PL pluriel ;
PREF préfixe ;
REDUP reduplication ;
SG singulier ;
SUF suffixe ;
TR suffixe transitif.

Bibliographie

Bauer, Winifred
2010   *Maori*, Routledge, Descriptive Grammars. (Réédition).

Bearune, Suzie
2012   L'expression linguistique de l'espace en nengone (Maré, Nouvelle-Calédonie),
        thèse soutenue à l'Inalco le 27 janvier 2012.

Blust, Robert
2009   *The Austronesian languages*. Canberra : Pacific Linguistics. Australian National University.

Bril, Isabelle
2004   « Deixis in Nêlêmwa (New Caledonia) ». In G. Senft (ed.), *Deixis and demonstratives in
        Oceanic languages*. Canberra : Pacific Linguistics 562, p. 99-127.
2005   « Semantic and functional diversification of reciprocal and middle prefixes
        in New Caledonian and other Austronesian languages ». *Linguistic Typology*, 9(1): 25-75.
2007   « Reciprocal constructions in Nêlêmwa (New Caledonia) ». In V. Nedjalkov (ed.), *Reciprocal
        Constructions*. John Benjamins, Typological Studies in Language 71, p. 1479-1509.
2010   « Structure actancielle et diathèse : du nêlêmwa aux langues néo-calédoniennes et
        austronésiennes ». In I. Choi-Jonin, M. Duval, O. et Soutet (eds), *Typologie et comparatisme.
        Hommages offerts à Alain Lemaréchal*. Leuven-Paris-Walpole MA : Peeters, p. 37-59.

Bril, Isabelle (ed.)
2010   *Clause Linking and Clause Hierarchy : Syntax and pragmatics*. Amsterdam/Philadelphia :
        Benjamins (Studies in Language Companion Series, 121), VIII.

Bril, Isabelle et Georges Rebuschi (eds)
2006   *Coordination et subordination : typologie et modélisation. Faits de Langues* 28. Paris : Ophrys.

Bril, Isabelle and Françoise Ozanne-Rivierre (eds)
2004   *Complex predicates in Oceanic languages: Studies in the dynamics of binding and
        boundness*. Berlin : Mouton de Gruyter, Collection EALT 29.

Cablitz, Gabriele
2006   *Marquesan : A Grammar of Space*. Berlin et New York : Mouton de Gruyter. Trends in
        Linguistics. Studies and Monographs 169.

Charpentier, Jean-Michel et Alexandre François
(sous presse). *Atlas Linguistique de Polynésie Française – Linguistic Atlas of French Polynesia*.
        Berlin : Mouton de Gruyter, 2 vols.

Coppenrath, Hubert et Paul Prevost
1975   *Grammaire approfondie de la langue tahitienne*. Papeete : Librairie Pureora.

Corne, Chris
1999   *From French to Creole. The development of new vernaculars in the French colonial world*.
        London : University of Westminster Press.

Crowley, Terry
2003   *A New Bislama Dictionary*. Port Vila : University of the South Pacific. Institute of Pacific
        Studies, 2e édition
2004   *Bislama Reference Grammar*. Honolulu : University of Hawaii Press.

Djoupa, Alexandre
2013   Analyse syntaxique et sémantique du fagauvea (Ouvéa, îles Loyauté, Nouvelle-Calédonie). Thèse soutenue à l'Inalco le 30 janvier 2013.

Ehrhart, Sabine
1993   *Le créole français de St-Louis (le tayo) en Nouvelle-Calédonie*. Humburg : Buske.

Evans, Nicholas, Alice Gaby, Stephen C. Levinson and Asifa Majid
2011   *Reciprocals and Semantic Typology*. John Benjamins Publishing Company.

François, Alexandre
2002   *Araki: A disappearing language of Vanuatu*. Canberra : Australian National University, Pacific Linguistics, 522.
2004   « Reconstructing the geocentric system of Proto Oceanic ». *Oceanic Linguistics*, 43(1): 1-32.
2011   «Social ecology and language history in the northern Vanuatu linkage: A tale of divergence and convergence ». *Journal of Historical Linguistics*, 1(2): 175-246.

Greenhill S.J. and R. Clark
1986   « Hypotheses about the phonological history of the language of Canala, New Caledonia ». *Te Reo*, 29 : 55-67.
2011   « POLLEX-Online: The Polynesian Lexicon Project Online ». *Oceanic Linguistics*, 50(2) : 551-559.

Henri, Agnès
2011   *Le suñwadia. Éléments de description d'une langue du Vanuatu*. Louvain : Peeters, Collection linguistique de la Société de Linguistique de Paris, 97.

Kalyan, Siva and Alexandre François
(sous presse). « Freeing the Comparative Method from the tree model : A framework for Historical Glottometry ». In R. Kikusawa and L. Reid (eds), *Let's talk about trees : Tackling Problems in Representing Phylogenic Relationships among Language*. Osaka: National Museum of Ethnology. (Senri Ethnological Studies).

König, Ekkehard
2011   « Reciprocals and semantic typology. Some concluding remarks ». In N. Evans, A. Gaby, S. C. Levinson and A. Majid (eds), *Reciprocals and Semantic Typology*. John Benjamins Publishing Company, p. 329-339.

König, Ekkehard and Claire Moyse-Faurie
2009   « Spatial reciprocity: Between grammar and lexis ». In J. Helmbrecht *et al.* (eds), *Form and Function in Language Research. Papers in Honour of Christian Lehmann*. Berlin : Mouton de Gruyter, p. 57-69.

Lazard, Gilbert
2006   *La quête des invariants interlangues. La linguistique est-elle une science ?* Paris : Honoré Champion.

Lenormand, Maurice-Henry
1999   *Dictionnaire de la langue de Lifou. Le Qene Drehu*. Nouméa : Le Rocher-à-la-Voile.

Lichtenberk, Frantisek
2000   « Reciprocals without reflexives ». In Z. Frajzyngier and T. S. Curl (eds), *Reciprocals. Forms and Functions*. John Benjamins Publishing Company, Typological Studies in

Language 41, p. 31-62.

2008a   *A dictionary of Toqabaqita (Solomon Islands)*. Canberra : Pacific Linguistics.

2008b   *A grammar of Toqabaqita* (2 vols). Berlin and New York : Mouton de Gruyter.

Lynch, John, Malcolm Ross and Terry Crowley,
2011 [2002] *The Oceanic Languages*. Routledge.

Margetts, Anna and Andrew Margetts
2012   « Audio and video recording techniques for linguistic research ». In N. Thieberger (ed.), *The Oxford Handbook of Linguistic Fieldwork*. Oxford : Oxford University Press, p. 13-53.

Moyse-Faurie, Claire
2007   « Reciprocal, sociative, middle and iterative constructions in East Futunan (Polynesian group) ». In V. Nedjalkov (ed.), *Reciprocal Constructions*. John Benjamins, Typological Studies in Language 71, p. 1511-1543.
2008   « Constructions expressing middle, reflexive and reciprocal situations in some Oceanic languages ». In E. König and V. Gast (eds), *Reciprocals and reflexives. Theoretical and Typological explorations*. Berlin : Mouton de Gruyter, Trends in Linguistics, p. 105-168.
2010   « (Dé) Grammaticalisation d'expressions spatiales dans des langues océaniennes ». In I. Choi-Jonin, M. Duval et O. Soutet (Textes réunis par), *Typologie et Comparatisme. Hommages offerts à Alain Lemaréchal*. Leuven : Peeters, Orbis/Supplementa, t. 28, p. 295-314.
2012   « The concept 'return' as a source of different developments in Oceanic languages ». *Oceanic Linguistics*, 51-1 : 234-260.

Naess, Åshild and Even Hovdhaugen
2011   *A Grammar of Vaeakau-Taumako*. Berlin : Mouton de Gruyter.

Nedjalkov, Vladimir (éd.)
2007   *Reciprocal Constructions*. John Benjamins, Typological Studies in Language 71.

Ozanne-Rivierre, Françoise
1998   « Langues d'Océanie et histoire ». In A. Bensa et J.-C. Rivierre (eds), *Le Pacifique : un monde épars*. Paris : L'Harmattan.

Palmer, William Dennis
2009   *Kokota Grammar*. Honolulu : University of Hawai'i Press.

Pawley, Andrew
2006   « Explaining the aberrant Austronesian languages of Southeast Melanesia: 150 years of debate ». *Journal of the Polynesian Society*, 115(3) : 215-258.

Ross, Malcolm, Andrew Pawley and Meredith Osmond (eds)
1998   *The lexicon of Proto Oceanic. The culture and environment of ancestral Oceanic society, 1. Material Culture*. Canberra : ANU, Pacific Linguistics C-15.
2003   *The lexicon of Proto Oceanic. The culture and environment of ancestral Oceanic society, 2. The Physical environment*. Canberra : ANU, Pacific Linguistics 545.
2008   *The Lexicon of Proto Oceanic: The culture and environment of ancestral Oceanic society, 3. Plants*. Canberra : ANU, Pacific Linguistics 599.
2011   *The Lexicon of Proto Oceanic: The culture and environment of ancestral Oceanic society, 4. Animals*. Canberra : ANU, Pacific Linguistics 621.

Thieberger, Nicholas
2006   *A Grammar of South Efate: An Oceanic Language of Vanuatu*. Honolulu : University of Hawai'i Press. Oceanic Linguistics Special Publication, N° 33.

Chapitre 4

La représentation de la frontière maritime dans les cartes régionales et la construction d'une vision de l'Océanie

Luc Vacher

La problématique des frontières et plus particulièrement de leurs tracés a toujours été importante en géographie. D'abord parce qu'elles fondent bien souvent le travail du géographe qui est, dans un premier temps, de positionner et de tracer des limites permettant de définir des objets géographiques. Mais aussi parce que l'invention du monde moderne à travers l'histoire des découvreurs occidentaux est, au-delà du dessin des côtes et des fleuves, une histoire du découpage du monde. Le maillage obtenu qui doit déterminer des entités « cohérentes » correspondant à une vision du monde qui s'invente au rythme des expéditions.

Un découpage qui détermine une « vérité », mais qui évolue pourtant de manière permanente. Ainsi, après la découverte du monde par les Occidentaux, l'appropriation des espaces conforte cette importance de la ligne qui sépare, même si le maillage qui se définit alors a ses propres logiques. C'est souvent la ligne qui sépare le bien des uns de celui des autres ou celle qui permet de définir ou de redéfinir les droits de certains sur l'espace. Le tracé des frontières qui partagent, le monde à l'époque coloniale est central dans ce processus et le rôle des cartographes, qui sont souvent attachés au service des armées des puissances coloniales, est essentiel dans l'accompagnement de l'appropriation du monde par l'Occident.

Avec la décolonisation, même inachevée, des empires, ces frontières ont parfois été déplacées, la trame a pu s'affiner. Elle dessine parfois des remparts pour des nations en construction, parfois des interfaces apaisées de l'échange économique et de la coopération régionale. Mais quel que soit son rôle effectif, la frontière à travers la représentation qu'elle permet de l'extension et de la forme du territoire est souvent un des premiers identifiants de la « réalité » nationale. L'image de la forme du pays défini par ces limites devient un enjeu matérialisé par la création d'Atlas nationaux et le développement d'une géographie enseignée dans les écoles. Bien souvent, comme pour d'autres emblèmes nationaux, sa diffusion est relayée par des formes moins académiques (motif sur des vêtements, décoration d'objets, cartes postales, etc.).

Comme le dessin du territoire national, la réalité régionale se pense souvent à travers la démonstration de la cohérence d'une continuité (et donc par défaut, de la mise en évidence de discontinuités) s'appuyant sur la représentation cartographique. L'espace régional sera envisageable à partir du moment où il pourra être visualisé comme un tout.

La représentation des limites qui déterminent notre vision hiérarchisée du monde est donc une vraie question. Pourtant, si le positionnement d'une frontière ou la revendication d'une appartenance peuvent amener à s'interroger sur le bien-fondé de la représentation d'un territoire dans un ensemble (la Turquie fait-elle partie de l'Europe ? Le Sahara occidental doit-il être représenté sur les cartes du Maroc ?) la question du mode de représentation graphique de ces appartenances fait moins débat (comment représenter la limite territoriale entre l'Indonésie et les Philippines ? Comment distinguer les îles grecques de la mer Égée des côtes de Turquie ?). Il est vrai que les territoires ambigus sont, en général, périphériques et insulaires et qu'ils représentent rarement un enjeu central de la représentation cartographique ou de l'incarnation identitaire.

Quand on s'intéresse à l'Océanie, les choses ne sont pas aussi simples, et cela pour plusieurs raisons. L'essentiel de l'espace océanien est marin. Aussi notre problématique de la représentation de la limite va rencontrer deux écueils : d'abord comment représenter la continuité de territoires dont la souveraineté repose essentiellement sur un émiettement insulaire et sur de minces franges d'eaux territoriales ? Ensuite comment représenter le « continu » de l'espace régional océanien en conservant l'idée d'un espace marin dont l'appropriation incomplète (rarement exposée) est une des clés de la compréhension des enjeux économiques et géopolitiques de la région ?

Afin d'apporter des réponses à ces questions, ce chapitre présentera dans un premier temps les représentations habituellement en cours pour le maillage territorial du Pacifique sud, Il fera ensuite l'analyse et la critique des représentations les plus courantes, que cela soit la prudence des acteurs ayant un rôle dans le jeu géopolitique régional ou global, ou dans la fantaisie des représentations trouvées dans l'édition et la presse. Nous traiterons ensuite des espaces interstitiels rarement représentés dans le maillage territorial, mais qui sont l'objet de convoitises qui les placent au cœur des analyses sur l'avenir de la région.

Nous terminerons cette étude par la proposition d'un fond de carte issue des questions et des réflexions amorcées avec la réalisation d'un nouvel atlas thématique de l'Océanie (Argounes, Mohamed-Gaillard, Vacher, 2011).

1. Des institutions et organisations régionales qui évitent la représentation des limites territoriales de l'Océanie

De quelle réalité régionale parle-t-on ?

C'est une interrogation ancienne, puisque l'Océanie dès sa naissance posa problème. Elle fut la dernière partie du monde habitée à être découverte et les géographes devront lui trouver une place dans un monde déjà largement dessiné. Nous n'aborderons pas en détail, comme ont pu le faire d'autres, la gestation de l'idée continentale

(Lewis & Wigen 1997 ; Grataloup 2009, 2011) avec l'émergence de cette cinquième partie du monde quand « il fallait se décider, ou à ne voir… dans la Nouvelle-Hollande (Australie) et la Nouvelle-Zélande qu'un appendice de l'Asie, ou… créer une nouvelle division qui renfermât ces vastes terres. » (Malte-Brun 1837) et de décider que la cinquième partie du monde qui « se trouve située tout entière dans le grand Océan… s'appellera Océanie ; ses habitants seront nommés Océaniens. » (Domeny de Rienzi 1836). Nous n'aborderons pas plus la modification des limites de cet ensemble comme Serge Tcherkézoff (2008) l'a si bien fait expliquant comment l'espace océanien qui incluait dans un premier temps l'Insulinde perdra cette « Malaisie » puis les îles inhabitées de la périphérie japonaise pour se stabiliser autour de la définition des trois sous-ensembles Micronésie, Polynésie et Mélanésie avec Dumont d'Urville (1832). Mélanésie qui verra l'Australie s'autonomiser quand il devint évident que celle-ci était devenue « blanche ».

Aujourd'hui l'Océanie est une réalité nommée et reconnue dans ces contours par toutes les cultures du système monde. La liste des pays la composant ne varie que rarement, même si certaines approches régionales oublient Hawaii considérée comme une partie des États-Unis ou d'autres ne souhaitent pas associer l'Australie dont la taille leur paraît indécente face aux petites îles du Pacifique ; enfin le Timor oriental pour des raisons géopolitiques sera parfois rapproché des États océaniens. Ailleurs, le terme Océanie sera perçu comme coloré d'histoire coloniale et on lui préférera des qualificatifs moins précis comme îles du Pacifique (Quanchi 2003) ou d'îles et États du Pacifique sud (Antheaume et Bonnemaison 1988) mais sans remettre en cause la délimitation des contours de l'ensemble. On peut alors se demander pourquoi les cartes présentant l'Océanie sont si rares dans la production cartographique institutionnelle.

Des cartes très discrètes dans la production institutionnelle

La Division Géographique de la direction des Archives du Ministère des Affaires Étrangères qui produit la communication officielle de la France en matière de représentation cartographique des espaces nationaux ne présente pas de carte régionale du Pacifique sur le site internet du Ministère. Ce même site qui définit pourtant l'Océanie comme une des six grandes zones géographiques mondiales et qui offre une page de présentation pour chacun des pays de la zone. Des présentations des États systématiquement accompagnés d'une petite carte du pays dessiné à une échelle qui évite d'avoir à définir celui-ci par rapport à ses voisins.

L'Union européenne qui est le deuxième bailleur de fonds de l'Océanie après l'Australie dans le cadre du dixième Fonds européen de Développement 2008-2013 avec les aides octroyées aux pays ACP (Pays d'Afrique, des Caraïbes et du Pacifique) et aux PTOM (pays et territoires d'outre-mer) ne propose, elle, non plus aucune carte satisfaisante de cet espace. Les documents officiels, quand ils incluent une représentation cartographique, offrent une très curieuse image ou seule la frontière terrestre entre la Papouasie Nouvelle-Guinée et l'Indonésie est figurée. Pour le reste, les noms des pays indépendants de la zone flottent au milieu du semis d'îles du Pacifique et rien ne permet vraiment de les rattacher à tel ou tel nom.

Le gouvernement américain qui inonde le monde de ces productions cartographiques via la Central Intelligence Agency offre dans son World Factbook, comme le Ministère des affaires étrangères français, des cartes nationales évitant de représenter les voisinages. Néanmoins, il offre aussi des documents qui se définissent comme des cartes de l'Océanie. L'ensemble régional est défini par le cadre choisi car aucune limite n'est tracée sur les documents. Sur les deux versions les plus courantes, des choix originaux ont été faits pour distinguer les différentes nations. Les deux rappellent par la forme une époque où l'on ne s'embarrassait pas du droit international pour distinguer les territoires. Les formes patatoïdes de la première représentation (figure 1) sont agréables à regarder et permettent de distinguer facilement les différents ensembles. Les confettis de la deuxième version (figure 2) ne sont lisibles que grâce au code couleur qui permet de les rattacher à l'un ou à l'autre et sont beaucoup moins satisfaisants. L'un comme l'autre oublient des territoires et tiennent un discours ambigu. Dans le cas présenté sur les figures 1 et 2 les îles Matthew et Hunter sont représentées comme appartenant à la Nouvelle-Calédonie sur une carte, au Vanuatu sur l'autre.

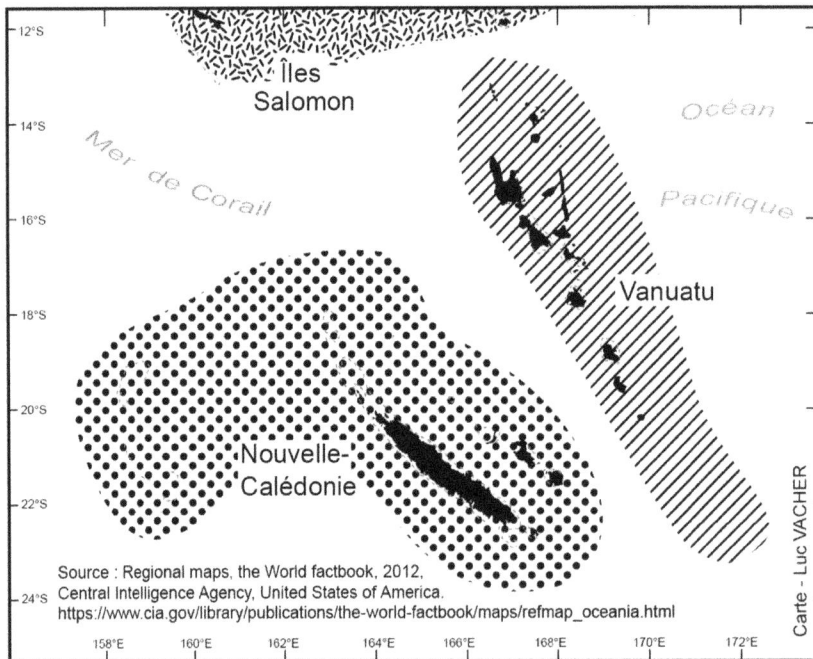

Figure 1. Détail de la carte de l'Océanie en « patates » de la Central Intelligence Agency

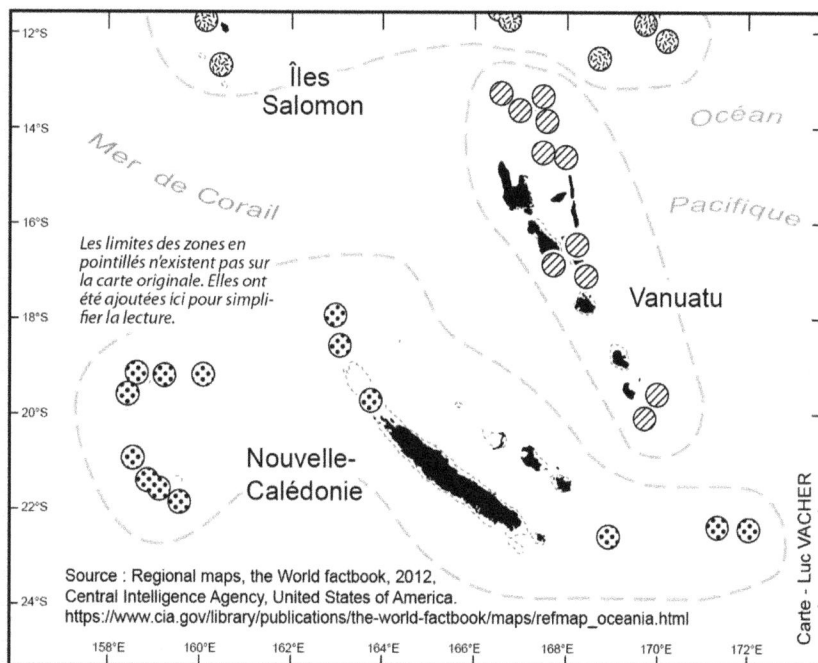

Figure 2. Détail de la carte de l'Océanie en « confettis » de la Central Intelligence Agency

Si on s'intéresse à la production des Océaniens eux-mêmes, la situation n'est pas plus florissante. La consultation des sites internet et des rapports produits par les onze organisations régionales membres du Council of Regional Organisations in the Pacific (CROP) laisse un étrange sentiment. L'évidence d'une grande frilosité cartographique apparaît avec une propension à choisir des cartes revendiquant une dimension minimaliste voire décorative comme avec le secrétariat général du Forum des îles du Pacifique, la South Pacific Tourism Organisation (SPTO) ou la Pacific Power Association (PPA). D'autres évitent tout simplement de proposer une carte de la région, comme l'University of South Pacific à qui cela pourrait simplifier la présentation de la répartition internationale de ses campus. Le Secrétariat pour la Communauté du Pacifique (CPS) est lui prudent et les cartes qu'il diffuse soulignent essentiellement un périmètre d'action de la structure au contour géométrique aujourd'hui familier (figure 5). Depuis qu'il a intégré en 2011 la SOPAC (Applied Geoscience and Technology Division), le secrétariat propose aussi sur un serveur cartographique Geonetwork une vision des « frontières maritimes » qui correspond aux limites de la Zone Économique Exclusive.

Si les institutions sont aussi mal à l'aise pour représenter les limites des États, c'est que la chose est loin d'être évidente quand on traite de l'espace océanique.

73

Petit rappel de la réalité des frontières en domaine maritime

Sur terre, la limite de la souveraineté d'un état se définit clairement par rapport à une autre souveraineté et peut prendre la forme très concrète d'un mur ou d'une ligne tracée sur le sol avec un garde armé de chaque côté. Sur la carte, la frontière se dessine d'un trait net ce qui ne veut pas dire que son positionnement ne soit parfois contesté. En mer, les choses sont plus complexes. D'abord parce que les lignes n'aiment pas l'eau ; être sous-marines les rend invisibles, portées par des bouées en surface elles ne tiennent pas en place avec les vents et les courants. Mais si les frontières marines sont rarement matérialisées s'est aussi parce que leur statut est moins clair que sur terre. Suivant la Convention des Nations Unies sur le droit de la mer en vigueur depuis novembre 1994, de multiples lignes peuvent être évoquées pour déterminer la limite des droits d'un état au large de ses côtes (figure 3).

On peut d'abord rappeler que c'est la notion de « mer territoriale » qui définit la souveraineté stricto sensu d'un État Côtier sur une zone de mer adjacente, comprenant ses fonds marins et leur sous-sol et l'espace aérien surjacent. La limite de cette mer se situe au maximum à 12 milles marins des côtes soit environ 22 km en mer. Ce mince surlignage côtier n'est jamais discuté en Océanie sauf autour de la Papouasie Nouvelle-Guinée à cause de la proximité des îles australiennes du détroit de Torres et au sud de Bougainville avec les îles Shorland qui appartiennent aux Salomon. La Papouasie Nouvelle-Guinée est aussi le seul pays océanien à présenter une frontière terrestre en Océanie.

Cette mer territoriale se définit donc à partir de la ligne de côte, première limite et interface majeure des peuplements insulaires, ou plutôt à partir de la « ligne de base normale » qui correspond à la limite des (plus fortes) marées basses indiquées sur les cartes marines. Quand des baies profondes ou des chapelets d'îles côtières existent on peut tracer une « ligne de base droite » simplifiant le tracé. Cette ligne de base peut aussi s'appuyer pour des atolls ou des îles bordées de récifs frangeants sur la laisse de basse mer côté large. Pour des territoires possédant une barrière de corail comme la Nouvelle-Calédonie, cela peut étendre la notion « d'eaux intérieures » de manière très importante. Cela donne aussi à certains récifs ou microscopiques îlots une grande importance. Dans le cas d'un « État archipel », c'est-à-dire entièrement constitué par un ou plusieurs archipels, une « ligne de base archipélagique » est possible. Cette ligne, qui relie alors les points extrêmes des îles les plus éloignées, définit une vaste zone marine d'« eaux archipélagiques » dont le statut est très proche de celui de mer territoriale. Pourtant de nombreux États océaniens n'ont pas entrepris le coûteux investissement de la définition de cette « ligne de base archipélagique ». En effet, la Convention sur le droit de la mer précise que la zone d'eaux archipélagiques ne peut représenter plus de 9 fois la superficie émergée du pays. Aussi, si pour les pays mélanésiens riches en terres (Papouasie Nouvelle-Guinée, Salomon, Vanuatu, Fidji) cette « ligne de base archipélagique » est apparue comme intéressante à tracer, pour des pays pauvres en superficie émergée comme les Marshall (181 km²) ou le Kiribati (136 km²) l'opération est apparue comme inutile. D'autres raisons, comme le fait de ne pas être un État, peuvent expliquer l'absence de définition de ces eaux archipélagiques pour des collectivités d'outre-mer comme la Nouvelle Calédonie ou la Polynésie française que ce statut pourrait intéresser.

Au-delà de la mer territoriale commence la zone contiguë où les droits de l'État sont prolongés sur des questions de sécurité. Jusqu'à 24 milles nautiques, le pays a la possibilité de contrôler et réprimer les infractions à ces lois et règlements dans les domaines douaniers, fiscaux, sanitaires et en matière d'immigration.

Puis commence la Zone Économique Exclusive (ZEE) qui se termine, dans le cas où aucun voisin n'oblige à tracer une ligne à égale distance des deux côtes, à 200 milles marins au large (411 km). Dans cette ZEE, l'État riverain possède des droits souverains « économiques » pour l'exploitation et la conservation de toutes les ressources des eaux, du fond de la mer et de son sous-sol. C'est cette ZEE qui fait souvent l'objet de revendications « territoriales », comme entre le Timor oriental et l'Australie pour l'exploitation du pétrole, ou de négociations pour des accords de pêche. Quand une limite continue est utilisée pour représenter les frontières d'un état marin, c'est en général cette limite « économique » qui est utilisée alors qu'elle ne l'est que très rarement quand les états présentent d'importantes frontières terrestres plus « politiques » (figure 4).

Une dernière limite existe, qui illustre bien les appétits pour le contrôle des espaces se situant au-delà de la ZEE. Il s'agit de la limite du plateau continental, qui, quand

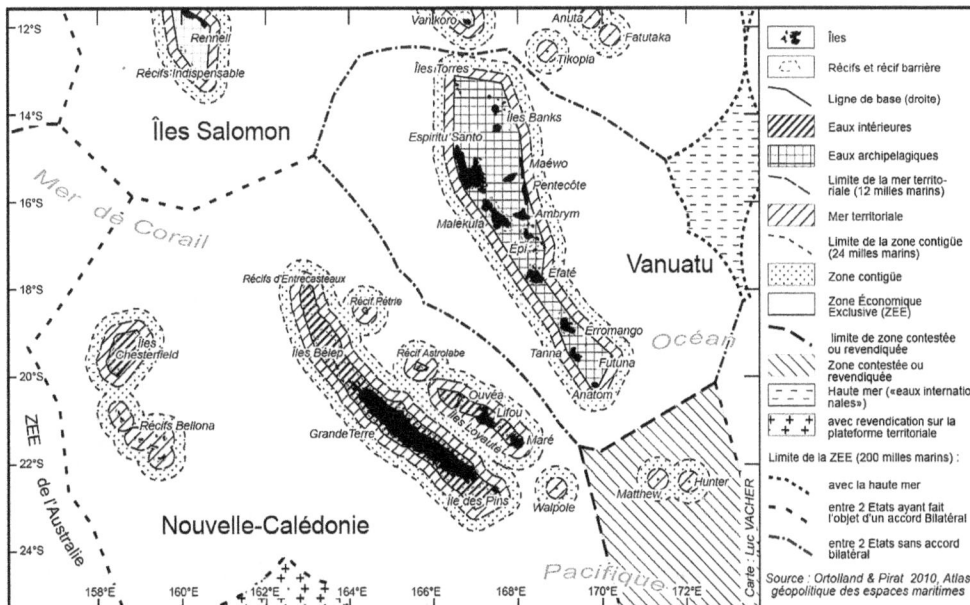

Figure 3. Les différents types de limites et d'espaces maritimes autour de la Nouvelle-Calédonie

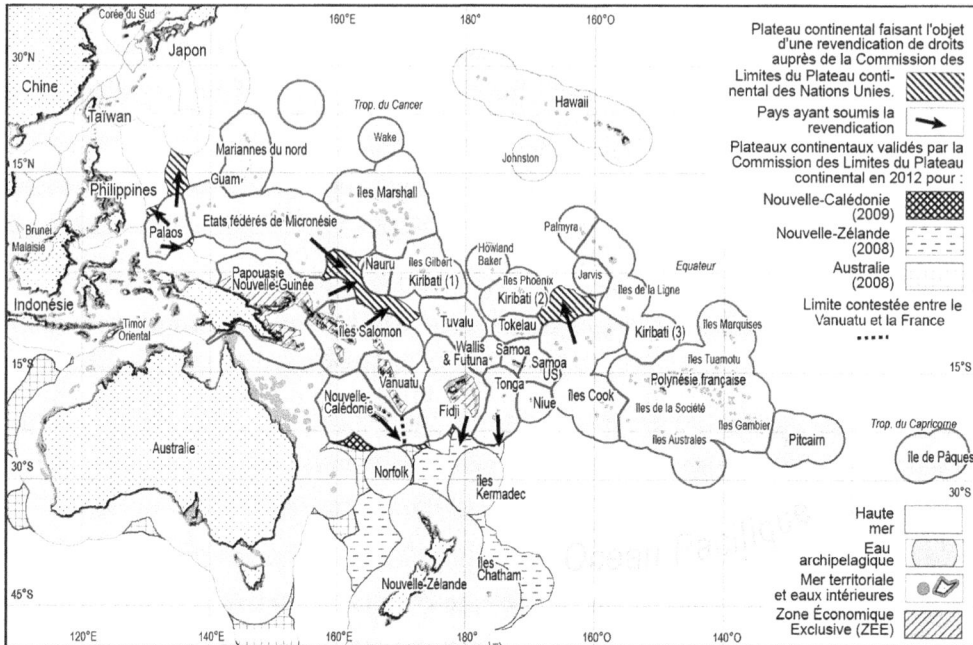

Figure 4. Frontières et limites de souveraineté des États dans le domaine maritime en Océanie

il existe, peut porter à 350 milles marins les limites du rayonnement d'un État en mer. Les droits économiques se limitent alors à l'exploitation des richesses du sol et du sous-sol, excluant la plupart des activités de pêche. Ces extensions sont en général demandées pour le contrôle d'éventuelles ressources en hydrocarbures. Au-delà commencent les eaux internationales, la « Haute mer » du droit de la mer sur laquelle aucun État ne peut réclamer de droit particulier.

Comme sur terre ces limites peuvent être sujettes à des contestations. C'est le cas par exemple entre la Nouvelle-Calédonie et le Vanuatu qui revendiquent tous deux la souveraineté des deux îlots déserts de Hunter et Matthew qui conditionnent la souveraineté économique sur presque 200 000 km² d'océan (figure 3).

2. Les représentations très libres du maillage territorial océanien dans les Atlas

La grande diversité des fonds de cartes

La complexité de la frontière maritime rend sa définition difficile au point que les institutions semblent préférer éviter de la représenter. Pourtant, les atlas qui construisent notre vision du monde ne s'embarrassent pas de ces subtilités. Si dans certains recueils particulièrement pointilleux sur les questions de légitimité on opte pour la précision des formes molles de la Zone Économique Exclusive, celles-ci ne font en général pas recette. Dans la plupart de ces ouvrages, les éditeurs considèrent que la représentation précise de la frontière maritime est impossible et qu'il s'agit donc d'opter pour le compromis le plus avantageux. Les deux choix qu'ils font en général sont la création d'un maillage simple offrant des formes faciles à identifier et la représentation d'une continuité continentale. Il s'en suit une multiplication des maillages plus ou moins heureux gardant pour ligne directrice le maillage complet d'un espace s'étendant d'un seul tenant de l'Australie à Pitcairn. L'île de Pâques comme Hawaii faisant l'objet d'un traitement différencié. La grande liberté qu'autorise le fait de travailler en découpant les océans permet d'ahurissantes variations de positionnement des limites d'un territoire. Entre deux cartes, certaines limites peuvent être déplacées sans problème sur des centaines de kilomètres.

Les trois « majors » du fond de carte océanien

Malgré la multiplication des maillages proposés, un petit nombre de canevas connaissent un succès plus grand que les autres. À l'heure de la diffusion massive des images par Internet, trois maillages différents présentent les territoires océaniens émergent très nettement du flot des documents cartographiques en circulation. Trois fonds de carte qui se distinguent pour des raisons variées. Le premier (figure 6), qui bénéficie du formidable rayonnement de la plus active des sociétés de géographie dans le monde, est celui de la National Geographic Society. On le croise partout, aussi bien sur des documents des Nations Unies qu'en fond de carte « officiel » pour représenter les pays océaniens sur Wikipedia. Facile à obtenir via le site de la société, il est allègrement réutilisé par tous ceux qui cherchent un fond simple et facilement accessible. Le second maillage « star » (figure 7) a été établi par l'ORSTOM (actuel IRD) dans les années 1980 pour la réalisation de l'Atlas de la Nouvelle-Calédonie (ORSTOM, 1981) puis de celui de la Polynésie Française. Repris par le monde universitaire et scientifique, par exemple dans l'*Atlas des îles et États du Pacifique Sud* de Antheaume et Bonnemaison (1988), puis dans la *Géographie universelle* dirigé par Roger Brunet (1995), il est devenu le fond de carte « officiel » des géographes français. Le dernier fond de carte que l'on croise de manière récurrente et le fond GeoAtlas (figure 8) de la société de Graphi-ogre. Cette société française qui commercialise des fonds de cartes vectoriels libres de droits depuis plus de 20 ans diffuse un maillage inspiré de ceux produits dans le monde anglo-saxon dans les années 1950-1960 (Cumberland 1956, Robinson 1960) et que l'on trouve encore dans les Atlas comme le Jacaranda ou le Heinemann produits en Australie (Quanchi 2003, Pask 2001). Les fonds GéoAtlas qui sont proposés en anglais pour l'Océanie ont connu une très bonne diffusion chez ceux qui, dans le monde entier, souhaitaient pouvoir retoucher leur carte avec des outils de dessin assisté par ordinateur. La plupart ont pu ainsi ajouter leur propre information, d'autres, à l'image de l'Union Européenne, l'ont trouvé pratique pour pouvoir effacer toutes les frontières… En fait ces trois fonds de cartes ne véhiculent pas d'images radicalement différentes. À la lumière des fonds de carte du temps des « patates territoriales » qui font le charme des ouvrages d'histoire (et que la CIA continue d'utiliser) ou des fonds oubliés comme celui de la géographie de l'Océanie de Guilcher (1969), il apparaît que les trois grands fonds actuels se ressemblent beaucoup, dans leur qualité de lisibilité comme dans leurs défauts.

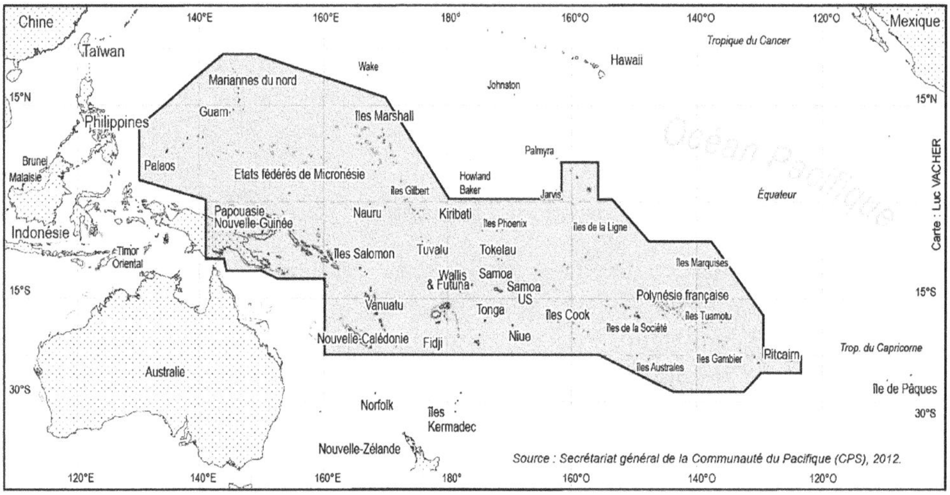

Figure 5. Zone desservie par le Secrétariat général de la Communauté du Pacifique (CPS)

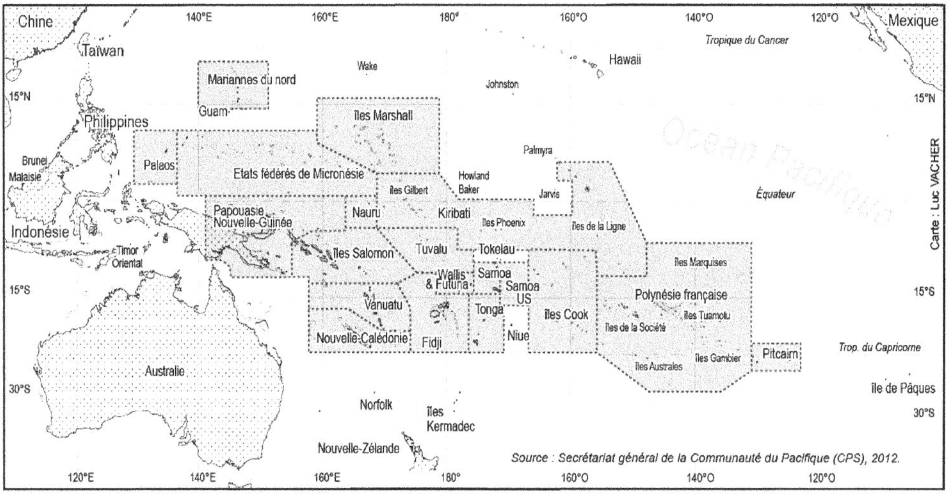

Figure 6. Maillage du fond de carte National Geographic

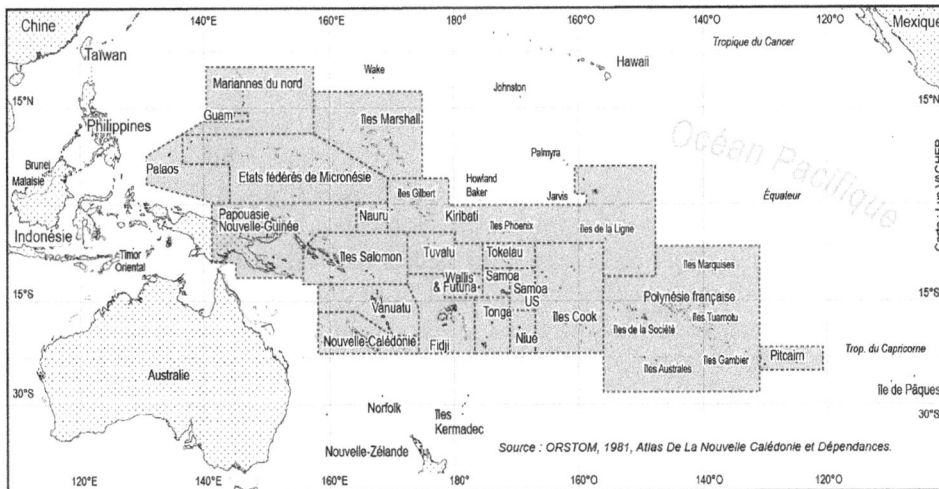

Figure 7. Maillage du fond de carte ORSTOM-IRD

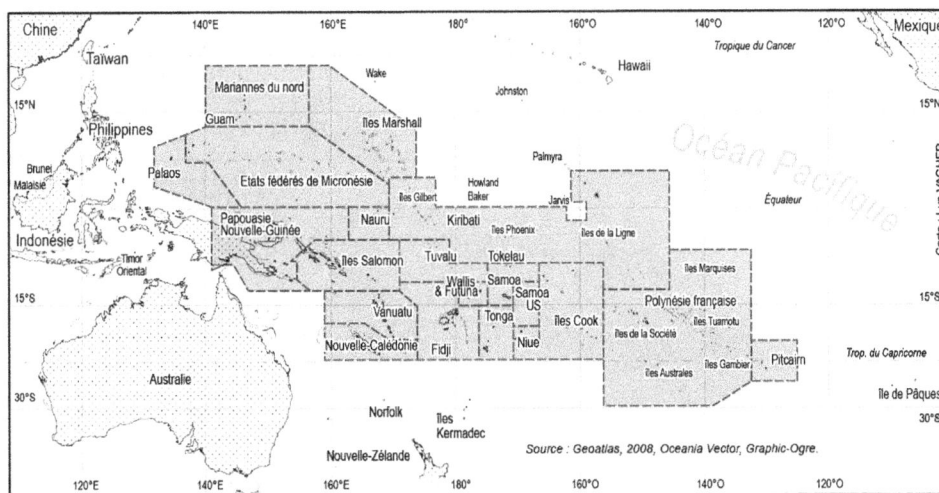

Figure 8. Maillage du fond de carte Geoatlas

3. Pourquoi ces représentations sont-elles problématiques ?

Les incohérences de ces fonds de cartes

On peut noter deux familles d'incohérences dans ces fonds de carte. D'abord les voisinages sont très largement malmenés, ensuite la volonté de représenter l'Océanie comme un espace continu pousse à gommer les zones de haute mer entre les pays qui sont pourtant porteuses de problématiques importantes pour la région. Qu'en est-il tout d'abord de la représentation des proximités ? Une analyse des frontières communes représentées sur les fonds de cartes comparés à la disposition des limites de ZEE montre que des « mitoyennetés » sont oubliées alors que d'autres n'ayant jamais existé, se trouvent institutionnalisées par la répétition. L'approche systématique de ces cartes montre que 12 erreurs répétées sur les différents fonds de cartes faussent la vision que nous avons de cet espace régional (figure 9). Le meilleur exemple est celui de la contiguïté entre les Salomon et la Nouvelle-Calédonie (figure 10). Cette « frontière maritime » n'est représentée par aucun des fonds de cartes traditionnels alors qu'elle a fait l'objet d'une Convention de délimitation maritime entre le Gouvernement de la République française et le Gouvernement des îles Salomon le 12 novembre 1990. Par contre les mêmes fonds de cartes présentent un contact entre les ZEE de l'Australie et du Vanuatu qui n'a jamais existé. Ces représentations, qui orientent les territoires d'ouest en est et qui permettent d'équilibrer cartographiquement les superficies maritimes de la Nouvelle-Calédonie et du Vanuatu (alors que la ZEE de la France est deux fois plus grande que celle du Vanuatu) sont-elles un moyen de justifier l'appropriation de Hunter et Matthew par la France ? De la même manière (figure 10) pourquoi la contiguïté des ZEE des îles Marshall et de Nauru n'est-elle jamais représentée, alors que celle, imaginaire, des États Fédérés de Micronésie et du Kiribati apparaît systématiquement ?

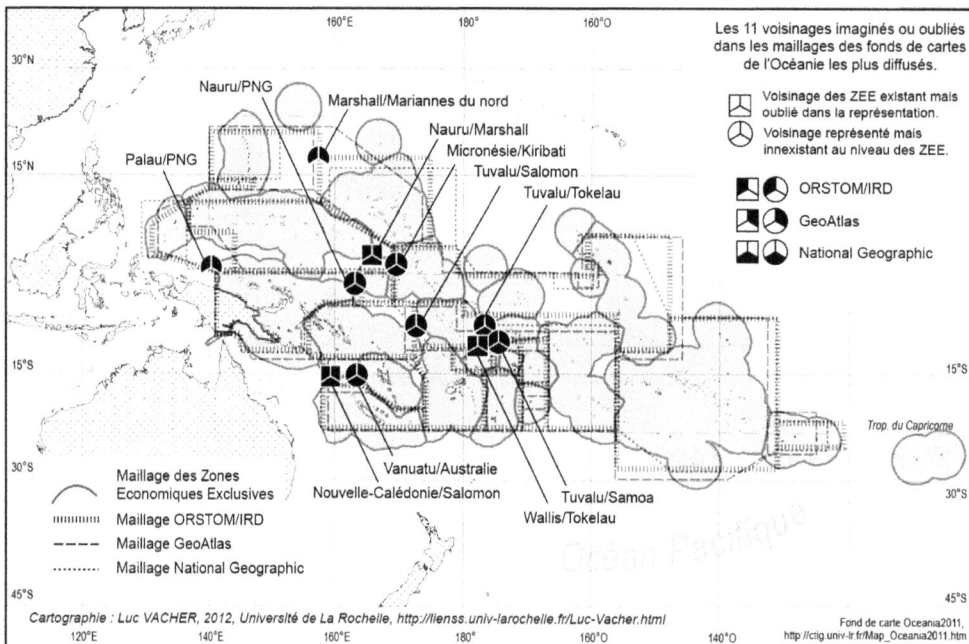

Figure 9. Les incohérences des fonds de cartes de l'Océanie les plus diffusés

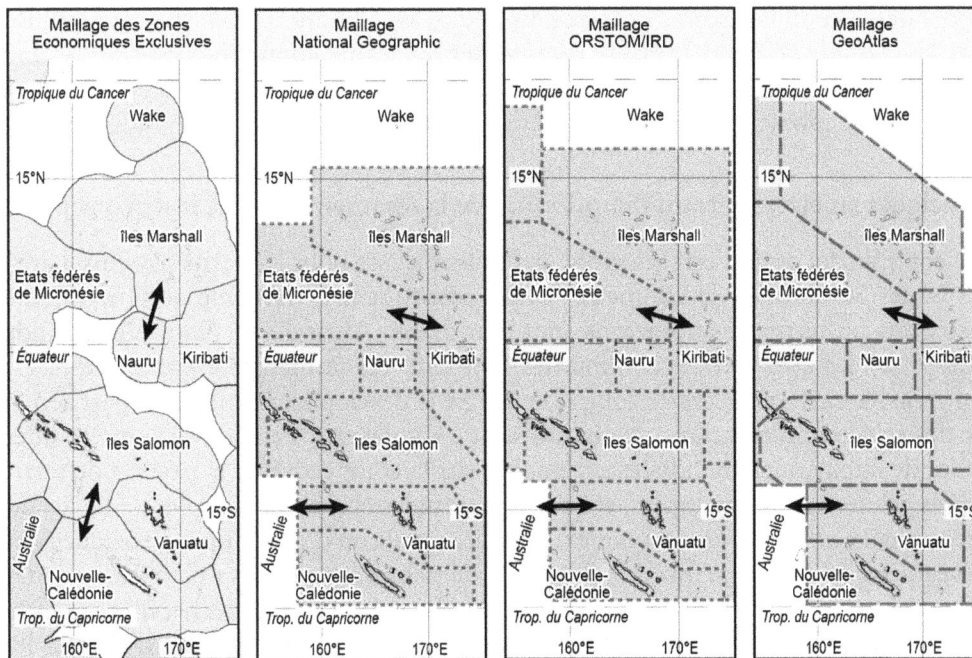

Figure 10. Deux exemples de voisinages imaginaires sur les fonds de cartes

La deuxième incohérence de ces fonds de cartes est que, dans une logique continentale, ils représentent tous l'Océanie sous la forme d'un bloc qui montre des États accolés les uns aux autres s'étalant en plage ininterrompue vers l'est. L'ensemble s'arrête, comme sur les bords d'un monde, avec la figure de Pitcairn. Cette représentation continue entraîne des raccourcis qui, là encore, influencent notre lecture du monde océanien. Ainsi, par la magie du tracé cartographique, les trois archipels du Kiribati (les Gilbert, les Phoenix et les îles de la Ligne) se fondent en un ensemble continu de 5 000 km de large. Pourtant leurs ZEE sont loin d'être attachées. Plus de 700 kilomètres séparent celle des Phoenix de celle des îles de la Ligne. L'image offerte ne permet pas d'imaginer qu'une des questions les plus importantes pour cet État et la gestion de son fractionnement. L'autre aspect est que l'étendue de la souveraineté des territoires devient très souvent fantaisiste et largement surestimé. Ainsi, sur les 3 fonds de cartes étudiés, l'étendue des eaux contrôlées par le Kiribati est surévaluée de 1,4 à 2,8 millions de kilomètres carrés (pour une ZEE réelle de 3,4 millions de km²). Celle des îles Mariannes est en général doublée. Il peut aussi y avoir des inversions sur l'importance des zones contrôlées. Ainsi sur ces cartes, les eaux du Vanuatu s'étalent toujours en une plage légèrement plus importante que celles de la Nouvelle-Calédonie, pourtant la superficie kilométrique de la ZEE du Vanuatu est deux fois moins importante que celle de sa voisine calédonienne (dans la réalité revendiquée par la France, c'est-à-dire avec Hunter et Matthew, et validée par les 3 fonds de cartes). Enfin, représenter l'Océanie comme un espace continu pousse à gommer les zones de haute mer entre les pays alors que celles-ci sont porteuses de problématiques particulièrement importantes dans la région.

Quelques enjeux montrant l'importance de la représentation de la discontinuité

Le contrôle des océans est une problématique majeure pour les petits pays insulaires. 83 % des 50 millions de kilomètres carrés constituant le domaine de souveraineté des États ou territoires océaniens sont maritimes (Australie et Nouvelle-Zélande comprise). La question des communications dans ces immenses espaces marins est un véritable casse-tête et reste complexe malgré le développement du transport aérien et des télécommunications. Le handicap de l'isolement par rapport aux grandes voies de circulations mondiales est doublé par la complexité de la gestion de territoires éclatés en îles multiples, voire en plusieurs archipels au peuplement souvent très faible. Cet univers marin qui caractérise, autant qu'il complique, l'existence des Océaniens est aussi une formidable source de richesses pour des micro-États et des territoires qui ont en général peu de ressources. La question de la pêche, en particulier, est un enjeu majeur. Les petits États n'ont en général pas les moyens d'affréter les flottes permettant de répondre aux fortes demandes et de retirer des profits importants. La vente de droits de pêche à des flottes de thoniers senneurs opérant depuis les États-Unis, les Philippines, Taiwan, le Japon, la Corée du Sud est le modèle généralisé. La question du contrôle des opérations de ces flottes mais aussi des bateaux opérant sans autorisation est alors posée. Les zones de haute mer entre la Micronésie et la Nouvelle-Guinée, ou celle entre les Salomon et le Kiribati sont régulièrement dénoncées comme des zones de transbordement sans contrôle des pêches vers des bateaux usines permettant de dépasser les quotas de pêche. Les pays, de plus en plus préoccupés par la gestion durable de la ressource, se sont organisés à travers la Forum Fisheries Agency pour mutualiser leurs demandes (South Pacific Tuna Treaty, Parties to The Nauru Agreement) afin de mieux contrôler les opérations. Ils ont aussi négocié avec les gouvernements de France, Australie, Nouvelle-Zélande et États-Unis pour qu'un programme de surveillance régionale du domaine maritime soit mis en place.

L'importance de ces trous dans le maillage océanien est aussi soulignée par le nombre de dépôt de revendications pour l'extension de droits sur le plateau continental (voir figure 4). Ces revendications, si elles aboutissent toutes, devraient conduire à l'appropriation d'une partie importante des zones de « haute mer » actuellement présentes entre les petits pays du Pacifique. Pourtant, les droits d'exploitation obtenus sur ces plateaux se limitent à l'exploitation du sol et du sous-sol et ne peuvent donc concerner une extension des droits d'exclusivité sur les activités de pêche. Ces démarches sont entreprises en pensant à l'exploitation d'hydrocarbure, même si, pour le moment, seules l'Australie et la Nouvelle-Zélande sont concernées par l'exploitation du gaz et du pétrole offshore. Les nodules polymétalliques qui se situent à de très grandes profondeurs et dont l'exploitation était encore très récemment techniquement peu rentable ne sont pas *a priori* concernés par ces extensions. Pourtant, début 2011, la société canadienne Nautilus a obtenu du gouvernement de la Papouasie Nouvelle-Guinée un permis d'exploitation pour des minerais d'or et de cuivre se trouvant dans la mer de Bismarck, à une profondeur de 1 600 m. Les opérations d'extractions commerciales devaient commencer en 2013.

Enfin, les eaux internationales présentes au cœur de l'Océanie apparaissent importantes en matière de préservation de l'environnement. La création récente de vastes aires marines protégées (Papahanaumokuakea Marine National Monument en 2006, Phoenix Islands Protected Area en 2008, Pacific Remote Islands Marine National Monument en 2009) souligne le fait qu'aujourd'hui les eaux du Pacifique apparaissent comme une sorte de réserve à l'échelle planétaire, un espace préservé qu'il faut absolument protéger même au-delà du contrôle des États. C'était déjà dans cet esprit de sanctuarisation que l'ensemble de la zone avait été déclaré zone dénucléarisée avec le traité de Rarotonga en 1985. C'est peut-être dans un esprit voisin qu'une organisation de protection de l'environnement comme Greenpeace propose à l'occasion de la journée mondiale des océans en 2009 de classer en réserves marines les vastes périmètres de « haute mer » qui restent, entre les espaces appropriés par les ZEE des pays Océaniens (Vacher et Argounes, 2011). Bien d'autres usages ou enjeux géostratégiques, militaires, ou liés à des activités illégales pourraient être développés pour expliquer que les appétits pour ces trous du maillage ne sont pas innocents et qu'il convient donc de faire figurer ces espaces comme des parties importantes du maillage océanien.

La proposition d'une carte à « trous »

La proposition d'un fond de carte à « trous » (figure 11) résulte de l'ensemble de ces réflexions. En effet, lors de la réalisation de l'Atlas de l'Océanie édité chez Autrement (2011), la question du choix du bon fond de carte s'est posée dès le lancement du projet. Très rapidement, il est apparu qu'aucun des fonds disponibles ne permettait d'être un support adéquat pour traiter des problématiques relatives aux contrôles des océans. Certains d'entre eux véhiculaient des discours que nous n'avions pas envie de reprendre. Ces éléments nous amènent à penser une nouvelle trame. Celle-ci se doit d'être mieux adaptée à notre propos et plus lisible que le canevas des ZEE dont les formes molles permettent un piètre repérage et une mauvaise identification des entités territoriales. Le choix de reprendre un maillage s'appuyant sur des formes simples et pensées à l'échelle des zones économiques exclusives n'a pourtant pas été écarté. L'essentiel du travail étant de garder une trame facile à lire tout en étant plus respectueuse des voisinages et des superficies maritimes contrôlées.

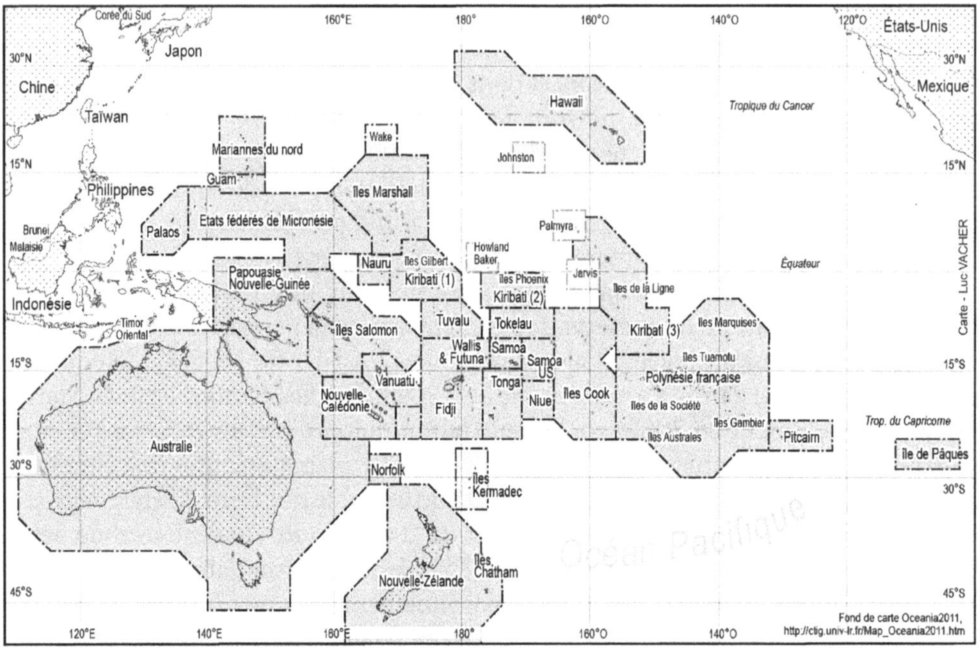

Figure 11. Le fond de carte de l'Atlas d'Océanie des éditions Autrement en 2011

Pour conclure

Si tracer des frontières et autres limites est un enjeu important de la géographie, la manière de représenter cartographiquement ces démarcations génère ordinairement une certaine indifférence. Cela ne veut pas dire qu'à des échelles fines, le positionnement précis de la ligne sur le papier ne soit pas problématique et qu'il ne fasse pas l'objet de contentieux, voir de conflits tout à fait réels pouvant avoir des conséquences sanglantes sur le terrain. Cependant, à l'échelle de la représentation du monde, la manière de tracer des limites entre États pose en général peu de problème. Le fait que les frontières maritimes soient plus complexes à penser concerne principalement des espaces périphériques au système monde et ne mobilise donc pas de grands débats. Néanmoins, si à l'échelle planétaire l'enjeu de la représentation du maillage d'une quarantaine d'entités territoriales regroupant à peine 30 millions d'habitants peut paraître secondaire, pour la région océanienne l'enjeu est de taille, car il conditionne en grande partie notre lecture de cet espace. Il est donc souhaitable que la réflexion sur la représentation des territoires océaniens continue afin que l'image qui en est donnée ne soit pas condamnée à être issue d'une absence de considération.

Bibliographie

Antheaume, Benoît et Joël Bonnemaison
1988   *Atlas des îles et États du Pacifique Sud*. Paris : Reclus/Publisud.
1995   « L'Océanie ». In R. Brunet (dir.), *Géographie Universelle, L'Asie du Sud-est, Océanie*.
        Paris : Belin-Reclus, p. 348-462.

Argounes, Fabrice, Sarah Mohamed-Gaillard et Luc Vacher
2011   *Atlas de l'Océanie*. Paris : Éditions Autrement.

Cumberland, Kenneth B.
1956   *Southwest Pacific, a geography of Australia, New Zealand and their Pacific Island
        neighbourhoods*. London : Methuen & Co.

Domeny de Rienzi, Grégoire Louis
1836   *L'Univers. Océanie ou Cinquième partie du monde : revue géographique et ethnographique
        de la Malaisie, de la Micronésie, de la Polynésie et de la Mélanésie…* (Tome I).
        Paris : Firmin Didot Frères Éditeurs.

Grataloup, Christian
2009   *L'invention des continents*. Paris : Larousse.
2011   *Représenter le monde*. Paris : La documentation française.

Guilcher, André
1969   *L'Océanie*. Paris : PUF.

Lewis, Martin W. and Karën E. Wigen
1997   *The myth. Of continents, a critique of metageography*. Berkeley (Californie) : University of
        California Press.

Malte-Brun, Conrad
1837   *Précis de la géographie universelle (première GU), Tome XII Océanie et table générale*
        (4ᵉ édition). Paris : Aimé Andrieu-Le Normant.

ORSTOM
1981   *Atlas de La Nouvelle Calédonie et Dépendances*, Sautter Gilles (coord.) *et al.*
        Paris-Nouméa : ORSTOM.
1993   *Atlas de la Polynésie française*, Bonvallot Jacques, Dupon Jean-françois, Vigneron Emmanuel
        (dir.) Paris : ORSTOM.

Ortolland, Didier et Jean-Pierre Pirat
2010   *Atlas géopolitique des espaces maritimes*. Paris : Éditions Technip.

Pask, Raymond (ed.)
2001   *Heinemann Atlas* (3ʳᵈ edition). Melbourne (Australie) : Harcourt.

Quanchi, Max
2003   *Jacaranda Atlas of the Pacific Islands*. Milton (Australie) : John Wiley & Sons Australia Ltd.

Robinson Kenneth W.
1960   *Australia, New Zealand and the Southwest Pacific*. Londres : University of London Press.

Tcherkézoff, Serge
2008   *Polynésie/Mélanésie. L'invention française des races et des régions de l'Océanie (XVIe-XIXe siècles)*. Pirae : Éditions Au vent des îles.

Vacher, Luc et Fabrice Argounes
2011   « L'Océanie, un continent marin menacé ? ». *Carto, le monde en cartes*, n° 6 : 10-21.

Particularités océaniennes au regard des modèles de la connaissance

De la collecte d'objets à l'anthropologie des actions matérielles : approches des objets et des techniques en Océanie

Pierre Lemonnier

Peu de domaines de l'anthropologie ont connu autant de bouleversements en deux décennies que l'étude de la culture matérielle. Des points de vue nouveaux sont apparus, des approches naguère séparées ont fusionné ou bien dialoguent désormais intensément, comme celles consacrées à l'art, aux techniques et aux rituels. Surtout, qu'elles s'inspirent de la « technologie culturelle » à la française, attentive aux processus de transformation de la matière (chaînes opératoires) ou des *material culture studies* anglo-saxonnes, plus axées sur les comportements de consommation d'objets déjà produits, les enquêtes sur la culture matérielle ne sont plus seulement destinées à remplir la rubrique « objets et techniques » de monographies à tiroirs. Les travaux contemporains rendant compte de la spécificité des actions sur la matière dans un groupe humain donné apportent régulièrement, sur les organisations sociales et les systèmes de pensées, des informations qu'il est impossible de mettre en évidence autrement. Ils complètent de manière essentielle les champs plus classiques de l'anthropologie car on sait désormais montrer que, par leur matérialité, leurs caractéristiques physiques et la façon dont on se les représente localement, et pas *seulement* par leur style, leur décor et ce qu'on peut y « lire » en les regardant, certains objets, « font » quelque chose de spécifique dans les relations sociales — ou plutôt, pour reprendre une expression de A. Weiner (1983), font, dans les relations entre les individus et les groupes, ce que les mots, ou les mots seuls, ne peuvent pas faire.

Sans doute parce que bien des sociétés océaniennes n'ont fait que récemment l'expérience de la modernité (souvent dans la première partie du XXᵉ siècle), les recherches sur cette partie du monde tiennent ici une place à part, car on a d'abord voulu y observer et décrire des techniques et des objets peu ou pas modifiés par la colonisation, voire des peuples dont l'économie dépendait encore d'outils de pierre. En tout cas, en ce domaine, les travaux sur l'Océanie sont nombreux (mais cent fois moins nombreux que des travaux de parenté ou sur le changement social, par exemple), notamment sur la Mélanésie. Ils illustrent de surcroît les diverses orientations de ce champ particulier de l'anthropologie, ainsi que la façon dont celles-ci se sont récemment combinées pour déboucher sur des approches radicalement nouvelles, majoritairement développées à propos de sociétés mélanésiennes.

La culture matérielle, un domaine ambigu

Paradoxalement, et comme nous le verrons, ces travaux récents ne font rien d'autre que de répondre, enfin, au programme de recherche proposé par M. Mauss. Qu'il s'agisse de l'*Essai sur le don* (1923-1924 [1960]), article dans lequel il parlait d'un effet provenant des objets reçus sur ceux qui les reçoivent, de ce que l'on appellerait aujourd'hui leur *agency*, ou dans son article sur « Les techniques du corps » (1934 [1960]), qui démontrait que toute action technique est une action culturellement déterminée et apprise, Mauss ne faisait rien d'autre qu'expliquer que les objets et les techniques sont des productions sociales à part entière, susceptibles de varier d'une culture et d'une époque à une autre, et que les objets « faisaient » quelque chose de particulier, de spécifique, dans les rapports entre les hommes (Schlanger 1991). Puisque des actions « naturelles », banales, comme uriner, nager, accoucher, déglutir, s'asseoir, faire l'amour, « bien se tenir », ou marcher sont des « actes traditionnels efficaces » dont l'étude relève de l'ethnologie, alors toute action matérielle outillée en relève.

Notons dès à présent que, quels que soient les appels à dépasser le dualisme matière/esprit (Latour 1991), l'enquêteur est amené à constater que n'importe quel outil ou comportement technique comporte toujours deux dimensions : l'une relative au couple matière/énergie et à l'action sur l'une à l'aide de l'autre (dite « fonctionnelle ») ; l'autre porteuse d'information (dite « stylistique »). De la coprésence de ces deux dimensions dans tout processus technique, il résulte que, dans une société et à une époque données, les diverses formes d'action sur la matière se renvoient les unes aux autres et constituent un « système technique » (Mauss 1947 : 29, Gille 1978, Lemonnier 2010) qui, partout et toujours, est intriqué de mille manières dans le reste du système social (les sociologues de la science et des techniques parlent de « *seamless web* » [Hughes 1986]).

De cet englobement de tout système technique (ou culture matérielle ou ensemble de forces productives) par l'ensemble socioculturel dont il participe, il découle en particulier que l'adoption ou le rejet d'une technique, d'une façon d'agir sur la matière dans un cadre particulier (creuser un tronc d'arbre pour en faire une pirogue, construire le plancher d'une maison, préparer un quatre-quarts, changer un joint de robinet, etc.) se présentent comme le résultat de choix, le plus souvent inconscients, qui sont, pour une large part, déterminés par des considérations qui n'ont rien de techniques, c'est-à-dire qu'elles n'ont rien à voir avec l'efficacité physique de l'action sur la matière : ici les femmes ne peuvent presser des graines de pandanus rouge pour en extraire le jus, car seuls les hommes peuvent produire ce substitut du sang humain (Bonnemère 1994) ; là, l'écorce d'un arbre ne peut être battue pour faire des capes pour hommes car les femmes en utilisent les fibres pour fabriquer leur pagnes (Lemonnier 1984) ; ailleurs, par exemple en Haute-Provence, dans notre société industrielle, le calibre des fusils et carabines varient en fonction du sexe du chasseur et tout au long de son cycle de vie (Govoroff 2010), ou bien une excellente configuration aérodynamique est rejetée par des ingénieurs en train d'inventer le plus inouï des avions supersoniques, simplement parce qu'ils sont « inhibés par des traditions mal placées » (Dietrich Kücheman, ingénieur en chef de *Concorde*, cité par Owen 1982 : 39).

Les représentations sociales des techniques (des matériaux, des énergies, des outils, des objets à produire ou transformer, du rôle des acteurs dans un processus technique donné, etc.) débordent souvent le strict domaine de l'action sur la matière, et pourtant, pour les besoins de l'analyse, le système technique est présenté comme un aspect isolé de la réalité sociale. En d'autres termes, et pour parler simplement, la technique constitue un morceau de la réalité sociale, mais elle se distingue de tous les autres domaines de cette réalité étiquetés ici avec autant de guillemets qu'il faut, « la parenté », « le sacré », « l'économique », « le politique », etc., par ce qui la définit aux yeux de l'anthropologue soucieux du programme de Mauss : l'action sur la matière.

Ceci n'a pas manqué d'intriguer les anthropologues, qui, dans des débats sans fin, se sont interrogés sur la nature des déterminations croisées entre « efficacité sociale » et « efficacité technique » (*Techniques & Culture* 2003) ou sur les pièges du dualisme technique/social (Latour 1991, Miller 2005) et les moyens de les éviter. Avec le recul, il paraît évident que la présence des actions sur la matière à l'interface d'une multiplicité de domaines de la vie humaine conduit logiquement à se demander si la matérialité, le fait d'être lié à des actions physiques, ne donne pas aux objets et aux techniques un rôle spécifique dans cette interface, dans cette conjonction de domaines variés en tant que telle, c'est-à-dire dans le fait que ces multiples sphères de la réalité sociale soient localement pensées et vécues, à un instant donné, comme constituant *une* culture locale.

Il a fallu plus d'un demi-siècle pour tirer pleinement parti de cette constatation. Désormais, plutôt que d'identifier les *effets* des techniques sur d'autres aspects d'un système de pensée et d'une organisation sociale, ou que de chercher à lire des *reflets* de cette dernière dans divers éléments d'une culture matérielle, les anthropologues explorent *pour elle-même* cette faculté qu'ont les choses matérielles de permettre aux acteurs de penser la conjonction de divers aspects de leur mode de vie. Nous allons voir que les recherches les plus récentes sur des cultures matérielles d'Océanie sont en bonne place parmi les travaux qui illustrent cette démarche nouvelle.

Des grandes collectes à l'anthropologie économique des années 1960

Pour diverses raisons — peut-être parce que décrire des actions techniques demande un apprentissage et constitue un exercice aussi long que fastidieux, ou parce que les mythes, les rites ou la parenté ont longtemps été considérés comme des sujets de recherche plus nobles ou plus urgents à traiter que la culture matérielle —, le programme de Mauss est resté au point mort, ou presque. Pendant des décennies, et en Océanie comme ailleurs, les premiers ethnographes ne se sont guère souciés du statut particulier des éléments les plus matériels d'une culture, ses objets et techniques. Ils ont en revanche collecté des milliers d'objets « ordinaires » qui constituent des témoignages certes incomplets, mais inestimables sur des manières de faire aujourd'hui disparues, notamment au cours d'expéditions comme celles menées dans le Détroit de Torres en 1898-1899 par Haddon, Rivers et Seligman, par A. B. Lewis sur les côtes de la Nouvelle-Guinée et en Mélanésie insulaire entre 1909 et 1913 (Welsh 1998), par Speiser (1923 [1991]) en 1910-1912 aux Nouvelles-Hébrides (Vanuatu), ou par Le Roux, en 1939, en Nouvelle-Guinée hollandaise. Parfois merveilleusement illustrées, comme celles de Le Roux (1948-1950), les publications résultant de ces collectes ou proposant des synthèses régionales se présentent le plus souvent comme des catalogues décrivant divers types d'objets (canoës, pipes de bambous, habitation, etc.) et leur répartition, mais très rarement les gestes et actions techniques dans lesquels ils interviennent (Haddon 1912, 1946 ; Haddon & Hornell 1937), même si, par leur ampleur et leur précision, les travaux d'E. Best (1929, 1942) sur les techniques de pêche, le piégeage et l'ethnoécologie des Maori font exception — sans doute parce qu'ils se fondent sur une vingtaine d'années d'enquêtes de terrain.

En Océanie comme pour d'autres régions du monde, cette tradition monographique laissant peu ou pas de place à la description des modes de fabrication et d'usage matériel des objets a perduré jusqu'aux années 1960 (par ex. Cranstone 1961, Kooijman 1962), y compris dans les monographies consacrées à un peuple particulier (par ex. Blackwood 1950, Fisher 1968), mais de plus en plus rarement puisque l'intérêt pour les techniques qui faisait partie du programme « normal » de l'anthropologie au début du XXᵉ siècle s'est ensuite partout effondré (Derlon & Jeudy-Ballini ce volume).

Partout, sauf en France, où Leroi-Gourhan (1971, 1973), a jeté les bases de la technologie culturelle, développée dans les années 1970 et 1980 par ses élèves Balfet et Cresswell, et par leurs équipes de recherche. L'objectif était celui de Mauss — prendre les productions matérielles comme des productions sociales à part entière —, mais il fallait d'abord jeter les bases théoriques et méthodologiques de la description et de l'analyse anthropologique des objets et des techniques. Les années 1970 étaient également celle du structuralisme, de l'anthropologie économique marxiste, de l'intérêt pour la notion de « système », et des débuts des ethnosciences, et c'est dans ce climat théorique touffu qu'ont été posées les principales questions de l'ethnologie des techniques : en quoi un système technique est-il propre à une organisation sociale, une culture et une époque données ? Et quels sont les rapports entre les manières de produire et d'utiliser matériellement les choses, et les manières de vivre ensemble et de penser ce « vivre ensemble » ?

De l'influence du structuralisme, qui conduisit les « technologues » à tenter de repérer des ordres réguliers au sein de chaînes opératoires afin de les mettre en « correspondance » avec d'autres structures sociales, il n'y a guère à dire, car il s'agissait, au sens propre, d'une rêverie, et les travaux sur l'Océanie en ce domaine ont eux aussi montré qu'il s'agissait d'une impasse [1]. Par contraste, les relations entre la technologie culturelle et l'anthropologie économique marxiste furent multiples, tout particulièrement chez des chercheurs travaillant dans le Pacifique sud.

En tant que marxistes, les pionniers de cette anthropologie économique considéraient que les façons dont les hommes produisent et utilisent physiquement les choses ont un rapport avec les transformations des sociétés et, plus largement, avec le moteur de l'Histoire, et que les relations (on dit « l'articulation ») entre les forces productives et les rapports sociaux de production sont centrales dans ces transformations. Dans la pratique, deux aspects des travaux de Marx furent mis en avant : la notion de niveau des forces productives, qui détermine la productivité du travail ; et l'analyse de l'organisation du travail, notamment celle des formes de coopération. Dans l'un et l'autre cas, l'étude des techniques avait droit de cité, au moins en théorie.

Les derniers utilisateurs d'outils de pierre d'Océanie se sont trouvés ainsi en première ligne des travaux sur les conséquences de l'introduction de l'outil d'acier. L. Sharp (1952) en Australie, puis R. Salisbury (1962), M. Godelier (1973) et W. Townsend (1969) en Nouvelle-Guinée ont ainsi mesuré les gains de productivité du travail et décrits leurs diverses conséquences. Sharp observa que le gain de productivité résultant de l'usage de petites haches d'acier n'avait fait qu'accroître les temps de repos mais avait globalement modifié les relations sociales (relatives à la détention ou au prêt d'un outil d'acier ; au réseau d'interconnaissance activé pour s'en procurer une), et, du fait de l'inadéquation des mythes et du système totémique à cet objet nouveau, bouleversé le système d'idées et de valeurs des Aborigènes Yir-Yoront. Salisbury, pour sa part, a montré dans *From Stone to Steel* (1962) que les haches et machettes d'acier avaient accru la productivité du travail, permis aux Siane de réduire (de 80 % à 50 %) le temps consacré à aux activités de subsistance et d'intensifier leurs activités cérémonielles — en l'occurrence les échanges de carcasses de porcs domestiques préalablement nourris de patates douces produites dans de plus grands jardins, mis en culture à l'aide d'outils de métal.

Quant à M. Godelier, il a effectué en 1969 une série d'expériences comparant le maniement et l'efficacité relative d'outils de pierre et d'acier chez les Baruya, vingt-cinq ans après l'introduction des haches de métal. Son enquête montrait que les Baruya ont d'abord augmenté leur production de barres de sel végétal, contre lesquelles étaient échangées les lames d'acier avant le contact avec les Blancs. La plus grande efficacité du nouvel outil (mesurée en temps de travail) a été mise à profit pour défricher et enclore de barrières de bois davantage de jardins, afin de produire davantage de patates douces permettant de nourrir davantage de porcs domestiques. Il en est résulté un surcroît de travail pour les femmes, dont l'outil principal, le bâton à fouir,

---

1. À ma connaissance, s'agissant d'Océanie, je suis le seul à avoir alors passé des heures face à des graphes représentant des chaînes opératoires (de production du sel végétal baruya) en attendant la révélation soudaine de quelque ordre sous-jacent.

est longtemps demeuré inchangé (dans les années 1970, de petites bêches de métal ont réduit cet écart). À la même époque, Godelier (1969) a décrit la chaîne opératoire de production de ces barres de sel utilisées comme monnaie (sorte de bien d'échange universel) dans le commerce intertribal, et évalué, là encore sous forme de temps de travail, les termes de cet échange, le plus souvent de sel contre des nappes d'écorce battues.

Notons que, dans tous ces travaux d'anthropologie économique, sauf ceux de L. Sharp, l'étude des objets et de leurs usages était limitée à des recueils et des comparaisons de temps de travail et à l'évaluation des conséquences sociologiques de ces modifications. Et lorsque les caractéristiques physiques des outils eux-mêmes furent analysées, elles n'apparaissaient à aucun moment dans l'analyse des changements observés[2]. Pour dire bref, la dimension la plus matérielle des rapports entre forces productives et rapports sociaux de production fut négligée. Quant au programme de Mauss, il se limitait encore à un recueil de faits techniques, comprenant au mieux le canevas général de chaînes opératoires.

La constitution de corpus de faits techniques : ethno-archéologie et tiroirs de monographies

En vérité, l'effort le plus soutenu et le plus abouti en ce domaine fut le fait d'ethno-archéologues, c'est-à-dire d'archéologues désireux d'observer, de décrire et d'analyser eux-mêmes des activités techniques non industrielles susceptibles de fournir des analogies permettant d'interpréter des assemblages archéologiques. Les travaux de Gould (1971, 1980) en Australie font partie de ceux qui ont posé les bases de l'ethno-archéologie et souligné les limites des analogies qu'elle explore, mais c'est surtout l'œuvre de A.-M. et P. Pétrequin en Nouvelle-Guinée (Papouasie Occidentale et PNG) qui tient ici une place à part. Au cours d'enquêtes de terrain s'étendant sur une vingtaine d'années et portant sur une multitude de groupes, ils ont tout à la fois étudié exhaustivement la culture matérielle des groupes qu'ils visitaient (Pétrequin & Pétrequin 2006), analysé les effets d'outils particuliers (hache et herminettes de pierre, haches d'acier), et, grâce à une fine ethnographie sur la longue durée, étudié à très large échelle, l'utilisation de divers objets (arcs et flèches, sac en filet, objets de parure, sel végétal, poterie), tant dans les échanges intergroupes que dans des phénomènes identitaires ou de prestige.

Plusieurs de ces travaux récents sur la Mélanésie constituent des témoignages sans équivalent au monde en ce sens qu'ils décrivent avec la plus grande précision des

---

2. Le cas de l'article de Godelier et Garanger (Godelier & Garanger 1973) est ici exemplaire, car on n'y trouve pas même une phrase de liaison entre l'analyse sociologique et économique de l'anthropologue, qui décrit également la chaîne opératoire de fabrication de l'outil, et celle du technologue, qui en précise les caractéristiques physiques, dynamiques, notamment.

objets et des techniques qui ont disparu dans les années 1980 et 1990. C'est en particulier le cas d'*Écologie d'un outil : la hache de pierre en Irian Jaya* (Pétrequin & Pétrequin 1993) et des chapitres que ces deux auteurs consacrent aux poteries de Nouvelle-Guinée (Pétrequin & Pétrequin 2006 : 332-526). Leur monographie sur les outils de pierre est de surcroît l'un des rares travaux de technologie culturelle qui ait exploré la notion de « système », en proposant des modèles, sous la forme de « tendances » associant à un outil particulier (hache *vs* herminette), des milieux écologiques, des densités de populations, des formes d'agriculture, voire des types d'échanges qui co-varient à l'échelle de la grande île.

Les recherches d'ethno-écologie (portant sur les relations des hommes à leur environnement) et l'ethnoscience (l'étude des classifications locales du milieu) débordent du cadre du présent chapitre, mais je signale que l'Océanie tient une place de choix dans le développement des études entre sociétés et environnement, dont plusieurs font place à des considérations sur les techniques, en particulier l'agriculture et la chasse. Avec la recherche de B. Blackwood (1940) en ethnobotanique — l'une des toutes premières au monde —, les travaux de J. Barrau (1962), F. Brunois (2007), R. Bulmer (1967, 1974), P. Dwyer (1990), A.-G. Haudricourt (1962, 1964) et R. Rappaport (1968) sont devenus des classiques de l'ethno-écologie.

L'ouvrage de Barrau sur *Les plantes alimentaires d'Océanie* traite largement de leurs usages et de leurs formes de mise en culture, et les articles de Haudricourt ont jeté les bases de rapports généraux entre certains types de relations avec la nature et des aspects de l'organisation sociale. Mais c'est dans *Pigs for the Ancestors* (Rappoport 1968) qu'un anthropologue a pour la première fois dépassé les approches de l'environnement en termes de contraintes auxquelles les sociétés s'adaptent par des mécanismes sociologiques (Vayda 1969) pour proposer un modèle de gestion du milieu, en l'occurrence par un rituel gérant à la fois les cérémonies de paix, les jardins défrichés dans la forêt et la taille du troupeau de porcs nécessaire à la bonne tenue des rituels de paix.

Notons au passage que les recherches sur les techniques — qui sont les intermédiaires matériels entre un groupe et son milieu — et celles sur les connaissances et savoir-faire écologiques (relatifs à cet environnement) n'ont alors guère dialogué. Le milieu est assurément pris en compte dans les travaux d'ethno-archéologie (par exemple sous la forme du type de couvert forestier à défricher) ou de technologie culturelle, dans lesquels les espèces végétales et animales utilisées comme matériau des objets et outils sont systématiquement identifiés, mais nul rapport n'était établi entre ce qu'il y a à dire des objets ou des pratiques matérielles et les classifications des espèces ou les représentations locales de l'environnement. Réciproquement, les travaux des spécialistes des ethnosciences et de l'ethnoécologie n'ont pas établi de pont avec l'anthropologie des objets et des techniques, y compris lorsqu'ils rendaient compte en détail de dispositifs techniques (par ex. Dwyer 1989). En forçant à peine le trait, on pourrait dire que, jusqu'à la fin des années 1990, tout un aspect de la question de Mauss — en quoi les caractéristiques physiques des objets, celles de leur production et de leurs usages sont-ils des productions sociales ? — est resté à la marge des recherches de « technologie » sur les objets, et même, le plus souvent, totalement ignoré.

Assurément, dans les travaux d'ethno-archéologie, ou bien dans la somme *Made in Niugini* publiée par l'anthropologue P. Sillitoe (1988, voir aussi 2010) sur les Wola, tout aussi exhaustive mais portant sur une seule société, la finesse de l'observation et de la description des objets, des gestes et des actions techniques répondent aux exigences du programme de l'ethnologie des techniques. Tant leur production que leurs usages sont décrits et les auteurs ont tantôt étudié ce que divers objets et techniques apportent à la vie collective et individuelle dans les domaines de la production, de l'échange, etc., tantôt essayé de déchiffrer l'apparence des objets (leur style, leur forme, leur décor) pour y « lire » quelque aspect d'une organisation sociale : identité, pouvoir, représentation du monde invisible, rapports entre les sexes, etc.

Ce faisant, ces travaux ne sont pas sans point commun avec le programme des *material culture studies*, nées dans les années 1980, à la fois dans le sillage de *The Social Life of Things* (Appadurai 1986) et en réaction contre la lenteur avec laquelle la technologie culturelle faisait ses preuves, perdue qu'elle était à décoder des schémas de chaînes opératoires ou à ramener la vie sociale à l'organisation de la production. Malheureusement, constituant une réorientation des recherches sur la culture matérielle vers la consommation, la place des objets dans l'échange et la production de valeur, cette approche plutôt anglo-saxonne de la culture matérielle a totalement ignoré — au moins jusqu'à très récemment et à de rarissimes exceptions près — les dimensions physiques des objets et des techniques, exactement comme l'anthropologie économique marxiste a paradoxalement oublié de le faire avant elle. Les rapports entre les deux approches des objets et des techniques sont complexes (Coupaye & Douny 2009), mais il est patent que l'ouvrage célébrissime de Appadurai eut comme conséquence de limiter la « vie sociale des choses » à des affaires de circulation de marchandises et de « carrières » d'objets, d'identité, de pouvoir, de rapports de genre, de controverses, etc. Pour remarquables qu'ils soient par ce qu'ils disent de la part des objets dans mille et uns domaines de la vie sociale (par ex. Kuechler 2002, Lemonnier 1984 & 1987, Bolton 2003) les travaux sur l'Océanie relevant de cette approche explorant les tenants et aboutissants de la consommation ne font pas exception. Comme des dizaines voire centaines de recherches en *material culture studies*, et malgré des références constantes à la matérialité ou à l'« agentivité » (*agency*, capacité d'agir dans le monde) des objets, ces travaux parlent de tout, ou presque, sauf de l'action sur la matière ; comme s'il était entendu une fois pour toutes que les dimensions physiques de la production et de l'usage des choses ne relevaient pas de l'anthropologie.

Il n'y a que depuis une dizaine d'années qu'une poignée de travaux sur ces thèmes s'intéressent aux caractéristiques physiques des objets et des actions matérielles, avec un résultat spectaculaire, et largement construit à propos de l'Océanie : en posant *également* aux manières de faire, de fabriquer, de manipuler des objets, les questions anthropologiques les plus générales — celles de l'échange, des valeurs, des rapports avec l'invisible, du vivre ensemble, etc. — ces recherches nouvelles ne font rien moins que d'explorer pour la première fois en totalité le programme de Mauss « technologue ».

Elles se sont développées de manière largement autonome, mais souvent dans le climat intellectuel créé, à propos des objets d'Océanie, par un anthropologue de l'art dont l'influence a été importante dans les recherches sur la culture matérielle car, au-delà de ses efforts pour brouiller les frontières entre « technique » et « magique » ou pour explorer l'*agency* des objets, il a donné l'*impression* qu'il prenait en compte les phénomènes techniques : A. Gell.

Gell et les impasses du mélange des genres

Connu pour avoir tenté de redéfinir la notion d'art et situer les objets qui en relèvent dans le réseau de relations sociales dans lequel interviennent leur production et leurs usages, et tantôt loué (par ex. Bloch 1999), tantôt critiqué (par ex. Derlon & Jeudy-Ballini 2010) pour sa façon de remettre à la mode la notion d'*agency*, Gell a sans conteste conféré une nouvelle légitimité aux études sur les objets (Derlon & Jeudy-Ballini ce volume).

Cependant, en proposant de gommer les frontières anthropologiques, en l'occurrence, ici, celle entre « magie » et « technique » (Gell 1988, 1992), ou en avançant la notion de « techniques d'enchantement », Gell a produit le meilleur et le pire. Le meilleur, car il a fort justement situé les actes techniques dans un large contexte social, réintroduit les agents invisibles parmi les acteurs qui (pour ceux qui les imaginent) participent à des opérations physiques, ou souligné l'importance des savoirs et des habiletés corporelles (1988). Il a également avancé des hypothèses originales, même si non démontrées, comme l'idée que la perception de la « virtuosité technique » (1992 : 52) nécessaire à la production d'un objet peut participer de l'idée que l'on s'en fait. Le pire, car sa définition de la « technique », qui n'est autre que celle de l'économie classique — la production, la répartition et la consommation des biens, voire la recherche de ce qui est difficile à obtenir (Gell 1988 : 6) — va au-delà des actions matérielles, puisqu'il considère la parenté, la rhétorique, le don ou les manipulations psychologiques comme des techniques : techniques de production (d'êtres humains) pour la première, techniques de « l'enchantement » pour les seconds (Gell 1988 : 7, 1992).

Avec un tel flou dans la notion de technique, il n'est pas surprenant que, même lorsqu'il a mentionné des phénomènes incontestablement physiques, comme ces « formes et mécanismes matériels » présents dans les pièges (Gell 1996 : 29), ou bien lorsqu'il s'intéresse au geste d'un sculpteur, c'est pour associer les premiers à un jeu d'intentionnalités entre le chasseur et sa proie, ou pour mentionner la part d'une présence ancestrale magique dans les seconds, mais sans dire un mot des principes mécaniques ou des matériaux mis en jeu, ni de ce que les acteurs en pensent. Ici, seul

97

l'ethnologue donne son avis, sans référence à l'ethnographie, à la manière dont les acteurs agissent sur la matière ni à ce qu'ils en disent.

En résumé, les mots sont parfois là chez Gell — mécanisme matériel, virtuosité technique, savoir-faire, etc. —, mais il n'a jamais prêté la moindre attention aux objets ou aux techniques en tant qu'ils agissent sur la matière. Gell n'en est pas moins devenu une référence obligée dans tous les travaux sur les objets, mais on a compris que, pour ce qui concerne la compréhension de la dimension matérielle des actions humaines, il s'agit là d'une incantation sans l'ombre d'un pouvoir heuristique. Pour qui se souvient des ambitions de Mauss à propos des techniques, Gell a surtout donné à des dizaines de chercheurs des raisons de parler de la culture matérielle *sans* se donner la peine de regarder comment les choses sont fabriquées, fonctionnent, ou sont physiquement mises en œuvre. Pour lui comme pour tant d'autres, la matérialité en elle-même ne relève pas de l'anthropologie.

Comme l'indiquait jadis Munn (1970), l'idée que les objets ont une « agentivité » est aussi vieille que « L'*Essai sur le don* » (Mauss 1960 [1923-1924]). Mais la manière dont l'objet intervient dans des relations sociales — c'est bien de ça qu'il s'agit, n'est-ce pas ? – ne se réduit pas aux intentionnalités qui convergent vers sa réalisation. Toute la question est de comprendre la part spécifique de la matérialité des objets — de la façon dont on la produit, dont on la ressent et dont on la commente — dans le statut que les acteurs leur confèrent dans les relations sociales. Avec ou sans référence aux intuitions de Gell, c'est ce qu'une poignée de chercheurs est parvenue à faire depuis une quinzaine d'années, et tout particulièrement à propos de techniques de l'Océanie.

Vers une technologie culturelle rénovée : l'exemple des canoës des Massim

L'exemple des recherches traitant des pirogues de haute mer de la région des Massim, celles utilisées lors de la célébrissime *kula*, illustre spectaculairement ce tournant[3]. Pendant des décennies, toutes sortes d'aspects de ces échanges cérémoniels impliquant une navigation en haute mer ont été étudiés (par ex. Leach & Leach 1983), mais sans prêter particulièrement attention aux embarcations qui les rendent possibles, alors même que celles utilisées par les Trobriandais avaient été décrites avec détail par Malinowski (1989 [1922] : 164-216), qui soulignait déjà les « réactions émotives » ou le « contenu psychologique » (1989 : 166, 172) des pirogues, ainsi que la « fonction économique de la magie dans le processus de fabrication d'une pirogue » (1989 :175).

---

3. Initialement décrite par Malinowski (1963 [1922]), la *kula* rassemble des milliers de personnes appartenant à dix-huit communautés insulaires différentes, qui échangent de manière différée, et les unes contre les autres, deux types de parures corporelles : des brassards et des colliers de coquillages circulant constamment en sens inverse. La *kula* fut l'un des systèmes d'échanges complexes analysés par Mauss (1960 [1923-24]) dans son *Essai sur le don*.

Outre cette référence à la place de ces embarcations dans le système de pensée local et une fine description de ces pratiques magiques, il expliquait longuement que « la fabrication d'un canot de haute mer (*masawa*) est inextricablement liée au processus général de la kula » (1989 : 184), mais néanmoins sans lier aucune de ces opérations matérielles ou des caractéristiques physiques des pirogues à la pratique de la *kula*, si ce n'est pour dire qu'elles sont le moyen de naviguer.

Les points signalés par Malinowski ont été repris à partir des années 1960 par plusieurs chercheurs. Par S. Tambiah (1968, 1983), qui a étudié les rapports entre les magies de beauté associées à la *kula* et l'attrait personnel du voyageur désirant échanger des objets dans le cadre de ces expéditions cérémonielles, ainsi que l'insertion des pirogues dans un système symbolique contrastant la « valeur » de l'« ancrage » (dans les rochers, la terre ferme, les jardins) au mouvement des canots que permet la magie. Ces mêmes thèmes ont été développés par N. Munn (1977) qui s'est intéressée de plus près sur le processus de production des pirogues de Gawa, l'une des îles impliquées dans la *kula*.

Se penchant sur l'origine et la symbolique des matériaux intervenant dans la fabrication de ces *waga*, elle a d'abord considéré que la valeur attachée à une pirogue (quelque chose comme l'idée qu'on s'en fait localement et le potentiel de prestige qui s'attache à son propriétaire) résulte des « transformations spatio-temporelles », des « conversions » dont ils sont l'objet — par exemple, la transformation de la pirogue d'un moyen de transport en un bien d'échange, ainsi que la transition qui s'effectue à travers eux entre l'espace-temps fixe et fermé que constitue l'île, et celui, ouvert et marqué par le mouvement, qui caractérise les relations entre les îles reliées par le cycle *kula*. Elle a ensuite avancé l'hypothèse que la proue des pirogues (une planche brise-lames), qui en constitue l'ornement principal « symbolise » leur construction, en tant que cette opération est le processus qui crée leur valeur.

Brillante et novatrice (Munn, par exemple, inclut les mots et les formules magiques dans le processus de production à une époque ou cette idée aurait semblé hérétique aux spécialistes de technologie culturelle dont j'étais), la recherche de Munn s'inscrit néanmoins dans le climat intellectuel des années 1970. Lorsqu'elle étudie la production des *waga*, et notamment les matériaux employés, c'est pour comprendre ses « aspects symboliques » et montrer des relations entre l'échange, la création de valeur, des oppositions binaires (lenteur/lourdeur *vs* légèreté/vitesse, terre ferme *vs* mer, fixité *vs* mouvement) ou une mise en rapport, comme lorsqu'elle parle de divers « niveaux organisationnels » (échanges de mariage et échange des pirogues). Les phénomènes pris en compte par elle sont ceux sur lesquels les *material culture studies* se concentreront (échange, valeur, prestige). Elle a placé les pirogues au centre d'un dispositif de pensée constitutif de la valeur des biens échangés, mais elle n'a pas étudié pour autant leur production ou caractéristiques physiques : son analyse tient compte des mots employés à propos des matériaux et de leur symbolique mais le processus technique reste hors de son étude.

Gell (1992) a fait de ces mêmes proues de pirogues des Trobriands le plus connu de ses exemples d'objets impliqués dans une « technique de l'enchantement », dont l'apparence et l'excellence technique sont supposées éblouir et captiver les partenaires d'échange d'un équipage au moment où celui-ci arrive chez ses hôtes. Cette proposition de Gell a été discutée par une autre spécialiste de la région, S. Campbell (2001, 2002), notamment la place que tiennent, ou non, les motifs signifiants dans un tel mécanisme psychologique, ainsi que la redondance, dans un même objet, d'une même signification sous plusieurs formes. Mais, pour le présent chapitre, il suffit de remarquer que là encore, lorsque Gell parle de la fabrication de ces « armes psychologiques » que seraient ces brise-lames décorés, c'est uniquement pour indiquer que le sculpteur tire sa capacité de création d'un objet « enchanteur » d'un accès à des pouvoirs magiques particuliers (Gell 1992 : 44-46) ; ce n'est pas pour s'intéresser à ses gestes, à ses outils, à son discours d'artiste agissant sur une matière. La pirogue est réduite à sa proue, qui est ramenée à l'effet d'optique créé par l'un de ses motifs, dont la production ne retient l'attention de l'anthropologue qu'à travers les puissances invisibles convoquées par le sculpteur qui cisèle la pièce de bois. De l'acte technique lui-même, il n'a une fois de plus rien à dire et, de la matérialité, seul compte pour lui ce qu'il y a à voir.

Reprises, actualisées et analysées par l'un ou l'autre des auteurs cités à l'instant, les informations de Malinowski sur les pratiques magiques qui entourent la fabrication et le lancement des pirogues, sur le mythe de la pirogue volante ou sur le contenu psychologique de ces objets particuliers n'ont donc pas conduit à se pencher sur leur fabrication même. C'est pourtant une observation personnelle qui prolonge une autre remarque de Malinowski — « Ils ne se lassent pas d'examiner leurs canoës sur toutes les coutures et d'en discuter les mérites respectifs » (Malinowski 1963 [1922] : 167) — qui a conduit F. Damon à enquêter, enfin, sur la dimension technique de ces embarcations : lui aussi a remarqué, à Muyuw (ou Woodlark), que ces objets banals que sont les pirogues faisaient systématiquement l'objet de commentaires sans fin, encore et toujours, chaque fois que l'une d'elle s'approche ou s'éloigne du rivage, et que les gens « ont un immense plaisir à simplement les regarder » (2008 : 138).

Spécialiste reconnu des sociétés des Massim, Damon avait auparavant écrit sur ces sujets classiques que sont les échanges ou les objets *kula*, ou présenté une vision moins classique des transformations (de type structural) des représentations de l'espace, de la parenté et des prestations qui accompagnent le cycle de vie (Damon 1990) dans l'ensemble de la région des Massim. Mais il a suffi qu'il enquête de manière approfondie — c'est-à-dire, avec intérêt — sur les pirogues de Muyuw pour démontrer que ces objets sont de « *complex communication technologies* » (2008 : 125) et « disent » des domaines de pensée et d'action des populations du *kula ring* qui seraient autrement restés inconnus, et dont la compréhension n'ouvre pas que des perspectives nouvelles sur cet ensemble de sociétés.

Ses observations de technologue lui ont permis de montrer que ce que commentent les producteurs, utilisateurs ou simples observateurs des esquifs, n'est pas seulement la décoration des embarcations ou l'organisation d'une future expédition *kula* : ce sont aussi les types d'arbres utilisés et les liens qui unissent les pièces qu'on en tire, les proportions du mât et la distance de la coque au flotteur, la faculté de ces derniers à amortir les rafales de vent et les vagues. Cette chose matérielle qu'est une « pirogue » apparaît alors comme une synthèse complexe d'un monde social dispersé en mer et associant explicitement l'idée de réseau interîles à une gestion du risque de famine ou de destruction des sources d'approvisionnement en matériaux — un risque de chaos, dit Damon — lié au phénomène El Niño.

Les résultats de Damon rejoignent les intuitions de Munn en ce que, pour ceux qui les fabriquent et les utilisent, les pirogues concentrent et communiquent de façon non verbale des aspects essentiels des échanges pour lesquels elles sont utilisées ; ils concernent ce qui, matériellement, constitue la manière dont des objets importent dans un système d'échange (leur « valeur » chez Munn) ou ce qu'ils « synthétisent » des relations entre les diverses communautés insulaires impliquées dans la *kula*, dont les pirogues « *communicate the fundamental condition of existence* » (2008 : 125).

L'approche de Damon démontre également que, dans une recherche sur le rôle spécifique des objets dans les relations sociales, on ne peut faire l'économie de se pencher sur les aspects les plus matériels des objets et des techniques — sur le « faire », sur les façons de transformer la matière. On ne peut se contenter d'analyser seulement ce que l'on perçoit des objets (forme, décor) une fois qu'ils sont fabriqués, ce qu'on en dit ou la façon dont on les fait circuler. Et la bonne nouvelle est que l'enquête et l'analyse de Damon ne sont désormais qu'un exemple parmi d'autres du déplacement radical des interrogations anthropologiques sur les objets, les systèmes techniques et, plus généralement, sur l'action socialisée sur la matière.

Convergences contemporaines

Sans doute parce qu'elle a été de longue date un haut lieu de divers domaines de l'anthropologie — des échanges, des personnes, de l'art, des techniques, du rituel — au rapprochement desquels on assiste aujourd'hui, l'Océanie tient une place particulière dans ces développements récents de l'anthropologie de la culture matérielle.

Par exemple, en étudiant de façon extrêmement précise la fabrication des sacs en filet des Telefolmin de PNG, M. McKenzie a montré dans *Androgynous objects : String bags and gender in Central New Guinea* (1991) la dépendance mutuelle des hommes et des femmes dans cette activité. Elle a ensuite expliqué qu'à travers l'utilisation des filets fabriqués par les femmes dans les rituels masculins, les hommes reconnaissent que les substances procréatives féminines sont nécessaires à ces rituels.

Beaucoup plus loin en aval du fleuve Sépik, en recueillant et analysant plusieurs centaines de chaînes opératoires de mise en culture et de décoration des ignames des Abelams, L. Coupaye (2009, 2013) a mis en évidence la façon dont ces « artefacts » entrelacent la technique la plus matérielle, les rituels, les échanges et toute la vie sociale

dans cette partie du monde, et il a avancé l'hypothèse que c'est *précisément* cet entre-
lacement qui octroie aux grandes ignames leur « pouvoir esthétique », leur capacité à
rassembler, pour ceux qui les observent lors des cérémonies, tout ce qu'elles représentent
dans leur société et en fait des richesses qu'on peut échanger. Toujours en PNG (sur
la Rai Coast, au nord de l'île), J. Leach (2002, 2012) a, pour sa part, montré que la
fabrication des tambours à fente et le fait même d'avoir participé à leur création matérielle, et uniquement ce temps particulier de la vie de ces objets mêlant rite, mythe et
action technique, est ce qui leur donne une place dans les relations sociales qui les apparentent à des personnes. Dernier exemple : selon D. Monnerie (2010), à Arama
(Nouvelle-Calédonie), c'est seulement à l'occasion de cérémonies lors desquelles divers
objets, mais aussi des danses et des déambulations constituent pour les acteurs autant
d'expériences pluri-sensorielles, qu'une dimension cardinale de leur organisation
sociale — la notion de « Grande Maison » — est donnée à voir et à vivre collectivement.

On ne saurait trop insister sur la façon dont ces travaux nouveaux complètent les
questions des *material culture studies*. Ainsi, là où un article du célèbre *Social life of
Things* (Appadurai 1988) montrait les divers « types de valeurs » illustrés par
l'économie de la production et de l'usage de bols cérémoniels des Owa des Îles
Salomon (Davenport 1986 : 95-109), S. Revolon ajoute que, dans l'acte technique
même le façonnage de l'objet met en jeu l'expert autant que les esprits réputés « aimer
le beau ». Ce que « font » les bols sculptés dans le monde de Aorigi ne se limite pas
à ce que l'anthropologue peut dire de l'objet fini (et de son iconographie), de son rôle
dans les échanges ou des stratégies économiques et politiques des organisateurs des
cérémonies dans lesquelles ces objets interviennent. C'est aussi la façon dont, matériellement, on incorpore dans les objets un piège à esprits en façonnant, de ses mains,
à partir d'une bille de bois, un bol qui fascine les habitants du monde invisible dans
toutes sortes de circonstances (Revolon 2006, 2007).

Tous ces exemples indiquent qu'au-delà de la distinction entre « faire » et « signifier »,
c'est l'aptitude qu'ont les enchâssements d'actions matérielles et de logiques sociales
— ce mélange, ce « *seamless web* » d'actions sur la matière et de logiques sociales autres
que « techniques » —, à « dire » et « renforcer » des relations sociales qu'il y a lieu
d'expliquer, tout en se demandant pourquoi les actions matérielles et les objets se
prêtent si bien à cette fusion qui se trouve au cœur de dispositifs de communication
non propositionnels. Dans ces recherches, cette communication non verbale de
« valeurs fondamentales » (« *implicit non-verbal statements* » [Forge 1966 : 30]) passe
par une activation de multiples sens soulignée par les spécialistes de l'art et de l'action
rituelle (Leach 1976 : 41, Tambiah 1985 : 128, Tuzin 2002). Mais on sait aujourd'hui
que certains objets *a priori* ordinaires, dont la fonction physique est évidente, ont le
même rôle. C'est le cas des barrières de jardins des Baruya de Papouasie Nouvelle-
Guinée.

D'une hauteur impressionnante et non « fonctionnelle », les barrières *takola* des
Baruya constituent d'imposants remparts contre des porcs qui, pourtant, ailleurs en

Nouvelle-Guinée, ne cherchent pas à franchir l'obstacle bien plus frêle formé par un simple rang de pieux non liés les uns aux autres. Leur apparence de muraille et leur robustesse résultent d'une construction à laquelle dix ou quinze hommes coopérèrent lors de l'ouverture d'un nouveau jardin dans la forêt. Jeunes ou vieux, ceux qui s'activent autour d'une barrière sont des co-initiés se devant mutuelle assistance en toutes circonstances, ainsi que des hommes qui se sont mariés en échangeant leurs sœurs respectives, car l'entraide régulière des beaux-frères lors de ces travaux est l'une des exigences de ce type d'échange matrimonial. Ces barrières *takola* et le moment de leur fabrication disent de manière non verbale quelques-unes des tensions qui traversent trois piliers de la société et de la culture baruya : l'asymétrie entre les hommes et les femmes, les relations entre hommes initiés et celles entre beaux-frères. Mettant là encore en jeu plusieurs sens (la vue, l'ouïe, la perception des efforts accomplis) et plusieurs systèmes d'inférence (Boyer 2001 : 24-294), ces barrières sont des résonateurs qui évoquent à la fois le *gender*, le mariage, les initiations, le bien-être ensemble (Lemonnier 2012). Autrement dit, d'une manière qui leur est propre, en tant que chose matérielle, elles permettent à ceux qui les produisent et les utilisent matériellement de penser des aspects fondamentaux d'une organisation sociale et d'un système de pensées.

Trois remarques pour finir. D'abord, ces objets ne sont pas (ou pas seulement, en tout cas pas d'abord) polysémiques, ils ne veulent pas dire plusieurs choses : ils renvoient à plusieurs choses et, en évoquant pourquoi il faut les penser simultanément, ils ne communiquent qu'un seul message, souvent relatifs à des aspects fondamentaux d'une société, y compris des choses contradictoires ou indicibles (Lemonnier 2012 : 119-121). Et si l'anthropologie de la culture matérielle doit s'interroger sur le « paquet » (*bundle*) de qualités reconnues ou prêtés à un objet (Keane 2006), elle doit surtout considérer l'aptitude des actions matérielles et des objets à conjoindre divers domaines de la réalité sociale pour dire ce qui ne peut l'être autrement, ou ce que les mots seuls ne diraient pas.

Ensuite, les résultats établis par référence à la dimension la plus physique des actions techniques ne peuvent en aucun cas se réduire aux affaires de controverse, de légitimité, d'identité, de pouvoir, de statut économique ou de hiérarchie sociale qui, sans exception, sont celles dont parlent les *material culture studies*.

Enfin, malgré des dizaines voire centaines d'articles sur les équivalences entre objets et personnes qui sous-tendent nombre d'échanges en Mélanésie, les circonstances dans lesquelles un objet se voit attribuer des propriétés qui seraient celles d'une personne, la manière dont sont pensés ces objets restent mystérieuses. Tout particulièrement, la part que tient la matérialité dans ces équivalences entre personnes et choses — « matérialité » étant à entendre au sens souligné dans le présent chapitre, c'est-à-dire en s'interrogeant sur les caractéristiques physiques des choses et des actions, et non pas seulement en imaginant avec les philosophes ce que ce mot peut bien signifier pour ceux qui regardent un objet. C'est le genre de questions que l'anthropologie de la culture matérielle aborde désormais, en ouvrant un unique champ de recherche dans lequel les objets d'« art », « rituels », « ordinaires » ou « d'échange » peuvent être pensés simultanément, parce qu'ils ont en commun de participer à une communication non-verbale.

Bibliographie

Appadurai, Arjun
1986   *The social life of things. Commodities in cultural perspective.* Cambridge : Cambridge
        University Press.

Barrau, Jacques
1962   *Les plantes alimentaires de l'Océanie. Origines, distribution et usages.* Marseille : Annales
        du Musée colonial de Marseille.

Best, Elsdon
1929   *Fishing Methods and Devices of the Maori.* Wellington : National Museum
        (Dominion Museum Bulletin n° 12).
1942   *Forest lore of the Maori : with methods of snaring, trapping, and preserving birds and rats,
        uses of berries, roots, fern-root, and forest products, with mythological notes on origins,
        karakia used, etc.* Wellington : Polynesian Society.

Blackwood, Beatrice
1940   « Use of plants among the Kukukuku of Southeast-Central New Guinea ».
        Proceedings of the Sixth Pacific Science Congress, 1939, 4(1): 111-126.
1950   *The Technology of a Modern Stone Age People in New Guinea.* Oxford : Pitt Rivers Museum
        (« Occasional Papers on Technology, 3 »).

Bloch, Maurice
1999   « Une nouvelle théorie de l'art. À propos d'Art and Agency d'Alfred Gell ».
        Terrain, 32 : 119-128.

Bolton, Lissant
2003   *Unforlding the Moon : Enacting Women's Kastom in Vanuatu.* Honolulu : University of
        Hawaii Press.

Bonnemère, Pascale
1994   « Le pandanus rouge dans tous ses états. L'univers social et symbolique d'un arbre
        fruitier chez les Ankave-Anga (Papouasie-Nouvelle-Guinée) ». *Annales Fyssen*, 9 : 21-32.

Boyer, Pascal
2001   *Et l'homme créa les dieux. Comment expliquer la religion.* Paris : Robert Laffont.

Brunois, Florence
2007   *Le jardin du casoar. Savoir-être et savoir-faire écologiques.* Paris : CNRS Éditions,
        Éditions de la Maison des Sciences de l'Homme.

Bulmer, Ralf

1967   « Why is the Cassowary Not a Bird ? A Problem of Zoological Taxonomy Among the Karam of the New Guinea Highlands ». *Man N.S.*, 2(1) : 5-25.

1974   « Folk Biology in the New Guinea Highlands ». *Information sur les Sciences Sociales*, 13 : 9-28.

Campbell, Shirley

2001   « The Captivating Agency of Art : Many Ways of Seeing ». In N. Thomas, N., C. Pinney (eds), *Beyond Aesthetics : Art and the Technologies of Enchantment*. Oxford : Berg Publishers, p. 117-135.

2002   *The Art of Kula*. Oxford. New York : Berg.

Coupaye , Ludovic

2009   « Ways of enchanting. Chaînes Opératoires and Yam Cultivation in Nyamikum Village, Maprik, Papua New Guinea ». *Journal of Material Culture*, 14(4): 433-458.

2013   *Growing Artefacts, Displaying Reltionships. Yams, Art and Technology amongst the Nyamikum Abelam of Papua New Guinea*, New York, Oxford : Berghahn Books.

Coupaye Ludovic et Laurence Douny

2009   « Dans la trajectoire des choses. Comparaison des approches francophones et anglophones contemporaines en anthropologie des techniques ». *Techniques & culture*, 52-53 : 12-39.

Cranstone, Bryan A.L.

1961   *Melanesia. A Short Ethnography*. London : British Museum.

Damon, Frederick

2008   « On the ideas of a boat : From forest patches to cybernetic structures in the outrigger sailing craft of the Eastern Kula ring, Papua New Guinea ». In S. Clifford and T. Kaartinen (eds), *Beyond the Horizon : Essays on Myth, History, Travel and Society : In Honor of Jukka Siikala*. Helsinki : Finnish Literature Societ (Studia Fennica Anthropologica, 2), p. 123-144.

1990   *From Muyuw to the Trobriands. Transformations along the Northern Side of the Kula Ring*. Tucson : The University of Arizona Press.

Davenport, William H.

1986   « Two Kinds of Value in the Eastern Solomon Islands ». In A. Appadurai (ed.), *The Social Life of Things*. New York/Cambridge : Cambridge University Press, p. 95-109.

Derlon, Brigitte et Monique Jeudy-Ballini

2010   « L'art d'Alfred Gell. De quelques raisons d'un désenchantement ». *L'Homme*, 193 : 167-184.

Dwyer, Peter

1989   « Etolo Traps : Techniques and Classification ». *Memoirs of the Queensland Museum*, 27(2): 275-287.

1990   *The Pigs that Ate the Garden : A Human Ecology from Papua New Guinea*. Ann Arbor : University of Michigan Press.

Fischer, Hans

1968   *Negwa. Eine Papua-Gruppe in Wandel*. Munchen : Klaus Renner Verlag.

Forge, Antony
1966   « Art and environment in the Sepik ». *Proceedings of the Royal Anthropological Institute for 1965* : 23-31.

Gell, Alfred
1988   « Technology and Magic ». *Anthropology Today*, 4(2): 6-9.
1992   « The Technology of Enchantment ». In A. Coote and A. Shelton (eds), *Anthropology, Art, and Aesthetics*. Oxford : Oxford University Press, p. 40-63.
1996   « Vogel's Net. Traps as Artworks and Artworks as Traps ». *Journal of Material Culture*, 1(1): 15-38.

Gille, Bertrand
1968   *Histoire des techniques*. Paris : NRF, Gallimard.

Godelier Maurice
2007   *Au fondement des sociétés humaines. Ce que nous apprend l'anthropologie*. Paris : Albin Michel.
1969   « La 'monnaie de sel' des Baruya de Nouvelle-Guinée ». *L'Homme*, 9(2): 5-37.

Godelier, Maurice et José Garanger
1973   « Outils de pierre, outils d'acier chez les Baruya de Nouvelle-Guinée. Quelques données ethnographiques et quantitatives ». *L'Homme*, 13(3): 187-220.

Gould, Richard
1971   « The archaeologist as ethnographer : a case-study from the Western Desert ». *World Archaeology*, 3 : 143- 177.
1980   *Living Archaeology*. New York : Cambridge University Press.

Govoroff, Nicolas
2010   « Le chasseur et son fusil en Haute-Provence ». *Techniques & Culture*, 54-55: 509-527.

Haddon, Alfred C.
1912   *Reports of the Cambridge Expedition to Torres Straits*. Vol. 4, Arts and Crafts. Cambridge, New York : Cambridge University Press.
1946   *Smoking and tobacco pipes in New Guinea*. Cambridge : Cambridge University Press.

Haddon, Alfred C. et J. Hornell
1937   *Canoes of Oceania*. Honolulu : Bernice P. Bishop Museum, special publication 28.

Haudricourt, André-Georges
1962   « Domestication des animaux, culture des plantes et traitement d'autrui ». *L'Homme*, 2(1): 40-50.
1964   « Nature et culture dans la civilisation de l'igname : l'origine des clones et des clans ». *L'Homme*, 4 : 93-104.

Hughes, Terry P.
1986   « The Seamless Web : Technology, Science, Etcetera, Etcetera ». *Social Studies of Science*, 16 : 281-92.

Keane, Webb
2006   « Subjects and Objects ». In C. Tilley, W. Keane, S. Küchler, M. Rowlands and P. Spyer (eds), *Handbook of Material Culture*. London : Sage Press, p. 197-202.

Kuechler, Suzanne
2002   *Malanggan : Art, Memory and Sacrifice*. Oxford : Berg.

Kuechler, Suzanne and Graeme Were
2005   *The Art of Clothing : A Pacific Experience*. London : UCL Press.

Latour Bruno
1996   « Lettre à mon ami Pierre sur l'anthropologie symétrique ». *Ethnologie française*,
         26 (1) : 3-194.
1991   *Nous n'avons jamais été modernes. Essai d'anthropologie symétrique*. Paris : La Découverte

Leach, Edmund
1976   *Culture and Communication. The Logic by which Symbols are Connected. An Introduction to
         the Use of Structuralist Analysis in Social Anthropology*. Cambridge : Cambridge University
         Press.

Leach, James
2002   « Drum and Voice. Aesthetics and social process on the Rai Coast of Papua New Guinea ».
         Journal of the Royal Anthropological Institute (N.S.), 8 : 713-734.
2012   « La mort du tambour », *Techniques & Culture*, 58 : 28-47

Leach, Jerry & Edmund Leach (eds)
1983   *The Kula : New Perspectives on Massim Exchange*. New York : Cambridge University Press.

Lemonnier, Pierre
1984   « L'écorce battue chez les Anga de Nouvelle-Guinée ». *Techniques & culture*, 4 : 127-175.
1987   « Le sens des flèches : culture matérielle et identité ethnique chez les Anga de Nouvelle-
         Guinée ». In B. Koechlin *et al.* (eds), *De la voûte céleste au terrain, du jardin au foyer*.
         Mosaïques sociographiques. Paris : EHESS, 573-595.
2011   « L'Étude des systèmes techniques. Une urgence en technologie culturelle ».
         Techniques & Culture, 54-55 : 57-67.
2012   *Mundane Objects. Materiality and Non-verbal Communication*. Walnut Creek : Left Coast
         Press.

Leroi-Gourhan, André
1971 [1943]. *Évolution et techniques. L'homme et la matière*. Paris : Albin Michel.
1973 [1945]. *Évolution et techniques. Milieu et technique*. Paris : Albin Michel.

Le Roux, Charles C. F. M.
1939   *De Bergpapoea's van Nieuw-Guinea en hun Woongebied*. 3 volumes. Leyden : Brill.

MacKenzie, Maureen
1991   *Androgynous Objects : String Bags and Gender in Central New Guinea*. Amsterdam :
         Harwood Academic Publishers.

Malinowski, Bronislaw
1963 [1922] *Les Argonautes du Pacifique occidental*. Paris : NRF Gallimard.

Mauss, Marcel
1947   *Manuel d'ethnographie*. Paris : Payot.

1960 [1923-24]. « Essai sur le don. Forme et raison de l'échange dans les sociétés archaïques ». In M. Mauss, *Sociologie et Anthropologie*. Paris : PUF, p. 146-179.

1968 [1934]. « Les techniques du corps ». In M. Mauss, *Sociologie et Anthropologie*. Paris : PUF, p. 365-386.

Miller, Daniel

2005   *Materiality*. London : Duke University Press.

Monnerie, Denis

2010   « Symboles et figures, deux modes sociaux de signification. L'exemple de la Grande Maison d'Arama (Nouvelle-Calédonie) ». *Journal de la Société des Océanistes*, 130-131 : 191-207.

Munn, Nancy

1970   « The Transformation of subjects into objects in Walbiri and Pitjantatjara myth ». In R. Berndt (ed.), *Australian Aboriginal Anthropology*. Nedlands : Australian Institute of Aboriginal Studies, p. 41-163.

1977   « The Spatiotemporal transformations of Gawa canoes ». *Journal de la Société des Océanistes*, 33(54): 39-53.

Owen, Ken

1982   *Concorde : New Shape in the Sky*. London : Jane's Publishing Company

Pétrequin, Anne-Marie et Pierre Pétrequin

2006   *Objets de pouvoir en Nouvelle-Guinée. Catalogue de la donation Anne-Marie et Pierre Pétrequin*. Paris : Éditions de la Réunion des musées nationaux.

Pétrequin, Pierre et Anne-Marie Pétrequin

1993   *Écologie d'un outil : la hache de pierre en Irian Jaya (Indonésie)*. Paris : CNRS Éditions.

Rappaport, Roy A.

1968   *Pigs for the Ancestors. Ritual and Ecology of a New Guinea People*. New Haven, London : Yale University Press.

Revolon Sandra

2006   « Manira (Aorigi, est des îles Salomon) ». In S. D'Onofrio et F. Joulian (eds), *Dire le savoir-faire. Gestes, techniques et objets*. Paris, L'Herne (« Cahiers d'anthropologie sociale » n° 1), p. 97-111.

2007   « 'Les esprits aiment ce qui est beau'. Formes, sens et efficacité rituelle des sculptures owa (est des îles Salomon) ». *Annales de la Fondation Fyssen*, 21 : 63-75.

Salisbury, Richard F.

1962   *From Stone to Steel*. Melbourne : Melbourne University Press.

Schlanger Nathan

1991   « Le fait technique total. La raison pratique et les raisons de la pratique dans l'œuvre de Marcel Mauss ». *Terrain*, 1 : 114-130.

Sharp, Lauriston

1952   « Steel Axes for Stone-Age Australians ». *Human Organization*, 2 : 17-22.

Sillitoe, Paul
1988   *Made in Niugini. Technology in the Highlands of Papua New Guinea*. London : British
          Museum, in association with the University of Durham.
2010   *From Land to Mouth. The Agricultural 'Economy' of the Wola of the New Guinea Highlands*.
          New Haven, London : Yale University Press.

Speiser, Felix
1991 [1923]. *Ethnology of Vanuatu. An early twentieth century study*. Bathurst : Crawford House
          Publishing.

Tambiah, Stanley J.
1968   « The Magical Power of Words ». *Man (N.S.)*, 3(2): 175-208.
1983   « On flying witches and flying canoes : the coding of male and female values ». In
          J.W. Leach and E. Leach, *The Kula : New Perspectives on Massim Exchanges*. Cambridge :
          Cambridge University Press, p. 171-200.
1985   *Culture, Thought, and Social Action : An Anthropological Perspective*. Cambridge (Mass.),
          London : Harvard University Press.

Techniques & Culture
2003   *Efficacité technique, efficacité sociale*, n° 40, édité par Georges Guille-Escuret.

Townsend, William H.
1969   « Stone and Steel Tool Use in a New Guinea Society ». *Ethnology*, 8 (2) : 199-205.

Tuzin, Donald
2002   « Art, ritual and the crafting of an illusion ». *The Asia Pacific Journal of Anthropology*,
          3 (1) : 1-23.

Vayda, Andrew P.
1969   *Environment and Cultural Behavior*. Austin : University of Texas Press.

Veys, Wonua F.
2009   « Materialising the king: The royal funeral of King Tāufaʻāhau Tupou IV of Tonga ».
          The Australian Journal of Anthropology, 20(1): 131–149.

Weiner, Annette B.
1983   « From words to objects to magic: Hard words and the boundaries of social action ».
          Man (N.S.), 18(4): 690-709.

Welsh, Robert L.
1998   *An American Anthropologist in Melanesia. A.B. Lewis and the John N. Field South Pacific
          Expedition*, 1909-1913. Honolulu : University of Hawai'i' Press.

109

Chapitre 6

Ce que l'anthropologie de l'art doit à l'Océanie

Brigitte Derlon et Monique Jeudy-Ballini

Aucune région du monde n'a contribué autant que l'Océanie à l'essor de l'anthropologie de l'art. En effet, c'est à la fécondité des enquêtes menées en Mélanésie, Polynésie et Australie qu'on doit d'avoir relancé régulièrement la réflexion dans ce domaine. Cette fécondité se mesure d'abord à l'importance numérique des travaux généraux écrits ou codirigés par des spécialistes de l'Océanie. Citons l'ouvrage séminal de Robert Layton, *The Anthropology of Art*, qui fit autorité et fut réédité dix ans après sa première parution (1981), ainsi que les trois publications de Howard Morphy : un article de référence sur l'anthropologie de l'art dans une encyclopédie (1994), le volume collectif *Rethinking Visual Anthropology* codirigé avec Marcus Banks (1997) et le manuel *The Anthropology of Art: a Reader* dont il rassembla les textes avec Morgan Perkins (2006).

Mais la richesse des travaux effectués dans cette région du monde se mesure aussi au rôle sans équivalent joué par des océanistes dans les avancées théoriques et le renouvellement des problématiques de ce champ de recherche. L'histoire globale de l'anthropologie de l'art peut se lire tout entière à travers leurs productions scientifiques et les courants majeurs qu'elles impulsèrent : l'évolutionnisme (Balfour 1888, Haddon 1894, 1895), la fonction de l'artiste (Mountford, 1958 et 1961, Read 1961, Kupka 1962 et 1972, Gerbrands 1967, Forge 1967, Mead 1983), l'art en tant que mode de communication (Munn 1962, 1964, Forge 1966, Tuzin 1995), l'ethno-esthétique (Morphy 1989 et 1991, Coote et Shelton 1992), l'art comme agent (Roscoe 1995, Gell 1992) et les approches transculturelles (Thomas 1991 et 1999, Marcus and Myers 1995, Myers 2002). C'est ce fil conducteur que nous nous proposons de suivre ici après avoir brièvement retracé la découverte européenne des arts du Pacifique.

La découverte européenne des arts du Pacifique

Les premiers objets océaniens introduits en Europe proviennent de voyages dans ce qu'on appelait alors les « Mers du Sud ». L'exploration du Pacifique, qui débute au XVIᵉ siècle avec les navigateurs portugais et espagnols, atteint son apogée dans la seconde moitié du XVIIIᵉ siècle au cours de laquelle se succèdent plusieurs expéditions scientifiques dont celles de James Cook. Outre la découverte de zones encore inconnues, elles ont pour but de collecter des spécimens d'« histoire naturelle », les productions de l'homme et celles de la nature recevant alors un statut similaire. En dépit du souci de classification et de hiérarchisation évolutionniste qui prévaut à cette époque et amène à considérer certains peuples comme supérieurs à d'autres (les

Polynésiens comparés aux Mélanésiens et ces derniers comparés aux Tasmaniens, par exemple), les objets dessinés dans les ouvrages des explorateurs le sont avec la même neutralité scientifique que les objets occidentaux (Thomas 1997).

Dans les artefacts rapportés d'Océanie, la quantité massive d'armes au regard du nombre insignifiant de sculptures, s'explique notamment par le goût des navigateurs européens, dotés pour la plupart d'une formation militaire, et par la propension des autochtones à se défaire plus facilement d'objets usuels. Les scientifiques n'entendent pas encore procéder à des collectes représentatives de la vie des populations locales et ce n'est qu'avec l'établissement des premières missions en Polynésie au début du XIXᵉ siècle que le nombre d'objets rituels augmente dans ces collectes. Parfois publiquement brûlés au nom de la lutte contre le paganisme, ils sont le plus souvent collectés — éventuellement mutilés de leurs attributs sexuels — par les missionnaires qui entendent ainsi témoigner de leur œuvre civilisatrice au sein de populations dont la « fausse religion » n'a d'égal que l'apparence « grotesque » de ses « idoles ».

Dans la deuxième moitié du XIXᵉ siècle, marquée par la naissance de l'anthropologie et la prégnance des théories évolutionnistes, la quête par les savants de l'origine historique des réalisations humaines s'applique à la famille et à la religion aussi bien qu'à l'art. L'ornemental, auquel on réduit les expressions esthétiques des « Primitifs », est supposé précéder la figuration naturaliste conçue comme le propre des peuples « civilisés ». En raison de leur diversité et de leur richesse, les « ornements » océaniens focalisent l'attention scientifique. Alfred Court Haddon, qui dirigera l'expédition de 1898 dans le détroit de Torres, s'appuie sur la culture matérielle de Nouvelle-Guinée pour formuler l'hypothèse d'une évolution quasiment biologique des styles et motifs décoratifs, « génétiquement » reliés les uns aux autres et soumis à des processus de variation et de dégénérescence à l'instar des organismes vivants. En accord avec les conceptions de son temps, Haddon (1894, 1895) tient le degré de développement des techniques et des arts pour un indice du stade atteint par les sociétés sur l'échelle de l'évolution humaine. Au terme d'un séjour de six mois aux îles Marquises en 1897, complété par des recherches intensives dans les collections muséales, Karl von den Steinen (1925-1926) répertorie, lui, des centaines de motifs de tatouage et de sculpture. Il se livre à des analyses si pénétrantes de leurs transformations formelles qu'elles inspirent encore des recherches actuelles.

Artistes, approches sémiologiques et art rituel

Passé le premier quart du XXᵉ siècle dominé par les travaux de Franz Boas sur l'art des Amérindiens, les savants se détournent de l'histoire conjecturale et de l'étude de la culture matérielle. Ils lui préfèrent l'analyse synchronique des faits sociaux à laquelle Bronislaw Malinowski (1922) vient de donner naissance en définissant les techniques de l'enquête de terrain. Plus tard, dans les années 1960, l'attention des ethnologues ne se focalise plus sur les œuvres (forme, style) mais s'étend à leurs producteurs et à leurs contextes socioculturels. Les enquêtes conduites par Karel Kupka (1962, 1972) dans le nord de l'Australie (De Largy Healy 2010a), Adrian Gerbrands (1967) et Anthony Forge (1967) en Nouvelle-Guinée, contribuent à la compréhension des techniques, des styles personnels et des marges de créativité des artistes qui œuvrent au sein de sociétés valorisant la conformité aux modèles ancestraux.

Mais si l'art suscite un regain d'intérêt, stimule des recherches ethnographiques et gagne ses lettres de noblesse en anthropologie, il le doit surtout aux avancées de l'approche sémiologique des systèmes symboliques. Après les mythes et les rituels, il devient un instrument privilégié pour explorer le sens que les groupes humains confèrent au monde et à la société. Influencée par les travaux de Claude Lévi-Strauss, Nancy Munn (1962, 1964, 1973) observe que l'iconographie des Walbiri d'Australie ne saurait se réduire à un ensemble de symboles dont chacun, pris isolément, aurait une signification spécifique. Les motifs géométriques (cercles, arcs, flèches, etc.) tracés sur le sable, les corps et les objets cérémoniels constituent bien plutôt un système de signes graphiques polysémiques qui tirent leur sens de la manière dont ils sont combinés — leur ambiguïté autorisant des interprétations variables au gré des individus et des contextes. Par sa structure interne et ses modalités différentes d'utilisation selon les sexes, ce « langage visuel » fait écho, selon Munn, aux particularités de l'ordre social et cosmologique des Walbiri.

À la même époque, Forge (1966) entreprend quant à lui de déconstruire l'idée prévalente voulant que l'art soit une simple illustration plastique de la mythologie. Outre qu'ils n'ont pas de mythes, les Abelam chez lesquels il enquête ne proposent aucune exégèse de leurs maisons cérémonielles. La signification de leur architecture et de leurs façades peintes, Forge la cherche alors dans les représentations culturelles associées aux principaux motifs picturaux et plastiques, en pressentant que leur agencement même est porteur de sens. Ainsi, le visage d'un esprit incarnant les valeurs de la masculinité, figuré à l'intérieur d'un ovale symbolisant la féminité, exprime à ses yeux la supériorité des capacités créatrices naturelles des femmes sur le pouvoir rituel des hommes. D'aspect phallique, le faîtage de l'édifice symbolise le lien entre la masculinité et les succès guerriers, tandis que les sculptures conservées à l'intérieur de la maison et montrant des pénis aux fonctions nourricières renvoient aux théories locales de la procréation. À travers l'architecture de leurs maisons cérémonielles, les Abelam délivreraient des messages inédits plus ou moins inconscients sur les fondements ultimes de l'identité masculine. Forge, qui met l'accent sur la spécificité du langage artistique, en déduit que l'art permet de créer et de véhiculer des significations plus condensées que les significations de type linguistique. Figure majeure de l'anthropologie de l'art dans les années 1960-1970, éditeur scientifique de *Primitive Art and Society* (1973) auquel contribuent de nombreux spécialistes mondiaux du domaine (dont Munn, Firth et Bateson pour l'Océanie), Forge stimule par ses travaux les enquêtes ethnographiques sur la sémiologie de l'art rituel, dont ceux de Donald Tuzin (1995) sur les rites initiatiques des Araspesh.

Au cours des décennies suivantes, les océanistes français s'intéressent moins aux aspects visuels de l'art cérémoniel qu'à sa nature processuelle, c'est-à-dire aux conditions de fabrication de l'objet, de son dévoilement, de sa manipulation, de son abandon, de sa destruction ou de son recyclage rituels. Qu'ils portent sur les mannequins funéraires du Vanuatu (Guidieri et Pellizzi 1981), les effigies *to'o* de Polynésie (Babadzan 1993), les *malanggan* de Nouvelle-Irlande (Derlon 1997) ou les masques de Nouvelle-Bretagne (Jeudy-Ballini 1999), leurs travaux explorent une problématique singulière de la relation des hommes aux objets. Dans leur perspective, « faire » et « défaire » prend sens comme une manière de convoquer et de révoquer les instances surnaturelles au moyen d'artefacts neufs ou rénovés, identiques à eux-mêmes, dotés d'une sorte d'immortalité répondant à celle des entités qu'ils présentifient.

Le courant esthétique

Avec ses recherches aux îles Trobriand, et bien qu'il ne traite pas de l'art en tant que tel, Bronislaw Malinowski est sans doute le premier ethnologue océaniste à souligner l'importance de la dimension du beau dans les accomplissements humains. Lui qui, dans *Coral Gardens and their Magic* (1935), l'évoque par exemple à propos des tâches horticoles (p. 10), envisage les jardins trobriandais comme de véritables « œuvres d'art » en observant que l'« énergie considérable dépensée à des fins purement esthétiques […] excède de beaucoup celle qui suffirait d'un point de vue strictement technique » (p. 80). Or le « purement esthétique » en question — source de plaisir, de fierté et de prestige — se trouve érigé en obligation sociale puisque, loin de se réduire à un souci gratuit, il est au principe même de la fertilité du sol. Pour un horticulteur des Trobriand, en effet, *only if the garden looks right will it grow well* (p. 80).

Mais c'est surtout dans le domaine des échanges rituels interinsulaires (*kula*) que Malinowski met en évidence l'enjeu crucial attaché à la beauté (voir Lemonnier, ce volume). Sa première étude majeure, *Argonauts of the Western Pacific* (1922), montre en effet qu'au cours de ces échanges, souvent conceptualisés sur le mode d'une rencontre sexuelle, des magies sont effectuées pour que l'ornementation des participants et de leurs pirogues rivalise de beauté. La description de l'auteur témoigne de l'impact opératoire et, plus encore, du pouvoir surnaturel dont la beauté est créditée aux yeux des populations locales. La façon dont l'apparence des équipages apparaît si irrésistible qu'elle ne peut empêcher un échangiste de céder ses objets les plus convoités, montre que l'esthétique ne se dissocie pas d'un mode d'action interindividuelle — en l'occurrence d'une forme d'ascendant ou d'assujettissement, autrement dit de rapport de force.

S'il lie l'effet de séduction à la présence d'éléments décoratifs, Malinowski, toutefois, ne cherche pas vraiment à expliciter les critères endogènes d'évaluation esthétique et c'est surtout à Howard Morphy (1991) que l'on devra de s'y intéresser à partir de ses recherches sur l'art rituel des Yolngu de la terre d'Arnhem en Australie. Leurs peintures sur écorce, écrit Morphy, visent à agir sur les sens des spectateurs et à engendrer chez eux une réaction émotionnelle. Cet impact — dont dépend la réussite de l'ouvrage à l'étape ultime de son élaboration — résulte du chatoiement de lumière produit par la présence de fines hachures apposées en surface. Or cet effet de brillance, qu'il se donne à voir sur les objets rituels ou sur le corps paré des initiés, est ressenti et compris par les Yolgnu comme une manifestation du pouvoir des êtres ancestraux qu'ils associent à la fertilité du monde. De manière générale, l'ethnographie mélanésienne atteste la solidarité conçue entre l'apparence des existants et leurs qualités non perceptibles. À propos des guerriers waghi de Nouvelle-Guinée, par exemple, Michael O'Hanlon (1989) indique que leurs parures corporelles restent dépourvues d'éclat si ceux qui les portent ne sont pas dans les dispositions morales requises. De même que l'échec à s'embellir trahit visuellement la non-conformité en sanctionnant par exemple une transgression cachée, la belle apparence authentifie la qualité de l'être et constitue un enjeu vital. Aussi les Waghi renoncent-ils à aller se battre si leur aspect physique est trop terne, car une allure médiocre leur ferait craindre une défaite (O'Hanlon 1989 : 109).

Cette interdépendance entre dimensions sensible et éthique, d'autres ethnographies la mettent en évidence, qui invitent à reconsidérer le rôle des émotions esthétiques dans les performances rituelles. Les Sulka de Nouvelle-Bretagne (Jeudy-Ballini 1999) accordent ainsi une importance cruciale à l'effet que l'apparition des masques doit produire sur l'assistance lors des fêtes d'initiation ou de mariage. L'efficacité de ces derniers réside dans leur capacité à produire un saisissement émotionnel intense, qu'il prenne sens comme admiration, sentiment de manque ou affliction. La beauté participe alors d'une expérience sensorielle et cognitive totale jouant sur la synesthésie des correspondances perçues sur une durée très brève entre formes en mouvement, couleurs, effluves, sons, déplacement d'air, rythmes et vibrations du sol. Parce qu'il passe pour exprimer la caution des esprits mobilisés à travers les magies, le sentiment du beau amène les hommes à prendre la mesure de leur pouvoir de faire advenir le sacré ; il est ce moment épiphanique où s'abolit la distinction entre l'humain et ce qui le transcende. Cette emprise émotionnelle magiquement induite et à laquelle les spectateurs ne peuvent se soustraire constitue une atteinte à la personne et exige, comme telle, une réparation matérielle. L'exemple sulka et les équivalents qu'on lui connaît dans l'ethnographie mélanésienne (Read 1955 : 273, Strathern 1971 : 126, Weiner 1976 : 134-135, Schieffelin 1977 : 143-144, Dark 1983, Harrison 1993 : 122-125) prouvent que l'appréciation esthétique n'est pas dissociable de l'effet agissant de la performance.

L'art comme agent

Dans les années 1990, un nouveau tournant se fait jour au sein de l'anthropologie de l'art. Il est influencé par l'essor récent de l'anthropologie des émotions et par les travaux d'historiens d'art sur la psychologie de la perception visuelle (Gombrich 1979) ou sur le pouvoir des images (Freedberg 1989). Certains ethnologues se détournent alors de l'étude de la signification et du symbolisme pour questionner surtout l'impact de l'art sur les spectateurs. Refusant de réduire ce dernier à un code ou à un langage destiné à communiquer du sens, ils l'envisagent plutôt comme un instrument pour agir stratégiquement sur les états mentaux d'autrui. Ce nouveau courant est à mettre au crédit de deux spécialistes de la Mélanésie, Paul Roscoe et Alfred Gell.

En Nouvelle-Guinée, Paul Roscoe (1995) a mené une enquête chez les Yangoru Boiken de la région du Sepik, voisins des Abelam étudiés par Anthony Forge (1966) une trentaine d'années auparavant. Comme ce dernier, il s'intéresse aux grandes maisons cérémonielles dont les façades peintes revêtent des motifs similaires dans ces deux groupes linguistiques. Mais tandis que Forge s'était principalement soucié d'en découvrir la signification supposée, Roscoe porte son attention sur les émotions associées à l'édification d'une maison cérémonielle. Cette entreprise est assurée par l'un des clans qui doit mobiliser un vaste réseau d'alliés pour rassembler les ressources matérielles nécessaires. Le sentiment de triomphe et de supériorité que lui procure l'accomplissement de cette tâche a son corollaire dans la honte et l'humiliation éprouvées *a contrario* par les autres clans. L'édifice achevé, l'ensemble de la communauté l'observe avec un sentiment de danger. Les couleurs saturées et brillantes des peintures captent si intensément les regards qu'elles se voient imputées à un principe surhumain et créent la sensation de se trouver en présence d'une entité menaçante : celle de l'esprit totémique du groupe bâtisseur. Semblable impression est renforcée par divers éléments de la bâtisse : les motifs en forme d'yeux et de mâchoires, la hauteur de l'édifice, son avancée recourbée évoquant un rapace prêt à s'abattre sur les hommes, et les lances fixées sur les parois en référence aux homicides. Selon Roscoe, l'enjeu de la construction de la maison cérémonielle n'est pas de communiquer un message sémantique sur la force politique et guerrière du groupe bâtisseur. Pour ce groupe, il s'agirait surtout d'expérimenter et de donner à éprouver émotionnellement aux autres la nature inquiétante de son pouvoir.

Mais c'est Alfred Gell qui, trois ans plus tôt, avait posé l'acte fondateur de ce nouveau courant qui assimile l'art à un système d'action. Ancien élève de Forge, il abandonna l'orientation sémantique et structuraliste de son premier ouvrage sur les rituels des Umeda de Nouvelle-Guinée au profit d'une approche inspirée de la psychologie cognitive. Gell (1992) soutient ainsi que la signification n'est pas une propriété essentielle des œuvres d'art et que l'intérêt porté aux considérations esthétiques, fussent-elles endogènes aux populations étudiées, n'est qu'un travers ethnocentrique. Il préconise de traiter l'art comme une simple composante de la technologie et de s'interroger sur le type d'efficacité qu'il produit comme on le ferait d'un outil. Cette conviction inspirant ce que Gell (1998) nommera la « première théorie anthropologique de l'art », se fonde sur une interprétation des données ethnographiques recueillies par Shirley Campbell aux îles Trobriand (2002). Selon Campbell, les proues de pirogues décorées sont censées troubler les partenaires d'échange des équipages lors des expéditions *kula* et les inciter à donner plus d'objets précieux qu'ils n'y auraient consenti sans cela. En cherchant à saisir les raisons de cette force déstabilisante, Gell avance sans le démontrer que la composition des motifs ornant ces proues génère des sensations optiques particulières. Or ces perturbations visuelles, les spectateurs les mettraient au compte non pas de procédés techniques mais de magies puissantes activées par les membres des équipages avec l'assistance d'entités surnaturelles. Ainsi les proues de pirogue tiendraient-elles lieu d'armes psychologiques dans les échanges cérémoniels. Cette capacité de certains objets à être crédités de pouvoir en raison de leur excellence technique, Gell la désigne comme l'« enchantement de la technologie ».

Même si les propositions théoriques de Gell ont rencontré certaines préoccupations de spécialistes français de la culture matérielle et de l'anthropologie des techniques (Lemonnier 1996 et ce volume, Coupaye 2009), il convient toutefois d'en relativiser l'originalité (Derlon et Jeudy-Ballini 2010). Dès 1957, par exemple, George Mills déplorait le désintérêt des ethnologues pour les qualités expressives de l'art que sa faculté de troubler, séduire ou déplaire définissait comme un « *emotional* agent provocateur » (en français dans le texte). Dans les années 1970-1980, des spécialistes de la Nouvelle-Guinée soulignaient l'impact visuel des ornementations corporelles (Strathern et Strathern 1971, Sillitoe 1980). Cherry Lowman (1973), par exemple, proposait une interprétation des boucliers des Maring qui, déjà axée sur leurs effets cognitifs et psychologiques (provoquer la peur), anticipait de deux décennies la théorie de Gell. C'est aussi ce que d'autres ethnologues avaient mis en évidence : par exemple Edmund Leach (1954), concernant l'interprétation des dessins des boucliers trobriandais visant à pétrifier les ennemis ; Kenneth Read (1955), sur la perturbation émotionnelle suscitée par une performance « tuant » les spectateurs, selon l'expression des Gahuku-Gama de Nouvelle-Guinée, et valant du prestige à ses auteurs ; ou encore Gilbert Lewis (1980) à propos de la manière dont, chez les Gnau, la dimension émotionnelle du rituel produit la croyance en la réalité donnée à ressentir.

L'apport spécifique des approches de Gell et Roscoe réside en fait dans leur refus de toute approche strictement sémantique de l'art et dans la valorisation extrême de sa portée psychoaffective.

Les approches transculturelles

À partir des années 1970, l'art va peu à peu s'imposer comme un instrument privilégié pour analyser les changements sociaux, la construction des identités ethniques et les processus d'interactions culturelles. Tandis que les signes d'influences étrangères avaient longtemps été tenus pour des preuves d'acculturation et de perte d'authenticité, une nouvelle orientation se fait jour avec la publication, sous l'égide de Nelson Graburn (1976), d'un volume collectif consacré aux transformations récentes de l'art dans les pays anciennement colonisés. Les contributeurs de cet ouvrage, auquel participent les océanistes Nancy Williams (spécialiste de Yirrkala de la Terre d'Arn-hem) et J. A. Abramson (Sepik), s'élèvent contre la dépréciation des expressions artistiques trop ouvertement commerciales, relevant d'une production de masse, ou nées d'échanges interculturels intenses. Les souvenirs pour touristes, expliquent-ils, procurent des revenus à des populations dont les modes de vie se sont modifiés et qui entendent contrôler leur propre destin en devenant partie prenante des nouveaux enjeux socioculturels. Le recours à des images, supports, outils ou matériaux importés n'affecte pas foncièrement le sens ou l'efficacité de ces productions : la structure de leurs motifs, leur portée référentielle et leur capacité à véhiculer des messages identitaires demeurent souvent inchangées (voir aussi Morphy 1991). Cela explique d'ailleurs que des objets fabriqués à destination des étrangers puissent donner lieu à une re-sacralisation et, par suite, à un usage rituel (Revolon 2007). Dans l'ouvrage de Graburn, la réhabilitation des phénomènes d'hybridité culturelle s'accompagne d'une mise en perspective diachronique montrant qu'il ne s'agit pas de phénomènes récents puisque le commerce de leurs artefacts par les autochtones est attesté dès les débuts de la colonisation. De plus, la longue histoire de la circulation des biens matériels dans le cadre des interactions entre les populations océaniennes elles-mêmes (Hau'ofa 1993, 1998) montre, y compris dans un passé éloigné, que la production d'objets fut souvent une réponse locale à des attentes extra-locales.

Cette problématique, Nicholas Thomas l'envisage plus spécifiquement sous l'angle des rapports coloniaux. Dans *Entangled Objects* (1991), qui traite des premières phases de la colonisation, il établit un parallèle entre la collecte européenne des artefacts océaniens et l'assimilation par les Océaniens des biens importés. L'une et l'autre relèvent à ses yeux d'une forme de créativité modifiant radicalement le sens des objets. La lance indigène transformée en spécimen ethnographique de musée subit un processus similaire à celui de la hache métallique européenne devenue un bien précieux offert aux dieux : chacune se trouve reconfigurée dans les catégories de sa culture d'adoption. De tels phénomènes de réappropriation ne sont pas propres à des périodes historiques données mais s'exercent de façon continue. Michael O'Hanlon (1995) a montré comment une guerre dans les Hautes Terres de Nouvelle-Guinée conduisit des communautés à réactiver la fabrication de boucliers dont l'ornementation délaissait les motifs habituels pour puiser dans le répertoire des images publicitaires, des catéchismes ou des bandes dessinées d'importation.

Thomas, en ce qui le concerne, a surtout innové en proposant, dans *Possessions* (1999), une histoire de l'art anthropologique et interculturelle des productions issues de ces anciennes colonies de peuplement que sont l'Australie et la Nouvelle-Zélande. Ses analyses portent à la fois sur les peintures réalisées *in situ* par des Européens au XIXᵉ siècle et sur les œuvres contemporaines d'artistes locaux, autochtones ou non. À travers l'art, il tente de comprendre comment (ex-)colonisés et (ex-)colonisateurs amenés à cohabiter dans la longue durée, se sont perçus mutuellement et ont transposé dans leurs œuvres leurs liens respectifs à la terre et à l'histoire nationale. En insistant sur le rôle des motifs et des styles autochtones dans la construction visuelle de l'identité nationale, il érige l'art en principe actif de cette construction et le désigne comme un instrument privilégié pour saisir les processus identitaires. Il montre que des relations de type colonial continuent de structurer la société et de lui donner une singularité locale, déconstruisant ainsi l'idée commune selon laquelle la globalisation induirait une uniformisation de l'art.

Si Thomas s'est aussi intéressé à la réception des œuvres, Fred Myers, lui, en a fait son sujet principal en élaborant une approche ethnographique du monde de l'art. Dans *The Traffic in Culture* (1995), il affirme avec George Marcus que l'art, parce qu'il est désormais le lieu par excellence où se trouvent mis en scène les effets de la différence dans la vie culturelle, est devenu l'un des sujets majeurs du questionnement anthropologique. Soucieux de comprendre comment la peinture à l'acrylique de l'Australie centrale en est venue à représenter la « culture aborigène » sur les scènes locale et internationale de l'art, Myers analyse les discours des artistes, critiques, ethnologues, galeristes, conservateurs de musée et collectionneurs comme un « processus hybride de production culturelle ». Grâce à ses connaissances des Pintupi qu'il fréquente depuis la fin des années 1970, il a pu retracer l'histoire du *dot painting* depuis son émergence dans les petites communautés aborigènes jusqu'à sa promotion au statut de « grand art » et à son entrée dans les plus prestigieuses institutions muséales du monde. Rendant justice aux artistes qui ont contribué eux-mêmes à cette promotion, il insiste sur la fonction majeure jouée par la peinture à l'acrylique dans l'acquisition ou la consolidation de droits fonciers aborigènes, la construction des identités locales et la diffusion mondiale de connaissances sur le monde aborigène. *Painting Culture* (2002) reste à ce jour l'ouvrage le plus documenté et le plus fouillé sur la naissance d'un art contemporain dans un pays anciennement colonisé. Dans l'anthropologie française, les recherches sur les arts aborigènes prolongent ces problématiques en s'attachant à la perception des images en Terre d'Arnhem (De Largy Healy 2010), ainsi qu'aux stratégies politiques dont se soutiennent les performances artistiques en milieu urbain (Le Roux 2007) et l'exposition d'œuvres à l'étranger (Morvan 2011).

D'autres auteurs utilisent le recueil d'histoires de vie pour approcher au plus près l'essence de l'expression artistique. C'est le cas de Margaret Jolly (2005) avec l'œuvre de la Néo-Zélandaise Robin White. Hantées par le colonialisme, caractérisées par les ponts sans cesse jetés entre sa propre histoire personnelle et les trajectoires collectives des insulaires du Pacifique, les productions de cette artiste à la double origine européenne et maorie témoignent d'une interrogation profonde sur l'identité océanienne qui fait fi des découpages régionaux et nationaux du Pacifique créés par la colonisation. À travers son art, White exprime un sentiment qu'elle partage avec l'anthropologue tongien Epeli Hau'ofa : celui d'appartenir à un vaste monde, relié par l'océan et uni par des expériences communes, qui transcende la grande diversité locale des langues et des cultures.

Aux marges de l'anthropologie de l'art, les recherches sur la représentation muséale des cultures, les formes européennes de réappropriation des arts non-occidentaux (Derlon et Jeudy-Ballini 2001-2002, 2008), les nouveaux modes de patrimonialisation (De Largy Healy et Glowczewski, ce volume), les polémiques entourant la restitution des pièces muséales à leur pays d'origine, ou encore les controverses relatives aux appropriations culturelles contestées d'images, de motifs, ou de styles artistiques relèvent de ces mêmes approches transculturelles qui dominent actuellement l'anthropologie de l'art.

Bibliographie

Abramson, J.A.
1976   « Style and Change in an Upper Sepik Contact Situation ». In N. Graburn (ed.), *Ethnic and Tourist Arts. Cultural Expressions from the Fourth World*. Berkeley : University of California Press.

Babadzan, A.
1993   *Les dépouilles des dieux : essai sur la religion tahitienne à l'époque de la Découverte*. Paris : Éditions de la Maison des Sciences de l'Homme.

Balfour, H.
1888   *On the Evolution of a Characteristic Pattern of the Shafts of Arrows from the Solomon Islands*. London : Harrison and Sons.

Banks, M. and H. Morphy
1997   *Rethinking Visual Anthropology*. New Haven/London : Yale University Press.

Bateson, G.
1946   « Arts of the South Seas ». *Art Bulletin*, 28 : 119-123.
1973   « Style, Grace, and Information in *Primitive Art* ». In A. Forge (ed.), *Primitive Art and Society*. London : Wenner-Gren Foundation/Oxford University Press, 235-255.

Berndt, R.
1964   *Australian Aboriginal Art*. Sydney : Ure Smith.

Berndt, R., C. H. Berndt and J. E. Stanton
1981   *Aboriginal Australian Art : A Visual Perspective*. Sydney, Methuen Australia.

Campbell, S. F.
2002   *The Art of Kula*. Oxford/New York : Berg.

Coote, J. and A. Shelton (eds)
1992   *Anthropology, Art and Aesthetics*. Oxford : Clarendon Press.

Coupaye, L.

2009   « Décrire des objets hybrides. Les grandes ignames décorées du village de Nyamikum, province de l'Est Sepik, Papouasie Nouvelle-Guinée ». *Techniques & Culture*, 52-53 : 50-67.

2013   *Growing artefacts, Displaying Relationships : Yams, Art and Technology amongst the Abelam of Papua New Guinea*. Oxford : Berghahn Books.

Dark, P.

1983   « Among the Kilenge 'Art is something which is well done' ». In S. M. Mead and B. Kernot (eds), *Art and artists of Oceania*. Palmerston : Dunmore Press.

De Largy Healy, J.

2010a   « Karel Kupka et les maîtres-peintres de la Terre d'Arnhem. La biographie d'une collection d'art aborigène ». *Gradhiva*, 12 : 198-217.

2010b   « L'art de la connexion : traditions figuratives et perception des images en Terre d'Arnhem australienne ». In P. Descola (éd.), *La Fabrique des Images. Visions du monde et formes de la représentation*. Paris : Somogy éditions/MQB, p. 146-161.

Derlon, B.

1997   *De Mémoire et d'oubli. Anthropologie des objets malanggan de Nouvelle-Irlande*. Paris : CNRS Éditions/Éditions de la MSH.

Derlon, B. et M. Jeudy-Ballini

2001/2002 « Le culte muséal de l'objet sacré ». *Gradhiva*, 30/31 : 203-211.

2008   *La Passion de l'art primitif. Enquête sur les collectionneurs*. Paris : Gallimard (collection Bibliothèque des sciences humaines).

2010   « De quelques raisons d'un désenchantement. L'art d'Alfred Gell ». *L'Homme* 193 : 167-181 [version augmentée : « The Theory of Enchantment and the Enchantment of Theory : The Art of Alfred Gell »]. *Oceania*, 80 (2), 2010 : 129-142.

Firth, R.

1936   *Art and Life in New Guinea*. New York : AMS Press.

1973   « Tikopia Art and Society ». In A. Forge (ed.), *Primitive Art and Society*. London : Wenner-Gren Foundation/Oxford University Press, p. 25-48.

1992   « Art and Anthropology ». In J. Coote and A. Shelton (eds), *Anthropology, Art and Aesthetics*. Oxford : Clarendon Press, p. 15-39.

Forge, A.

1966   « Art and Environment in the Sepik ». *Proceedings of the Royal Anthropological Institute*, 23-31.

1967 [2006]. « The Abelam Artist ». In H. Morphy and Morgan Perkins (eds), *The Anthropology of Art : a Reader*. Oxford : Blackwells Publishing, p. 109-121.

1979   « The Problem of Meaning in Art ». In S. Mead (ed.), *Exploring the Visual Art of Oceania*. Honolulu : University Press of Hawaii.

Forge, A. (éd.)

1973   *Primitive Art and Society*. London : Wenner-Gren Foundation/Oxford University Press.

Freedberg, D.

1989 [1998]. *Le pouvoir des images*. Paris : Gérard Monfort Éditeur.

Gell, A.
1992   « The Technology of Enchantment and the Enchantment of Technology ». In J. Coote and
         A. Shelton (eds), *Anthropology, Art and Aesthetics*. Oxford : Clarendon Press, p. 40-63.
1998   *Art and Agency. An Anthropological Theory*. Oxford : Clarendon Press.

Gerbrands, A. A.
1967   *Wow-Ipits. Eight Asmat Carvers of New Guinea*. The Hague : Mouton.

Gombrich, E.
1979   *The Sense of Order. À Study in the Psychology of Decorative Art*. Oxford : Phaidon.

Graburn, N. (ed.)
1976   *Ethnic and Tourist Arts : Cultural Expressions from the Fourth World*. Berkeley : University
         of California Press.

Guidieri, R. and F. Pellizzi
1981   « Shadows. Sketches on melanesian mortuary cults ». *Res*, 2 : 6-69.

Haddon, A. C.
1894   *The Decorative Art of British New Guinea. À Study in Papuan Ethnography*.
         Dublin : Royal Irish Academy.
1895   *Evolution in art : as illustrated by the life-histories of designs*. London : W. Scott.

Harrison, S.
1993   *The Mask of war. Violence, ritual and the self in Melanesia*. Manchester and New York :
         Manchester University Press.

Hau'ofa, E.
1993   « Our Sea of Islands ». *The Contemporary Pacific*, 6(1): 148-61.
1998   «The Ocean is Us ». *The Contemporary Pacific*, 10(2): 391-410.

Jeudy-Ballini, M.
1999   « 'Dédommager le désir'. Le prix de l'émotion en Nouvelle-Bretagne ». *Terrain*, 32 : 5-20.

Jolly, M.
2005   « Serene and Unsettling Journeys. Reflexions on the Oceanic in Robin White's Time To
         Go ». In M. Coquet, B. Derlon et M. Jeudy-Ballini (eds), *Les Cultures à l'œuvre. Rencontres
         en art*. Paris : Biro éditeur et Éditions de la Maison des Sciences de l'Homme, p. 273-293.

Kupka, K.
1962   *Un art à l'état brut*. Lausanne : Clairefontaine.
1972   *Peintres aborigènes d'Australie*. Paris : Musée de l'Homme, Publications de la Société des
         Océanistes, n° 24.

Layton, R.
1981 [1991]. *The Anthropology of Art*. Cambridge : Cambridge University Press.

Le Roux, G.
2007   « Tactiques urbaines et performances artistiques ». In Glowczewski B. et R. Henry (eds),
         Le Défi indigène. Entre spectacle et politique. Paris : Aux lieux d'être, p. 151-175
         [livre traduit/mis à jour 2011, in *The Challenge of Indigenous peoples*. Oxford : Bardwell
         Press].

Leach, E. R.
1954   « A Trobriand Medusa ? ». *Man*, 158 : 103-105.

Lemonnier, P.
1996   « L'anguille chez les Ankave-Anga : matérialité et symbolique du piégeage ». In
        C.-M. Hladik *et al.* (eds), *L'alimentation en forêt tropicale : interactions bioculturelles et
        applications au développement*. Paris : Unesco, p. 1013-1026.

Lewis, G.
1980   *Day of Shining Red : An Essay on Understanding Ritual*. Cambridge : New York,
        Cambridge University Press.

Lowman, C.
1973   *Displays of Power. Art and War among the Marings of New Guinea*. New York : The
        Museum of Primitive Art, Studies Number Six.

Malinowski, B.
2002 [1922]. *The Argonauts of the Western Pacific. An account of native entreprise and adventure in
        the archipelagoes of Melanesian New Guinea*. London : Routledge and Kegan Paul.
2002 [1935]. *Coral Gardens and Their Magic : A Study of the Methods of Tilling the Soil and of
        Agricultural Rites in the Trobriand Islands*. London : George Allen and Unwin.

Marcus, G. and F. Myers (eds.)
1995   *The Traffic in Culture. Reconfiguring Art and Anthropology*. Berkeley : University of
        California Press.

Mead, S. M. and B. Kernot (eds.)
1983   *Art and artists of Oceania*. Palmerston : Dunmore Press.

Mead, S. M. (ed.)
1979   *Exploring the Visual Art of Oceania*. Hawaii : University of Hawaii Press.

Mills, G.
1957   « Art. An Introduction to Qualitative Anthropology ». *The Journal of Aesthetics and Art
        Criticism*, 16 (1) : 1-17.

Morphy, H. and M. Perkins (eds)
2006   *The Anthropology of Art : a Reader*. Blackwells Publishing.

Morphy, H. and M. Perkins
2006   « The Anthropology of Art : a Reflection on its History and Contemporary Practice »,
        Introduction. In H. Morphy and M. Perkins (eds), *The Anthropology of Art : a Reader*.
        Blackwells Publishing, p. 1-32.

Morphy, H.
1989   « From dull to brilliant : the Aesthetics of Spiritual Power among the Yolngu ». *Man* (n.s.),
        24 (1) : 21-40 [reprinted in Coote J. et A. Shelton (eds) *Art, Anthropology and Aesthetics*.
        Oxford : Clarendon Press, 1992 : p. 181-208].
1991   *Ancestral Connections. Art and an Aboriginal System of Knowledge*. Chicago : University
        Press of Chicago.
1994   « The Anthropology of Art ». In T. Ingold (ed.), *Companion Encyclopedia of Anthropology*.
        London : Routledge, p. 648-685.

1996   « Aesthetics is a Cross-Cultural Category ». In Ingold T. (ed.), *Key Debates in Anthropology*. London and New York : Routledge, p. 255-260.

Morvan, A.
2011   « 'You can't keep it to yourself'. Australian Indigenous artistic strategies in France 1983-2006 ». In B. Glowczewski and R. Henry (eds), *The Challenge of Indigenous People*. Oxford : Bardwell Press, p. 101-121.

Mountford, C.
1958   *The Tiwi. Their Art, Myth and Ceremony*. London : Phoenix House.
1961   *Aboriginal Art*. Melbourne : Longmans.

Munn, N. D.
1962   « Walbiri Graphic Signs. An Analysis ». *American Anthropologist*, 64 (5) : 972-984.
1964   « Totemic Designs and Group Continuity in Walbiri Cosmology ». In M. Reay (ed.), *Aborigines now*. Sydney : Angus and Robertson, p. 83-100.
1971 [1966]. « Visual Categories : An approach to the study of representational systems ». In C. F. Jopling (ed.), *Art and Aesthetics in Primitive Societies*. New York : E. P. Dutton & Co, Inc., p. 335-355.
1973   *Walbiri Iconography. Graphic Representation and Cultural Symbolism in a Central Australian Society*. Ithaca : Cornell University Press.

Myers, F. and G. Marcus
1995   « The Traffic in Art and Culture : an Introduction ». In F. Myers and G. Marcus (eds), *The Traffic in Culture : reconfiguring art and anthropology*. Berkeley and Los Angeles : University of California Press.

Myers, F.
2002   *Painting Culture. The Making of an Aboriginal High Art*. Durham : Duke University Press.

Newton, D.
1975   *Massim. Art of the Massim Area, New Guinea*. New York : Museum of Primitive Art.

O'Hanlon, M.
1989   *Reading the skin : adornment, display and society among the Waghi*. London : British Museum Publications.
1995   « Modernity and the 'Graphicalization' of Meaning : New Guinea Highland Shield Design in Historical Perspective ». *Royal Anthropological Institute*, 3 (1) : 469-493.

Read, K. E.
1955   « Morality and the Concept of the Person among the Gahuku-Gama ». *Oceania*, 25 (4) : 233-282.

Revolon, S.
2007   « Sacrés curios. Du statut changeant des objets dans une société mélanésienne (Aorigi, à l'est des îles Salomon) ». *Gradhiva*, 6 : 58-69.

Roscoe, P.
1995   « Of Power and Menace. Sepik Art as an Affecting Presence ». *Journal of the Royal Anthropological Institute*, 1 (1) : 1-22.

Schieffelin, E. L.

1977 *The Sorrow of the Lonely and the Burning of the Dancers*. St Lucia : University of Queensland Press.

Scoditti, G.

1989 *Kitawa : A Linguistic and Aesthetic Analysis of Visual Art in Melanesia*. Berlin : Mouton de Gruyter, New York (Approaches to Semiotics, 83).

Sillitoe, P.

1980 « The Art of War. Wola Schield Designs ». *Man*, 15 (3) : 483-501.

Smidt, D. (ed.)

1993 *Asmat Art : Woodcarvings of Southwest New Guinea*. Leiden and Amsterdam : Periplus Editions and the Rijksmuseum voor Volkenkunde, p. 32-45.

Steinen, K. von den

1925 et 1928 [2005]. *Les Marquisiens et leur art. L'ornementation primitive des Mers du Sud*. Tahiti : Musée de Tahiti et des îles.

Strathern, A. J. and M. Strathern

1971 *Self Decoration in Mount Hagen*. London : Duckworth.

Thomas, N.

1991 *Entangled Objects : exchange, material culture, and colonialism in the Pacific*. Harvard University Press.

1997 *In Oceania : Visions, Artifacts, Histories*. Durham : Duke University Press.

1999 *Possessions. Indigenous Art/Colonial Culture*. London : Thames and Hudson.

Tuzin, D.

1995 « Art and Procreative Illusion in the Sepik. Comparing the Abelam and the Arapesh ». *Oceania*, 65 (4) : 289-303.

Weiner, A.

1976 *Women of Value, Men of Renown. New Perspectives in Trobriand Exchange*. Austin and London : University of Texas Press.

Williams, N.

1976 « Australian Aboriginal art at Yirrkala : the introduction and development of marketing ». In N. Graburn (ed.), *Ethnic and Tourist Arts*. Berkeley : University of California Press, p. 266-284.

Zegwaard, G. A.

1995 « The Induction Ritual and Body Decoration of Recently Initiated Young Men in the Mimika Region ». In D. Smidt *et al.* (eds), *Pacific Material Culture : Essays in Honour of Dr Simon Kooijman on the Occasion of His 80th Birthday*. Leiden : Rijksmuseum voor Volkenkunde, p. 308-323.

Chapitre 7

Les échanges en Océanie et l'anthropologie

Denis Monnerie

Pour Suzanne Dhermont

Le thème des échanges est un des plus anciens de l'anthropologie de l'Océanie[1] et cet accent mis d'emblée sur les échanges distingue les recherches océanistes de celles pratiquées pour d'autres parties de la planète. Des milliers de pages ont été écrites pour décrire et analyser ces échanges, leurs acteurs, leurs contextes et les objets — en particulier les « monnaies » — qui y circulent. Une raison de cet intérêt tient au fait que les Occidentaux, qui constituent la majorité des auteurs sur ces questions, ont compris qu'en Océanie, tout comme en Europe ou en Amérique du Nord, les échanges jouaient dans la vie sociale un rôle central. En même temps, entre des activités d'échanges qu'ils connaissent sous leurs formes marchandes — et qui ont été propagées en Océanie à partir du début du XIXe siècle dans le cadre des colonisations — et les activités d'échange des Océaniens si *diverses* et parfois radicalement *différentes*, l'écart, le plus souvent évident, était parfois considérable[2].

L'anthropologie sociale et culturelle a ainsi été aux premières lignes des recherches sur les échanges des Océaniens. L'économie est en effet largement conditionnée dans ses approches par l'étude du monde capitaliste, et malgré leur prétention à l'universalité, ses concepts ne se prêtent ni à l'observation, ni à la description, ni à l'étude *fine* des échanges océaniens. Cette anthropologie, par l'attention aux langues et concepts locaux et la pratique de l'observation participante, effectives en Océanie dès le début du XXe siècle, a la capacité de s'intéresser aux phénomènes sociaux les plus divers, à leurs formes les plus inattendues et sait les décrire avec finesse. Les échanges ne font pas exception.

Toutefois, du fait de l'extrême diversité des pratiques d'échanges et des conceptualisations locales qui leur correspondent, le développement de la capacité à théoriser

---

1. L'Australie ne sera pas traitée dans ces pages, pour des raisons qui tiennent d'une part aux compétences de l'auteur, d'autre part au peu de travaux synthétiques majeurs. Toutefois je voudrais souligner l'existence de grands systèmes d'échanges entre les Aborigènes australiens, avec des Indonésiens et des Néo-Guinéens, en particulier par le biais du détroit de Torrès (Wheeler 1910, McCarthy 1938-1939, Oliver 1989 : 504-521).
2. Merci à Sophie Chave-Dartoen et Jos Platenkamp pour leurs précieuses suggestions et critiques sur ce chapitre et à Isabelle Berdah et Dominique Fasquel pour leurs relectures. Les prises de position et les éventuelles erreurs restent bien entendu de mon seul fait. Cette synthèse s'inscrit dans le cadre des recherches pour l'ANR LocNatPol ANR-09-BLAN-0320-01.

les échanges n'a pas toujours coïncidé avec la richesse des descriptions. Et les grandes apories épistémologiques de l'anthropologie qui interrogent l'étude des échanges concernent aussi des domaines comme la religion, la parenté ou « l'organisation sociale ». Ce sont d'abord les limitations des langues naturelles, occidentales pour la plupart, qui nous servent à décrire, analyser et théoriser les phénomènes sociaux des autres. Ensuite c'est la tension entre l'approche *emic* et les perspectives *etic* [3]. Ces limitations scientifiques s'accompagnent d'un aspect positif : les recherches d'anthropologie sont aussi une démarche rigoureuse d'intercompréhension des sociétés, accessible à un public motivé.

D'autres difficultés valent particulièrement pour les échanges. Il existe des écarts considérables entre les différentes échelles sur lesquelles peuvent porter les réflexions qui vont de quelques dizaines de personnes vivant dans un rayon de quelques kilomètres pour les plus petites unités sociales jusqu'à atteindre des milliers de kilomètres et de personnes pour les grands réseaux d'échanges. Ainsi, comme toute l'histoire des recherches sur les échanges en Océanie, les pages qui suivent témoigneront des écarts entre, d'une part, des progrès incessants dans les connaissances ethnographiques, de nombreuses propositions de formalisations pour des sociétés et des régions particulières et d'autre part nos difficultés à conceptualiser solidement de façon large, transocéanienne, des questions qui se rapportent aux échanges. Ces tensions présagent des avancées futures de l'anthropologie.

Enfin, il ne m'a pas paru souhaitable — serait-ce d'ailleurs possible ? — de traiter des recherches francophones sur les échanges sans évoquer nombre d'auteurs d'autres horizons y ayant pris une part décisive. Les travaux des anthropologues ne peuvent être compris indépendamment de leurs positionnements dans des débats internationaux, tendance qui se fait sentir dès les débuts, par exemple dans les écrits de Mauss.

Les périodes archéologiques

En Océanie, des réseaux maritimes très étendus ont été instaurés à une époque ancienne par ces grands navigateurs que furent les Austronésiens [4], dont l'étendue des pratiques, des connaissances et des technologies de navigation fut sans doute sans équivalent au monde jusqu'au XVIe ou XVIIe siècles. Le plus étendu que nous connaissions, toutes époques confondues, est le Lapita qui, de -1500 à -300 avant JC environ, s'étendait sur

---

3. L'approche *emic* vise une compréhension au plus près des conceptions locales, la démarche *etic* a une visée universalisante.

4. « Austronésiens » et « Non-Austronésiens », en toute rigueur il s'agit de peuples parlant des langues aux origines austronésiennes ou non-austronésiennes. Les Non-Austronésiens sont les premières et très anciennes populations océaniennes arrivées depuis l'ancien continent Sunda au Sahul vers - 50 à - 40 000. Sans doute partis de Taïwan ou du sud de la Chine vers -3 000 av. JC, des Austronésiens et/ou leurs civilisations s'implanteront en Indonésie, puis en Océanie.

près de 4000 km d'est en ouest de l'archipel Bismarck à Samoa (Conte 1995, Kirch 1997, Galipaud *et al.* ce volume, Galipaud et Liley 2000, Noury et Galipaud 2011, Sand 2010, Sand et Bedford 2010). Pour certains archéologues il correspondrait à la trace de migrations austronésiennes vers l'est. Mais, de nombreux indices permettent de penser qu'il s'agissait aussi d'un réseau d'échanges, vraisemblablement d'un ensemble de réseaux interconnectés où les déplacements et relations pouvaient être plus ou moins denses et réguliers. À d'autres périodes archéologiques des relations d'échanges translocales sont attestées à courtes et moyennes distances. De très anciennes pratiques d'échanges (Lebot 2002) font que la distinction d'origine linguistique entre Non-Austronésiens et Austronésiens est difficile à tenir pour les phénomènes sociaux et culturels contemporains.

Premiers contacts, échanges, malentendus, acculturations réciproques

Les « découvertes » des îles et peuples de l'Océanie par les Occidentaux ouvrent sur des échanges. Échanges de violence — avec l'armement supérieur des arrivants — d'objets, de nourritures, de comportements, d'informations — en particulier sur la navigation (Di Piazza et Pearthree 2008) —, de maladies nouvelles aussi, souvent dévastatrices (Rallu 1990). Tous vont avoir des conséquences durables (Coppet 1973, Dousset-Leenhardt 1970). Échanges protocolaires aussi dans les accueils des arrivants, pratique répandue en Océanie. En Nouvelle-Calédonie J. Cook décrit sa réception à Balade en 1774 dans des termes qui évoquent les accueils kanak contemporains. Mais ces réceptions sont parfois accompagnées de malentendus — et les pratiques d'accueil ne sont pas générales comme le montre le mauvais sort fait à certains équipages, occidentaux ou océaniens. Missionnaires, administrateurs, militaires vont suivre, précédés ou suivis de *beachcombers*, santaliers, baleiniers, marchands de bêche-de-mer, de tortues, d'armes, ainsi que des *blackbirders*, quasi-marchands d'esclaves. Les uns apportent leurs religions, leurs redécoupages autoritaires du monde et des existences, les procédures et les outils parfois létaux qui vont avec, les autres s'emparent à bas coût de ce qu'ils considèrent comme des marchandises. Ces mouvements de va-et-vient, d'échanges, sont rarement à sens unique. Leurs conséquences vont des affrontements sanglants à des acculturations réciproques, après avoir été ceux des romanciers (R. L. Stevenson, H. Melville, V. Segalen, A. Grimble, K. Hulme, A. Wendt) elles sont devenues un des thèmes d'études des anthropologues et sociologues (M. Mead 1956, Crocombe 1989, Thomas 1991, Baré 1985, Feinberg 1986).

Les découvertes ethnographiques

C'est d'abord en Mélanésie, que les recherches de terrain de G.C. Wheeler, A.M. Hocart, R. Thurnwald (Îles Salomon), R. Thurnwald, B. Malinowski, F.E. Williams, R. Fortune et M. Mead (Nouvelle-Guinée) montrent l'importance des échanges ainsi que la diversité de leurs formes. La question se pose donc de savoir si les sociétés de cette partie occidentale de l'Océanie développent plus les échanges que les autres : la Micronésie au nord, ou la Polynésie à l'est. Au champ d'études il importe d'intégrer les sociétés d'Indonésie pour lesquelles les recherches sur les échanges jettent une lumière bienvenue sur ceux d'Océanie. Il faudra aussi nous déprendre de ces divisions, géographiques à l'origine, qui sont devenues des découpages académiques en anthropologie, peu pertinents pour certains auteurs (D'Arcy 2006, Monnerie 2011, Tcherkézoff 2009). Ce chapitre toutefois usera de ces catégories — Mélanésie, Micronésie, Polynésie, Indonésie — car il propose pour l'essentiel une synthèse de travaux qui se définissent dans ce cadre.

Des ethnographies à leur mise en forme théorique

Dans un premier temps, les mêmes anthropologues décrivent les ethnographies et les mettent en forme théorique. Une part d'entre eux considère prioritairement les échanges matrimoniaux (W.H.R. Rivers, Fortune, Williams), en établissant un lien direct avec l'organisation sociale et la parenté, concepts centraux de l'anthropologie naissante. Une faiblesse constitutive de leurs théories réside dans la purification de l'ethnographie : comme plus tard chez Claude Lévi-Strauss (1949 ; *infra*) l'accent est surtout mis sur l'échange des épouses, au détriment de l'ensemble des prestations et des actes, souvent très importants, qui les accompagnent. En contraste, les spécialistes de l'Indonésie orientale étudient conjointement les mariages et leurs échanges de prestations, souvent asymétriques, avec des résultats scientifiques remarquables (*infra*). L'autre faiblesse, souvent concomitante, de ces premiers travaux concerne les définitions des groupes constituant la parenté et l'organisation sociale. Les précurseurs, tributaires de théories de l'organisation sociale inadéquates souvent dérivées d'études africanistes, n'ont guère compris que dans certaines sociétés d'Océanie[5] les « groupes » sont constitués par/lors des échanges. Ce point théorique crucial sera suggéré par A.M. Hocart, fermement soulevé par J.A. Barnes pour les Hautes Terres de Nouvelle-Guinée (1962), théorisé par R. Wagner (1967, 1974), mais jusqu'à aujourd'hui n'a pas toujours été entendu au-delà de la Nouvelle-Guinée.

Les grandes directions de recherche sur les échanges : les penseurs des échanges

Richard Thurnwald et Bronislav Malinowski

Thurnwald et Malinowski sont des penseurs attentifs à l'omniprésence des échanges en Mélanésie qui dépassent la seule observation de la circulation des épouses et

---

5. Mais pas dans toutes, ce qui complique grandement les approches théoriques comparatistes en Mélanésie – et de façon générale en Océanie.

montrent les emprises très larges des échanges et d'un principe qu'ils nomment réciprocité. Thurnwald, qui avait à son actif deux terrains en Mélanésie (Buin à Bougainville et Banaro dans le Sépik) est le pionnier de cette réflexion théorique sur les échanges. Pour les Banaro il écrit « Nous donnons à la symétrie des actes le nom de principe de *réciprocité* » (1921 : 10, voir Juillerat 1993), une symétrie qu'il relie à celle, « dualiste », de l'organisation sociale et envisage d'un point de vue psychologique. À partir de son long terrain à Kiriwina (Îles Trobriand, Massim) Malinowski développe une perspective influencée par le juridique. Il considère la réciprocité comme une « obligation impérieuse », définie comme le principe du « donnant-donnant » évoquant la formule religieuse romaine *do ut des* et considérée comme la « base de la structure sociale ». En effet, elle implique « l'enchaînement même des obligations, qui forme un réseau de services mutuels... s'étendant sur une longue période et portant sur tous les genres d'intérêts et d'activités. À cela il faut ajouter la manière spectaculaire et cérémonielle [6] dont on s'acquitte des obligations légales » (1968). Ces deux auteurs posent à un niveau d'abstraction élevé et dans une visée d'anthropologie comparatiste des questions qui restent au cœur des interrogations sur les échanges pour l'ensemble des sciences sociales. Mais les réponses et thématiques qu'ils développent et qui seront reprises par leurs successeurs — en premier lieu la réciprocité — présagent aussi certaines des difficultés épistémologiques des recherches modernes. Enfin, Malinowski donnera la première grande description précise des échanges interinsulaires de la *kula* (1922).

Marcel Mauss

Dans l'*Essai sur le don* Mauss montre comment les échanges non-occidentaux soulèvent des questionnements spécifiques à l'anthropologie et ouvrent sur une critique de l'économie occidentale qui continue de retenir les chercheurs [7]. Par exemple pour la définition de systèmes économiques qui relèveraient, ou non, du « don » qui a stimulé d'innombrables recherches, ou autour de la notion maorie de *hau*. Celle-ci, selon E. Best, serait liée au fait que certains dons portent en eux le retour. Pour Mauss elle amène à concevoir « qu'il y a avant tout mélange de liens spirituels entre les choses qui sont à quelque degré de l'âme et les individus et les groupes qui se traitent à quelque degré comme des choses » (Mauss [1923-1924] 1980 : 163). Les rapports complexes de cet « esprit du don » à la réciprocité, à la circulation des objets, aux objets eux-mêmes et à leurs relations aux personnes donnent lieu jusqu'à aujourd'hui

---

6. Ce point a été relevé par Mauss dans l'*Essai sur le don*, et jusque dans les années 1960 le plus souvent étudié séparément des échanges. Nous verrons son importance et les questions épistémologiques qu'il soulève.

7. Mauss lui-même militait dans des mouvements coopératifs et avait des préoccupations politiques visant à échapper aussi bien au « communisme » soviétique qu'au capitalisme (Mauss 1997, Godelier 1996).

à d'âpres discussions opposant différents courants intellectuels. C. Gregory a ainsi proposé de contraster l'économie marchande et l'économie du don qui coexistent fréquemment dans les sociétés d'Océanie (1982) en raison de la colonisation. Sur ces sujets, d'importants problèmes de traduction, de contexte et de théorie sont explorés (pour les francophones : A. Babadzan, C. Barraud, A. Caillé, D. Casajus, D. de Coppet, J. Godebout, M. Godelier, A. Iteanu, C. Lévi-Strauss, L. Racine, A. Testart, V. Lécrivain). La question des attributs/relations parfois qualifiés de « magiques » ou « mystiques » attachées aux personnes, actes et/ou objets d'échange a été et reste un sujet de débats intenses. Sous une autre perspective, celle de l'art, et avec l'élégance de pensée qui caractérise ce grand anthropologue britannique, A. Gell (1998) a appliqué aux objets la notion d'agentivité (*agency*), et développé celle de personne détachable (M. Strathern 1988, *infra*), propositions qui pourraient contribuer à avancer la compréhension du *hau* et plus largement des phénomènes sociaux où notre stricte distinction entre sujet et objet se révèle encombrante. Enfin, pour certains, il se peut que le *hau* soit devenu une « sorte de mythe » maussien exprimant « quelque chose qu'il aurait été difficile d'exprimer autrement » (Graeber in Godbout 2004).

Mauss pose aussi, pour Samoa, Tonga et Tahiti (Polynésie) la question des circulations, en de nombreuses occasions, de biens distingués en masculins et féminins [8]. Cherchant sans succès du « potlatch » en Polynésie, il trouve des *distinctions* et surtout des *orientations* dans les prestations, mais il ne développe pas ces caractéristiques fondamentales des échanges, en Océanie et ailleurs. Enfin il définit certains de ces biens comme « propriété-talisman », question qui sera reprise et développée par A. Weiner (1992) et M. Godelier (1996).

Ce texte précurseur de Mauss a soulevé de nombreux problèmes théoriques et permis de nombreuses avancées. Sa traduction anglaise tardive a relancé certains débats depuis le milieu anglo-saxon. Mais à mon sens aujourd'hui, pour la compréhension des systèmes de circulation et de transferts d'artefacts, d'informations et de personnes en Océanie, les catégories principales de l'*Essai* — don, contre-don, réciprocité, esprit du don —, sont devenues comme autant d'obstacles à contrecarrer comme le montrent nombre de tentatives plus ou moins convaincantes de les adapter à des cadres ethnographiques qui de toute évidence manifestent d'autres dynamiques. Un autre niveau de parasitage théorique vient de non-ethnographes qui ont pris l'*Essai* comme point de départ à leurs réflexions, sans s'affranchir les cadres que Mauss entendait dépasser, ceux des économies modernes capitalistes.

Raymond Firth

Un des meilleurs ethnographes et théoriciens de sa génération, Firth a eu soin, dans une série de textes classiques, d'aborder Tikopia, petite île de Polynésie occidentale

---

8. Curieusement il ne fait pas le rapprochement avec l'Indonésie où ces distinctions sont souvent centrales.

qu'il a étudiée en 1928-1929 et 1952 sous des angles divers, dont celui de l'économie[9]. La question de l'application de la notion même d'économie et de ses outils à Tikopia est au centre des préoccupations de *Primitive Polynesian Economy* (1965), le plus abouti des textes sur cette question. La réponse est nuancée et comme l'indique le titre reste cantonnée dans l'optique évolutionniste qui a profondément marqué — et desservi — l'anthropologie du XXe siècle[10]. Des thèmes larges de la théorie économique, comme la rareté des ressources, les facteurs de production, les choix rationnels peuvent, selon Firth, être dans une certaine mesure appliqués à Tikopia. Les points les plus intéressants de ses conclusions concernent les inadéquations des outils de l'économie et de ses questionnements. Il suggère une « reformulation élargie des théories, concepts, définitions et méthodologie existants qui ont été utilisés pour traiter de notre propre société hautement spécialisée » (p. 353-354). Ainsi, la question du « choix rationnel » se trouve reformulée dans la mesure « où il est largement dicté par les configurations (*patterns*) traditionnelles des institutions et des valeurs de la culture » de Tikopia (p. 358). Il souligne aussi qu'il n'est pas possible d'expliquer pourquoi, à un moment donné, se produit un changement du volume de production sans comprendre le poids des obligations de parenté ou d'obligations et d'interdits rituels (p. 181-186, 320-332, 357). Au final, pour Firth, les relations économiques sont aussi, explicitement, des relations sociales et culturelles. K. Polanyi, avec le concept d'enchâssement (*embedding*), formulera l'outil théorique de cette imbrication (1983). Une remarque importante de Firth concerne un plan du « processus des échanges [celui] qui résulte dans le transfert intensif de biens, avec des effets considérables sur le système de production, [et qui] *exprime des satisfactions qui ne sont pas le produit de la nature des biens eux-mêmes, mais du fait même d'échanger* » (p. 358, mes italiques). Cette satisfaction de l'échange par lui-même fut mise en avant par les premiers penseurs des échanges océaniens, mais souvent réduite à la notion de réciprocité et plus rarement rapportée aux « impressionnantes » cérémonies d'échanges.

Claude Lévi-Strauss

Lévi-Strauss est, avec Mauss et Polanyi un des trois penseurs non-océanistes ayant eu une influence marquante pour notre propos. Dans *Les structures élémentaires de la parenté* (1949), sa recherche porte sur les formes des échanges de femmes. Les autres biens échangés ne sont pas, ou peu, envisagés (*supra*), pas plus que leurs modalités sociétales (cérémonies, etc.). Cette formalisation épurée des échanges matrimoniaux a une grande ambition théorique. Elle impliquerait deux universaux (i) au plan mental celui d'oppositions binaires de type digital, (ii) au plan social celui de la prohibition de l'inceste.

---

9. Firth a aussi étudié sous cet angle les Maoris de Nouvelle-Zélande et une société de pêcheurs malais.
10. Tikopia « n'est pas une société primitive au bas de l'échelle, elle a un système social modérément complexe avec une mesure de différenciation sociale » (p. 27).

Ces propositions auront un retentissement considérable, relançant les recherches sur les échanges de façon large. Chez les spécialistes de l'Océanie, elles combinent souvent un angle critique et des orientations diverses : marxiennes (M. Sahlins, M. Godelier, C. Gregory), marquées par l'analyse des conceptions *emic* (E. Schwimmer, D. de Coppet), par l'anthropologie des objets (P. Lemonnier), par un regard sur les marchés locaux (P. Maranda) et plus tard dans les études de genre qui critiqueront l'assignation aux femmes d'un statut d'objets mis en circulation (A. Weiner, M. Strathern).

Marshall Sahlins

Important penseur de la seconde moitié du XXᵉ siècle sur l'Océanie, Sahlins, donne d'abord des descriptions et des analyses pénétrantes des échanges à Fidji (1962). Puis il propose pour les « types politiques » contrastés de Mélanésie — le Big Man — et de Polynésie — l'aristocrate — une opposition partiellement fondée sur une analyse de modalités différentes d'échanges (1963). La popularité et la force heuristique de ce modèle simple n'ont d'égale que la facilité avec laquelle il peut être réfuté, en particulier grâce aux développements des ethnographies en Océanie à partir des années 1960. Sahlins poursuit ses études théoriques des échanges à travers une série de publications importantes dont le célèbre « Sociologie de l'échange primitif »[11]. Sahlins se range aux côtés de M. Herskovits et G. Dalton avec les « substantivistes » pour qui le comportement économique des sociétés étudiées par les anthropologues est fondamentalement différent de celui du monde occidental. Le texte porte la trace des débats avec la position des « formalistes » (Cook 1966) pour qui les principes économiques valent de façon universelle[12]. Sahlins propose un modèle d'échanges où les « groupes résidentiels de parenté s'inscrivent dans des sphères de relations réciproques qui vont constamment s'élargissant » (p. 252). Plusieurs types formels de pratiques de réciprocité — généralisée, équilibrée et négative — sont identifiés en fonction de l'écart généalogique, de la « distance sectorielle » entre ces sphères et des valeurs morales. Ce schéma a le mérite de poser ensemble la question des relations locales et translocales : « les propositions concernant les secteurs externes sont particulièrement vulnérables (le 'secteur externe' recouvre généralement le 'secteur intertribal', cette périphérie ethnique des sociétés primitives ; en pratique, on peut le situer au point où la moralité positive s'obscurcit et où l'attitude normale au sein du groupe est l'hostilité intergroupe). Dans cette sphère on traite les affaires soit par la force ou la ruse soit par le 'commerce silencieux' » (p. 255).

---

11. Publié en français en 1976 dans *Âge de pierre, âge d'abondance* avec une intéressante préface de P. Clastres.

12. Ce débat qui concerne ici les échanges a en fait une amplitude beaucoup plus large et implique des positions méthodologiques d'une importance fondamentale sur la question du comparatisme, des niveaux sur lesquels il porte et des médiatisations qu'il met en œuvre.

Daniel de Coppet et ERASME

Sous l'influence combinée des travaux de Coppet sur les 'Aré'aré (Îles Salomon; 1968, 1970, 1981, 1998) et L. Dumont sur l'Inde et les civilisations modernes (1966, 1977, 1983) et du développement d'une orientation théorique très affirmée mais toujours fondée sur des analyses d'ethnographies, l'équipe ERASME du CNRS a posé la question des échanges en termes de leur cohérence et de leur hiérarchisation *emic* dans chaque système social particulier[13]. Un des fondements théoriques de cette approche est le refus de considérer la réciprocité comme la norme des échanges. Très vite, cette équipe s'ouvre à une collaboration avec des représentants de l'école hollandaise de Leyde (Platenkamp 1988), dont les travaux font autorité pour l'Indonésie depuis les années 1930 et où la théorie des mariages circulants a vu le jour. Cette collaboration suivie va permettre à ces chercheurs d'approfondir l'autre pilier de leurs recherches, qui est comparatiste.

« Des relations et des morts. Quatre sociétés vues sous l'angle des échanges », (Barraud *et al.* 1984, traduction anglaise 1994), texte emblématique de ce programme comparatiste vise à « comprendre l'ensemble des échanges d'une société donnée comme formant un système, lequel est à comparer avec ceux dégagés dans d'autres sociétés » (p. 424). « La méthode a consisté […] à prendre en compte l'ensemble des échanges en vue de dégager les idées-valeurs, c'est-à-dire les faits dominants de et pour chaque société. Il en est résulté des propositions qui font apparaître, dans chaque cas, une formule du 'tout' spécifique, au point que chaque société semble porter une définition particulière de l'universel. C'est en cela même que les sociétés sont comparables : dans leur effort pour gérer un universel qui leur est propre. Faute d'accéder à la compréhension de chacune de ces totalités, les faits observés et particulièrement les échanges formeraient une immense collection dont on ne pourrait proposer d'autre somme que celle déjà implicitement reconnue dans notre idéologie moderne. » (p. 501) Les propositions de ce texte sont particulièrement complexes pour deux sociétés de Mélanésie où des « processus particuliers […] dépendent de la forme du cycle des rituels » (p. 512). L'influence de la pensée de Coppet se fit sentir dans sa participation à une recherche sur *La monnaie souveraine* (Aglietta et Orléan 1998, *infra*) et sur une génération d'étudiants par ses enseignements à l'École des hautes études en sciences sociales (EHESS).

Maurice Godelier

Par ses cours dans le même établissement, ses innombrables publications et sa carrière scientifique et administrative, Godelier dont les recherches ont été récompensées par

---

13. Pour l'Indonésie et l'Océanie : C. Barraud (1984), A. Iteanu (1983), S. Chave-Dartoen (2000, 2006), D. Bretteville (2002), V. Lanouguère-Bruneau (2002), A. Schneider (2011), Monnerie.

une médaille d'or du CNRS, a exercé une influence considérable sur les études océanistes et le public cultivé. À partir de ses recherches sur les Baruya (Nouvelle-Guinée) il a d'abord développé une approche structuraliste et marxiste originale où l'étude de la production, de l'exploitation et des échanges joue un rôle majeur. Appartiennent à cette première période ses travaux sur la monnaie de sel (1969) et les Grands Hommes (1991) — un « type politique » alternatif et complémentaire de celui du Big Man de Sahlins (*supra*). Le Grand Homme acquiert et renforce son statut à travers ses mariages multiples, par le travail de ses épouses et les relations d'affinité étendues qu'ils impliquent. Ce type de phénomène est sans doute pan océanien et a aussi été observé en Micronésie et en Polynésie — y compris par l'écrivain voyageur R.L. Stevenson (1912).

Les analyses de Godelier se tournent ensuite vers d'autres perspectives. La philosophie, sa formation d'origine, et la psychanalyse sous-tendent une théorie de l'imaginaire et du symbolique, plus tard il proposera une remarquable synthèse des *Métamorphoses de la parenté*. Dans *L'énigme du don* (1996), les échanges sont au premier plan de sa réflexion dans une approche renouant avec celle de Mauss, mais largement informée par les ethnographies et recherches les plus récentes. Godelier met en rapport la disjonction des sphères d'échange avec la sacralisation de certains biens, conçue comme un rapport spécifique aux origines que les hommes détachent d'eux-mêmes et projettent sur les *sacra*.

Annette Weiner

A. Weiner a d'abord travaillé aux îles Trobriand où elle a montré l'importance du rôle cérémoniel des femmes et de leurs biens d'échange faits de fibres végétales, trait social inaperçu de Malinowski un demi-siècle auparavant (1976, 1988). Puis, après un terrain à Samoa (Polynésie), elle publie un ouvrage synthétique sur les échanges (1992) qui sera l'objet de nombreux débats et dont une part des découvertes est aujourd'hui intégrée dans nombre de réflexions sur les échanges. Elle y insiste sur l'existence dans de nombreuses sociétés de biens considérés comme inaliénables, qui, par leur dimension de permanence, jouent un rôle clé dans les pratiques et représentations de la reproduction des groupes, les rapports aux ancêtres et aux dieux. Le paradoxe énoncé dans le titre du livre : « garder pour donner » (*keeping while giving*), procède d'un travail d'élargissement des notions d'échange et de réciprocité. On donnerait certains biens pour pouvoir conserver ceux qui sont inaliénables. Ce sont des objets — des étoffes, des terres, des objets sacrés, des restes humains, etc. — et/ou des biens non matériels — noms, titres, mythes, chants, danses, etc. La notion de bien inaliénable est au cœur d'une réflexion dense qui montre la place des paradoxes dans le social et outre les dynamiques des échanges, met en avant leurs relations privilégiées aux femmes, au politique et à la sacralité, ainsi qu'une convaincante épistémologie de la non-distinction entre cosmologie et processus de (re)production.

Nancy Munn

Spécialiste des Walbiri et Pitjantjatjara (Australie) et de Gawa (Nouvelle-Guinée), l'anthropologue américaine Munn (voir aussi Lemonnier, ce volume) propose dans plusieurs textes novateurs et importants des études où les échanges sont restitués dans ce que Polanyi a nommé leurs enchâssements, elle porte une attention particulière à leurs significations. Dans un article classique, « The Spatiotemporal Transformations of Gawa Canoes » (1977) elle traite des pirogues construites à Gawa qui sont utilisées par plusieurs sociétés pour les échanges *kula*. Munn étudie leurs trois phases de « fabrication » qui s'étendent au-delà de la seule construction de l'embarcation (i) la production, (ii) les échanges internes (en particulier de mariages) et externes de Gawa, enfin (iii) les échanges *kula* interîles. Ces phases correspondent à des extensions spatiales et des plans de relations différents, tous articulés par des « structures de conversion » : des chaînes opératoires, des incantations magiques et des échanges. L'originalité de l'analyse réside en ce qu'elle traite des échanges comme d'une structure de conversion parmi d'autres. Ceci permet de relier ceux concernant les pirogues, les mariages et les échanges *kula*, et d'inclure dans l'analyse d'autres faits sociaux, culturels, techniques importants. Cette approche explicite l'articulation de plusieurs temporalités ainsi que celle des échanges internes et externes de Gawa et au-delà, de la *kula*, largement sous-tendus par des significations et des valeurs liées à la reproduction, à la vie — et à la renommée dans la *kula*.

Le contexte colonial français en Océanie

La Nouvelle-Calédonie, Wallis et Futuna, la Polynésie Française ont généré des recherches qui, en anthropologie, sont restées quelque peu à l'écart des grands moments et mouvements de réflexion internationaux, ce qui n'est pas le cas en linguistique, discipline moins sensible aux frilosités ou animosités coloniales. Elles se sont souvent centrées sur des problématiques et outils théoriques faisant écho à ceux des églises (Maurice Leenhardt) ou de l'administration dans ses relations parfois très conflictuelles avec les peuples colonisés : en particulier le politique, la tradition/coutume et le développement. Les anthropologues qui se sont intéressés de façon suivie et approfondie aux échanges y sont peu nombreux et leurs analyses viennent tardivement. Toutefois les ethnographies qu'ils ont décrites sont remarquables et enrichissent considérablement nos connaissances dans le domaine des échanges océaniens. En Polynésie, à l'exception notable des travaux de S. Chave-Dartoen sur Wallis (2000, 2006) les échanges sont largement restés à l'écart des préoccupations. En Kanaky Nouvelle-Calédonie, les cérémonies du cycle de vie et celles des accueils et départs sont au cœur des civilisations kanak. Elles montrent, comme souvent en Océanie, l'imbrication exacerbée du verbal — les discours cérémoniels — avec le non verbal — les actes cérémoniels d'échanges —, trait observé ailleurs mais peu étudié et dont les

137

implications théoriques, qui apparaissent considérables à l'auteur de ces lignes, n'ont pas toujours été mises en avant. Si l'importance des échanges cérémoniels est attestée dès les écrits de Cook, ils ont rarement été décrits de façon précise ou détaillée (sauf Guiart 1992 : 304-321). Toutefois il faut attendre les années 1990 pour avoir des analyses approfondies de ces institutions très complexes. Pour la Grande Terre, un article pionnier de P. Pillon (1995) ouvre ce chantier avec la vallée de la Kouaoua (centre). Les travaux de D. Bretteville (2002) et de l'auteur de ces lignes (2005, 2008, 2012, à paraître) concernent la région Hoot ma Whaap (nord, voir aussi Patrice Godin [1990]) ; ceux d'I. Leblic (2004, 2010) la région de Ponérihouen (centre). Aux Îles Loyauté, pour Maré les travaux d'E. Faugère (1998) et C. Illouz (2010) retiennent l'attention.

Les évolutions théoriques des dernières décennies

Ethnographies renouvelées, de plus en plus détaillées et diversifiées, audaces théoriques, va-et-vient avec les préoccupations intellectuelles et sociétales du moment, l'anthropologie des échanges en Océanie a parcouru sa jeune histoire (un siècle) avec un dynamisme étonnant. Les novations et rebondissements théoriques y ont été et y restent innombrables. Pas plus que celles qui précèdent, les pages qui suivent ne peuvent être exhaustives mais pointent quelques aspects importants de ce chemin et ces débats qui se poursuivent.

Une influence considérable, extra-océaniste, se fait sentir sur les auteurs traitant des échanges en Océanie, celle de Polanyi. Ce philosophe et économiste marxisant original a beaucoup travaillé à partir de données ethnographiques. En France son importance est reconnue par des chercheurs qui pourtant ne s'accordent pas sur grand chose d'autre : Godelier fut le premier à le publier en français et Dumont donna une préface à *La grande transformation*. La proposition la plus connue de Polanyi concerne l'enchâssement de l'économique dans le social pour les sociétés non capitalistes, et la progressive autonomisation de l'économie avec le développement du capitalisme (1936). Cette réflexion se déplace dans *Dahomey and the Slave Trade* où il souligne la disjonction intentionnelle des sphères d'échanges internes et externes (1944). À rebours de l'idéologie homogénéisante du marché, la question de la disjonction, ou non, des sphères (ou circuits) d'échanges et de l'existence, ou non, de différentes formes d'échanges (et de leurs combinaisons) reste certainement une des plus importantes pour la compréhension des systèmes d'échanges et économies réelles.

Les années 1950-1960 ont été celles des débats entre substantivistes et formalistes, les décennies qui suivent verront croître encore la distance entre les approches et concepts proposés par les anthropologues pour rendre compte des échanges et des économies et ceux des économistes, en particulier néolibéraux, qui peu à peu dominent les scènes politique et intellectuelle à partir des années Thatcher et Reagan en Grande-Bretagne et aux USA. La revue du *MAUSS* est emblématique de cet écart et d'une forme de résistance condensée en son sigle : Mouvement Anti Utilitariste en Sciences Sociales. Elle développe un espace de réflexions critiques des idées économiques dominantes où des anthropologues, océanistes ou non, — mais aussi des sociologues, des philosophes, des essayistes — dialoguent avec des théoriciens de formes alternatives de la pensée économique.

Par ailleurs, dans les recherches pluridisciplinaires sur la monnaie dirigées par les économistes M. Aglietta et A. Orlean (1998, voir S. Breton 2000), où furent actifs plusieurs anthropologues, un rapprochement se manifeste, suggérant l'aspect spécifique de l'économie monétaire moderne dans le paysage économique, historique et anthropologique des systèmes de monnaies, proposant aussi la prévalence assez générale de leurs rapports à un au-delà, désigné comme celui de la souveraineté.

Personnes composites et échanges

L'article de Sahlins de 1963 (*supra*) et le livre de M. Strathern *The Gender of the Gift* (1988) sont les deux textes de l'anthropologie de l'Océanie les plus débattus par les spécialistes. Tous deux impliquent, mais *partiellement* les échanges. M. Strathern est inspirée par son propre terrain à Hagen (Hautes Terres de PNG ; 1972) de célèbres schémas de M. Leenhardt sur la personne mélanésienne (1971 : 160-161, 249) et des ethnographies problématiques pour les approches classiques. Avec des propositions inspirées des théories de R. Wagner et malgré les ruses rhétoriques étourdissantes d'une machine textuelle de type postmoderne qui tour à tour affirme puis fait vaciller l'autorité de la chose affirmée, nombre d'anthropologues considèrent que ce livre fait des propositions novatrices et importantes pour la réflexion sur la Mélanésie. On qualifie leur travail et leur rhétorique de New Melanesian Ethnography (NME). Trois angles d'approche se recoupent constamment dans cet ouvrage : sur le féminisme, le relativisme et le don, qui est le sujet qui nous retiendra ici. Pour sa réflexion sur l'économie du don, M. Strathern centre son approche sur les personnes. La personne mélanésienne serait détachable et ce que le présent chapitre nomme les « échanges » relèverait *in fine* de l'agentivité des personnes détachant et déplaçant des composantes des personnes et/ou des biens. Ces agents sont pris dans un contexte culturel spécifique — non pas *social*, concept refusé par M. Strathern, sans doute pour rompre avec la vieille *social anthropology* britannique. La culture donne un cadre aux acteurs, ce qui, il faut le remarquer, a pour effet de limiter leur autonomie, point qui n'est guère développé par l'auteur. Cette focalisation sur les actes des personnes n'est pas sans affinité avec des démarches comme l'interactionnisme ou l'individualisme méthodologique.

Pour souligner la spécificité de ces propositions et bien marquer les débats et le contraste épistémologique je prendrai le traitement par Coppet d'une ethnographie comportant clairement des personnes composites, celle des 'Aré'aré (Îles Salomon). L'ensemble du travail de cet auteur (*supra*) affirme l'existence d'une totalité — ou si on préfère d'un système — social et culturel, qui en particulier dans les échanges constitue et déconstitue les personnes et leurs composantes (le corps, le souffle et l'image), canalise ces dernières à travers des biens d'échange (taros, porcs, monnaie) en des chaînes de transformation qui reconduisent la vie, la société et son cosmos. Les humains, monnaies, plantes, porcs, ancêtres, non-humains et les composantes elles-mêmes sont tous actifs à des degrés et dans des domaines divers. La mesure d'agentivité des personnes est puissamment limitée, subordonnée aux dynamiques du système qui les englobe, parfois de façon tragiquement implacable comme lors les cycles de meurtres. Non seulement la vue surplombante adoptée par Coppet souligne la force d'une société pensée simultanément à la culture mais celles-ci sont conceptualisées comme intégrées en un système socio-cosmique où les dynamiques humaines sont étroitement articulées à celles du monde qu'elles conceptualisent. L'analyse vaut pour cette société particulière, la comparaison sur les échanges devant porter dans un deuxième temps sur des systèmes.

À partir d'interrogations sur les personnes composites et les échanges, ces deux auteurs ont donc deux positions contrastées [14]. D'une part un personnalisme à l'agentivité détachable présenté comme un « universel » mélanésien (M. Strathern). D'autre part des propositions sur des composantes des personnes et du cosmos mais pour lesquelles l'universalisme est dans la comparaison de systèmes socio-cosmiques distincts (Coppet). Les débats sur l'Océanie ne sont certes pas réductibles à ces deux pôles remarquables, mais on trouve ici — avec les propositions de Godelier sur les Grands Hommes — un échantillon de la qualité et de l'originalité de réflexions épistémologiques et de débats où est impliquée l'anthropologie francophone. Ils confirment aussi une des tendances de l'anthropologie qui traverse les époques et renouvelle le débat avec d'autres sciences sociales, économie comprise, qui est d'analyser les échanges comme imbriqués à d'autres faits, qu'ils soient personnels ou sociaux, non verbaux ou verbaux.

Les biens d'échanges : usages, matérialités, significations et valeurs

La diversité des biens échangés — matériels ou non — est aussi impressionnante que celle des formes et des contextes des échanges. Dans le cadre de recherches muséales la collecte des objets a été réalisée avec des fiches descriptives souvent imprécises, voire muettes, sur les échanges qui les mobilisaient. Le paradoxe général est que les nombreuses études — muséales ou autres — des objets d'échanges d'Océanie n'ont pas toujours été concomitantes d'analyse des échanges dans lesquelles ils circulaient et réciproquement, ce qui vaut aussi pour certaines « monnaies » océaniennes. Toutefois,

---

14. Ces deux auteurs ne sont pas les seuls à avoir travaillé sur les échanges et les personnes composites, parmi les francophones : Bonnemère 1996, Breton 2002b, Bretteville 2002, Chave-Dartoen 2000, Iteanu 1983, Monnerie 1996.

comme l'atteste cette présentation, parfois sous la thématique de la médiation (Jeudy-Ballini et Juillerat 2002), les anthropologues se sont de plus en plus penchés sur la question des rapports entre les échanges et les objets échangés, avec leurs matérialités, leurs valeurs et significations.

Dans les échanges, outre des éléments verbaux à l'importance cruciale — et peu étudiés — circulent des nourritures végétales et animales, crues et/ou cuites, le plus souvent associées à d'autres biens ; des personnes aussi, principalement aujourd'hui dans le cadre des mariages[15]. Dans le couple nourriture végétale/viande de porc, beaucoup d'auteurs s'accordent pour signaler la valeur supérieure accordée à cette dernière, souvent associée à la vie (Lemonnier 1999). Les échanges de cultivars et de porcs vivants peuvent être associés à l'horticulture ou à l'élevage, mais ils sont rarement complètement indépendants des échanges cérémoniels (Caillon et Lanouguère-Bruneau 2005). De nombreuses formes de circulation et d'alimentation de ces animaux visent à favoriser le bon déroulement de fêtes se caractérisant par l'abattage de nombreuses bêtes et la consommation en commun et/ou la redistribution de leur viande. Ces pratiques ont été remarquablement analysées, dans une perspective quantitative et écologique, pour les Maring des Hautes Terres de Nouvelle-Guinée (Rappaport 1968). Avec les études des circulations de toutes sortes de formes « artistiques » et de droits les concernant (Dark 1974, Derlon 1997), celles concernant les substances — végétales, animales et humaines (Herdt 1987, Bonnemère 1996, Douaire-Marsaudon 2001) — ont permis en élargissant le champ d'études, de mieux saisir encore l'importance de l'emprise des échanges et la diversité de leurs échos dans les sociétés d'Océanie.

On suivra volontiers Sahlins qui indique qu'une théorie générale « primitive de la valeur d'échange est nécessaire ; et elle est, peut-être possible… mais de là à ce qu'elle existe ! » (1976 : 337). Son texte montre bien qu'une des grandes difficultés est, dans les grands réseaux régionaux comme celui de Vitiaz (Nouvelle-Guinée, Harding 1967), d'assigner une quantification à des valeurs d'échanges fluctuantes en divers lieux du réseau. Si, effectivement, une théorie générale semble lointaine, il reste possible d'étudier les différences de valeurs (pas seulement d'échange et pas nécessairement quantifiables) de significations et de formes dans les systèmes des réseaux locaux et translocaux (Lemonnier 1990 ; Monnerie 1996, 1997, 2000, 2002). Simultanément, comme l'a justement souligné Sahlins, il importe de suivre les transformations de valeurs et aussi, ayant repéré les espaces contrastés qu'elles dessinent dans les réseaux et les relations, en proposer des modèles — celui des sphères d'échanges suffit-il ? (Monnerie 2008).

---

15. Autrefois, dans certaines sociétés d'Océanie, dans des contextes spécifiques, certains échanges mobilisaient des cadavres humains, des composantes des personnes et des personnes vivantes prises dans diverses formes de dépendance, parfois extrêmes, pouvant impliquer des sacrifices et/ou des pratiques d'une grande violence.

Espaces et temporalité des échanges

Les contextes des échanges

Pour comprendre les échanges, et bien d'autres aspects du social, il importe de distinguer vie courante et vie cérémonielle [16]. Cette dernière est une forme intensifiée du social dans laquelle se condensent les échanges, s'explicitent et souvent s'élaborent des relations importantes (Monnerie 2012, à paraître). La distinction heuristique ainsi établie aide à repérer ceux des échanges courants qui s'articulent systématiquement avec les échanges cérémoniels, indiquant des relations cruciales. Ceci est particulièrement vrai dans de nombreuses sociétés d'Océanie et d'Indonésie pour les échanges entre affins, qui parfois sur de nombreuses générations, tirent un fil entre échanges courants et cérémoniels.

L'imbrication des échanges et des cérémonies

« Il va *sans dire* qu'une entreprise [d'échanges] d'une telle ampleur et d'une telle complexité que le *hiri* [en Nouvelle-Guinée] s'accompagnait de fêtes, festins et cérémonies importants, surtout lors des arrivées » (Oliver 1989 : 543, mes italiques). L'imbrication des échanges et des cérémonies a souvent été décrite et les propositions les plus intéressantes combinent théories des rituels et des échanges (Malinowski, Hocart, G. Bateson, Coppet, Juillerat, M. Mosko, A. Weiner, A. Strathern, P. Stewart, Lemonnier, etc.). Dans de nombreuses régions, en particulier dans le Sépik (Nouvelle-Guinée), outre des formes « artistiques », les cérémonies elles-mêmes pouvaient être acquises des voisins, par échange. Le fait que leurs emprises, visées et significations puissent changer avec leur transfert dans un autre milieu social et culturel ne saurait être assez souligné (Gell et Juillerat *in* Juillerat 1992).

Au cœur des débats sur les échanges cérémoniels, ou les cérémonies d'échanges, se trouve la question de la représentation, de l'actualisation et des transformations des relations sociales dans des contextes spécifiques, à travers des actes signifiants parfois spectaculaires constitués largement de circulations d'éléments verbaux et non verbaux, parmi lesquels des biens et/ou objets de valeur — dont les « monnaies ». Le plus souvent tous les participants à ces cérémonies en sont, peu ou prou, les acteurs. En toute hypothèse cette forme de cérémonies rattache Mélanésie, Polynésie (Chave-Dartoen 2000, 2006, 2010a et b), Micronésie (Parmentier 2002) et Indonésie. À propos de Java et de Bali, C. Geertz (1980) a parlé d'État-théâtre. Dans d'autres contextes, V. Turner (1987), grand théoricien des rituels, a développé le concept de performance. Ces propositions, parmi d'autres, rendent compte d'aspects saillants des cérémonies d'échanges, mais beaucoup reste à faire pour décrire et comprendre dans leur intégralité

---

16. Cependant, cette distinction qui me semble souvent marquée, ne vaut pas pour tous les peuples, par exemple les Orokaiva de Nouvelle-Guinée étudiés par A. Iteanu (Barraud *et al.* 1984).

ces grands moments, tellement significatifs de la vie sociale des Océaniens. Mauss fut le héraut du fait social total, ses théoriciens restent à venir.

Les échanges de violence

Presque partout en Océanie les pratiques guerrières étaient courantes, voire généralisées, avant une paix blanche violemment imposée par les colonisations. En Océanie, la guerre et les échanges sont souvent liés, au point qu'on a pu parler de relations ou d'échanges de violences prenant des formes variées, souvent contrastées selon qu'elles s'expriment localement ou sont dirigées vers d'autres sociétés [17]. Certaines relations de violence ont été associées à l'affinité, à des réseaux d'échanges régionaux (Lemonnier 1990) à des « cyclicités de substance » (Stewart et Strathern 2001) et à la circulation de principes de vie (Lemonnier 1999, Brunois 2007), à des impératifs sociocosmiques liés à l'ancestralité (Coppet 1981). Parmi les traits partagés entre échanges et violences, leur caractère symétrique, asymétrique ou orienté retient l'attention (Monnerie 1996, 1997). Des composantes cérémonielles ou cultuelles des violences sont presque toujours mentionnées. Cependant tous les auteurs ne s'accordent pas sur la notion d'échanges de violences. Des explications des guerres, réfractant celles des historiens ou des sciences politiques prévalent souvent en Polynésie où une partie des affrontements étaient liés aux fréquentes crises de successions chez les nobles (Sahlins 2004). On y observe aussi des révoltes contre les nobles se montrant trop prédateurs des fruits des activités productrices de peuples parfois réduits à la famine.

Échanges internes et externes.

La belle synthèse de D. Oliver sur l'Océanie consacre un long chapitre aux échanges externes (1989 : 501-589). Pour interpréter les ethnographies, des facteurs comme les différences écosystémiques et les spécialisations techniques sont développés, ainsi que le génie des échanges de certains peuples. Oliver distingue les « échanges de dons » en trois types : égalitaires, compétitifs et obligatoires (588-589). Il souligne les difficultés rencontrées pour proposer des généralisations, dans tous les domaines, à l'exception du fait que les échanges servent à des fins à la fois économiques et sociales, ce qu'il qualifie de « banal » mais ne l'est guère dans une optique polanyienne. Il évoque aussi l'imbrication des échanges internes et externes, comme l'a montré sa propre expérience de terrain chez les Siwai de Bougainville (Oliver 1968, 1989).

Aucun consensus ne se dégage pour l'étude des imbrications entre échanges internes et externes. Pour beaucoup, la métaphore des sphères d'échanges suffit à en rendre compte (Harding 1967, Sahlins 1972). Mais là où ces phénomènes ont été le mieux

---

17. Là encore pas de généralisation possible et au sud de la Nouvelle-Guinée, les Asmat et sans doute les Marind-Anim contredisent cette distinction.

étudiés, comme pour la *kula*, les approches sont variées (Leach et Leach 1983, Malinowski 1922, Munn 1977, Weiner 1976, 1998). Pour l'auteur de ces lignes, la notion de réseau semble actuellement la plus pertinente à la description des systèmes de relations locales et/ou translocales (Monnerie 1996, 1997, 2000). Leur étude implique des ethnographies ou terrains multisitués, pratiqués de longue date en Océanie (avec d'autres visées par Rivers dès 1908-1909 [1914], Harding 1967). Elle pose des questions de méthode comme celle d'éventuelles différences de significations entre les langues locales et les *ligua franca* souvent attestées dans les réseaux régionaux. Les dynamiques des circulations qui parcourent les réseaux sont complexes, souvent associées à des différences de valorisation qui créent des effets frontières — permanents ou intermittents. Un thème de recherche important et peu développé[18] concerne l'articulation de certains systèmes régionaux avec un ou plusieurs autres.

Les dynamiques des échanges

Parmi les dynamiques centrales des échanges, la succession des générations et des étapes des cycles de vie, les accueils et les départs s'inscrivent en toile de fond des réflexions, mais on peut se demander si on a pris conscience de leurs potentiels théoriques.

Une des questions centrales reste celle de la réciprocité. Des interrogations demeurent, au premier plan desquelles : est-elle bien posée ? Beaucoup d'observateurs de l'Océanie ont remarqué, autour de personnages de statut élevé — ou aspirant à s'élever —, la fréquence de processus d'accumulation et redistribution de biens, parfois considérés sous l'angle de la réciprocité. N'est-ce pas donner une extension trop large à ce concept[19] ? Ailleurs, le fait que chaque prestation appelle un retour — dans des temporalités diverses — est aussi attaché à la réciprocité. Elle pourrait tout aussi bien l'être à la notion de dette, scrutée de longue date par les spécialistes du monde indien. Ces questions, qui ont des facettes sociologiques, économiques et logiques sont parfois aussi, nous l'avons vu, envisagées d'un point de vue psychologique ou mentaliste. Mais, un des problèmes des sciences sociales est la maladresse avec laquelle jusqu'à présent elles abordent l'articulation du domaine personnel, ou des logiques formelles occidentales, avec les faits sociaux.

Significations et valeurs

Les échanges sont porteurs de signification. Pour Oliver, dans la plupart des cas « le message était contenu à la fois dans la forme de l'échange *et* dans la sorte de bien échangée » (1989 : 585). Un très large champ est ouvert à l'étude ethno-linguistique

---

18. Malgré le travail pionnier de L. Tueting en 1935 pour la Nouvelle Guinée.

19. *A contrario*, Jeudy-Ballini remarque que pour les Sulka « l'art de situer ostensiblement le lien social en dehors de la réciprocité [peut] s'entendre comme une marque de distinction statutaire. » (2004 : 126).

des circulations de paroles accompagnant les échanges. Bien souvent l'aspect iconique des objets porte des valeurs et des significations qui sont impliquées dans les échanges (Derlon 1997, Monnerie 2002). Le rôle des objets dans les processus de signification des échanges peut aussi être envisagé comme une forme de redondance non verbale, ou périssologie (Lemonnier 2005). L'étude et la description des significations et des valeurs des échanges peut être d'une redoutable complexité dans les grands réseaux translocaux (Harding 1967), et sembler moins difficile à maîtriser à des échelles plus réduites. L'approche des transformations spatio-temporelles de Munn (1977, *supra*) aide à comprendre ces différentes échelles.

Échanges modernes et traditionnels

La plupart des formes d'échanges océaniens, cérémoniels ou courants, ont été, peu ou prou, modifiées par les colonisations qui ont entraîné diverses sortes d'acculturations. Réciproquement les formes d'échanges apportées par les colonisations ont été soumises à des réinterprétations et des transformations de la part des Océaniens. Le point saillant de ce phénomène est la résilience d'échanges océaniens qui loin de s'effacer complètement au profit des formes coloniales[20], ou postcoloniales, imposées ont conservé des formes et des places importantes à divers plans du social.

Les articulations complexes entre « monnaies » traditionnelles et modernes sont un thème important (Akin et Robbins 1999). Les descriptions des monnaies traditionnelles d'Océanie sont nombreuses, avec des débats d'interprétations (Panoff 1980, Liep 2009, etc.) et ont été l'objet d'un numéro spécial de la revue l'Homme dirigé par S. Breton (2002). Quelques rares monnaies océaniennes traditionnelles sont convertibles dans des banques, comme celle des Tolai de Nouvelle-Bretagne. Dans toute la Kanaky Nouvelle-Calédonie il y avait des « monnaies » (Kasarhérou 1993). À l'extrême-nord, dans les échanges cérémoniels, les biens modernes qui circulent ont remplacé les anciens objets ; ainsi des billets remplacent des « monnaies » dont les noms cependant sont énoncés dans les discours accompagnant chaque transfert de prestation, car ce qui importe est avant tout que des objets témoignent de la vérité des relations exprimées par les cérémonies (Monnerie à paraître). À Maré, l'impact de la monnaie moderne est tout autre (Faugère 1998).

Pour la vie courante en Polynésie (O'Meara 1990, Van der Grijp 2003, 2006) et Micronésie, des entreprises modernes — agricoles ou petits commerces — intègrent des considérations de redistribution de biens liées au statut qui sont des dimensions classiques des échanges cérémoniels, mais actés avec des biens de consommation modernes.

---

20. L'Océanie est un observatoire intéressant avec des formes modernes de colonialisme, parfois présentées comme exemplaires comme en Nouvelle-Calédonie après les Accords de Matignon (1988) et de Nouméa (1998). Ces formes diffèrent des néocolonialismes étudiés par les spécialistes des mondes postcoloniaux, c'est-à-dire des nations politiquement décolonisées.

À Pohnpei, on « n'a pas seulement accepté certaines opportunités de changement social, mais a identifié comme indésirables d'autres tendances et a pris des mesures délibérées pour les contrer » (Petersen 1993 : 185). Ainsi les échecs d'un point de vue capitaliste (profitabilité, durabilité) menant à la faillite délibérée d'une petite entreprise peuvent être considérés comme des succès pour les acteurs sociaux concernés, car l'entreprise éphémère a contribué à la redistribution de biens. Le phénomène d'acculturation des échanges et par les échanges peut prendre un tour politique. À Hagen (Nouvelle-Guinée ; A. Strathern et P. Stewart 2002 : 61) les votes sont achetés à la manière dont on sollicite un don dans le système d'échange *moka* : de l'argent est donné contre un vote qui à son tour sera impliqué dans une série d'échanges valorisés.

Des formes occidentales d'échanges alternatives au capitalisme ont trouvé une place en Océanie, en particulier les coopératives (Crocombe 1989 : 121-125) et, à l'échelle locale, un jeu d'argent comme le bingo peut être utilisé comme tontine (Monnerie 2005, 2008). Des mouvements politiques, des syndicats et des Églises ont joué un rôle dans l'adoption de ces formes d'échanges. Toutefois, comme partout dans le monde, dominent de plus en plus des projets de « développement » économiques, souvent imposés de l'extérieur aux populations océaniennes. Dans ce domaine la variété des échanges concernés répond à celle des situations, postcoloniales — Samoa (O'Meara 1990), Nouvelle-Guinée (Kirsch 2006) — et coloniales — Nouvelle-Calédonie (Leblic 1993). Une bonne familiarité avec les processus modernes capitalistes globalisés d'échanges est importante pour comprendre l'Océanie contemporaine — processus de développement, d'urbanisation, de transferts, d'exploitation des ressources minières… (Lockwood *et al.* 1993). Sans oublier les formes d'escroqueries plus ou moins sophistiquées dont furent victimes certains États (Marcus 1993 : 26-27, Murray 2007). Mais il est au moins aussi important de comprendre les formes d'échanges océaniennes classiques étudiées par les anthropologues, qui le plus souvent se combinent avec des éléments modernes.

Questions de méthode

Définition des échanges

La question de la définition des échanges a été laissée en suspens pour insister au fil des pages sur la diversité de leurs formes et des approches anthropologiques. Chez la plupart des auteurs, les mouvements d'échanges décrits concernent des biens, matériels ou non, et des personnes, parfois des composantes des personnes. Dans de nombreux cas, des processus de communication, échanges de significations (Dunis 2008, 2009) et de paroles sont aussi concernés, mais le plus souvent les relations du verbal et du non verbal dans les échanges restent à thématiser et analyser. C'est cette définition à *minima* qui nous a retenus, sans que nous nous prononcions par exemple sur la question de savoir si la pratique des échanges est prescriptive, stratégique ou facultative, tant dans ce domaine les cas de figure et les interprétations sont variables : sous cet angle, les Sulka (Nouvelle-Bretagne) décrits par Jeudy-Ballini (2004) présentent une configuration diamétralement opposée à celle des 'Aré'aré présentés par Coppet (*supra*).

L'évolutionnisme

Au plan de la rigueur scientifique, l'héritage occidental peut être encombrant. De Malinowski avec le *do ut des*, à Sahlins dans l'article de 1963, en passant par Mauss et Firth (*supra*) nombre d'auteurs s'empêtrent dans une réflexion évolutionniste sur le social maladroitement fondée sur des textes historiques et philosophiques concernant l'évolution de la civilisation euro-américaine. Ce fardeau est souvent difficile à distinguer de la hâte à trouver des universaux.

Formaliser les échanges

« Le temps est venu d'une analyse mathématique large de la vie sociale conceptualisée en tant que système de relations » (Hage et Harary 1991 : 275). Alors que pour décrire les échanges, les limites des langues naturelles et de leurs vocabulaires ont été déjà suggérées, quels peuvent être les apports d'un métalangage de type mathématique ? Le rigoureux ouvrage de Hage et Harary qui met en avant la théorie des graphes et l'étude de la façon dont y est traitée l'ethnographie des échanges montre deux choses. D'une part des avancées et des ouvertures doivent être attendues de ce type d'approche (ex. pour la théorie de C. Gregory : 209-214). D'autre part ils impliquent un biais d'appauvrissement arbitraire des données traitées par rapport aux faits sociaux : il importe donc de problématiser clairement et d'expliciter ce que l'on modélise et ce qu'on laisse de côté[21]. La purification de l'ethnographie précédant la mise en théorie, mathématique ou autre, procède de choix qui ne permettent pas de certifier que les phénomènes les plus importants soient effectivement modélisés. Ou si on préfère, des échanges enchâssés doivent-ils être étudiés séparément de leurs imbrications avec d'autres faits sociaux ? Et jusqu'à quel point ? Largement tributaire des avancées et modes intellectuelles du moment, la question de savoir pourquoi certains aspects de l'ethnographie sont privilégiés aux dépens d'autres est centrale pour toute théorie anthropologique.

Vocabulaire et méthode

Si, dans l'absolu les langues naturelles utilisées par les anthropologues peinent pour les descriptions et les analyses, une exigence de rigueur peut palier une part de ce

---

21. Ainsi, les schémas d'échanges de monnaies de Leenhardt ne s'accompagnant pas de descriptions ethnographiques précises valent surtout par leur élégance (1980).

défaut[22]. La charge implicite du vocabulaire scientifique peut être patente : ainsi la question théorique centrale de la réciprocité adhère-t-elle fortement au mot « échange ». On confond parfois réciprocité, équivalence et nécessité d'un retour, perdant de vue l'orientation ou l'asymétrie des circulations. Si la réciprocité n'est pas la norme, ce que montrent nombre d'ethnographies, quelles notions choisir ? Tout en utilisant « échange » pour garder le contact avec les débats scientifiques, mais à la recherche de vocables plus précis, on suggérera que nombre d'entre eux sont constitués de « transferts », actes de déplacement qui sont des séquences de « circulations » de biens, ou « prestations ». Souvent l'étude des orientations des circulations et du fait qu'elles sont composites se révèle fructueuse.

Échanges, relations et société

En filigrane des échanges, ou circulations, des réseaux qu'ils tressent et/ou empruntent se tient la question, centrale dans le social, des relations, mise en avant par les études structuralistes, mais qui mérite d'être reprise et approfondie. Les échanges font, défont et reconfigurent les relations, leurs trajets et leurs interprétations donnent à percevoir et à comprendre ces relations, aussi bien aux acteurs sociaux qu'aux observateurs. Particulièrement spectaculaire dans les cérémonies, la monstration et l'effectuation du social par les échanges caractérisent aussi, avec une intensité moindre, les échanges courants. Les relations impliquées dans les deux formes sont centrales pour certaines sociétés. La labilité des phénomènes d'échanges ne facilite ni leur observation, ni leur description ni leur analyse. La formation des chercheurs à l'ethnographie est ici centrale. En Océanie au moins, il est vraisemblable qu'une partie significative des institutions (ex. organisation sociale, religion) que la littérature anthropologique présente sous forme fixiste résulte d'accrétions d'échanges.

L'Indonésie et l'Océanie

À partir de l'étude de l'Indonésie, les chercheurs de l'école de Leyde ont mis en avant la distinction entre connubium symétrique et asymétrique, longtemps avant que Lévi-Strauss ne propose ses interprétations, très proches, en termes d'échanges de mariage, restreints ou généralisés, dont on a vu l'influence sur les recherches océanistes. Mais les travaux des structuralistes hollandais ne portent pas seulement sur les échanges d'épouses (Josselin de Jong 1977, 1984). Ils concernent aussi les échanges cérémoniels lors des mariages et des funérailles et même des domaines comme l'irrigation (Onvlee 1983). Nombre des échanges de mariage présentent une

---

22. Les positions épistémologiques qui traitent l'anthropologie comme une forme de littérature, oublient que dans toutes les sociétés, tous les textes, récits ou énonciations n'ont pas le même statut ; la nôtre ne fait pas exception.

asymétrie des prestations et une orientation des circulations de biens et de personnes entre preneurs et donneurs d'épouses ; ces derniers ayant un statut supérieur, parfois même sont homologues au Dieu ou aux êtres surnaturels. Dans certaines sociétés ces relations impliquent, autant que les mariages, la constitution des ancêtres et des statuts simultanément à l'ordonnancement de la fertilité, de la vie et de la mort (Barraud 1984). La mise en regard de ces faits indonésiens avec des phénomènes océaniens permet de souligner au moins un fait large concernant les échanges. Si toutes les sociétés d'Océanie ne fabriquent pas du statut de la même façon, la plupart de celles qui en fabriquent le rapportent aux échanges. Pour Petersen « en dépit de variations dans les vies sociales et culturelles des peuples du Pacifique insulaire, un élément commun traverse nombre de leurs économies politiques : le statut social et la redistribution économique sont étroitement liés » (1993). Le cas le plus systématique est sans doute celui des grades du Vanuatu (Vienne 1984, Lanouguère-Bruneau 2002). Mises ensembles, les recherches anthropologiques sur les sociétés d'Océanie et d'Indonésie montrent le rôle bien souvent crucial des échanges dans des considérations de statut social. Est-il possible de faire une synthèse des différences ? Peut-être, à grands traits, en proposant qu'en Indonésie, comme souvent en Asie, le statut soit directement lié aux relations de mariage, alors qu'en Océanie il tend à s'exprimer plus largement et à se construire dans des idiomes d'échanges partagés avec ceux du cycle de vie. Les océanistes gagneraient donc à considérer attentivement les travaux des indonésianistes, en particulier sur les échanges lors des mariages, des funérailles et autres moments du cycle de vie[23], pour enrichir la compréhension de leurs propres ethnographies, mais aussi pour contribuer à cet universel scientifique anthropologique qu'est le comparatisme.

Conclusion

Sous-estimée par beaucoup en Polynésie et en Micronésie, la place des échanges est apparue d'emblée aux anthropologues comme une donnée fondamentale des sociétés de Mélanésie et d'Indonésie. Pour l'auteur de ces lignes, il n'existe pas une économie du don qui s'opposerait à l'économie de marché. Il y a, outre la grande tradition euro-américaine des économies de marché (dont l'idéologie omniprésente influe sur les concepts des sciences sociales), quantité d'autres formes « d'économies », d'échanges ou de circulation, qui restent largement à comprendre, voire à découvrir. Très tôt, des théoriciens comme Thurnwald et Mauss, positionnés aux lisières de l'économie et l'anthropologie ont eu un rôle clé dans ces recherches. Polanyi en a dégagé un trait commun à la fois essentiel et *variable*, l'enchâssement de l'économie dans le social. Il

---

23. Pour l'Indonésie, on comparera Renard-Clamagirand 1982, Niessen 1985, Lewis 1988, Geirnaert-Martin 1992, Platenkamp 1988 et 1992, Sugishima 1994, Rappaport 2004a et b, avec, par exemple, Damon et Wagner 1989.

a aussi théorisé comment, à commencer par l'Angleterre, les économies de marché ont puissamment œuvré à se désengager de cette caractéristique.

Ce texte a tenté de montrer comment les échanges agissent dans les sociétés et comment ils agissent dans la description et la formalisation des sociétés par les sciences sociales. Pour les anthropologues, en Océanie comme ailleurs dans le monde non occidental, une part considérable du travail théorique a consisté à se rendre compte de l'inadéquation à leurs recherches de nombre des perspectives et outils de la pensée économique occidentale. Puis à en proposer de nouveaux. En retour, leurs propositions, souvent qualifiées d'anthropologie des échanges, ont intéressé ou influencé à des titres divers des penseurs occidentaux y compris certains économistes. Ce chapitre a suggéré, d'une part la variété et la richesse ethnographiques des échanges, d'autre part la difficulté pour les anthropologues de s'accorder sur une définition univoque des concepts permettant de comprendre ceux-ci. Les deux points sont liés, il importe en effet de coller au mieux à des ethnographies qui se caractérisent par leur diversité. La géométrie variable des concepts, comme celui d'échanges, est un trait qui caractérise nombre de ceux de l'anthropologie. La définition précise de l'emploi que l'on en fait devient dès lors une exigence de méthode aidant à une approche rigoureuse. Une autre facette du sémantisme large des concepts est qu'il est le support de débats dont nous avons vu qu'ils mettent en œuvre des considérations scientifiques, mais aussi des appréciations sociétales, culturelles, économiques et politiques qui ouvrent les réflexions largement au-delà de l'Océanie. L'anthropologie est une science humaine explicitement et/ou implicitement comparatiste, son approche des échanges ne fait pas exception. Par leur regard éloigné et décalé — et comme dans bien d'autres domaines — les anthropologues montrent implicitement ou explicitement pour les échanges le caractère le plus souvent relatif des pratiques et des idées économiques de leur propre milieu d'origine. La recherche d'universaux s'en trouve déplacée.

Bibliographie, filmographie

Aglietta, Michel et André Orléan (eds)
1988   *La monnaie souveraine*. Paris : Odile Jacob.

Baré, Jean-François
1985   *Le malentendu pacifique. Des premières rencontres entre Polynésiens et Anglais et de ce qui s'en suivit avec les Français jusqu'à ce jour*. Paris : Hachette.

Barnes, J.A.
1962   « African models in the New Guinea Highlands ». *Man*, vol. 62.

Barraud, C., D. de Coppet, A. Iteanu et R. Jamous
1984   « Des relations et des morts. Quatre sociétés vues sous l'angle des échanges ». In J.C. Galey (éd.), *Différences, valeurs, hiérarchies*. Paris : Éditions de l'École des hautes études en sciences sociales, p. 421-520 (Trad. anglaise 1994 *Of Relations and the Dead. Four Societies Viewed from the Angle of Their Exchanges*. Oxford : Berg).

Barraud, Cécile
1984 « Comments on J.D.M. Platenkamp's Paper ». In P.E de Josselin de Jong (ed.), *Unity in Diversity. Indonesia as a Field of Anthropological Study*. Dordrecht : Foris Publications, p. 190-197.

Bonnemère, Pascale
1996 *Le pandanus rouge. Corps, différence des sexes et parenté chez les Ankave-Anga*. Paris, CNRS Éditions et Éditions de la Maison des Sciences de l'Homme.

Breton, Stéphane
2000 « Le monde de la dette ». *Annales HSS*, 55 (6) : 1361-1366.
2002a « Présentation : monnaie et économie des personnes ». *L'Homme*, 162 : 13-26.
2002b « Tuer, manger, payer. L'alliance monétaire des Wodani de Papouasie occidentale ». *L'Homme*, 162 : 197-232.

Bretteville, Dominik
2002 « L'os et le souffle ». Le système social et cosmique d'une société kanak de Nouvelle-Calédonie. Thèse de doctorat, EHESS, Paris.

Brunois, Florence
2007 *Le jardin du casoar, la forêt des kasua. Savoir-être et savoir-faire écologiques*. Paris : CNRS Éditions et Éditions de la Maison des Sciences de l'Homme.

Caillon, Sophie et Virginie Lanouguère-Bruneau
2005 « Gestion de l'agrobiodiversité dans un village de Vanua Lava (Vanuatu) : stratégies de sélection et enjeux sociaux ». *Journal de la Société des Océanistes*, 120-121 : 129-148.

Chave-Dartoen, Sophie
2000 Uvea (Wallis). Une société de Polynésie occidentale étude et comparaison. Thèse de doctorat, EHESS, Paris.
2006 « Rites de passage à Wallis. Succession des générations et renouvellement de la vie ». *Journal de la Société des Océanistes*, 122-123 : 77-90.
2010a « La maison polynésienne : structure et circulations cérémonielles ». In F. Valentin et M. Hardy (eds), *Hommes, milieux et traditions dans le Pacifique sud*. Paris : Éditions de Boccard, « Travaux et Documents de la Maison René Ginouvès », p.163-180.
2010b « Ignames et taros, enfants des hommes. Horticulture et reconduction du social à Wallis (Polynésie occidentale) ». *Journal de la Société des Océanistes*, 130-131 : 145-150.

Conte, Éric
1995 *Tereraa : Voyages et peuplement des îles du Pacifique*. Tahiti : Éditions Polymages-Scoop.

Cook, Scott
1966 « The Obsolete 'Anti-Market' Mentality : a critique of the Substantive Approach to Economic Anthropology ». *American Anthropologist*, 68 : 323-345.

Coppet, Daniel de
1968 « Pour une étude des échanges cérémoniels en Mélanésie ». *L'Homme*, VIII, (4) : 45-57.
1970 « Cycle de meurtres et cycles funéraires : esquisse de deux structures d'échange ». In *Échanges et Communication. Mélanges offerts à Claude Lévi-Strauss*. La Haye-Paris : Mouton, vol. II, p. 759-782.

1973   « Premier troc, double illusion ». *L'Homme*, 13 (1-2) : 10-22.
1981   « The life-giving death ». In S. Humphreys et H. King (eds.), *Mortality and Immortality*.
        London, Academic Press.
1998   « Une monnaie pour une communauté mélanésienne comparée à la nôtre pour l'individu
        des sociétés européennes ». In Michel Aglietta et André Orléan (eds), *La monnaie
        souveraine*. Paris, Éditions Odile Jacob.

Coppet, Daniel de et Hugo Zemp
1978   *'Aré'aré. Un peuple mélanésien et sa musique*. Paris : Seuil.

Crocombe, Ron
1989   *The South Pacific. An Introduction*. Suva : University of the South Pacific.

Damon, Frederick H. and Wagner, Roy (eds.)
1989   *Death Rituals and Life in the Societies of the Kula Ring*. DeKalb : Northern Illinois
        University Press.

D'Arcy, Paul
2006   *The People of the Sea. Environment, Identity and History in Oceania*. Honolulu : University
        of Hawai'i Press.

Dark, Philip
1974   *Kilenge Art and Life. À look at a New Guinea people*. Londres : Academy Press.

Derlon, Brigitte
1997   *De mémoire et d'oubli. Anthropologie des objets malanggan de Nouvelle-Irlande*. Paris :
        CNRS Éditions et Éditions de la Maison des Sciences de l'Homme.

Dinnen, Sinclair
2001   *Law and Order in a Weak State. Crime and Politics In Papua New Guinea*. Honolulu :
        University of Hawai'i Press.

Di Piazza, Anne and Erik Pearthree
2008   *Canoes of the Grand Ocean*. Oxford : BAR International Series 1802.

Douaire-Marsaudon, Françoise
2001   « D'un sexe à l'autre. Le rituel du kava et la reproduction de l'identité masculine en
        Polynésie ». *L'Homme*, 157 / 2001 : 7-34.

Dousset-Leenhardt, Roselène
1970   *Colonialisme et contradictions. Nouvelle-Calédonie 1878-1978*. Paris : l'Harmattan.

Dumont, Louis
1966   *Homo Hierarchicus*. Paris : Gallimard.
1977   *Homo Æqualis I : genèse et épanouissement de l'idéologie économique*. Paris : Gallimard.
1983   *Essais sur l'individualisme. Une perspective anthropologique sur l'idéologie moderne*. Paris :
        Seuil.

Dunis, Serge (ed.)
2008   *Sexual snakes, winged maidens and sky gods*. Nouméa et Papeete : Le Rocher-à-la voile
        et Haere Po.

Dunis, Serge
2009   *Pacific Mythology, thy name is women*. Papeete : Haere Po.

Faugère, Elsa
1998   L'argent et la coutume à Maré (Nouvelle-Calédonie). Thèse de doctorat, EHESS, Paris.

Feinberg, Richard
1986   « Market economy and changing sex-roles on a Polynesian atoll ».
        Ethnology, 25 (4) : 271-282.

Firth, Raymond
1959   (2ᵉ édition). *Economics of the New Zealand Maoris*. Wellington : Governement Printer.

Galipaud, Jean-Christophe et Ian Lilley (eds.)
2000   *Le Pacifique de 5000 à 2000 avant le présent*. Paris : ORSTOM, Collection Colloques
        et Séminaires.

Geertz, Clifford
1980   *Negara. The theater state in nineteenth century Bali*. Princeton : Princeton University
        Press.

Geirnaert-Martin, Danielle C.,
1992   *The woven land of Laboya. Socio-cosmic ideas and values in West Sumba, Eastern
        Indonesia*. Leiden : CNWS.

Gell, Alfred
1998   *Art and Agency. An Anthropological theory*. Oxford : Clarendon Press. (trad. 2009
        L'Art et ses agents. Une théorie anthropologique. Les Presses du Réel.)

Godbout, Jacques T.
2004   « L'actualité de l'Essai sur le don ». *Sociologie et sociétés*, 36 (2) : 177-188.

Godelier, Maurice and Marylin Strathern
1991   *Big Men and Great Men*. Cambridge, Paris : Cambridge University Press, Éditions de la
        Maison des Sciences de l'Homme.

Godelier, Maurice
1969   « La monnaie de sel chez les Baruya de Nouvelle-Guinée ». *L'Homme*, XI (2) : 5-37.
1994   « Monnaies et richesses dans divers types de société et leur rencontre à la périphérie du
        capitalisme ». *Actuel Marx*.
1996   *L'énigme du don*. Paris : Fayard.

Godin, Patrice
1990   « Des objets destinés aux échanges » et « Monnaies de coquillages à Hienghène ». In
        Roger Boulay (éd.), *De jade et de nacre*, catalogue d'exposition. Paris : Réunion des
        musées nationaux, p. 84 et 89.

Gregory, Chris
1982   *Gifts and Commodities*. New York : Academic Press.

Guiart, Jean
1992   *La chefferie en Mélanésie. Structure de la chefferie en Mélanésie du sud*, seconde édition,
        Vol 1. Paris : Institut d'ethnologie, Musée de l'Homme.

Hage, Per and Frank Harary
1991   *Exchange in Oceania. A Graph Theoretical Analysis*. Oxford : Clarendon Press.

Harding, Thomas
1967   *Voyagers of the Vitiaz Straits. À Study of a New Guinea Trade System*. Seattle : University of Washington Press.

Herdt, Gilbert
1987   *The Sambia. Ritual and Gender in New Guinea*. New York : Holt, Rinehart and Winston.

Houseman, Michael et Carlo Severi
1994   *Naven ou le donner à voir ; essai d'interprétation rituelle*. Paris : CNRS Éditions, Éditions de la Maison des Sciences de l'Homme.

Iteanu, André
1983   *La ronde des échanges. De la circulation aux valeurs chez les Orokaiva*. Cambridge, Paris : Cambridge University Press, Éditions de la Maison des Sciences de l'Homme.

Jeudy-Ballini, Monique
2004   *L'art des échanges. Penser le lien social chez les Sulka*. Lausanne : Éditions Payot.

Jeudy-Ballini, Monique and Bernard Juillerat
2002   *People and things : social mediations in Oceania*. Carolina Academic Press.

Josselin de Jong, P.E. de (ed.)
1983 [1977]. *Structural Anthropology in the Netherlands. A Reader*. Dordrecht and Providence : Foris Publications.
1988 [1984]. *Unity in diversity. Indonesia as a Field of Anthropological Studies*. Dordrecht and Providence : Foris Publications.

Juillerat, Bernard
1992   *Shooting the sun : ritual and meaning in West Sepik*. Washington and London : Smithsonian Institution Press in cooperation with the Ministère des Affaires Étrangères, Paris.
1993   *La révocation des Tambaran*. Paris : CNRS Éditions.

Kasarhérou, Emmanuel
1993   *Monnaie Kanak*. Vidéo, 56 minutes. Nouméa : ADCK.

Kirch, Patrick V.
1997   *The Lapita Peoples*. Cambridge (Mass.) : Blackwell Publishers.

Kirsch, Stuart
2006   *Reverse Anthropology. Indigenous analysis of social and environmental relations in New Guinea*. Stanford : Stanford University Press.

Lanouguère-Bruneau, Virginie
2002   Le corps de l'igname et le sang de la noix de coco. Le système ancien de Mota Lava (îles Banks – Vanuatu). Thèse de doctorat, EHESS, Paris.

Leach, Jerry W. and Edmund Leach
1983   *The Kula. New Perspectives on Massim Exchange*. Cambridge : Cambridge University Press.

Leblic, Isabelle

1993   *Les Kanak face au développement. La voie étroite*. Grenoble, Nouméa : Presses Universitaires de Grenoble, Agence de Développement de la Culture Kanak.

2004   « Circulation des enfants et parenté classificatoire paicî (Ponérihouen, Nouvelle-Calédonie) ». In I. Leblic (éd.), *De l'adoption : des pratiques de filiation différentes*. Clermont Ferrand : Presses Universitaires de Clermont Ferrand.

2010   Échanger sur la Route. Manuscrit présenté dans le cadre de l'HDR, École Pratique des Hautes Études, Paris

Lebot, Vincent

2003   « La domestication des plantes en Océanie et les contraintes de la voie asexuée ». *Journal de la Société des Océanistes*, 114-5 : 45-62.

Leenhardt, Maurice

1971 [1947]. *Do Kamo. La personne et le mythe dans le monde mélanésien*. Paris : Gallimard.

1980 [1930]. *Notes d'ethnologie néo-calédonienne*. Paris : Institut d'ethnologie, Musée de l'Homme.

Lemonnier, Pierre

1990   *Guerres et festins. Paix, échanges et compétition dans les Highlands de Nouvelle-Guinée*. Paris : Éditions de la Maison des Sciences de l'Homme.

1999   « Le porc comme substitut de vie : formes de compensation et échanges en Nouvelle-Guinée ». *Social Anthropology, Anthropologie Sociale*, 1 : 33-55.

2005   « L'objet du rituel : rite, technique et mythe en Nouvelle-Guinée ». *Hermès*, 43.

Lévi-Strauss, Claude

1977 [1947]. *Les structures élémentaires de la parenté*. Paris : Mouton.

Lewis, E. Douglas

1988   *People of the Source : The Social and Ceremonial Order of Tana Wai Brama on Flores*. Verhandelingen van het Koninklijk Instituut voor Taal-, Land- en Volkenkunde, 135. Dordrecht and Providence : Foris Publications.

Liep, John

2009   *A Papuan Plutocracy. Ranked Exchange on Rossel Island*. Aarhus : Aarhus University Press.

Lockwood, V., T. Harding and B. Wallace (eds.)

1993   *Contemporary Pacific Societies*. Englewood Cliffs (NJ) : Prentice Hall.

Malinowski, Bronislaw

1922   *Argonauts of the Western Pacific*. New York : Dutton.

1968 [1933]. *Trois essais sur la vie sociale des primitifs*. Paris : Payot.

Maranda, Pierre

1969   *Lau Markets : A Sketch. Working Papers in Anthropology*. Vancouver : University of British Columbia.

Marcus, George

1993   « Tonga's Contemporary Globalizing Strategies : Trading on Sovereignty amidst International Migration ». In V. Lockwood, T. Harding and B. Wallace (eds), *Contemporary Pacific Societies*. Englewood Cliffs (NJ) : Prentice Hall.

155

Mauss, Marcel

(1923-1924) 1980. « Essai sur le don ». In *Sociologie et anthropologie*. Paris : PUF.

1997   *Écrits politiques*. Textes réunis et présentés par M. Fournier. Paris : Fayard.

Mead, Margaret

1956   *New Lives for Old. Cultural Transformation — Manus 1928-1953*. New York : Dell.

McCarthy, F. D.

1938-1939. « 'Trade' in Aboriginal Australia, and 'Trade' Relationships with Torres Strait, New Guinea, and Malaya ». *Oceania*, 9 : 405-461 ; 10 : 81-104, 171-195.

Monnerie, Denis

1996   *Nitu, les vivants, les morts et le cosmos selon la société de Mono-Alu (Îles Salomon)*. Leyde : Center for Non Western Studies.

1997   « Identités sociales et relations régionales en Océanie (Îles Salomon du Nord-Ouest) ». In J. Bonnemaison, L. Cambrézy et L. Quinty-Bourgeois (eds), *Le territoire, lien ou frontière*. ORSTOM Éditions, CD ROM, 15 p.

2000   Relations régionales et sociétés locales en Océanie. Document de synthèse pour l'Habilitation à diriger des recherches. École des Hautes Études en Sciences Sociales, Paris.

2002   « Monnaies de Mono-Alu (Îles Salomon). Valorisations, discontinuités et continuités dans les objets et les relations sociales en Mélanésie ». *L'Homme*, 162 : 59-85.

2005   *La parole de notre Maison. Discours et cérémonies kanak aujourd'hui*. Paris : CNRS Éditions et Éditions de la Maison des Sciences de l'Homme.

2008   « The Great House and the Marché. Two Kanak exchange complexes (New-Caledonia) ». In P. Stewart and A. Strathern (eds), *Exchange and Sacrifice*. Durham, N.C. : Carolina Academic Press, p. 27-54.

2011   « Quels changements de paradigmes pour les études océanistes ? À propos du livre de Paul D'Arcy, The People of the Sea. Environment, Identity and History in Oceania ». *Journal de la Société des Océanistes*, 133 : 379-389.

2012   « Objets cérémoniels, chaînes opératoires et élaboration des relations sociales (Arama et Hoot ma Whaap, Kanaky Nouvelle-Calédonie, Mélanésie) ». *Techniques & Culture*, 58 : 122-141.

À paraître. « Relations et substances : l'anthropologie et les enseignements des cérémonies kanak. (Nord de la Grande Terre, Kanaky Nouvelle-Calédonie) ».

Munn, Nancy

1977   « The Spatiotemporal Transformations of Gawa Canoes ». *Journal de la Société des Océanistes*, 33 (54-55) : 39-53.

Murray, John

2007   *The Minnows of Triton. Policing, Politics, Crime and Corruption in the South Pacific Islands*. Revised edition. John Murray publisher.

Niessen, Sandra A.

1985   *Motifs of Life in Toba Batak Texts and Textiles*. Dordrecht and Providence : Foris Publications, Verhandelingen Series of the KITLV, N° 110.

Noury, Arnaud et Jean-Christophe Galipaud

2011   *Les Lapita. Nomades du Pacifique*. Marseille : IRD Éditions.

O'Meara, Tim

1990   *Samoan planters. Tradition and Economic Development in Polynesia.* New York : Holt, Rinehart and Winston.

Oliver, Douglas

1955   *A Solomon Island Society. Kinship and leadership among the Siuai of Bougainville.* Cambridge : Harvard University Press.

1968   « Southern Bougainville ». *Anthropological Forum*, 2 (2) : 158-179.

1989   *Oceania. The Native Cultures of Australia and the Pacific Islands.* Honolulu : University of Hawai'i Press (2 vols).

Onvlee, L.

1983 [1949]. « The building of the Mangili Dam : notes on social organisation in the east of Sumba ». In P.E. de Josselin de Jong (éd.), *Structural Anthropology in the Netherlands. À reader*. Dordrecht and Providence : Foris Publications.

Panoff, Michel

1980   « Objets précieux et moyens de paiement chez les Maenge de Nouvelle-Bretagne ». *L'Homme*, 20 (2) : 5-37.

Parmentier, Richard

2002   « Money Walks, People Talk. Systemic and Transactional Dimensions of Palauan Exchange ». *L'Homme*, 162 : 49-80.

Platenkamp, Jos D. M.

1988   Tobelo. Ideas and values of a North Moluccan Society. Leiden : Thèse de doctorat.

1992   « Transforming Tobelo ritual ». In D. de Coppet (ed.), *Understanding rituals*. London : Routledge, p. 74-96.

Polanyi, Karl

1966   *Dahomey and the Slave Trade. An Analysis of an Archaic Economy.* Washington : University of Washington Press, Monograph 42, American Ethnological Society.

1983 [1944]. *La Grande transformation*. Paris : Gallimard.

Rallu, Jean-Louis

1990   *Les populations océaniennes aux xixe et xxe siècles.* Paris, Institut National d'Études Démographiques, Presses Universitaires de France.

Rappaport, Roy

1968   *Pigs for the Ancestors. Ritual in the Ecology of a New Guinea People.* New Haven and London : Yale University Press.

Rappoport, Dana

2004a   Musiques rituelles des Toraja Sa'dan. Musiques du couchant, musiques du levant (Célèbes-sud, Indonésie). Lille : Atelier National de Reproduction des Thèses.

2004b   « Musique et morphologie rituelle chez les Toraja ». *L'Homme*, 171-172 : 197-218.

Renard-Clamagirand, Brigitte

1982   *Marobo, Une Société de Timor Central.* Paris : SELAF.

Rivers, William

1914   *The History of Melanesian Society.* Cambridge : Cambridge University Press.

Sahlins, Marshall

1962   *Moala : Culture and Nature on a Fijian Island*. Ann Arbor : University of Michigan Press.

1963   « Poor Man, Rich Man, Big Man, Chief : Political Types in Melanesia and Polynesia ». *Comparative Studies in Society and History*, 5 : 285-303.

1976 [1972]. *Âge de pierre, âge d'abondance*. Paris : Gallimard.

2004   *Apologies to Thucydides*. Chicago : The University of Chicago Press.

Sand, Christophe

2010   *Lapita calédonien. Archéologie d'un premier peuplement insulaire océanien*. Paris : Société des Océanistes.

Sand, Christophe et S. Bedford (eds)

2010   *Lapita. Ancêtres océaniens. Oceanic ancestors*. Paris : Somogy, Musée du quai Branly.

Schneider, Almut

2011   La vie qui vient d'ailleurs. Mouvement, échanges et rituel dans les Hautes-Terres de la Papouasie Nouvelle-Guinée. Thèse de doctorat, EHESS, Paris.

Stevenson, Robert Louis

1912   *In the South Seas*. London : Chatto and Windus.

Strathern, Andrew and Pamela Stewart

2001   *Humors and Substances. Ideas of the body in New Guinea*. Westport : Bergin and Garvey.

Strathern, Andrew, Pamela Stewart *et al.*

2002   *Oceania. An introduction to the Cultures and Identities of Pacific Islanders*. Durham : Carolina Academic Press.

Strathern, Marilyn

1972   *Women in Between. Female Roles in a male World : Mount Hagen, New Guinea*. London : Seminar Press.

1988   *The Gender of the Gift. Problems with women and problems with society in Melanesia*. Berkeley : University of California Press.

Sugishima, Takashi

1994   « Double descent, alliance, and botanical metaphors among the Lionese of Central Flores ». *Bijdragen tot de Taal-, Land- en Volkenkunde*, 150 (1) : 146-170.

Tcherkézoff, Serge

2009   *Polynésie/Mélanésie. L'invention française des 'races' et des régions de l'Océanie (xvie — xxe siècles)*. Papeete : Au Vent des Îles.

Thomas, Nicholas

1991   *Entangled objects : exchange, material culture and colonialism in the Pacific*. Harvard University Press.

Thurnwald, Richard

1921   *Die Gemeinde der Banaro*. Stuttgart : Verlag von Ferdinand Enke.

Tueting, Laura

1935   *Native Trade in Southeast New Guinea*. Honolulu, Hawaï : Bernice P. Bishop Museum.

Turner, Victor
1987   *The anthropology of Performance*. New York : PAJ Publications.

Van der Grijp, Paul
2006   « Entrepreneurs des îles : développement des petites et moyennes entreprises à Wallis (Polynésie occidentale) ». *Journal de la Société des Océanistes*, 122-123 : 91-108.
2003   « Between gifts and commodities : Commercial enterprise and the Trader's Dilemma on Wallis ('Uvea) ». *The Contemporary Pacific*, 15 (2) : 277-307.

Vienne, Bernard
1984   *Gens de Motlav. Idéologie et pratique sociale en Mélanésie*. Paris : Société des Océanistes.

Wagner, Roy
1967   *The curse of Souw : Principles of Daribi Clan Definition and Alliance In New Guinea*. Chicago : University of Chicago Press.
1974   « Are there social groups in the New Guinea Highlands ? ». In M. J. Leaf (ed.), *Frontiers of Anthropology, An Introduction to Anthropological Thinking*. New York : Van Nostrand Company, p. 95-122.

Weiner, Annette
1976   *Women of Value, Men of Renown, New Perspectives on Trobriand Exchange*. Austin : University of Texas Press.
1988   *The Trobrianders of Papua New Guinea*. New York : Holt, Rinehart and Winston.
1992   *Inalienable possessions : the paradox of keeping while giving*. Berkeley and Los Angeles : The University of California Press.

Wheeler, Gerald Camden
1910   *The tribe and intertribal relations in Australia*. London : John Murray (Rééd. 1968 : New York, Johnson Reprint Corporation).

Wiessner, Polly
2004   « Of Human and Spirit Women : From Mother to Seductress to Second Wife ». In P. Bonnemère (ed.), *Women as Unseen Characters. Male Ritual in Papua New Guinea*. Philadelphie : University of Pennsylvania Press.

Chapitre 8

Petite histoire des études de genre dans l'anthropologie de l'Océanie [1]

Pascale Bonnemère

Pendant longtemps, l'anthropologie du genre s'est intéressée aux formes sociales que revêtaient les relations entre les hommes et les femmes et c'est d'ailleurs par l'expression de « rapports hommes-femmes » que l'on qualifiait le champ d'étude des rares spécialistes de ces questions qui s'intéressaient alors à la division sexuelle du travail, à l'organisation de l'espace domestique ou aux inégalités de salaire. L'unité d'étude en était le plus souvent le couple conjugal au sein de laquelle l'épouse occupait une position subordonnée.

D'abord attachées à décrire les formes de la vie sociale en fonction de la répartition des activités quotidiennes, les analyses cherchèrent des explications à cet état de fait. À priori peu favorables aux interprétations mettant la biologie ou la physiologie au premier plan, les anthropologues s'évertuèrent à trouver dans la culture les raisons des formes souvent invariantes de la distribution des tâches entre les hommes et les femmes. À cet égard, l'hypothèse d'Alain Testart, qui propose de rendre compte de l'interdiction faite aux femmes de chasser en utilisant des armes ou des outils faisant couler le sang [2] par le fait que de leur corps s'écoule régulièrement du sang (1986), fait certes appel à la réalité physiologique de l'espèce humaine mais suppose surtout qu'il existe des idées universellement partagées, en l'occurrence celle qui fait du contact entre le sang de la chasse et le sang des règles une chose impossible [3]. Bientôt, les formes de la division sexuelle du travail furent plus largement envisagées dans le contexte d'une

---

1. Cette contribution ne se veut pas une compilation des travaux qui ont été menés sur la problématique du genre en Océanie. Elle est plutôt une présentation de certains des débats qui animèrent ce champ de recherche et firent avancer la réflexion, particulièrement à partir de matériaux recueillis en Nouvelle-Guinée dont je suis spécialiste.

2. Si les femmes aborigènes ne détiennent pas de lances (Hamilton 1980 : 6), elles ne sont en effet pas pour autant exclues de toutes les formes de chasse (Bliege Bird et Bird 2008). Annette Hamilton écrit même que dans la partie orientale du Désert de l'Ouest, les femmes disent qu'elles sont à la recherche de viande plutôt que de nourriture végétale, ce qui n'a pas empêché les anthropologues de sous-estimer la part des femmes aborigènes dans la collecte du petit gibier, les considérant avant tout comme des pourvoyeuses de nourriture végétale (Hamilton 1980 : 8).

3. Dans son livre *Tiwi wives*, Jane Goodale raconte la capture, par le chien de chasse d'une femme, d'un kangourou auquel un homme de la troupe porta le coup mortel avec sa hache. On considéra néanmoins que l'animal appartenait à la femme et qu'elle devait donc en assurer la distribution (1971 : 168). En tout état de cause, cet exemple va dans le sens de l'hypothèse formulée par A. Testart.

division entre la sphère domestique, monde des femmes et de l'éducation des enfants, où s'exerce la vie intime et familiale, où les repas se prennent et les corps s'endorment, et l'univers public, réservé aux hommes, à leurs paroles et à leurs actes. L'univers social était donc comme saturé par deux mondes sexués[4] distincts auxquels les individus étaient assignés selon leur sexe de naissance. La construction culturelle du sexe était au cœur des débats, et ses formes locales reproduites par la famille, l'école et toute autre institution, quelle qu'elle soit, au sein desquelles les individus étaient socialisés.

Dans les années 1960 et 1970, avec l'essor des mouvements féministes qui reven-diquaient l'égalité entre les hommes et les femmes, plusieurs sciences humaines et sociales furent sollicitées pour fournir des interprétations de la situation de subordi-nation que vivaient les femmes. Ce fut l'anthropologie anglo-saxonne qui, la première, proposa, d'une part, des analyses théoriques cherchant à expliquer la domi-nation masculine et, d'autre part, des descriptions ethnographiques de rapports réels entre hommes et femmes. Soutenues par une politique institutionnelle qui les installa dans les meilleures universités du pays, les études menées spécifiquement sur cette thématique (appelées « *women's studies* » dans les premières années puis rebaptisées « *gender studies* »[5] par la suite) se déployèrent au sein des départements d'anthropo-logie puis dans des lieux propres où elles côtoyèrent l'histoire et la philosophie qui se posaient des questions similaires.

La domination masculine : donné universel ou phénomène historique ?

La subordination des femmes est-elle un fait universel ou un produit de l'histoire ? Quelle est la part de l'androcentrisme (« *male bias* ») des premiers anthropologues dans leurs descriptions des situations ethnographiques qu'ils rencontraient et dans leurs analyses qui pointaient l'existence d'un fort antagonisme sexuel ? Comment, lorsqu'on l'admettait, expliquer l'universalité de la domination masculine ? Comment expliquer sa survenue lorsqu'on attribuait sa présence à une forme sociale particulière ? L'anthropologie des années 1960 ne manquait pas de questions. Certaines ont suscité des débats et des réponses dignes d'intérêt. D'autres ont fait long feu.

La contribution de Sherry Ortner, « Is female to nature as male to culture ? », paru en 1974 dans un ouvrage devenu classique, *Women, Culture and Gender*, a fait réagir nombre de féministes militantes des années 1970, dans la mesure où elle faisait partie

---

4. Je sais que d'aucuns choisiraient le terme « genré » ici. Mais je préfère celui de « sexué » qui, tel que je l'entends, englobe tout à la fois des aspects biologiques et physiologiques et des dimensions sociales et culturelles. Utiliser le terme « genré » en contraste à « sexué » reproduirait le dualisme sexe/genre dont les études de genre ne sont pas sorties. Or le présent article se veut un pas amorcé vers le dépassement de ce dualisme (voir Théry et Bonnemère 2008 et Bonnemère 2014).
5. Ce changement terminologique correspond à la fois au déplacement de l'objet d'étude vers non plus seulement les femmes mais aussi les hommes et à la prise en compte de la distinction masculin/féminin au sein des relations sociales et des systèmes de pensée.

de celles qui considéraient la domination masculine comme un donné universel. Il faut d'ailleurs noter que l'anthropologie a toujours entretenu une relation paradoxale avec les revendications d'ordre politique. Comment concilier en effet l'exigence de scientificité avec la volonté de faire bouger un ordre social établi jugé oppressif ?

C'est M. Strathern qui, dans un article de 1987, discuta de manière approfondie ce rapport entre féminisme et anthropologie en le qualifiant de « bancal » (« *awkward* ») et en jugeant que ces deux exigences — être féministe et faire de l'anthropologie — tenaient difficilement ensemble. Quelle est la raison de cette incompatibilité ? Elle tient à la notion d'expérience et de relation à l'autre que ces deux champs disciplinaires mettent au cœur de leurs pratiques. À l'époque où l'auteur rédigea cet article, la pratique anthropologique essayait de se construire selon les termes d'un partenariat entre les informateurs et l'anthropologue. Dans ce travail en commun, l'anthropologue est ouvert à l'expérience et au vécu de l'autre ; il les partage mais il prend aussi conscience de la part de sa propre culture susceptible d'avoir une influence sur ses analyses et du fait qu'il doit donc la mettre à distance et la neutraliser. Elle reste néanmoins la lentille lui permettant de rendre accessible une expérience autre à des lecteurs membres de la même culture que lui (1987a : 288).

M. Strathern fait ensuite remarquer que la réflexion féministe dans les sciences sociales considérait que personne ne détenait l'autorité pour parler des femmes à leur place (1987a : 288). L'« Autre[6] » était un dominant auquel il fallait s'opposer pour découvrir sa propre expérience ; il n'était pas considéré comme un partenaire de recherche possible en vue de fournir un travail commun, comme c'est le cas, dans l'idéal, de l'informateur dans sa relation avec l'anthropologue.

Ainsi, malgré un intérêt partagé pour la relation à autrui et pour la notion d'expérience, l'anthropologie et les études féministes ne peuvent entretenir qu'une relation de raillerie mutuelle. Le féminisme moquerait l'idée des anthropologues qu'il est possible d'établir un dialogue équilibré avec les membres de la société qu'il étudie car, pour lui, aucune collaboration avec l'autre n'est possible, en raison de mondes sociaux différents et d'absence d'intérêts suffisamment partagés pour produire un texte commun (1987a : 290). Pourtant, l'anthropologie n'existerait pas, écrit M. Strathern, si elle n'était pas construite sur une éthique humaniste visant à la connaissance des autres cultures par-delà les intérêts particuliers.

Quant à l'anthropologie, elle moquerait la prétention des féministes à effectuer une séparation avec un autrui antithétique avec lequel elles partagent les représentations culturelles implicites sur la personne et les relations sociales (1987a : 290-291). En effet, la construction d'une expérience et d'une subjectivité féminines s'effectue dans les limites socio-culturelles de sa propre société et la vision du monde est la même

---

6. Dans cet article, M. Strathern met une majuscule au terme « the Other » mais en français, je crois qu'il est préférable de l'écrire avec une minuscule ou d'utiliser le mot « autrui », ce que je fais alternativement hormis lorsque je la cite.

que celle de l'autre. « Le féminisme requiert un dogme de séparatisme comme instrument politique afin de défendre une cause commune » (1987a : 291). Il n'est donc pas substituable à l'anthropologie, à la manière dont un paradigme en sciences naturelles remplacerait un autre paradigme pour rendre compte des mêmes faits.

Il nous faut donc admettre que concilier l'exigence anthropologique, qui vise à décrire une société dans les propres termes de celle-ci, en s'affranchissant le plus possible de ceux avec lesquels nous sommes familiers est incompatible avec la volonté de faire bouger un ordre social dont on participe mais que l'on juge coercitif. Autrement dit, défendre une cause politique ne relève pas de la démarche anthropologique.

La plupart des travaux entrepris en Mélanésie par des femmes ethnologues témoignent de cette relation malaisée et l'on peut juger a posteriori que l'intérêt théorique finalement assez moyen qu'ils présentent est largement dû à leur intention de départ : modifier les descriptions ethnographiques disponibles produites par des hommes en faisant des femmes leur sujet d'étude et montrer que la domination masculine n'existait pas en tous lieux (voir par exemple Lepowsky 1993). Les ethnologues de sexe masculin étaient en effet suspectés d'avoir favorisé le discours des hommes et de l'avoir considéré comme celui de la société tout entière. Il en ressortait, pour ce qui était de la Nouvelle-Guinée par exemple, une image des femmes comme des êtres dont le corps excrétait des substances polluantes (sang menstruel, liquides vaginaux) susceptibles d'amoindrir la force des hommes[7]. Ces représentations étaient au fondement des pratiques de séparation résidentielle et justifiaient l'existence des initiations masculines. Les jeunes garçons devaient en effet être retirés du monde des femmes afin de parvenir à l'âge adulte et de devenir de grands guerriers à même de défendre la communauté face aux ennemis, dans un passé où les conflits intertribaux faisaient partie du quotidien.

Même si l'objectif des femmes ethnologues était louable, il était susceptible de les rendre mauvais juges, car trop partiales, des travaux de leurs collègues. Le fait d'appartenir à un groupe sexué et non à l'autre ne saurait en effet totalement faire oublier le caractère scientifique de l'entreprise anthropologique. Et si les hommes ont peu regardé les femmes mélanésiennes au cours de leurs séjours sur le terrain, c'est sans doute parce qu'elles étaient moins visibles et leurs actions invisibilisées par tous les acteurs de la vie sociale. Certes, le contexte académique occidental a forcément un peu compté dans l'état d'esprit des premiers ethnologues mais plus encore sans doute celui de la vie des hommes et des femmes qu'ils découvraient.

Les réflexions théoriques de ces années-là, formulées souvent hors de toute base ethnographique, furent en fait bien plus stimulantes que les descriptions rapportées par des femmes ethnologues qui, finalement, ne modifièrent guère la vision que l'on avait de ces sociétés grâce aux travaux que les ethnologues hommes avaient produits

7. Voir par exemple Meggitt 1964, Langness 1967, Mandeville 1979, Jorgensen 1983.

antérieurement. L'article de S. Ortner déjà mentionné fait partie de ces productions théoriques. Formée à la pensée structuraliste, cette spécialiste des populations de l'Himalaya chercha à rendre raison de la domination masculine, admise comme universelle, en la rapportant à un ordre contrasté supérieur, celui de la nature et de la culture. Elle avança l'idée que si les femmes étaient partout dévalorisées, c'était en raison d'une association toujours faite entre elles et la nature, et parce que la nature était toujours dans son rapport avec la culture placée en position inférieure. L'argument était simple et plutôt séduisant et l'on ne peut qu'en saluer le caractère théorique même si l'on sait aujourd'hui que cette opposition n'a pas le caractère d'universalité que l'auteur de cette hypothèse supposait (Descola 2005). Son utilisation pour expliquer l'organisation d'un ordre politique entre les sexes a fait l'objet, peu de temps après la publication de l'article, d'un travail critique aujourd'hui peu connu dont le titre était pourtant explicite *Nature, Culture and Gender* (Mc Cormack et Strathern 1980). Cet ouvrage constitua un des premiers résultats d'une remise en question du caractère universel des catégorisations avec lesquelles l'anthropologie fonctionnait jusque-là, que l'on peut rapporter au courant de pensée dit « post-moderne ».

Alors que l'article de S. Ortner considérait la domination masculine comme un phénomène rencontré à toutes les époques et en tous lieux, le livre coordonné par Eleanor Leacock sous le titre *Myths of Male Dominance* et publié en 1981 défendait l'idée qu'avant l'apparition des classes et l'organisation du travail propre aux sociétés industrialisées, les femmes n'occupaient pas une position subordonnée par rapport aux hommes. Ces débats appartiennent désormais à l'histoire des idées et des disciplines anthropologique et historique.

Questions de vocabulaire

Les discussions relatives aux concepts auxquels les anthropologues ont recours pour analyser les situations ethnographiques qu'ils observent et au vocabulaire qu'ils utilisent furent essentielles des deux côtés de l'Atlantique même si elles y prirent des formes différentes. Quand les uns mettaient en doute la validité des notions forgées par l'Occident et des contrastes caractéristiques d'une pensée occidentale (domination, nature *vs* culture, antagonisme sexuel, privé ou domestique *vs* public, etc.)[8] pour analyser des situations non occidentales, les autres, en France, s'opposaient sur la façon d'envisager la situation de domination qui, elle, n'était pas mise en doute.

C'est ainsi que, suite à la publication du livre de Maurice Godelier, *La production des Grands Hommes*, en 1982, une voix féministe, celle de Nicole-Claude Mathieu, s'éleva pour discuter de la justesse de l'emploi par cet auteur du terme de consentement

8. Marilyn Strathern soumit à un examen critique certains de ces concepts couramment utilisés par l'anthropologie, tels la dichotomie nature-culture (1980), la « femme » comme catégorie évidente (1981), les relations sujet/objet (1984a) et le contraste privé/public (1984b).

des femmes à leur domination. Selon lui, tout pouvoir de domination comprend deux composantes liées entre elles et qui en font la force : la violence et le consentement. Sans ce dernier, un pouvoir de domination peut certes s'imposer mais il ne peut se maintenir. Et la plus forte de ces deux composantes n'est donc pas la violence des dominants mais le consentement des dominés. Godelier applique cette théorie à la situation ethnographique des Baruya de Papouasie Nouvelle-Guinée chez lesquels il a travaillé à partir de 1967 et où la seule inégalité sociale permanente est celle des hommes envers les femmes. Il écrit que la domination masculine régissant cette société est bien un rapport d'oppression et de subordination des femmes, qui implique un certain consentement des dominées à leur domination, un partage des représentations et aussi un « dispositif social et idéologique pour créer ce consentement » (1982 : 60). Ce sont les rites d'initiation des hommes et des femmes qui sont la « machine à produire la domination des uns et le consentement des autres » (1982 : 60). Dans cette société, les initiations féminines ne remettent nullement en cause la domination des hommes sur les femmes mais sont bien plutôt le prolongement, le versant complémentaire des initiations masculines (1982 : 232). Voilà une affirmation difficile à comprendre pour un esprit occidental, qui aurait tendance à voir dans ces rituels mettant en scène des femmes et uniquement des femmes la manifestation concrète d'une pensée féminine autonome. Mais il n'en est rien, car, lors de ce rituel qui dure une nuit entière et le matin suivant, toutes les femmes de la vallée signifient aux jeunes filles qui ont eu leurs premières règles, par des harangues, des chants et des danses, des mises en scène et des traitements corporels violents, que le temps de l'enfance et de l'insouciance a pris fin et que leur vie d'épouse qui s'annonce sera faite d'obéissance au mari en vue d'une œuvre commune : la fondation d'une famille, si possible nombreuse.

Nicole-Claude Mathieu refusait de souscrire à l'idée que les femmes baruya « consentaient » à la domination masculine (1985). L'emploi du mot était sans doute plutôt malvenu dans le contexte des années 1970-1980 en Occident, où les rapports entre les hommes et les femmes étaient vécus et analysés, notamment par les féministes, sous l'angle du rapport de forces. Lorsque la critique proposait le verbe « céder » à la place de celui de « consentir », elle réagissait selon et dans un schéma propre à l'Occident de ces années-là, où les femmes étaient conscientes de leur subordination et cherchaient à changer cet état de fait qui ne les satisfaisait pas et non au regard d'une situation où chacun, quel que soit son sexe, se sent investi dans la bonne marche et la reproduction de l'ordre social. Cet exemple permet de saisir le malentendu qui a vu les chercheurs, féministes ou non, qualifier les situations qu'ils observaient à l'aide de la notion de domination masculine, alors que les femmes qui les vivaient n'exprimaient rien de semblable. Les deux termes, « céder » et « consentement », supposaient qu'a un degré certes bien différent, était venu à la conscience des femmes le fait qu'elles étaient subordonnées et qu'une fois reconnu ce fait, elles l'avaient accepté.

Or, ce n'est pas ainsi que la situation baruya, ou toute autre situation similaire, devait être pensée : les femmes baruya n'avaient ni cédé ni consenti à leur situation, analysée par ceux qui lui étaient extérieurs comme un état de domination masculine, puisqu'elles ne la vivaient pas comme tel. Elles la vivaient comme une situation propre à un ordre social au sein duquel elles avaient une place complémentaire de celle des hommes, qui n'était guère plus enviable que la leur, en des temps de conflits intertribaux où ils étaient préparés au combat dès leur jeune âge par de longues années d'initiation pendant lesquelles ils étaient séparés de leurs familles et où, une fois adultes, ils mettaient leur vie en jeu pour défendre la communauté.

Comme on le voit, les anthropologues français qui traitaient *de facto* de la notion du genre, en Nouvelle-Guinée et ailleurs, n'avaient peut-être pas accordé toute l'attention qu'il aurait fallu au vocabulaire qu'ils employaient. De ce point de vue, la réflexion sur le lexique et les concepts employés par l'anthropologie et les autres sciences sociales qui eut lieu grâce à la critique post-moderne à la même époque aux États-Unis était nécessaire, même si l'on pourrait juger qu'elle est allée parfois trop loin (Bonnemère 2002 : 220).

Les deux actrices principales de la réflexion sur le genre en Mélanésie

Comme on l'a vu, la division sexuelle du travail fut plus largement envisagée dans le contexte d'une séparation entre la sphère domestique, monde des femmes et de l'éducation des enfants, et l'univers public, associé et réservé aux hommes. M. Strathern a inclus cette dichotomie dans la critique qu'elle a systématiquement engagée au cours des années 1980 de concepts soupçonnés d'être empreints d'une façon de penser occidentale.

Cet engagement déconstructionniste trouva un lieu d'expression fameux dans la « Malinowski Lecture » qu'elle fut conviée à délivrer en 1980 et qui fut publiée un an plus tard. Ce fut pour elle l'occasion de répondre à la critique aussi brève que cinglante que lui avait adressée Annette Weiner après avoir lu l'ouvrage issu de sa thèse de doctorat, *Women in Between : Female Roles in a Male World* (1972). Ces deux étudiantes étaient les premières femmes à se rendre en Nouvelle-Guinée pour travailler auprès des femmes, l'une à Hagen avec son mari de l'époque en 1964, et l'autre aux îles Trobriand en 1971, soit 56 ans après Malinowski.

Au cours de son premier séjour sur le terrain, A. Weiner assista à plusieurs cérémonies mortuaires lors desquelles les femmes organisent des échanges de grande ampleur de biens féminins (jupes de fibres et bottes de feuilles de bananier). Selon l'anthropologue, ces échanges, qui sont organisés plusieurs mois après le décès [9],

---

9. Les hommes, quant à eux, prennent en charge le corps du défunt et dédommagent tous ceux qui occupaient une place cruciale dans le réseau des relations sociales de ce dernier. Ces dons sont effectués juste après le décès.

permettent de libérer, au moins en partie, l'essence ancestrale du défunt, dite *baloma*, de ses attachements. En effet, la mort est une rupture qui révèle momentanément la vulnérabilité individuelle, mais aussi sociale et cosmique, et la fin de la période de deuil doit donc être l'occasion d'une cérémonie visant à régénérer la société et le cosmos. Les échanges de biens féminins par les femmes entre personnes et groupes reliés au défunt jouent ce rôle.

En échangeant des objets qui leur sont propres et selon des modalités différenciées selon leur sexe, les hommes et les femmes œuvrent ainsi, respectivement, à remettre de l'ordre au sein des relations sociales et politiques menacées par la mort d'un des leurs et à assurer la continuité de la vie en permettant le départ de l'esprit du défunt, préalable obligé à sa réincarnation en un esprit-enfant qui viendra dans le futur féconder une femme (Weiner 1983 : 144).

Dans cette société à filiation matrilinéaire, les femmes assurent la continuité de la société et la régénération des forces ancestrales. A. Weiner qualifie ce pouvoir des femmes de « ahistorical », de cosmique, alors que celui des hommes s'exerce dans la sphère sociopolitique. Or si les anthropologues cherchaient le pouvoir des femmes dans ce dernier univers, ils ne le trouveraient pas, nous dit l'auteur, et elles seraient alors forcément considérées comme subordonnées aux hommes.

Pour A. Weiner, dans la société trobriandaise, la valeur des femmes surpasse celle des hommes car elle n'est pas liée aux contingences historiques ou politiques et se situe sur le plan cosmique. Cette capacité à renouveler le cosmos et à régénérer la vie dont disposent les femmes provient, selon elle, du fait même d'être femme, ce qui expliquerait la tendance universelle à associer la féminité [10] à la reproduction de la vie et du cosmos.

Revenons maintenant à la critique qu'adressa A. Weiner à M. Strathern que je cite ici *in extenso* :

> Dans *Women in Between: Female Roles in a Male World* — étude d'une femme consacrée aux femmes Melpa des zones montagneuses de Mount Hagen, Nouvelle-Guinée — Marilyn Strathern commence par une belle description des sacs tressés [11] et du rôle important qu'ils jouent dans les échanges dotaux. « Les choses propres aux femmes, précise-t-elle, se partagent entre elles : les hommes ne s'intéressent pas tellement aux sacs tressés » (1972:15). Quoi que les hommes *disent* à ce sujet, en tout cas, le livre est rempli d'allusions à des échanges de sacs tressés, entre affins, consanguins et générations, mais Strathern ne paraît pas prendre très au sérieux ces transactions qu'elle analyse de façon d'ailleurs incomplète. Elle tombe de ce fait dans le piège masculin traditionnel (« traditional male trap »), car il va de soi que les hommes de Melpa sont certainement concernés par les rapports pour l'instauration desquels les sacs tressés constituent d'importants objets d'échange (Weiner 1983 : 29).

---

10. Ce que je traduis ici par « féminité » correspond aux termes anglais de « femaleness » ou de « womanness » qui signifient littéralement « caractère de ce qui est féminin ».

11. Il s'agit de filets de portage (« netbags ») et non de sacs tressés, car la technique de fabrication s'apparente à du crochetage et non à du tressage.

Atteinte par la pique de sa collègue qui l'accusait de ne pas avoir accordé l'attention qu'il aurait fallu à ces « objets féminins » qu'étaient selon elle les filets de portage à Hagen, et par conséquent d'avoir ignoré leur valeur pour la reproduction de la société et du cosmos, M. Strathern répondit sur deux fronts. D'une part, les filets de portage ne font pas l'objet, à Hagen, d'échanges générateurs de vie et ne circulent, et encore rarement, qu'entre femmes, d'autre part, l'association entre les filets de portage et les femmes et la féminité existant dans une société ne vaut pas forcément pour une autre. Son article est une remarquable démonstration de ce dernier point puisqu'elle y compare ces représentations dans deux sociétés des Hautes Terres qu'elle connaît, les Melpa de Hagen (appelés désormais Hagen) et les Wiru.

Comme elle l'avait montré dans *Women in Between*, les femmes de Hagen sont associées à la sphère de la production et les hommes à celle des grands échanges cérémoniels. Elles nourrissent les porcs qui y sont distribués sur une large échelle. Elles sont également considérées comme les intermédiaires entre les groupes qui se trouvent partenaires de ces grands échanges. Ceux-ci sont en effet constitués d'affins (alliés par le mariage) et les épouses sont donc les personnes à partir desquelles de nouveaux liens de partenariat peuvent être établis. À Hagen, la féminité serait donc caractérisée avant tout par le fait de produire des porcs et de la nourriture et d'être située entre les groupes qui échangent.

Chez les Wiru, qui vivent plus au sud, d'autres valeurs sont associées aux femmes. Il y a ici absence de grands échanges cérémoniels mais une série d'échanges liés à la vie des êtres humains entre les parents d'un enfant, dont les parents maternels sont les premiers bénéficiaires. Nombre de sociétés de Nouvelle-Guinée connaissent ces dons, d'abord décrits par Roy Wagner chez les Daribi (1967) puis dans bien d'autres groupes. Souvent associés à des représentations de la fabrication des enfants qui attribuent un grand rôle à la mère, ces dons valorisent, selon M. Strathern, l'aspect « reproduction » des capacités féminines, qui se manifeste dans ses propres produits, les enfants (1981 : 680), et les femmes ne sont à la source ni d'échanges intergroupes, ni de prestations concourant à la reproduction du cosmos, comme A. Weiner l'a analysé chez les Trobriandais.

L'exercice vaut preuve de l'impossibilité d'accoler aux femmes et à la féminité un (ou des) caractère(s) invariant(s). Car c'est bien sur cette note que se terminait le livre d'A. Weiner. Dans tous les systèmes de pensée du monde, affirme-t-elle, ce qui a été retenu chez les femmes est la même capacité : la mise au monde des enfants, l'engendrement de la vie. En vertu de cette sorte d'essence féminine, A. Weiner en déduisait que les femmes étaient universellement partie prenante des rituels de régénération cosmique qui ont lieu à la mort des individus. Or, M. Strathern ne peut admettre l'existence d'une valeur qui serait invariablement associée aux femmes de toutes les populations du monde, indépendamment donc, des formes sociales, religieuses ou économiques que prennent leurs vies. Malgré cette critique, qui est tout à fait recevable, l'hypothèse de A. Weiner reste intéressante sur un point : sa capacité à montrer que le pouvoir des femmes s'exerce dans un domaine particulier de l'existence humaine et hors de celui où s'exerce le pouvoir des hommes.

Les féministes et les anthropologues s'intéressant à la situation des femmes dans les sociétés qu'elles étudiaient s'étaient trompées lorsqu'elles cherchaient dans le monde des rapports politiques (au sens très neutre du terme) l'influence ou le pouvoir féminin. On ne peut que souscrire à cette affirmation tant certains travaux ethnographiques des années 1970-1980 ne cherchaient l'influence éventuelle des femmes que dans le domaine où celle des hommes était tangible.

En définitive, il semblerait que, dans certains contextes ethnographiques, le regard et la pensée des femmes ethnologues étaient tout autant imprégnés des préjugés de leur temps que ceux des hommes. Pourquoi en effet ne pas être allé voir au cœur même des institutions que leurs collègues masculins qualifiaient d'agents essentiels dans le processus de reproduction sociale de la domination masculine et de l'antagonisme sexuel ? Il est frappant de constater qu'aucune femme n'a choisi, dans les années 1970 ou 1980, de se rendre par exemple là où Kenneth Read avait travaillé dans les années 1950, chez les Gahuku-Gama de la vallée asaro des Hautes Terres de l'est qui pratiquaient un culte masculin d'où les femmes étaient exclues (1966) ou dans des sociétés à initiations masculines. Seules des circonstances ponctuelles peuvent expliquer qu'elles optèrent pour des groupes où les échanges cérémoniels étaient l'événement collectif principal car une réflexion théorique approfondie les aurait forcément amené à travailler dans des sociétés où les initiations masculines étaient considérées comme le mécanisme-clé de la reproduction de l'ordre social, marqué par la domination des hommes sur les femmes.

Alors que A. Weiner orienta ensuite ses recherches vers les échanges et les objets de dons (1992), M. Strathern approfondit sa réflexion sur le genre jusqu'à la publication de son œuvre majeure, *The Gender of the Gift: Problems with Women and Problems with Society in Melanesia*, en 1988. Abondamment débattu en Australie et aux États-Unis dès sa parution, il fallut attendre presque 20 ans pour que ce travail, et ceux qui l'ont suivi, fassent l'objet d'une attention un peu soutenue en France. Celle-ci emprunta deux canaux indépendants : l'anthropologie de la Mélanésie, d'un côté, et l'histoire de la parenté européenne, d'un autre, à propos de deux ouvrages plus récents de M. Strathern, *After nature: English kinship in the late twentieth century* (1992) et *Kinship, law and the unexpected: relatives are always a surprise* (2005). Aucun de ces ouvrages n'est traduit en français, seul un article-bilan est paru au Canada, dans la revue québécoise *Anthropologie et Sociétés*, en 1987.

The Gender of the Gift est presque une expérience de pensée. Plutôt qu'à analyser des situations ethnographiques particulières, son auteur vise à produire une théorie de la façon de penser mélanésienne, imaginée comme une sorte de dénominateur commun à toutes les représentations rencontrées dans la région et posée comme en contraste avec la façon de penser occidentale. Le genre est le matériau principal de cette réflexion. L'ouvrage est extrêmement dense et complexe et je me contenterais ici de discuter, parmi ses analyses, certaines de celles qu'il m'est possible de mettre en regard de mes propres travaux et expérience de terrain. Mes remarques concerneront donc les rituels d'initiation masculine.

M. Strathern critique deux notions majeures figurant dans les analyses de ces événements collectifs, celle qui les qualifie de rituels visant à « faire des hommes [adultes et guerriers] » et l'expression de « réappropriation de pouvoirs féminins » pour rendre compte de l'imagerie présente dans certaines actions rituelles[12].

« Faire des hommes » : comment comprendre cette notion ? L'auteur de *The Gender of the Gift* la considère comme appartenant au registre de la socialisation entendue comme un processus d'acquisition de rôles sexués. L'initiation serait selon cette façon de voir les choses, un lieu et un moment d'apprentissage où les jeunes garçons acquièrent des savoirs, ajoutent à leur personne quelque chose qu'ils n'avaient pas encore et c'est cette vision qui, selon elle, est critiquable : « *on neither anthropological nor feminist grounds should we, in fact, be content with the formula that male cults are […] concerned with 'making men'* » (1988 : 58). Dans un article qu'elle consacre entièrement au sujet, elle affirme que ces rituels font bien plutôt des jeunes garçons des êtres « incomplets », capables de se reproduire, plutôt qu'ils ne transforment des êtres immatures, les jeunes garçons, en hommes adultes, en les dotant des attributs essentiels de leur nouveau statut. Chaque individu naîtrait en effet sous la forme d'un composé d'éléments maternels et d'éléments paternels, qu'elle qualifie de personne « *complete* » ou « *cross-sex* », dont la caractéristique est d'être infertile. Autrement dit, les initiations masculines font d'une personne androgyne, complète, qui est le produit de la relation de sexe opposé (« *cross-sex* ») entre son père et sa mère, une personne incomplète, « *single-sex* », potentiellement active en matière d'engendrement en complémentarité avec un partenaire également « *single-sex* » (Strathern 1993 : 47).

La conception qu'a M. Strathern de l'initiation comme processus de socialisation peut être mise en doute. Certes, il s'agit d'un moment et d'un lieu où les novices reçoivent un certain nombre de leçons sur les comportements attendus d'un homme adulte. Mais il s'agit avant tout, comme le mythe l'exprime, d'une transformation radicale, qui passait, comme l'ont dit les spécialistes, par la rupture d'avec le monde des femmes, par une masculinisation, au travers à la fois de substances et de modes d'action spécifiques. Comme nous le verrons plus loin, M. Strathern rejette l'idée que des substances ou des objets puissent être utilisés dans un processus de masculinisation dans la mesure où cela supposerait qu'ils soient masculins ou associés à la masculinité.

En résumé, les initiations masculines ne consisteraient pas, comme une vision occidentale de la socialisation pourrait l'avancer, à ajouter quelque chose aux jeunes garçons, à les compléter par un apport social ou culturel, mais à transformer leur

---

12. Je ne peux développer ici faute de place mais nombre d'analyses ont montré que certaines actions et objets utilisés dans les rituels masculins en Mélanésie et en Australie évoquent des événements de la vie physiologique des femmes : menstruation, naissance, allaitement (Bonnemère 1990, 2001).

corps, qui est d'un type particulier, en un autre — type de — corps (1993 : 44). C'est ainsi que le processus de croissance se manifeste et que s'opère la transformation entre « être le produit de l'action d'autrui » et « avoir la capacité d'agir pour soi-même ou pour autrui », autrement dit devenir un agent. Comme l'écrit M. Strathern, « les actions rituelles font des enfants des parents potentiels » (1993 : 46), mais il ne s'agit pas seulement de changer de statut social et d'atteindre celui correspondant à cette étape de la vie, mais bien de changer de capacité d'action.

Elle avait initié cette réflexion il y a bien longtemps, lorsqu'elle s'était interrogée sur le genre à Hagen (Strathern 1978). Celui-ci ne caractériserait pas tant des personnes ou des objets dont il serait une qualité essentielle et immuable que des modalités d'action qui seraient associées prioritairement à l'un ou l'autre (les femmes à la production et les hommes à la transaction) mais n'en constitueraient pas une propriété ou un attribut. Il en découle que le genre peut changer de sexe, si l'on veut bien accepter cette formulation. Pour asseoir son idée, M. Strathern prend l'exemple des flûtes telles qu'elles sont manipulées dans les rituels sambia, étudiés par Gilbert Herdt. Pour cet auteur qui a passé de nombreuses années dans ce groupe anga[13], le rituel des flûtes sert de support à la découverte de la fellation, cette pratique de l'homosexualité ritualisée — rebaptisée « boy-inseminating practice » (Herdt 1993) — à laquelle le nom de cette population est associé. Il est le moment où les novices comprennent que le sperme qu'ils devront bientôt absorber a la même fonction nourricière que le lait maternel qui les a nourris pendant leur enfance. La flûte représente alors à la fois le sein de la mère et le pénis.

M. Strathern reprend cette idée lorsqu'elle dit que la flûte n'est pas en elle-même associée à un genre fixe ; c'est la façon dont elle est utilisée qui institue son genre, qui ne sera donc que temporairement établi au sein d'une action particulière et particularisée. Ici, l'acte de placer la flûte dans la bouche des novices fait d'eux des « épouses », propose M. Strathern, autrement dit des personnes auxquelles est associé pour le temps du rituel, un genre féminin. Ainsi, outre qu'une forme unique (ici une flûte) peut représenter à la fois le caractère nourricier masculin (via le sperme du pénis) et féminin (via le lait maternel du sein), il apprendrait aux garçons deux choses : il leur enseignerait que le genre d'un organe (masculin ou féminin) dépend de la personne qui l'active, et aussi que l'activation elle-même crée une distinction de genre (M. Strathern 1988 : 211) ; la relation entre l'aîné et le novice, qui se substitue à celle qui existait auparavant entre le novice et sa mère, est de sexe opposé (« cross-sex ») en dépit du fait qu'ils sont tous les deux de sexe masculin (Jolly 1992 : 144).

---

13. Les Anga sont au nombre d'environ 80 000 personnes qui vivent dans une région montagneuse de 140 sur 130 km à cheval sur les provinces des Eastern Highlands, du Gulf et de Morobe. Ils sont divisés en douze groupes linguistiques appartenant à une même famille et se disent originaires d'un endroit situé près de Menyamya, au centre du territoire anga, d'où sont issus les groupes actuels suite à des conflits et des migrations (voir Lemonnier 1981 et 1997 pour plus de détails).

L'analyse que propose M. Strathern des flûtes sambia illustre par conséquent sa proposition selon laquelle le genre n'est pas un attribut des personnes mais qu'il est déterminé par le type de relations mises en place au sein d'une action particulière. Ici, la relation de nourrissage est « de sexe opposé » (« *cross-sex* »), qu'elle engage une mère et son fils et ait pour vecteur le lait maternel ou qu'elle associe un jeune garçon et un aîné encore célibataire par la médiation du sperme de ce dernier. Ce seraient donc bien les relations qui seraient sexuées (« *gendered* ») et non les personnes elles-mêmes.

Si les rituels d'initiation masculine ne « font pas des hommes », que font-ils alors ? Comme on l'a vu, pour M. Strathern, ils modifient la composition d'une personne afin de la rendre reproductive. Les initiations opéreraient une modification de l'entité composite sous laquelle tout individu se trouve dans la première partie de sa vie : en extrayant les éléments provenant des parents maternels, ils font des garçons des personnes « *incomplete* » ou « *same-sex* » qui peuvent alors se reproduire en allant à la rencontre d'une fille pour laquelle c'est le mariage qui aura joué ce rôle (M. Strathern 1988 : 225). Ensemble, ils produiront une personne « *complete* », infertile.

L'extraction peut se faire de diverses façons : par des pratiques de « *nose-bleeding* » ou d'autres gestes d'expulsion ou bien par des dons d'objets qui sont conceptualisés comme des substituts de certains éléments de la personne. Le genre de quelqu'un varierait ainsi au cours de l'existence et le processus de passage d'un état « *cross-sex* » à un état « *same-sex* » est le même pour les garçons et les filles. L'initiation est un des moments, pour les garçons, au cours duquel ce processus d'extraction a lieu.

Critiquée, débattue, cette vision de la pensée mélanésienne où la personne est une entité divisible, « *partible* », a influencé de nombreux travaux au-delà du monde des spécialistes de la Mélanésie (par exemple Busby 1997). Ma propre critique de cette théorie, qui en est aussi un prolongement, provient de matériaux ethnographiques de première main recueillis dans une société qui pratiquait encore des initiations dans les années 2000 [14].

Une approche relationnelle des initiations masculines ankave

Les Ankave appartiennent à l'ensemble des groupes anga dont on a vu (note 13) que leurs langues appartiennent à une même famille, que leur histoire ancienne est en partie commune et leur culture matérielle similaire. La rédaction d'un livre [15] sur le cycle complet des initiations masculines que j'ai choisi de considérer à rebours, autrement dit à partir du moment où le premier enfant d'un homme s'annonce qui en est le point d'orgue, m'offre l'opportunité de proposer que, dans cette société au moins,

---

14. Avec l'ouverture d'une piste d'aviation en 2011 et des services sanitaires et éducatifs prévus dans un avenir proche, nul ne sait si les Ankave continueront à organiser leurs rituels d'initiation.
15. Ce livre, en cours de lecture chez un éditeur, est intitulé *Agir sur un autre. Une approche relationnelle d'un cycle rituel masculin.*

le caractère divisible de la personne ne s'applique qu'une fois celle-ci devenue un cadavre. De leur vivant, les personnes peuvent agir elles-mêmes et pour les autres dans le processus qui les fait changer de statut relationnel au cours de l'existence. Ainsi, pour qu'un homme devienne père et qu'un couple parental soit célébré, les relations à sa mère[16] puis à l'une de ses sœurs — aînée sans enfants, dans l'idéal — subissent une transformation. Or, celle-ci ne peut advenir qu'en présence des deux termes de la relation car le processus requiert la mise en scène de l'état antérieur et toujours actif de la relation suivie de celle de l'état transformé. Les relations ne sont pas ici incarnées dans des parties de personnes ; aucun objet matériel ne peut en être le substitut et elles ne sont donc pas représentées sous une forme autre que relationnelle. Par conséquent, sans l'intervention des deux termes qui la constituent, point de relation et point d'action possible sur elles. Voilà la façon dont les Ankave écrivent la dramaturgie rituelle du passage de l'enfance à l'âge parental : une succession de transformations relationnelles où la mère, la sœur puis, enfin, l'épouse, mère du premier-né d'un homme, occupent une place majeure et indispensable.

Certaines catégories de femmes sont donc impliquées dans les initiations masculines. Il est difficile de comprendre pourquoi les femmes ethnologues, soucieuses de s'intéresser aux activités et aux prérogatives de leurs consœurs n'ont pas pensé se rendre dans des sociétés qui organisaient des rituels masculins. Car les résultats auraient été, je le suppose, d'un grand intérêt[17]. En Australie, où le concept de domination masculine n'a pas été spécialement utilisé pour rendre compte de la réalité des rapports hommes-femmes, les rôles rituels féminins furent reconnus bien plus tôt qu'en Mélanésie[18].

Il est donc sans doute possible d'attribuer la cause du manque d'intérêt pour les activités rituelles féminines à la force du paradigme de l'antagonisme sexuel en Nouvelle-Guinée qui a contribué, avec la valorisation des activités masculines en général et rituelles en particulier dans les discours locaux, à masquer une partie de la réalité ethnographique. Là où il était moins prégnant, comme en Australie (Engelhart 1998 : 101-109, Glowczewski 2001 : 135-136), « plusieurs écrits anthropologiques sur les régions désertiques exposent clairement la participation active et indispensable

---

16. C'est le cas aussi chez les Warlbiri d'Australie, où « les mères semblent aider leurs fils à devenir pères, ce qu'elles résument en disant qu'elles doivent participer à l'initiation pour qu'ils deviennent des hommes (de futurs pères) » (Glowczewski 2001 : 140).

17. Je ne peux imaginer en effet que les Ankave aient été les seuls à impliquer les femmes dans les initiations.

18. Comme l'écrit Sylvie Poirier, « les thèmes et les visées du savoir et des activités rituels des hommes et des femmes, dans leurs versions secrètes et publiques, sont divers mais néanmoins communs : la reproduction de l'environnement sociocosmique, la croissance des jeunes gens et leur passage au monde adulte, les rites de lamentation, la magie amoureuse, la guérison, ou la résolution des conflits. Sur ces différents aspects, hommes et femmes « travaillent » ensemble et séparément, soit toujours en relation les uns avec les autres, et toujours avec le *Tjukurrpa*, l'ordre ancestral » (Poirier 2001 : 119).

des femmes (et des parentes féminines des novices) aux cérémonies initiatiques » (Poirier 2001 : 131)[19]. Ici comme chez les Ankave, certaines femmes doivent agir parallèlement à ce que vivent les garçons lors de leur initiation et l'on peut donc faire l'hypothèse qu'une approche relationnelle serait applicable à une analyse de ces rituels considérés comme masculins.

En Nouvelle-Guinée, il est désormais trop tard pour observer de telles cérémonies car, dans l'immense majorité des groupes qui peuplent ce pays, la christianisation et l'éducation scolaire ont eu raison de ces événements collectifs. Pour des raisons historiques, géographiques et administratives sur lesquelles il serait trop long de s'étendre (Bonnemère et Lemonnier 2007, 2009), les églises et l'école ne sont pas encore arrivées dans la vallée de la Suowi où nous avons séjourné et ils n'ont donc pas subi de pression pour cesser d'organiser des initiations masculines.

En tout état de cause, de tels matériaux ethnographiques montrent que les femmes étaient certes exclues de l'espace rituel masculin mais aucunement du processus rituel[20]. Bien au contraire, leur présence, au même titre que celle de leurs fils et frères, était nécessaire au bon déroulement de la transformation de leur relation réciproque[21]. L'analyse des actions rituelles masculines qui avaient lieu en forêt à l'abri des regards féminins ne saurait donc épuiser le sujet. Pour comprendre l'enjeu du rituel, non seulement l'ensemble des étapes du cycle initiatique doit être considéré conjointement, mais ce qui se déroule dans les espaces secrets et non mixtes (masculins et féminins) ne peut être appréhendé sans tenir compte aussi des moments publics de ces rituels.

La principale leçon qu'il y a lieu de tirer de ces recherches récentes, du point de vue de l'anthropologie du genre, est qu'un pas a été fait lorsque les femmes ont cessé d'être considérées comme un ensemble homogène et qu'à la prise en compte du genre s'est ajoutée la considération des statuts relationnels où la position de parenté et la génération sont d'importance primordiale (Alès et Barraud 2001, Bird Rose 2008 : 684, Théry et Bonnemère 2008). Irène Théry nous le rappelle dès les premières pages

---

19. Il serait d'ailleurs intéressant de voir si l'analyse que j'ai proposée des matériaux ankave s'appliquerait également à ceux recueillis en Australie. Les travaux de B. Glowczewski laissent entendre que cela pourrait être le cas : cet auteur écrit par exemple qu'« autrefois, au moment où le garçon se faisait opérer, dans un autre camp ses sœurs (et cousines paternelles) subissaient des scarifications rituelles » (1991 : 81). L'auteur précise également qu'« au lever du jour, mères et tantes, accompagnées des sœurs du novice et d'une ou deux femmes de la matrilignée de l'épouse promise, emmènent celui-ci en brousse pour un long rituel d'enfumage, *jurnku* » (1991 : 78). Par ailleurs, Glowczewski ajoute que « ce sont ces rôles qui, après d'autres rites, par exemple pour faire pousser les seins, font office d'initiation féminine » (1993 : 201).

20. C'est aussi le cas, semble-t-il, en Australie (Testart 1993 : 195).

21. Chez les Kukatja d'Australie comme chez les Ankave, « les jeunes filles n'ont pas de cérémonies initiatiques en tant que telles, bien que, comme sœur, leur participation à l'initiation de leur frère soit primordiale » (Poirier 2001 : 120).

de son livre, *La distinction de sexe*, en se fondant sur les travaux de Serge Tcherkézoff menés à Samoa : « il n'y a pas, dans la langue traditionnelle samoane, de terme équivalent à « homme » et « femme », ni d'ailleurs à « monsieur » ou « madame » […] car chacun est toujours perçu et qualifié selon un rang, une relation, un statut social » (2007 : 31). « Ce sont ces statuts qui sont sexués et qui caractérisent les rapports sociaux, d'âge, de parenté, etc. » (2007 : 32).

Autrement dit, la vie sociale ne doit pas être considérée comme « une collection d'individus répartis en deux sous-ensembles ou classes : celle des hommes et celle des femmes » (Théry 2007 : 271-272). C'est le défaut qu'avaient la majorité des premiers travaux sur le genre qui, faute de prendre en compte les statuts relationnels de chacun [22], et donc les relations précises qui rapprochaient les hommes et les femmes dont ils parlaient, avaient fini par les extraire du tissu social dans lequel tout être humain est pris dès sa naissance et par les considérer uniquement en fonction de leur sexe et/ou de leur genre.

Bibliographie

Alès, Catherine et Cécile Barraud (eds)
2001   *Sexe absolu ou sexe relatif ? De la distinction de sexe dans les sociétés*. Paris : Éditions de la Maison des Sciences de l'Homme.

Bird Rose, Deborah
2008   « Comments ». *Current Anthropology*, 49(4): 684.

Bliege Bird, Rebecca and Douglas W. Bird
2008   « Why Women Hunt ? Risk and Contemporary Foraging in a Western Desert Aboriginal Community ». *Current Anthropology*, 49(4): 655-693.

Bonnemère, Pascale
1990   « Considérations relatives aux représentations des substances corporelles en Nouvelle-Guinée ». *L'Homme*, 114 : 101-120.
2001   « Two forms of masculine ritualized rebirth : The Melanesian body and the Amazonian cosmos ». In T. A. Gregor et D. Tuzin (eds), *Gender in Amazonia and Melanesia : An Exploration of the Comparative Method*. Berkeley : The University of California Press, p. 17-44.
2002   « L'anthropologie du genre en Nouvelle-Guinée : entre analyse sociologique, psychanalyse et psychologie du développement ». *L'Homme*, 161 : 205-224.
2014   « Une approche anthropologique du genre : comment dépassionner un débat ». Conférence inaugurale, Colloque sur « Le genre : approches dépassionnées d'un débat », Université Catholique de Lille, 28 et 29 septembre 2012.

---

22. Jane Goodale est l'une des rares ethnologues à s'être démarquée de la tendance dominante à considérer les femmes hors de la temporalité de la vie, d'une part, et du réseau relationnel qui fonde la vie sociale, d'autre part (1971 : 339).

Bonnemère, Pascale et Pierre Lemonnier

2007 *Les tambours de l'oubli : la vie ordinaire et cérémonielle d'un peuple forestier de Papouasie / Drumming to forget : ordinary life and ceremonies among a Papua New Guinea Group of Forest-dwellers*. Pirae : Au vent des îles / Musée du quai Branly.

2009 « A Measure of violence : Forty Years of 'First Contact' among the Ankave-Anga (Papua New Guinea) ». In M. Jolly, S. Tcherkézoff, et D. Tryon (eds), *Oceanic Encounters : exchange, desire, violence*. Canberra : ANU E Press, p. 295-333.

Busby, Cecilia

1997 « Permeable and Partible Persons : A Comparative Analysis of Gender and Body in South Indian and Melanesia ». *Journal of the Royal Anthropological Institute*, 3(2): 261-268.

Descola, Philippe

2005 *Par-delà nature et culture*. Paris : Gallimard.

Engelhart, Monika

1998 *Extending the Tracks : A Cross-Reductionistic Approach to Australian Aboriginal Male Initiation Rites*. Stockholm : Almqvist and Wiksell.

Glowczewski, Barbara

1991 *Du rêve à la loi chez les Aborigènes : mythes, rites et organisation sociale en Australie*. Paris : Presses Universitaires de France (Ethnologies).

1993 « Réponse à Alain Testart ». *Social Anthropology/Anthropologie sociale*, 1(2): 199-205.

2001 « Loi des hommes, loi des femmes : identité sexuelle et identité aborigène en Australie ». In C. Alès et C. Barraud (eds), *Sexe absolu ou sexe relatif ? De la distinction de sexe dans les sociétés*. Paris : Éditions de la Maison des Sciences de l'Homme, p. 135-156.

Godelier, Maurice

1982 *La production des Grands Hommes*. Paris : Fayard.

Goodale, Jane C.

1971 *Tiwi Wives : A study of the Women of Melville Island, North Australia*. Seattle and London : University of Washington Press.

Hamilton, Annette

1980 « Dual Social Systems : Technology, Labour and Women's Secret Rites in the eastern Western Desert of Australia ». *Oceania*, 51(1): 4-19.

Herdt, Gilbert H.

1993 « Introduction to the Paperback edition ». In G. Herdt (ed.), *Ritualized Homosexuality in Melanesia*. Berkeley : University of California Press, p. vii-xliv.

Jolly, Margaret

1992 « Partible Persons and Multiple Authors ». *Pacific studies*, 15(1): 137-149.

Jorgensen, Dan

1983 « The Facts of Life, Papua New Guinea Style ». *Mankind*, 14(1): 1-12.

Langness, Lewis L.

1967 « Sexual Antagonism in the New Guinea Highlands : A Bena Bena example », *Oceania*, 37(3): 161-177.

Leacock, Eleanor B.
1981   *Myths of Male Dominance : Collected articles on women cross-culturally*. New York : Monthly Review Press.

Lemonnier, Pierre
1981   « Le commerce inter-tribal des Anga de Nouvelle-Guinée », *Journal de la Société des Océanistes*, 37 : 39-75.
1997   « Mipela wan bilas. Identité et variabilité socio-culturelle chez les Anga de Nouvelle-Guinée ». In S. Tcherkézoff S. et F. Marsaudon (eds), *Le Pacifique-Sud aujourd'hui : Identités et transformations culturelles*. Paris : CNRS Éditions, p. 196-227.

Lepowsky, Maria
1993   *Fruit of the motherland : Gender in an egalitarian society*. New York : Columbia University Press.

MacCormack, Carol and Marilyn Strathern (eds)
1980   *Nature, Culture and Gender*. Cambridge : Cambridge University Press.

Mandeville, Elizabeth
1979   « Sexual Pollution in the New Guinea Highlands ». *Sociology of Health and Illness*, 1(2): 226-241.

Mathieu, Nicole-Claude
1985   « Quand céder n'est pas consentir. Des déterminants matériels et psychiques de la conscience dominée des femmes, et de quelques-unes de leurs interprétations en ethnologie ». In N.-C. Mathieu (éd.), *L'arraisonnement des femmes. Essais en anthropologie des sexes*. Paris : Éditions de l'EHESS (Cahiers de L'Homme 24), p. 169-245.

Meggitt, Mervyn J.
1964   « Male-female Relationships in the Highlands of Australian New Guinea ». *American Anthropologist*, 66(4): 204-224.

Ortner, Sherry
1974   « Is female to nature as male to culture ? ». In M. Rosaldo et L. Lamphere (eds), *Women, Culture and Gender*. Stanford : Stanford University Press, p. 67-88.

Poirier, Sylvie
2001   « Les politiques du savoir rituel. Réflexions sur les relations de genre chez les Kukatja (Désert occidental australien) ». In C. Alès et C. Barraud (eds), *Sexe absolu ou sexe relatif ? De la distinction de sexe dans les sociétés*. Paris : Éditions de la Maison des Sciences de l'Homme, p. 111-133.

Read, Kenneth
1966   *The High Valley*, London : G. Allen and Unwin.

Strathern, Marilyn
1972   *Women in Between : Female roles in a Male World (Mount Hagen, New Guinea)*. London, New York : Rowman & Littlefield.
1978   « The Achievement of Sex : Paradoxes in Hagen Gender-Thinking ». In E. Schwimmer (ed.), *Yearbook of Symbolic Anthropology 1*. Hurst : McGill-Queen's University Press p. 171-202.
1980   « No nature, no culture : the Hagen case ». In C. MacCormack and M. Strathern (eds),

Nature, Culture and Gender. Cambridge : Cambridge University Press, p. 174-222.

1981   « Culture in a Netbag : The Manufacture of a Subdiscipline in Anthropology », *Man* N.S., 16(4): 665-688.

1984a   « Subject or object? Women and the circulation of valuables in Highlands new Guinea ». In R. Hirschon (ed.), *Women and property – women as property*. London : Croom Helm (Oxford Women's Series 7), p. 158-175.

1984b   « Domesticity and the denigration of women ». In D. O'Brien and S. W. Tiffany (eds), *Rethinking Women's Roles : Perspectives from the Pacific*. Berkeley : University of California Press, p. 13-31.

1987a   « An Awkward Relationship : The Case of Feminism and Anthropology ». *Signs*, 12(2): 276-292.

1987b   « L'étude des rapports sociaux de sexe : évolution personnelle et évolution des théories anthropologiques ». *Anthropologie et Sociétés*, 11(1): 9-18.

1988   *The Gender of the Gift : Problems with Women and Problems with Society*. Berkeley : University of California Press.

1992   *After nature : English kinship in the late twentieth century*. Cambridge : Cambridge University Press.

1993   « Making Incomplete ». In V. Broch-Due, I. Rudie, and T. Bleie (eds), *Carved Flesh/Cast Selves : Gendered Symbols and Social Practices*. Oxford : Berg, p. 41-51.

2005   *Kinship, law and the unexpected : relatives are always a surprise*. Cambridge : Cambridge University Press.

Testart, Alain

1986   *Essai sur les fondements de la division sexuelle du travail chez les chasseurs-cueilleurs*. Paris : Éditions de l'EHESS.

1993   « Ombres et lumières sur les Warlpiri (Australie Centrale) ». *Social Anthropology/ Anthropologie sociale*, 1(2): 187-198.

Théry, Irène

2007   *La distinction de sexe : une nouvelle approche de l'égalité*. Paris : Odile Jacob.

Théry, Irène et Pascale Bonnemère (eds)

2008   *Ce que le genre fait aux personnes*. Paris : Éditions de l'EHESS, (Enquête 7).

Wagner, Roy

1967   *The Curse of Souw : Principles of Daribi clan definition and alliance in New Guinea*. Chicago, London : The University of Chicago Press.

Weiner, Annette B.

1983   *La richesse des femmes, ou comment l'esprit vient aux hommes, Îles Trobriand*. Paris : Seuil

1992   *Inalienable Possessions : The paradox of keeping-while-giving*. Berkeley : University of California Press.

Décolonisation des regards

Valeurs et réappropriations patrimoniales, des musées à Internet : exemples australiens et polynésiens

Jessica De Largy Healy et Barbara Glowczewski

Depuis l'accès à l'indépendance de certains pays d'Océanie et les luttes pour la reconnaissance des droits autochtones, de nombreux peuples ont développé des stratégies pour mettre en valeur leur patrimoine culturel au regard tant de l'histoire de la colonisation que des problèmes contemporains. Leur démarche, à la fois locale et nationale, engage des réseaux à l'échelle de toute l'Océanie. Le Forum des îles du Pacifique Sud regroupe ainsi depuis 1971, 16 pays membres[1] pour chercher des réponses communes aux conflits engendrés par le développement sauvage du tourisme, l'exploitation incontrôlée des ressources minières et des forêts, la pollution des mers, le changement climatique et la montée des eaux qui menace d'inonder certaines îles. La recherche de solutions interroge souvent le rapport entre les traditions héritées et les innovations culturelles pour faire reconnaître le dynamisme des singularités locales comme moyen de réappropriation politique par les acteurs, et de création d'espaces souverains de parole. En témoigne par exemple le Festival des Arts du Pacifique qui, depuis 1972, réunit tous les quatre ans, non seulement des délégations des pays membres du Forum, mais aussi d'autres pays, comme la Nouvelle-Calédonie et la Polynésie française (Henry et Glowczewski, 2007).

Les peuples océaniens dits du Pacifique — y compris les Aborigènes de toute l'Australie, jusqu'aux côtes de l'océan Indien — initient des expositions et des rencontres, parfois en collaboration avec des institutions muséales et scientifiques sur place ou ailleurs, notamment en France. Ils mobilisent aussi Internet au niveau individuel, communautaire ou national pour valoriser tant leurs traditions performatives que d'autres expressions artistiques contemporaines et des revendications d'ordre politique. Musées, sites et réseaux sociaux sur Internet sont devenus pour les descendants des populations colonisées des outils de transmission de la mémoire et du patrimoine — objets, archives écrites et audiovisuelles — leur permettant de se réapproprier la manière dont ils souhaitent transmettre leurs arts, savoirs et histoire chez eux, à leurs

---

1. Australie, îles Cook, États Fédérés de Micronésie, Fidji, Kiribati, Nauru, Nouvelle Zélande, Niue, Palau, Papouasie Nouvelle-Guinée, République des îles Marshall, Samoa, Solomon Islands, Tonga, Tuvalu et Vanuatu : http://www.forumsec.org/pages.cfm/about-us/member-countries/

diasporas et à un public extérieur auxquels ils sont de plus en plus exposés. Les sciences sociales sont mises au défi face à ce mouvement qui contextualise la patrimonialisation dans le but d'affirmer de nouvelles formes de transmission. Celles-ci revalorisent un certain héritage historique en révélant diverses formes d'actions et d'ambiguïtés dans les expériences des victimes de l'administration coloniale et des impresarios en tout genre qui — parfois secondés par les scientifiques — firent tourner de 1800 à 1958 des groupes et des individus du monde entier (35 000 personnes) en tant que créatures « sauvages » ou « exotiques » dans les théâtres, cirques, expositions coloniales et zoos (Bancel *et al.* 2005, Vergès 2005, 2010). La télévision, et plus tard l'Internet, ont à leur façon pris le relais de cette mass-mediatisation du supposé « sauvage » dont les images passées continuent à informer les nouveaux stéréotypes du présent.

L'anthropologie, pour comprendre la complexité des rapports sociaux contemporains, doit tenir ensemble la critique de l'histoire à proprement parler raciste des applications coloniales de la discipline et les diverses sources d'énonciation des subjectivités qui traversent l'histoire et ses valeurs changeantes. L'objet patrimonial, à ce titre, cristallise des émotions qui oscillent, selon la sociologue Nathalie Heinich, entre l'admiration et l'indignation, valeurs complexes souvent en conflit selon les publics :

> L'on constate ainsi la grande richesse axiologique de l'objet « patrimoine », qui sollicite en même temps les deux régimes de qualification opposés (communauté et singularité), les deux axes d'extensibilité (espace et temps), plusieurs registres de valeur (pur, domestique, esthétique, herméneutique, civique) et les différentes valeurs qui en dépendent (authenticité, présence, beauté, significativité, intérêt général…). Comment s'étonner dans ces conditions qu'il fasse l'objet d'épreuves épistémiques et juridiques hautement sophistiquées, mais aussi d'épreuves émotionnelles particulièrement intenses (Heinich 2012 : 31).

En Océanie, la tension des émotions et des valeurs est particulièrement illustrée par l'asymétrie de l'appropriation occidentale du discours supposé d'expert sur le patrimoine du monde et les réponses subjectives — quêtes d'identités individuelles et collectives et discours de construction nationale — des descendants des peuples qui ont fourni — souvent malgré eux et dans la dépossession parfois violente — une grande partie de ce patrimoine.

Seront présentés ici diverses formes de réappropriation créative de leurs mémoires et savoirs initiées par des groupes et des artistes d'Océanie. Nous examinerons d'abord la notion de patrimoine telle qu'elle est définie par l'ONU (*heritage* en anglais), soit un ensemble d'expressions et de savoirs culturels collectivement hérités d'une tradition régionale. Nous montrerons la complexité des rapports sociaux qui engagent différents acteurs dans les processus de patrimonialisation, soit la mise en valeur des patrimoines notamment avec la multiplication des arts visuels et des spectacles vivants, en Australie et en France, mais aussi l'utilisation d'Internet. Cette technologie de communication investie par les institutions, comme par les particuliers, depuis une quinzaine d'années a en effet précipité la circulation de contenus locaux en engageant de nouvelles formes d'identifications nationales, de productions d'altérités et d'échanges transnationaux. Nous analyserons ensuite la manière dont les patrimoines sont souvent réactualisés, voire transformés, par les processus d'interprétation, souvent critiques, qui les mettent en valeur sur divers supports : œuvres d'artistes, films réalisés par les autochtones, mise en ligne sur des sites et des blogs. Pour finir, nous discuterons l'intérêt scientifique de l'image et du numérique : utilisation du multimédia dans les expositions, visibilité et restitution, réappropriation par les communautés, sites de partage et d'enrichissement collaboratif des savoirs. Nous conclurons sur la responsabilité des chercheurs à l'égard des risques présentés par ces nouveaux supports : dépendance technologique, conflits de propriété intellectuelle, détournement illicite des données, désinformation et mésinterprétations, réductionnisme, clichés et perte du contrôle tant par les populations que par les scientifiques.

Tatouages, didjeridu et haka : « Culture-culte » et rapports sociaux globalisés

Nous appelons patrimonialisation tous les processus de mise en valeur pour la préservation mais aussi la réappropriation par les personnes concernées des patrimoines culturels, artistiques, scientifiques ou historiques, qu'ils soient tangibles ou intangibles, ce qu'exprime par exemple l'article 31 de la Déclaration sur les droits des peuples autochtones ratifiée par l'ONU en 2007 :

> Les peuples autochtones ont le droit de préserver, de contrôler, de protéger et de développer leur patrimoine culturel, leur savoir traditionnel et leurs expressions culturelles traditionnelles ainsi que les manifestations de leurs sciences, techniques et culture, y compris leurs ressources humaines et génétiques, leurs semences, leur pharmacopée, leur connaissance des propriétés de la faune et de la flore, leurs traditions orales, leur littérature, leur esthétique, leurs sports et leurs jeux traditionnels et leurs arts visuels et du spectacle. Ils ont également le droit de préserver, de contrôler, de protéger et de développer leur propriété intellectuelle collective de ce patrimoine culturel, de ce savoir traditionnel et de ces expressions culturelles traditionnelles.

L'article ci-dessus énumère comme patrimoine culturel une série de savoirs intangibles et leurs expressions qui sont qualifiés de « traditionnels », un terme qui, dans le contexte onusien est à entendre dans un sens autodéclaratif de la part des populations concernées qui redéfinissent ces traditions au nom de leur propriété intellectuelle collective. Si l'article 31 de l'ONU ne mentionne pas le patrimoine architectural ou environnemental qui fait l'objet d'autres articles, de même ici nous ne traitons pas du « patrimoine » dans ce sens de lieux et espaces naturels marqués de traces culturelles et historiques, ou de constructions anciennes préservées et réaménagées pour être à la fois sauvegardées et réactualisées[2]. La question qui nous intéresse est de montrer que l'anthropologie — en Océanie comme ailleurs — ne peut plus penser le patrimoine sans prendre en compte les discours contradictoires qui opposent les différentes « valorisations » du passé hérité : le choix de ce qu'on cherche à sauvegarder est éminemment politique car, en déterminant ce qui est bon à archiver, il met en avant une certaine vision du monde et de l'histoire. Comme l'écrit le sociologue des sciences Geoffrey Bowker (2000) à propos des banques de données consacrées à la préservation de la biodiversité, par le choix des informations qui sont sélectionnées, au détriment de celles qui ne sont pas intégrées, les bases de données créent le monde à leur image. Les scientifiques ne sont pas les seuls à pratiquer une valorisation sélective. Internet a donné une nouvelle voix à la société civile qui utilise ce pouvoir même si la production de nouvelles valeurs n'est pas nécessairement intentionnelle de la part de ceux qui s'expriment mais résulte de l'accroissement de la circulation de certaines informations par la consultation accrue des sites qui les hébergent.

Babadzan (2001), se référant à Bromberger (1997), soulignait l'émergence en France d'une critique des « dérives d'une certaine ethnologie du patrimoine, encore empêtrée de folklorisme, avec sa célébration naïve et substantialiste des identités locales, ses objectifs étroitement muséographiques […] Les recherches portent non plus sur des choses, mais sur des rapports sociaux médiatisés par des choses […] Sur des esthétiques aussi » (Babadzan 2001 : 7). Il prenait comme exemple la mode du tatouage et d'un instrument de musique aborigène, le didjeridu. Ces deux pratiques océaniennes sont entrées dans une forme de culture globalisée, particulièrement développée chez les jeunes générations qui s'approprient de telles expressions culturelles autochtones pour construire de nouveaux repères identitaires transnationaux, précipités par les communautés d'intérêt sur Internet. Critiqués par certains comme « *culture-cult* » contribuant au « primitivisme romantique » (Sandall 2001), les nouveaux « cultes de la culture » déterritorialisés peuvent aussi être considérés comme des machines à reterritorialiser des agencements qui réactivent et réactualisent les cultures traditionnelles au regard de leur impact esthétique et politique (Glowczewski 2002). Les effets de retour sur les cultures locales inévitablement les transforment, mais ces changements ne sont pas nécessairement destructeurs du lien social ; la reconfiguration des pouvoirs, des demandes et des offres, peut permettre l'émergence de nouvelles économies qui bénéficient à la population, à condition qu'elle puisse s'approprier le contrôle de ces ressources.

Ainsi, longtemps condamné par le christianisme, le tatouage samoan attire de plus en plus d'adeptes comme pratique individuelle alors qu'il était auparavant une marque de soumission à l'autorité, et de réaffirmation du rôle de la chefferie dans la repro-

---

2. Voir dans ce livre les chapitres de N. Gagné sur les Marae et celui de M. Préaud et L. Dousset sur les sites aborigènes.

duction sociale. Toutefois, précise Galliot (2010), de même que les jeunes hommes tatoués démontraient la force du village vis-à-vis de l'extérieur, la contribution actuelle du tatouage à l'économie locale et sa renommée internationale participent à leur tour au rayonnement de Samoa dans le Pacifique et ailleurs. Similairement, la popularité mondiale du didjeridu — instrument de musique, originaire du nord de l'Australie sous le nom générique de *yidaki* — a profité à certaines communautés isolées de la Terre d'Arnhem qui, depuis les années 1990, développent des micro-entreprises familiales, proposant la vente en ligne d'instruments de fabrication locale, ainsi que des ateliers de formation avec les maîtres reconnus de la pratique[3].

Un autre exemple de diffusion globale d'une pratique culturelle locale concerne le *haka*, dont le nom popularisé par les Maori se rapporte au terme proto-polynésien *saka*, qui englobe différentes danses traditionnelles du Pacifique, caractérisées par « des actions vigoureuses des mains et des pieds »[4]. La danse d'intimidation Ka Mate que tous les joueurs de la célèbre équipe de rugby néo-zélandaise des All Blacks interprètent avant chaque match devant leurs adversaires, a transformé une expression culturelle régionale en marqueur national de la scène internationale du sport. Depuis février 2009 cependant, le gouvernement de Nouvelle Zélande a reconnu des droits de propriété intellectuelle sur cette forme spécifique de *haka* à l'*iwi* Ngati Toa, une tribu maori de l'Île du Nord, afin de protéger leur patrimoine culturel d'une exploitation commerciale et populaire jugée insultante; telle la diffusion d'une publicité pour une marque de voitures italiennes montrant un groupe de citadines affairées s'arrêtant au milieu de la rue pour danser le Ka Mate, alors que cette expression guerrière est traditionnellement réservée aux hommes[5]. En France, lors du défilé du 14 juillet 2011, placé sous le signe de l'année des Outre-mer, le XV du Pacifique, une équipe de rugby interarmées créée en 2007 par le commissariat aux sports militaires, regroupant des joueurs de Polynésie, de Nouvelle-Calédonie et de Wallis-et-Futuna, a interprété un *haka* devant la tribune présidentielle[6]. Selon l'adjudant-chef du 517e RT, Alexandre Filimoehala, manager de la sélection militaire de rugby du Pacifique, cette performance, qui fut précédée par le chant « Tamarii volontaire » du Régiment d'Infanterie de Marine du Pacifique-Polynésie, a « marqué une page d'histoire » : « C'est une belle reconnaissance pour toutes les îles du Pacifique et pour nos soldats qui sont très souvent sur les théâtres d'opérations extérieures. Nous sommes connus pour être des combattants rudes, c'est la fierté de la France. Beaucoup d'armées

---

3. Voir par exemple le site de Djalu Gurruwiwi, le masterplayer le plus renommé mondialement : http://www.djalu.com

4. Discussion du terme sur la liste de l'Association for Social Anthropology in Oceania : « special kind of dance, one performed with vigorous hand and foot actions. »

5. Ellen Connolly, « Maori win battle to control All Blacks' haka ritual », *The Guardian*, jeudi 12 fév. 2009.

6. http://www.leblogtvnews.com/article-defile-du-14-juillet-revoir-l-animation-d-ouverture-avec-le-haka-79403548.html

envient la diversité de l'armée française »[7]. Spécialement créé pour l'occasion, le *haka* Tama O Te Pacifika (Enfants du Pacifique) a aussi permis de rendre hommage à leurs anciens, les 2000 hommes du bataillon du Pacifique qui ont combattu en métropole durant la Seconde Guerre mondiale. Contrairement à l'idée selon laquelle « c'est parce que le passé est bien mort qu'il ressuscite esthétiquement » (Morin 1967 : 237, cité par Babadzan 2009 : 131), la performance de ces militaires à la commémoration officielle de la révolution française — en tant que manière de contribuer leurs valeurs culturelles guerrières au service de la France et de son armée ou d'affirmer leur spécificité polynésienne au sein de la République — montre comment l'histoire se déploie dans une expression patrimoniale bien vivante. Ce *haka* filmé fut reproduit sur de nombreux sites, dont YouTube et Daily Motion, en suscitant divers débats en ligne avec des internautes de toute provenance. Certains témoignages traduisent de nouvelles formes d'expression d'une solidarité transpolynésienne, dont témoigne aussi l'intervention spontanée d'une quinzaine de Polynésiens français de l'association Îles du Pacifique qui se joignirent aux Maori invités à danser lors de l'inauguration au musée du quai Branly de l'exposition *Maori – Leurs trésors ont une âme* (oct. 2011/jan. 2012) conçue en Nouvelle-Zélande[8].

Une certaine tendance des démarches de patrimonialisation financées par l'État est de considérer les patrimoines culturels comme des patrimoines nationaux. Pour les États indépendants du Pacifique, les deux peuvent se rejoindre bien que la diversité des cultures au sein de chacun des nouveaux États ne soit pas toujours représentée dans les choix nationaux de valorisation culturelle (Babadzan 2009). Dans le cas des Océaniens sous tutelle d'États comme la France (Kanak, Ma'ohi de Polynésie française, Marquisiens, Wallisiens et Futuniens) ou l'Australie (Aborigènes et Insulaires du Détroit de Torres), la revendication de reconnaissance ne coïncide pas nécessairement avec le discours national, pouvant même au contraire s'inscrire, en tant que marqueur social, dans un discours critique et une revendication de souveraineté — autodétermination, autonomie ou indépendance. La portée politique de la patrimonialisation renvoie à la place qui leur est donnée ou non, à la parole qu'ils prennent ou non au sein des institutions, dans les médias ou dans la population civile. Face à ce contexte, l'appréciation de l'authenticité des objets artistiques ou d'usages courants, des danses ou d'autres expressions culturelles traditionnelles et aussi de leurs archives écrites et audiovisuelles[9], ne peut être détachée de l'analyse des intentions et des pratiques de leurs initiateurs qui se les approprient pour les utiliser à leurs fins propres — éducation, revendication politique, tourisme, etc. En effet, les populations se donnent le droit

---

7. http://www.lanouvellerepublique.fr/France-Monde/Actualite/24-Heures/n/Contenus/Articles/2011/07/23/Un-militaire-de-Chateauroux-a-dirige-le-haka

8. Le titre original de l'exposition du Te Papa *E TU AKE, Standing strong*, à la connotation plus politique, a été modifié pour sa présentation au public du musée du quai Branly. La traduction « Maori Debout » a été retenue par le Musée des Civilisations du Québec (déc. 2012- sept. 2013).

de transformer collectivement ou individuellement leurs patrimoines, en changeant les formes, les matériaux, les chorégraphies ou en critiquant les images et les écrits au regard de leur histoire orale et de certaines priorités de survie.

Réappropriation du patrimoine par les acteurs concernés

La mobilisation de la tradition dans l'effervescence créative océanienne est perçue par certains comme une forme d'« invention de la tradition »[10]. Mais de nombreux travaux de recherche sur les peuples autochtones produits ces dernières années, notamment en France et dans les pays francophones, ont pu montrer un changement de paradigme (Glowczewski et Henry 2007, Gagné *et al.* 2009, Bosa et Wittersheim 2009). La question actuelle en anthropologie ne consiste pas, selon nous, à évaluer l'authenticité des traditions mais à analyser l'efficacité existentielle des nouveaux agencements (Guattari 1992). Ces agencements complexes sans cesse recomposés émergent tant du travail de patrimonialisation des groupes qui se disent porteurs d'une tradition et d'une histoire patrimonialisées, de leur diaspora, que des publics extérieurs à ces savoirs — qu'ils soient ou non issus de la même culture, qu'ils habitent ou non le même pays, qu'ils le visitent en touriste, en chercheur ou encore en voyageur virtuel dans les collections des musées, les médias et particulièrement sur Internet. La multiplication des musées, centres culturels, expositions, festivals et autres plate-formes de diffusion, l'émergence des médias sociaux et des sites de partage de contenu sur Internet, mais aussi des forums transnationaux d'échanges et de réflexion sur la mémoire, les expériences du passé et du présent, et la recherche de solutions aux problèmes d'actualité, soulèvent la question de la réception : pour qui, comment et pourquoi transmettre des patrimoines ?

Dans cette perspective, les sciences sociales et humaines sont appelées à interroger ce que le tatouage, le didjeridu, le *haka* ou tout autre support d'expression provenant d'Océanie et d'ailleurs, fabriquent comme constellations de valeurs pour ceux qui le pratiquent ou l'apprécient. Il apparaît alors que diverses formes de dialogues ont été initiées entre les pratiquants et amateurs extérieurs et ceux qui promeuvent ce qu'ils appellent « leurs sources traditionnelles », ce dont témoignent les festivals culturels et les expositions artistiques mais aussi des milliers de sites et de blogs dans lesquels ils peuvent se rencontrer et échanger. De nombreuses inexactitudes peuvent circuler dans ces forums d'échange, par manque d'informations, réduction ou stéréotypes

---

9. L'OMPI a remplacé par « expressions culturelles traditionnelles » l'ancienne catégorie « expressions du folklore » pour désigner les formes tangibles et intangibles dans lesquelles les savoirs traditionnels et les patrimoines culturels sont exprimés, communiqués, présentés et transmis au sein des communautés autochtones et traditionnelles (Torsen et Anderson, 2010 : 106).

10. Débat déjà ancien qui continue à faire des émules : Wagner 1981 ; Keesing et Tonkinson 1982 ; Jolly et Thomas 1992 ; Linnekin et Poyer 1990 ; Wittersheim 1999 ; Babadzan 2009.

véhiculés tant par l'extérieur que par les populations concernées qui tentent de s'approprier des sources anciennes critiquées depuis. Le plus important est que sous certaines conditions — dans ce chantier de bricolage communicationnel, auquel l'anthropologie participe par intention ou par défaut — des agencements productifs prennent consistance, favorisent la curiosité et la reconnaissance. Idéalement, ils déconstruisent les stéréotypes, cristallisent les singularités, enrichissent les liens sociaux, stimulent des processus créatifs. En résulte une reconfiguration mouvante des patrimoines et des savoirs, le passé prenant de nouvelles valeurs en fonction des préoccupations du présent et les spéculations sur le futur qui motivent les populations étudiées, et d'autres usagers, y compris les chercheurs de nos disciplines.

Dans les années 1970, des militants aborigènes écrivirent à l'Institut des Études Aborigènes de Canberra (AIAS, devenu depuis AIATSIS) pour critiquer le manque d'accès à leurs données qui y étaient déposées (Bosa 2005). Ces dernières décennies ont vu une montée croissante de telles tentatives de réappropriation de leur patrimoine culturel et historique par les populations étudiées. Commune à d'autres groupes qui cherchent à reformuler leur histoire locale, qu'elle soit enracinée dans l'ancestralité ou le résultat d'un déplacement et de la diaspora, cette démarche de réappropriation questionne profondément la pratique contemporaine tant de la muséologie que de l'anthropologie, ainsi que la responsabilité des deux dans la compréhension des hommes et des cultures, la transmission du patrimoine et des conditions de sa préservation vivante et contextualisée de manière qu'elle permette aux générations futures de faire sens pour penser l'avenir[11]. Les propositions esthétiques et scientifiques des expositions peuvent susciter de vifs débats portant sur l'éthique et la responsabilité morale des institutions, comme ce fut le cas pour l'exposition Secrets de Marc Couturier à l'ancien Musée National des Arts Africains et Océaniens en 2001 (Stanton 2002, Derlon et Jeudy-Ballini 2002), qui présentait des objets rituels secrets (*churinga*) d'Australie Centrale que d'autres musées avaient accepté de ne plus exposer pour respecter le souhait des Aborigènes concernés, ou de l'exposition *Australie, Terre des Aborigènes* au Musée d'histoire naturelle d'Aix en Provence qui a fabriqué une mise en scène caricaturale (Fache 2012). L'orientation éthique de la dernière décennie — formalisée par exemple par le code de déontologie de l'ICOM (Conseil International des Musées, 1986, révisé en 2006) — ne doit pas faire oublier que « [les peuples autochtones] ont été des agents bien plus actifs dans leur propre représentation que ce qui a le plus souvent été admis » (Morphy 2006 : 474). La muséologie et l'anthropologie sont confrontées aujourd'hui à la manière dont les observés du passé, réduits à l'état d'objets/sujets passifs dans une certaine tradition coloniale, ont émergé comme des acteurs sociaux sur la scène globale.

---

11. Sur la remise en question et le nouveau rôle des musées ethnographiques : Clifford 2004 ; Karp et Lavine (eds.) 1991 ; Peers et Brown (eds.) 2003 ; Simpson 2001 ; Stanley (éd.) 2007.

De nombreux artistes océaniens critiquent ainsi les représentations photographiques anciennes, en mimant de tels clichés coloniaux pour les contextualiser ou les tourner en dérision. Lisa Reihana, artiste multimédia maori, reproduit des photographies de studio populaires au XIXᵉ siècle, en filmant de farouches guerriers maoris photographiés par des Blancs qui posent costumés en uniforme colonial ou en kilt écossais (Cuzin 2005 : 55-57). L'artiste samoane Shigeyuki Kihara, dans la série *Fa'a fafine : In a Manner of a Woman* pose elle-même à la façon des photographies coloniales qui cadraient les femmes polynésiennes comme des objets sexuels. Vernon Ah Kee, plasticien aborigène, a lui redessiné des portraits photographiques de l'anthropologue Tindale (années 1930-1960) de manière hyper-réaliste en soulignant le regard pour faire vivre les yeux « éteints » par le cadrage formel de ces photos dites « naturalistes »[12]. Ces œuvres viennent déconstruire le regard de la science coloniale et questionner la relation entre sujet et objet, art et anthropologie, la représentation du corps, la sexualité et le genre.

La Commande Publique d'Art Aborigène du musée du quai Branly, initiée par l'architecte Jean Nouvel, et mise en œuvre par une équipe de conservateurs français et aborigènes, a d'une certaine façon patrimonialisé les démarches de réappropriation des huit artistes sélectionnés qui représentent différents courants de l'art contemporain australien. Judy Watson, descendant des Waanyi du nord-ouest du Queensland, a intitulé *Museum Pieces* ses dessins gravés dans le verre de la façade côté rue de l'Université, qui figurent des cordes de cheveux ornementées de dents de kangourou, objets qu'elle avait identifiés dans plusieurs collections ethnographiques comme provenant de son groupe. Derrière la vitrine gravée de Watson sont accrochées les photos de bible et vache flottantes de Michael Riley, visions surréalistes de la colonisation (Le Roux 2009). Les murs du 1ᵉʳ et le plafond du 3ᵉ étages reproduisent respectivement des toiles de Ningura Napurrurla et de Tommy Watson qui rendent hommage au mouvement des peintres du désert, initié dans les années 1970 avec les peintures à point de Papunya (Myers 2003, exposition « Aux sources de la peinture aborigène » du musée du quai Branly oct. 2012/jan. 2013). La peinture murale de Paddy Bedford qui peint à la fois des lieux mythiques et de massacres, et celle de Lena Nyadbi dont les cicatrices rituelles sont reproduites dans le béton de la façade, illustrent le mouvement des Kija inauguré dans le Kimberley par le visionnaire Rover Thomas (Morvan 2010). Enfin les peintures de Gulumbu Yunupingu et de John Mawurndjul honorent la créativité de Terre d'Arnhem, notamment des Yolngu de Yirrkala qui se sont distingués par l'utilisation de la peinture comme acte politique avec leur pétition peinte sur écorce en 1963 envoyée au Parlement de Canberra où elle est toujours accrochée (De Largy Healy 2010)[13].

---

12. Une dizaine de ces portraits furent présentés dans l'exposition *La Revanche des genres* à Paris et Liège (Le Roux et Strivay 2007).

13. Voir l'ouvrage de présentation du *Australia Council for the Arts 2006. Australian Indigenous Art Commission. Commande publique d'art aborigène au Musée du Quai Branly,* Sydney : Art & Australia Pty Ltd et le documentaire franco-australien réalisé à l'occasion de l'inauguration du musée du quai Branly *Songlines to the Seine* (2006, dir. Julie Nimmo, 52' Essential Viewing).

« La vérité de l'information renvoie toujours à un événement existentiel chez ceux qui la reçoivent. Son registre n'est pas celui de l'exactitude des faits, mais celui de la pertinence d'un problème, de la consistance d'un univers de valeurs » soulignait Félix Guattari (1992). À la veille de sa mort, ce philosophe prédisait pour notre millénaire l'émergence d'un paradigme esthétique inséparable de l'éthique et de la micropolitique, au fondement de son écosophie qui comme condition de la créativité noue ensemble trois écologies : environnementale, sociale et mentale (Guattari 1989). Les artistes autochtones, particulièrement en Océanie, travaillent justement à souligner la consistance de leurs univers de valeurs singuliers et complexes. Outre les espaces publics ou privés d'exposition, les lieux d'enseignement, où techniques traditionnelles et supports contemporains se conjuguent pour permettre à la fois la conservation du patrimoine et la création de formes nouvelles, se sont multipliés ces dernières années. En témoigne par exemple le Centre des métiers des arts de Papeete, qui a développé des réseaux d'échange et de résidence dans plusieurs pays [14].

Muséologie audiovisuelle : images et sons d'archives, collections en ligne et films autochtones

Les données et sources audiovisuelles collectées et stockées dans les fonds des musées ou d'autres institutions offrent aujourd'hui un matériau de réflexion non seulement aux artistes autochtones mais aussi aux scientifiques et aux commissaires d'exposition. Mais l'utilisation des ressources visuelles soulève aussi des problèmes d'ordre éthique et politique. D'une part, elle nécessite une contextualisation critique pour ne pas produire le même effet qu'à l'époque coloniale où nombre de ces ressources furent produites comme témoignage d'un regard souvent raciste sur l'altérité supposée des peuples colonisés. D'autre part l'exposition de ces images demande des choix drastiques quant à la mise à disposition du public de la documentation — parfois extensive — qui peut exister pour chaque pièce. Ces choix sont l'œuvre conjointe des commissaires d'exposition, associant, de plus en plus souvent, conservateurs, anthropologues ou historiens, mais aussi des représentants militants de la société civile.

A l'exposition *Exhibitions : l'invention du sauvage* (musée du quai Branly, 29 nov. 2011/3 juin 2012) [15] un panneau accompagnant une photo prise en 1885 par Roland Bonaparte titrait « Billy, Jenny et leur fils Toby, les derniers survivants de la troupe de neuf Aborigènes exhibés aux Folies Bergère », à côté d'une autre montrant sept membres de la troupe prise un an plus tôt au Crystal Palace de Londres. Si ce panneau

---

14. « Les traces du passé doivent être remises en couleur » : http://www.cma.pf/wp2011/

15. Initiée par l'ancien « Bleu » Lilian Thuram, créateur de la fondation Éducation contre le Racisme, avec Nanette Jacomijn Snoep, responsable des collections Histoire du musée du quai Branly et l'historien Pascal Blanchard, *Exhibitions* a reçu le prix de la meilleure exposition 2011 aux Globes de Cristal de la presse française pour les arts et la culture et suscité de nombreuses manifestations culturelles et scientifiques dont l'organisation d'un colloque international sur les zoo humains.

192

dénonçait à juste titre l'archétype du « sauvage » mis en scène dans de telles photos, il donnait à penser qu'il s'agissait d'une famille nucléaire alors qu'en fait le père de l'enfant (aussi appelé Toby) était mort d'une tuberculose à leur arrivée à Paris. L'histoire de cette troupe fut rapportée dans le livre de Roslyn Poignant (2004), qui a consacré plusieurs années à rechercher les restes de Tambo, un autre membre de la troupe décédé aux USA. Un extrait d'une exposition qu'elle a montée en Australie sur le parcours de ces Aborigènes capturés sur l'Île Palm et le processus de rapatriement des restes de Tambo[16] fut intégré dans l'exposition *Kannibals et Vahinés*, montée par Roger Boulay en Nouvelle-Calédonie (Centre Tjibaou, 2000) puis à Paris (MAAO, 2001). L'histoire des expositions et du devenir de ce qui fut exposé — objets ou personnes — fait partie intégrante des nouveaux processus de patrimonialisation. Elle permet aussi une forme de critique des sciences sociales en contextualisant l'histoire de la présentation des archives visuelles et en renvoyant aux recherches et témoignages existants, notamment sur la manière dont de tels événements ont été vécus par les personnes concernées et perçus par les spectateurs d'alors[17]. En cela, les outils multimédias offrent depuis une vingtaine d'années des solutions innovantes qui sont explorées par de plus en plus d'institutions culturelles partout dans le monde.

Le multimédia a été intégré très tôt dans les musées australiens afin de contextualiser les collections et la signification historique, religieuse et politique de celles-ci pour les communautés aborigènes contemporaines. Par exemple, le CD-ROM *Yanardilyi — Cockatoo Creek* (1996) du Musée d'Australie du Sud accompagnait la commande d'une immense toile réalisée par cinq peintres warlpiri de Yuendumu, carte de sites sacrés et itinéraires mythiques correspondant à une portion du territoire warlpiri utilisée comme menu d'exploration. En 2010, le National Museum of Australia à Canberra a présenté dans le cadre de l'exposition *Yiwarra Kuju : Canning Stock route*, une installation d'écrans interactifs de huit mètres de long, *One Road*, montrant des vidéos réalisées sur un an par un jeune Aborigène martu, Curtis Taylor, selon un concept de l'équipe Lightwell FORM. L'installation permettait de documenter en images la mémoire culturelle et historique des lieux qui ponctuent cette piste de transhumance de 2 000 kilomètres qui traverse le Désert de l'Ouest[18]. En France aussi,

---

16. *Captive Lives : looking for Tambo and his companions* (National Library of Australia, Canberra, nov. 1997/mars 1998).

17. Voir le commentaire de l'interrogatoire d'« authenticité » que fit subir à Billy l'anthropologue français Paul Topinard le 19 novembre 1885 (Poignant in Bancel *et al.* 2002, Glowczewski 2006).

18. *Yiwarra Kuju : The Canning Stock Route* au National Museum of Australia, http://www.canning stockrouteproject.com/multimedia/one-road-multimedia-interactive/; Curtis Taylor a réalisé une autre installation multimédia à l'exposition *Mémoires Vives : une histoire de l'art aborigène* au musée d'Aquitaine (Morvan, éd. 2013) et a participé à la réalisation d'un film avec le cinéaste Alex Pankarraru au Brésil en 2013. D'autres exemples de projets de patrimonialisation aborigènes utilisant les nouvelles technologies furent présentés lors du colloque à l'AIATSIS en 2010 *Information Technologies and Indigenous Communities* (Ormond-Parker *et al.* 2013).

bien des expositions temporaires ont commencé à inclure diverses formes de multi-média, tel *60 000 ans de culture aborigène* montée en 2010 par le Musée de la Préhistoire des Gorges du Verdon qui a intégré deux applications interactives afin de présenter le dynamisme des cultures aborigènes contemporaines [19].

Certaines institutions, scientifiques, artistes ou autres acteurs sociaux choisissent de faire des expositions virtuelles qui permettent de rendre compte d'importants patrimoines audiovisuels en les contextualisant sans limites d'espace, de temps, ou de contributions annotées qui contribuent au développement des *screen studies*. Par exemple, *La collection Matariki* est une exposition évolutive montée en ligne par Whai Ngata, pionnier des médias maoris, qui indexe annuellement depuis 2009 une sélection de films, vidéos musicales et de programmes télévisés iconiques des Maori [20]. L'Australie compte aussi des centaines de documentaires, de courts-métrages et de programmes de télévision où des Aborigènes occupent les « rôles créatifs clés », ainsi que des films de fiction réalisés dès les années 1970 par des Aborigènes, dont onze depuis 2000 (Screen Australia 2009). Les Aborigènes des communautés reculées ont commencé à faire des vidéos avec les BRACS (Broadcasting for Remote Aboriginal Communities Scheme), un système de production et de diffusion communautaire en partie financé par le gouvernement, instauré dans les années 1980 [21]. D'autres Océaniens se distinguent par des films innovants sélectionnés dans de nombreux festivals de cinéma qui interrogent de manière créative le patrimoine et les problèmes contemporains. Des fictions comme *The land has eyes* (2004) de Vilsoni Hereniko, tourné en rotuman, ou *The Orator* (*O Le Tulafale*) (2011) de Tusi Tamasese tourné en samoan, et des documentaires, tels *Le caillou dans mon cœur* de Corinne Tidjine et *Le cauchemar de Goro* d'Élie Peu Ngony, réalisateurs kanak, ou *L'élu du peuple, Pouvanaa* (2011) de Marie Hélène Villierme, tahitienne [22]. Que sa forme soit documentaire, de fiction ou artistique, le film est ici une prise de parole politique, une

---

19. *Pistes de Rêves. Art et savoir des Yapa du désert australien* (Dream trackers), CD-ROM de B. Glowczewski développé (en warlpiri/anglais et français) avec 50 artistes et gardiens traditionnels warlpiri du Centre d'art Warnayaka Arts, 2000, Paris : Unesco Publishings ; *Quest in Aboriginal Land*, DVD-ROM de B. Glowczewski (avec des films de Wayne Barker), 2002 ; voir aussi *Cultural Diversity and Indigenous peoples : oral, written expressions and new technologies*, CD-ROM, 2004 Paris, Unesco Publishing, développé par Glowczewski B., L. Pourchez, J. Rotkowski, J. Stanton & the Division of Cultural policies and Intercultural Dialogue (eds) suite au colloque Unesco sur ce thème (mai 2001). Sur ces expériences des nouvelles technologies voir Glowczewski 2004.

20. http://www.nzonscreen.com/collection/the-matariki-collection. Voir aussi la chaîne *Maori Television* : http://www.maoritelevision.com et, pour l'Australie, le site *Black Screen* hébergé par le National Film and Sound Archive http://nfsa.gov.au/blackscreen.

21. Les BRACS ont été financés suite au rapport sur un tel système expérimenté par les Inuit (Barker 1984) et aux travaux de l'anthropologue Eric Michaels et de son collaborateur warlpiri Francis Kelly Jupurrula (Michaels 1986, 1994 ; Hinkson 2002).

22. Les festivals autochtones et océaniens se multiplient dans le Pacifique et en Europe : voir le chapitre sur les festivals d'Estelle Castro, ce volume.

forme de patrimonialisation et de transmission qui permet d'explorer les cultures, leur histoire et sources d'inspiration.

Tourné dans une des langues des Yolngu qui en sont les seuls acteurs, le film *Ten Canoes* (*10 Canoës, 150 lances et 3 épouses*, dir. de Heer, 2006) illustre à sa manière une réactualisation patrimoniale d'archives anciennes. C'est une vieille photo ethnographique en noir et blanc dénichée par David Gulpilil, l'acteur aborigène le plus prolifique d'Australie [23], qui fournit la trame narrative du film. Cette photo fait partie d'une série prise au cours d'une expédition de chasse à l'oie sauvage dans le marais d'Arafura, dans les années 1930 par Donald Thomson, un anthropologue de l'université de Melbourne envoyé en mission par le gouvernement pour résoudre pacifiquement « la guerre noire » (Dewar 1992), un ensemble de conflits qui opposèrent en Terre d'Arnhem Aborigènes, pêcheurs japonais, missionnaires et police coloniale. L'idée de Gulpilil était de faire revivre cette chasse aux oies à partir de la série de photos ethnographiques en les mettant en scène : une dizaine de clichés servent ainsi de séquences de coupe et les chasseurs photographiés s'animent en étant joués par leurs descendants. Ces séquences en noir et blanc sont entrecoupées d'une histoire mythique et morale, tournée en couleur, que l'un des chasseurs raconte à son jeune frère : les deux acteurs se retrouvent dans cette deuxième fiction. La mise en abîmes du temps narratif, où passé lointain et passé mythique s'entrecroisent, a démontré que les images d'archives peuvent servir comme modèle pour évoquer ici certains traits culturels d'anciens modes de vie — chasse, habitat, polygamie, sorcellerie, conflits et règlements — tout en restituant, par la fiction, des émotions et valeurs partagées comme la séduction, l'amour, la jalousie, l'humour, la colère, la gourmandise, l'égoïsme, etc. Le tournage de *Ten Canoes* a suscité une véritable effervescence culturelle, particulièrement auprès des jeunes générations qui se sont investies dans une série de projets dérivés du film, *Onze canoës*, *Douze canoës*, *Treize canoës* et ainsi de suite, comme autant de prolongements du film dans la vie contemporaine : confection et exposition d'objets observés sur les anciennes photos, ateliers de formation à l'utilisation des caméras vidéo, création d'une archive numérique dédiée à la culture locale [24].

De YouTube aux plateformes numériques collaboratives

L'Internet présente un nouveau support pour faire passer la manière dont la société civile — particulièrement ici des communautés autochtones ou leurs représentants — souhaitent promouvoir leur patrimoine : ils se représentent, commercialisent leur art et artisanat, font appel à des soutiens et diffusent les films qu'ils réalisent. Particulièrement depuis la création de YouTube, en 2005, et d'autres plateformes en ligne

---

23. *Walkabout*, dir. Roeg, 1971 ; *The Last Wave*, 1977, dir. Weir ; *Crocodile Dundee*, 1986, dir. Faiman ; *Rabbit Proof Fence*, 2002, Noyce ; *The Tracker*, 2002, dir. De Heer, *Australia*, 2008, dir. Luhrman.
24. http://www.12canoes.com.au/

de partage de contenu, des centaines de clips ont été mis en ligne par différents groupes du Pacifique pour partager certains aspects de leur culture, parler de leur situation politique et dénoncer les injustices sociales et économiques[25]. Avec l'avènement global la « read/write culture », qui permet aux communautés d'utilisateurs partout dans le monde de participer activement, en tant que producteurs, à la création de la culture (Lessig 2008), les contenus autochtones se multiplient de façon exponentielle sur Internet, donnant lieu à une visibilité inédite dans l'espace public. La capacité qu'offrent de nombreux sites de répondre aux publications d'autres usagers par des commentaires sous forme de texte ou de vidéos permet de diffuser des versions alternatives de l'histoire, d'engager des débats mais aussi d'appeler à l'action sous forme de rassemblements et de pétitions[26]. L'analyse des films postés sur les sites de partage de vidéos est devenue un terrain à part entière du récent développement de l'anthropologie dite numérique (Wesch 2008).

Filmé de nuit lors d'un festival local dans une municipalité aborigène de Terre d'Arnhem, un petit clip intitulé « Zorba the Greek Yolngu style » s'est répandu comme un virus sur YouTube en quelques mois en 2007, comptant plus de trois millions de visites quatre ans plus tard. Cette vidéo amateur montre un groupe de dix jeunes Yolngu vêtus de pagnes se faisant appeler les « Chooky dancers », interprétant en remix techno le sirtaki dansé par Anthony Quinn dans le célèbre film *Zorba le Grec*. Leur performance parodique, qui s'inspire d'un style de danse comique yolngu utilisé pour divertir et faire rire au cours de certaines séquences rituelles publiques comme lors de la première initiation des garçons, a touché le public à travers le monde, et notamment la très importante communauté grecque d'Australie. En même temps, le choix de l'iconique Zorba se voulait un hommage à l'aide soignante d'origine grecque de la fillette de l'un des membres de la formation (De Largy Healy 2013)[27]. Le Zorba yolngu conteste avec humour le préjugé sur la nature supposée

---

25. Exemples de clips produits et diffusés sur YouTube par des Warlpiri de Lajamanu : « Lajamanu and the police » http://www.youtube.com/watch?v=XsJBTEC_i8c ; « Ngurra-kurlu by Steve Patrick Jampijinpa » (2008) : http://www.youtube.com/watch?v=iFZq7AduGrc&feature=related et « Emu Dreaming » (2010) : http://www.youtube.com/watch?v=yDK155kc7nk (voir Wanta *et al.* 2008).

26. L'appel *Stand for freedom* posté en février 2011 sur YouTube, et d'autres réseaux sociaux dont Facebook, a recueilli 33 000 signatures en quelques jours. Il s'appuyait sur le témoignage d'une femme yolngu, Dhalulu Ganambarr-Stubbs, commentant le surpeuplement et les mauvaises conditions de vie des communautés du Territoire du Nord, tout en insistant sur la fierté des cultures aborigènes illustrées par des images de cérémonies : elle invitait à signer une pétition contre la reconduction pour dix ans des lois gouvernementales de la *Northern Territory Intervention*, programme interventionniste d'urgence, critiqué par de nombreux acteurs sociaux – y compris l'ONU – pour avoir, depuis son instauration cinq ans plus tôt, désapproprié les Aborigènes du contrôle de leur futur sans apporter d'améliorations notables : http://www.greenleft.org.au/node/50391 ; http://indymedia.org.au/2012/03/18/wgar-news-responses-to-senate-committee-report-on-stronger-futures-new-nt-intervention-la (voir Préaud et Dousset ce volume).

27. La vidéo originale http://www.youtube.com/watch?v=O-MucVWo-Pw&feature=related

figée des traditions performatives autochtones en montrant la manière dont des Aborigènes se réapproprient par un médium qui leur est propre — un style de danse — un élément d'une autre culture — le sirtaki — pour produire une forme de burlesque dont la perception est partagée mondialement au-delà de ces singularités locales : un vrai coup de force artistique.

Joe Neparrnga Gumbula, originaire comme les Chooky dancers de la communauté insulaire de Galiwin'ku, avait eu l'idée dès 2000 de réaliser un clip musical avec son groupe de rock Soft Sand en utilisant certaines séquences d'une cérémonie dirigée par son père quarante ans plus tôt pour le film ethnographique *Djalumbu* de Cecil Holmes (1964), dont les bandes se trouvaient dans les archives de l'AIATSIS (Australian Institute of Aboriginal and Torres Strait Islander Studies). Ce type de démarche de réappropriation des archives audiovisuelles soulève une interrogation en terme du régime de la propriété intellectuelle à l'œuvre sur ces matériaux et sur la distribution des droits sur ces images. En 2003, Gumbula a initié le Gupapuyngu Legacy Project afin d'identifier dans les réserves muséales et les collections ethnographiques d'Australie, d'Europe et d'Amérique les différents objets, peintures, photographies et enregistrements audiovisuels provenant de son clan (De Largy Healy 2011a). Le terme de « *legacy* » renvoie en même temps au patrimoine hérité des ancêtres et à la transmission de ce patrimoine aux jeunes générations. Nommé docteur *honoris causa* par l'université de Sydney en 2007, sa démarche vise à enrichir les archives — muséales, scientifiques et locales — de nouvelles interprétations de leur patrimoine culturel. Aujourd'hui, plusieurs centres des savoirs autochtones « ont vu le jour » dans la région, soutenus à la fois par l'administration territoriale et par les collectivités locales, pour proposer des solutions locales d'archivage et de production de média (De Largy Healy 2011b). L'enseignement des langues yolngu en ligne [28] est un autre aspect de la patrimonialisation, tout comme les sites qui documentent les langues menacées, en proposant des films tournés avec les autochtones motivés par cette forme de préservation et transmission.

Parallèlement à ces démarches de réappropriation autochtone des sources ethnographiques anciennes, l'effort de mise en valeur numérique des données de la recherche scientifique est une tendance globale encouragée par diverses institutions. En France, la plateforme collaborative ODSAS (Online Digital Sources and Annotation System for the Social Sciences) a été conçue pour sauvegarder en ligne des fonds océanistes, en permettant aux utilisateurs — chercheurs et membres des communautés concernées — d'annoter les données. Si l'accès à certaines collections peut être public, la consultation d'autres qui sont en accès restreint et la possibilité d'annoter les données nécessitent un mot de passe. L'anthropologue peut annoter ses données et les mettre en lien (des pages transcrites à la main sur le terrain peuvent par exemple être reliées

---

28. Voir Christie (2005) qui a développé un cursus d'études yolngu en ligne de l'université Charles Darwin, http://learnline.cdu.edu.au/yolngustudies/

aux sons et aux images de l'événement correspondant). Le chercheur peut partager avec un linguiste le travail de transcriptions et traductions, et collaborer avec différentes générations de la population concernée qui peuvent faire leurs propres commentaires dans leur langue ou une autre. L'archive numérique ainsi enrichie par-delà les frontières géographiques et disciplinaires, devient un espace de transmission en constante évolution. En témoigne le fonds de Barbara Glowczewski (2013) qui en 2011 a photographié et filmé des Warlpiri de différentes générations, apprenant à se servir d'ODSAS, pour annoter des enregistrements de 1984, telle Elisabeth Ross Nungarrayi transcrivant en warlpiri un mythe raconté par un ancêtre décédé ou Jerry Jangala dictant à la linguiste Mary Laughren la transcription et la traduction d'un chant rituel. Cet outil participatif peut stimuler la réappropriation : Henry Cook Jakamarra, âgé de plus de 80 ans, en écoutant une cérémonie de 1984 qu'il n'avait pas pratiqué depuis des années, se mit à accompagner le chant au casque et avec un plaisir contagieux — les yeux habités d'une mémoire réactivée — continua à chanter le cycle sans le casque, une fois l'enregistrement en ligne arrêté[29].

Figure 1 : Lajamanu, août 2012, centre Warnayaka Arts :
Sharon Anderson Nampijinpa annote sur ODSAS des archives du fonds warlpiri de 1984

---

29. http://www.odsas.fr/scan_sets.php?set_id=752&doc=78224&step=6 ; ODSAS développé en 2008 par l'anthropologue Laurent Dousset au CREDO à Marseille, offre sans cesse de nouvelles fonctionnalités au rythme des besoins de ses usagers (http://www.imageson.org/document1071.html). Voir aussi le fonds Karel Kupka en voie d'annotation par J. De Largy Healy. Sur l'art et les rituels comparés des Warlpiri et Yolngu voir B. Glowczewski et J. De Largy Healy (2005).

Lajamanu, août 2012 : Bibliothèque et e-learning centre.
Trois femmes Warlpiri consultent leurs archives sur ODSAS et le CD-ROM Dream Trackers.

De tels sites d'archives qui encouragent divers degrés d'interactivités, d'échanges et de débats, respectent la signature des contributeurs et la propriété intellectuelle des fonds. En revanche, l'accès libre sur des plateformes commerciales (comme YouTube ou Facebook) à des expressions culturelles, des données de chercheurs et des savoirs indigènes, mis en ligne par toute personne qui le souhaite, soulèvent de nombreux problèmes sur l'usage et la propriété intellectuelle des images et autres informations postées. Si d'un côté ces plateformes offrent de nouvelles formes de visibilité et d'échange à des populations autochtones, minorisées ou subalternisées, de l'autre, elles peuvent déposséder ces mêmes populations — ou les chercheurs — de l'interprétation de leurs données. En 2009, la proposition par Google de créer un portail Google Unesco qui permettrait une visite virtuelle des sites inscrits sur la liste du Patrimoine Mondial illustre assez bien les enjeux de cette centralisation[30]. Sous le prétexte d'un accès libre au savoir, Google prônait la mise à disposition gratuite de toutes les données et la possibilité de rassembler sur de nouveaux portails spécialisés dont l'entreprise serait propriétaire tout ce qui a été publié en ligne (notamment sur YouTube qui lui appartient) par des particuliers ou des groupes, concernant par exemple les langues autochtones, ou des films réalisés dans le cadre des campagnes

---

30. Le lien vers le portail en ligne Google Unesco, actif au moment de l'écriture de cet article en 2013, est actuellement invalide.

de patrimonialisation d'aspects tangibles ou intangibles des cultures partout dans le monde. La démarche est problématique, masquant une logique de désappropriation tant des populations concernées que des chercheurs dont la propriété intellectuelle et l'usage des données ne peuvent plus être protégées selon une éthique d'accès sélectif, mais aussi du travail de tous ceux qui classent, indexent et documentent ces archives. Les contenus fournis gratuitement sur des plateformes appartenant à Google ou d'autres opérateurs leur permettent de s'autofinancer en vendant des espaces publicitaires, alors que les auteurs et producteurs de ces images et savoirs — populations et/ou chercheurs — ne bénéficient pas financièrement de ces diffusions, perdent le contrôle de leur usage et la possibilité que leur consultation libre devienne une source de revenu potentielle pour les communautés d'Océanie qui cherchent à survivre de leurs propres ressources.

Depuis dix ans, nous assistons à une institutionnalisation des procédures patrimoniales à travers les instances internationales qui œuvrent pour la protection et la préservation des patrimoines culturels, en particulier autochtones. D'un côté, l'enregistrement au patrimoine mondial semble figer des traditions dans une forme, mais de l'autre la *Convention de l'Unesco pour la sauvegarde du patrimoine immatériel* de 2003 insiste sur le processus créateur de l'intangible : « Ce patrimoine culturel immatériel, transmis de génération en génération, est recréé en permanence par les communautés et groupes en fonction de leur milieu, de leur interaction avec la nature et de leur histoire, et leur procure un sentiment d'identité et de continuité, contribuant ainsi à promouvoir le respect de la diversité culturelle et la créativité humaine ». Les aspects matériels et immatériels du patrimoine sont en effet indissociables dans la mesure où tous les supports (objets, lieux, écrits, etc.) sont inséparables des divers savoirs, usages (patrimoniaux, rituels, économiques, etc.) et réinterprétations (scientifiques, artistiques ou autres) qui les accompagnent. De même, le savoir sur les plantes n'est vivant que si les plantes ne sont pas détruites, d'où l'importance de ne pas séparer les enjeux de la biodiversité de ceux de la préservation de la diversité culturelle (voir la partie « gérer la biodiversité », ce volume). Cette dernière implique, avec la reconnaissance de la propriété intellectuelle des savoirs culturels, une forme de lutte contre la biopiraterie des entreprises qui s'approprient sous forme de licence l'usage exclusif de ces plantes au détriment des populations concernées.

Conclusion

Nous avons montré dans ce chapitre, à travers l'examen de divers supports mobilisés — musées, archives scientifiques, arts visuels et du spectacle, films, réseaux sociaux et outils numériques participatifs — pour la réappropriation des objets et des savoirs par les communautés océaniennes l'émergence de nouvelles pratiques créatives de patrimonialisation. Nous avons également souligné à chaque fois les limites de ces différentes formes de patrimonialisation : conflits de valeurs, d'évaluation et de propriété intellectuelle, problèmes éthiques et politiques d'interprétation, mésinterprétation et usages inappropriés, dépossession par les institutions, ou les corporations privées des contenus et des expressions initiés tant par les populations que par les scientifiques.

Un rapport de l'Organisation Mondiale de la Propriété Intellectuelle (Torsen et Anderson 2010) propose des options concrètes pour les musées, les bibliothèques et les archives, des institutions qui administrent différents supports et expressions de savoir : fonds audiovisuels, art et culture matérielle, données scientifiques. Si la translation complexe de concepts juridiques et philosophiques occidentaux sur la propriété intellectuelle, la succession de ces droits, la protection des auteurs, le libre accès aux données, vise à protéger les patrimoines et reconnaître leurs dépositaires culturels, elle entraîne toutefois des limites pragmatiques à leurs applications selon les États, les intéressés et les rapports de force économiques et politiques (Abélès 2008). Les anthropologues sont mis au défi d'analyser les enjeux culturels, techniques, éthiques et politiques des formes de transmission, d'accessibilité et de contrôle des processus de patrimonialisation.

Bibliographie

Abélès, Marc
2008   *Anthropologie de la globalisation*. Paris : Payot.

Babadzan, Alain
1999   « L'invention des traditions et le nationalisme ». *Journal de la Société des Océanistes*, n° spécial « Les politiques de la tradition : identités culturelles et identités nationales dans le Pacifique », 109(2): 13-35.
2001   « Miroirs identitaires, les usages sociaux du patrimoine ». *Ethnologies comparées*, 2.
2009   *Le spectacle de la culture. Globalisation et traditionalismes en Océanie*. Paris : L'Harmattan.

Bancel, Nicolas, Pascal Blanchard, Gilles Boëtsch, Éric Deroo et Sandrine Lemaire (eds)
2004   *Zoos humains : au temps des exhibitions humaines*. Paris : La Découverte/poche.

Bosa, Bastien
2005   « L'Aigle et le Corbeau. Quand les Aborigènes s'invitent à la table des anthropologues... ». *Gradhiva*, 2 : 31-47.

Bosa, Bastien et Éric Wittersheim (eds)
2009   *Luttes autochtones, trajectoires postcoloniales (Amériques, Pacifique)*. Paris : Karthala.

Bromberger, Christian
1997   « L'ethnologie de la France et ses nouveaux objets ». *Ethnologie française*, 27(3): 294-313.

Bowker, Geoffrey
2000   « Biodiversity Datadiversity ». *Social Studies of Science*, 30 : 643-683.

Christie, Michael
2005   « Words, Ontologies and Aboriginal Databases ». *Multimedia International Australia*, 116 : 52-63.

Clifford, James
2004   « Looking Several Ways. Anthropology and Native Heritage in Alaska ». *Current Anthropology*, 45(1): 5-26.

Dauphiné, Joël
1998   *Canaques de la Nouvelle Calédonie à Paris en 1931 : de la case au zoo*. Paris : L'Harmattan.

De Largy Healy, Jessica
2010   « Du terrain rituel aux collections occidentales : la peinture comme acte politique ». In R. Colombo-Dougoud et B. Muller (eds), *Traces de Rêves : Peintures sur écorce des Aborigènes d'Australie*. Genève : Infolio éditions/Musée d'Ethnographie de Genève, p. 121-129.
2011a   « The Genealogy of Dialogue : fieldwork stories from Arnhem Land ». In B. Glowczewski and R. Henry (eds), *The Challenge of Indigenous People*. Oxford : Bardwell Press, p. 47-69.
2011b   « Pour une anthropologie de la restitution. Archives culturelles et transmissions des savoirs en Australie ». *Cahiers d'Ethnomusicologie*, numéro spécial « Questions d'Éthique », 24 : 43-63.
2013   « Yolngu Zorba meets Superman : Australian Aboriginal people, mediated publicness and the culture of sharing on the Internet ». *AnthroVision*, 1, Vaneasa electronic journal.

Dewar, Mickey
1992   *The 'Black War' in Arnhem Land. Missionaries and the Yolngu 1908-1940*, Darwin : The Australian National University, North Australia Research Unit.

Gagné, Natacha, Thibault Martin et Marie Salaün (eds)
2009   *Autochtonies : vues de France et du Québec*. Québec : Presses de l'Université Laval.

Galliot, Sébastien
2010   « O le ta tatau. Couleur, tatouage et technique du corps à Samoa ». In G. Boëtsch, D. Cheve et H. Claudot-Hawad (eds.), *Décors des corps*. Paris : CNRS Éditions, p. 265-273.

Garond, Lise
2011   « 'Il y a beaucoup d'histoire ici' : histoire, mémoire et subjectivité chez les habitants aborigènes de Palm Island (Australie) ». Thèse de doctorat, EHESS/James Cook University.

Glowczewski, Barbara
2002   « Culture Cult. The ritual circulation of inalienable objects and appropriation of cultural knowledge (North-West Australia) ». In M. Jeudy-Ballini et B. Juillerat (eds), *People and things – Social Mediation in Oceania*. Durham : Carolina Academic Press.
2004   *Rêves en colère. Avec les Aborigènes*. Paris : Plon, Terre Humaine.
2008   *Guerriers pour la Paix. La condition politique des Aborigènes vue de Palm Island*. Montpellier : Indigène Éditions (avec une contribution de Lex Wotton).
2013   « 'We have a Dreaming' How to translate totemic existential territories through digital tools ». In Lyndon Ormond-Parker, Aaron Corn, Kazuko Obata, Sandy O'Sullivan (eds), *Information Technology and Indigenous Communities*, Canberra, AIATSIS Research Publications : free upload : http://www.aiatsis.gov.au/research/booksmonographs.html

Glowczewski, Barbara et Jessica De Largy Healy, (avec les artistes de Galiwin'ku et Lajamanu)
2005   *Pistes de Rêve. Voyage en terre aborigènes*. Paris : Éditions du Chêne.

Glowczewski, Barbara, Jessica De Largy Healy, et Arnaud Morvan
2008   « Aux sources de la création ». In *Aborigènes — La collection australienne du Musée des Confluences de Lyon*. Lyon : Fage Éditions, p. 20-37.

Glowczewski, Barbara et Rosita Henry (eds)
2007   *Le défi indigène. Entre spectacle et politique*. Paris : Aux Lieux d'Être (Traduction anglaise mise à jour 2011, *The challenge of Indigenous peoples. Spectacle or politics ?* Oxford : Bardwell Press).

Guattari, Félix
1989   *Les trois écologies*. Paris : Galilée.
1992   « Faillite des médias, crise de civilisation, fuite de la modernité. Pour une refondation des pratiques sociales ». *Le Monde diplomatique*, octobre 1992 : 26-27 (mis en ligne sur Multitudes 2004).

Heinich, Nathalie
2012   « Les émotions patrimoniales : de l'affect à l'axiologie ». *Social Anthropology*, 20 : 19-33.

Hinkson, Melinda
2002   « New Media Projects at Yuendumu : inter-cultural engagement and self-determination in an era of accelerated globalization ». *Continuum : Journal of Media & Cultural Studies*, 16(2) : 201-220.

Jolly, Margaret and Nicolas Thomas
1992   « The Politics of Tradition in the Pacific ». *Oceania*, 62(4): 241-248.

Karp, Ivan and Steven Lavine (eds)
1991   *Exhibiting Cultures : The Poetics and Politics of Museum Display*. Washington : Smithsonian Books.

Keesing, Roger and Robert Tonkinson (eds)
1982   « Reinventing Traditional Culture : the Politics of Kastom in Island Melanesia ». *Mankind*, 13(4).

Le Roux, Géraldine
2010   « Création, réception et circulation internationale des arts aborigènes contemporains. Ethnographie impliquée et multi-située avec des artistes de la côte est d'Australie ». Thèse de doctorat, EHESS/University of Queensland.

Le Roux, Géraldine et Lucienne Strivay (eds)
2007   *La Revanche des genres. Art contemporain australien (The Revenge of genres. Australian contemporary Art)*, Catalogue d'exposition. Paris : Aïnu Production.

Lessig, Lawrence
2008   *Remix. Making art and commerce thrive in the hybrid economy*. London : Bloomsbury Academic.

Linnekin, Jocelyn and Lin Poyer (eds)
1990   *Cultural identity and Ethnicity in the Pacific*. Honolulu : University of Hawaii Press.

Michaels, Eric
1986   *The Aboriginal Invention of Television in Central Australia 1982-1986*. Canberra : Australian

Institute of Aboriginal Studies.

1994   *Bad Aboriginal Art : Tradition, Media and Technological Horizons*. St Leonards NSW : Allen & Unwin.

Morvan, Arnaud

2010   « Traces en mouvement. Histoire, mémoire et rituel dans l'art kija contemporain du Kimberley Oriental (nord-ouest australien) ». Thèse de doctorat, EHESS/Université de Melbourne.

Morvan, Arnaud (éd.)

2013   *Mémoires Vives: une histoire de l'art aborigène / Vivid Memories. An Aboriginal Art History*, catalogue d'exposition. Paris : éditions de La Martinière / Bordeaux : Musée d'Aquitaine.

Myers, Fred

2003   *Painting Culture : The Making of an Aboriginal High Art*. Durham : Duke University Press.

Ormond-Parker, Lyndon, Aaron Corn, Kazuko Obata and Sandy O'Sullivan (eds)

2013   *Information technology and indigenous communities.* Canberra, A.C.T. AIATSIS Research Publications.
    Free upload : http://www.aiatsis.gov.au/research/booksmonographs.html

Otto, Ton and Poul Pedersen

2005   *Tradition and Agency : Tracing Cultural Continuity and Invention*. Aarhus : Aarhus University Press.

Peers, Laura and Alison Brown (eds)

2003   *Museum and Source communities : a Routledge reader*. London : Routledge.

Poignant, Roslyn

2004   *Professional savages, captive lives and Western spectacle*. Sydney : NSW University Press.

Sandall, Roger

2001   *Culture cult : designer tribalism and other essays*. Boulder, CO : Westview Press.

Screen Australia

2010   *The Black List : Film and TV projects since 1970 with Indigenous Australians in key creative roles*. Sydney : Screen Australia.

Simpson, Moira

2001   *Making Representations : Museums in the Post-Colonial Era*. London : Routledge.

Stanley, Nick (éd.)

2007   *The Future of Indigenous Museums. Perspectives from the Southwest Pacific*. New York : Berghahn Books.

Torsen, Molly and Jane Anderson

2010   *Intellectual Property and the Safeguarding of Traditional Cultures : Legal Issues and Practical Options for Museums, Libraries and Archives*. Genève : WIPO publishing.

Vergès, Françoise

2005   « L'Outre-Mer, une survivance de l'utopie coloniale républicaine ? ». In P. Blanchard, N. Bancel et S. Lemaire (eds), *La fracture coloniale : La société française au prisme de l'héritage colonial*. Paris : La Découverte.

2011   « Rapport de la mission sur la mémoire des expositions ethnographiques et coloniales (commande du Ministère de la Culture) ». Paris : Ministère de l'Outre-mer.

Wagner, Roy
1981 [1975]. *The Invention of Culture*. Chicago: University of Chicago Press.

Wanta Jampijinpa Pawu-Kurlpurlurnu (Steven Jampijinpa Patrick), Miles Holmes, and (Lance) Alan Box
2008   « Ngurra-kurlu: A way of working with Warlpiri people ». Desert knowledge CRC, report 41.

Wesch, Michael
2008   « An Anthropological Introduction to YouTube ». Presented at the Library of Congress, 23rd June 2008 : http://www.youtube.com/watch?v=TPAO-lZ4_hU, dernier accès le 3 juin 2014.

Wittersheim, Éric
1999   « Les chemins de l'authenticité. Les anthropologues et la renaissance mélanésienne ». *L'Homme*, 39 (151): 181-205.

Chapitre 10

Axiopraxis en mouvement. Festivals et production artistique autochtone océanienne comme lieux de production politique du culturel

Estelle Castro

« Sentir que nous sommes humains à nouveau, et non pas qu'une ombre. Sentir que notre voix compte et que nous n'existons pas que comme décor, en arrière-fond » (Wanta Patrick *et al.* 2008 : 7-8)[1] : les participants du festival Milpirri, membres de la communauté de Lajamanu en Australie centrale, témoignèrent en ces termes de ce que leur apporta cet événement, relata son créateur warlpiri, Steven Wanta Patrick. Fruit de la collaboration depuis 1987 de Lajamanu et de la compagnie de danse Tracks[2], ce festival, organisé tous les deux ans depuis 2005, porte le nom d'un nuage, rencontre d'air froid et d'air chaud, qui annonce la pluie, et apporte soulagement et renouveau à la terre. Métaphore d'un moment annonciateur de la résolution de conflits, Milpirri renvoie aussi à une cérémonie de réconciliation *Jardiwarnpa*. En 2009, Wanta Patrick fut invité à participer à l'événement « Paroles d'Autochtones » du Musée des Confluences de Lyon, en tant qu'« acteur culturel » warlpiri et instigateur de Milpirri. Face à l'intérêt témoigné pour sa culture par les organisateurs et le public de l'événement lyonnais, et aux multiples interventions que le musée lui demanda de faire (cérémonie de fumigation, atelier avec des enfants, rencontres-débats, auprès du grand public et de professionnels de santé), Wanta Patrick répéta à plusieurs reprises que Milpirri méritait bien son nom[3].

Ce chapitre propose d'examiner la relation profonde entre valeur et praxis, telle qu'elle est exprimée par Wanta Patrick, qui sous-tend nombre d'épistémologies autochtones, et se révèle par leur performance. Je m'intéresserai aux interventions et aux productions artistiques d'Océaniens autochtones dans des festivals et salons du livre en France, en Angleterre, en Australie et à Tahiti[4]. Je soulignerai en particulier le rôle d'interface culturelle, de relais, et de promotion des arts et d'une plus grande

---

1. Toutes les traductions des citations sont de l'auteur.
2. Pour un aperçu du festival voir « Milpirri 2007 » sur :
<http://tracksdance.com.au/html/works_main.html#>.
3. Steven Wanta Patrick, Lyon 2009, communication personnelle.
4. Ma participation à ces festivals s'est faite, pour l'Europe et l'Australie, en tant que chercheuse, intervenante, invitée, bénévole, spectatrice, festivalière, interprète, ces fonctions coexistant dans la plupart des cas. Les réflexions sur Tahiti sont proposées à partir de sources écrites et audiovisuelles et de témoignages d'écrivains.

justice sociale que remplissent ces manifestations en Europe comme en Océanie. J'utilise le terme « performance » au sens large que lui octroie l'anglais, acception qu'il tient de l'ancien français *parformance* venant de *parformer* signifiant « accomplir, exécuter », pour désigner les accomplissements langagiers, corporels, didactiques et artistiques dont il est question dans ce chapitre. Afin d'analyser ces pratiques culturelles océaniennes et de réfléchir la performance comme médium et véhicule d'épistémologies et d'expériences personnelles et collectives, je propose d'utiliser le terme d'« axiopraxis ». L'axiopraxis renvoie à la cohérence entre une pratique ou des activités et des valeurs-principes, « axio » venant du grec signifiant « valeur, qualité », et praxis signifiant « pratique », ou « comportement structuré perçu à travers des actes concrets » (*Larousse*). En d'autres termes, l'axiopraxis est l'application ou la manifestation d'une cohérence entre des valeurs-principes et des actions concrètes[5]. Je soutiens que les performances festivalières et les festivals autochtones *sont* et *participent* d'une axiopraxis permettant de donner naissance, lieu, et force vitale, à de multiples formes de reconnaissance.

L'approche proposée permet de rendre compte des demandes de reconnaissance réitérées par les autochtones océaniens dans les festivals (Glowczewski et Henry 2007, Henry 2008, Préaud 2009, Slater 2011) ou d'autres forums à l'échelle locale, nationale, ou internationale (Martin et Sauter 2007, Gagné et Jérôme 2009, Gagné et Salaün 2012), et dans la recherche (Moreton-Robinson 2007, Smith 2003 : 198) : la reconnaissance de leur singularité et de leur dignité en tant que personnes et artistes, et plus souvent encore, la reconnaissance de la richesse culturelle, épistémologique, spirituelle de leurs peuples, ainsi que de leurs droits, territoriaux, politiques, à la santé, à l'éducation, à l'indépendance, et dans certains cas, à la vie (Barker 2007). Examiner la « reconnaissance du soi dans la variété des capacités qui modulent sa puissance d'agir, son *agency* » et la « reconnaissance mutuelle, où le sujet se place sous la tutelle d'une relation de réciprocité » (Ricœur 2004 : 381) permettra d'éclairer ce qui est à l'œuvre dans les festivals au gré des relations qui se déploient entre autochtones, non-autochtones, artistes, performeurs, intervenants et festivaliers.

J'analyse ici des performances poétiques ainsi que trois festivals consacrés aux autochtones que j'ai pu observer, pour présenter des « personnages mémorables » et des « scènes inoubliables » (Denzin 2000 : 403) : le Dreaming Festival (à Woodford, en Australie, 2010), Paroles d'Autochtones (à Lyon, en France, 2009), et Origins — Festival of First Nations (à Londres, en Angleterre, 2009 et 2011). Dans tous ces

---

5. Le terme « axiopratique », utilisé en tant qu'adjectif, fut ainsi défini lors d'un colloque à la Commission Européenne en 2002 :
<http://ec.europa.eu/education/programmes/llp/jm/more/confdialo2/notes_cadrage.pdf>. Il fut aussi défini comme « cohérence entre les valeurs-principes et les actions qui les incarnent » lors d'un colloque sur « l'éthique de la coopération internationale et l'effectivité des droits humains » en 2005.
<http://www.adeanet.org/pubadea/publications/pdf/adea_bergamo_fr.pdf>.

événements, différentes histoires et échelles de reconnaissance (communautaire, (trans)locale, nationale, institutionnelle, internationale) sont présentes et activées à travers la performance. Après un état des lieux des questions centrales pour les *performance studies*, chaque partie développera étape par étape le concept et modèle d'axiopraxis. La première partie porte sur l'axiopoiesis à travers l'étude de performances poétiques au sein de festivals d'auteurs en Australie et des Salons du Livre à Paris et à Papeete. La deuxième partie analyse comment de multiples formes de reconnaissance s'établissent dans les festivals à partir de l'exemple du Dreaming. La troisième partie montre comment les relations se construisent à travers les festivals et les performances à travers l'exemple de Paroles d'Autochtones. La quatrième partie offre une présentation holistique du modèle d'axiopraxis à partir de ces trois concepts auxiliaires (l'axiopoiesis, la reconnaissance, et la relation) et la cinquième partie utilise ce modèle pour examiner le festival Origins. La conclusion comprend une synthèse des valeurs-principes communiquées et incarnées par les performances étudiées[6]. Dans un rapport de recherche sur quatre festivals en Australie, Peter Phipps (2010) note qu'aucune étude n'existe sur les festivals autochtones dans une perspective comparative internationale. J'essaie d'y remédier ici avec cette contribution au champ des *performance studies*, en suggérant que la portée du concept d'axiopraxis développé à partir des performances d'autochtones océaniens s'étend au-delà des études océaniennes.

Apport des études sur les performances

Ancrée dans les *performance studies* et dans les études littéraires et autochtones, cette étude des performances festivalières océaniennes puise aussi dans l'anthropologie et la philosophie.

Dans son ouvrage de référence, Marvin Carlson (1996 : 4-5) rappelle que le concept « contesté » de performance est compris soit comme démonstration de compétences particulières (*skills*), soit comme démonstration de comportements définis et reconnus culturellement[7]. Les polémiques à l'intérieur des *performance studies* se cristallisent parfois autour de cette polarisation, tout comme les débats autour de l'importance à donner au texte lui-même plutôt qu'au contexte divisent certains chercheurs en études littéraires. À la suite de l'ethnolinguiste Richard Bauman (1989), Carlson suggère que toute performance implique une « conscience double » (*double consciousness*), qui établit « une comparaison mentale entre l'exécution réelle de l'action (performée) et le modèle potentiel, idéal, ou original et remémoré de cette action » (Carlson 1996 : 5). Ce critère peut servir de point de jonction aux différents

---

6. La définition de Natacha Gagné d'« univers de sens » dans ce volume rend aussi compte d'une cosmovision autochtone.

7. Cette distinction reprend celle qu'avait établie Turner (1992 : 9).

discours constituant les *performance studies*. Bien que cette « anti-discipline », selon Joseph Roach (Carlson 1996 : 189), doive la majeure partie de son corpus aux études théâtrales (et à travers elles, aux études littéraires et à la philosophie) et à l'anthropologie, Carlson soutient que la performance ne doit allégeance à aucun domaine et à aucune discipline (1996 : 193). Il relève néanmoins qu'il ne connaît de meilleur résumé des questions et défis posés par les *performance studies* que l'article de synthèse de l'ethnographe Dwight Conquergood (1991). Ces questions fondatrices seront reprises ici dans mon analyse du rapport entre performance et herméneutique interrogeant « quels types de savoir et de connaissance sont privilégiés ou déplacés quand la performance (*performed experience*) devient un moyen de connaître, une méthode de recherche, un mode de compréhension » (Conquergood 1991 : 190).

Pour les lecteurs francophones, le champ des *performance studies* peut sembler composite et n'avoir que peu de légitimité au regard des études de théâtre, des arts vivants, ou de l'anthropologie. Pour les chercheurs en arts du spectacle ou en *performance studies* éloignés des préoccupations ethnographiques, les performances des autochtones remettent en question une tendance idéologique prégnante dans le monde universitaire selon laquelle les performances sont à séparer des contextes de vie des performeurs. À travers le concept d'axiopraxis, je souhaite montrer en quoi les performances autochtones créent un point de ralliement, ou de discussion, pour ces différents discours. Y voyant la promesse de décloisonner les modes de connaissance et la recherche universitaire (2002), Conquergood affirme que le paradigme de la performance est extrêmement utile pour les sciences sociales dès lors qu'il décentre l'écrit, sans toutefois le rejeter (1991 : 191). La première partie de ce chapitre montre que la poésie déclamée (*performance poetry*) joue précisément ce rôle au sein des festivals.

L'axiopoiesis en scène.
Performance de l'écriture et manifestations littéraires.

> Cela fait huit ans que j'interprète ma poésie avec un accompagnement musical. Assurer ainsi la continuité de pratiques culturelles orales aborigènes est un moyen de préserver ma propre perspective individuelle autochtone. La poésie consiste pour moi à ce que les mots décollent de la page grâce à la performance : il s'agit d'insérer corporellement les idées, concepts et philosophies de mes poèmes dans de réels espaces physiques. La poésie est ma contribution à la communauté (Moreton 2004 : 92).

Ainsi s'exprime Romaine Moreton dans son livre-CD *Post Me to the Prime Minister*, publié et lancé lors du Festival d'auteurs de Sydney en 2004 en présence du Premier Ministre de l'État de Nouvelle-Galles du Sud. En ayant théorisé la performance comme moyen de communication et comme moyen d'inscrire son processus de création dans une tradition de culture orale, la poète-performeuse, cinéaste, et philosophe aborigène goenpul jagara et bundjulung invite les auditeurs-lecteurs à appréhender les valeurs et la culture auxquelles sa poésie donne souffle, tout en se laissant captiver par la mélodie rythmée de sa voix a cappella ou accompagnée d'instruments[8]. Hommage, appel à la terre (dans « Beauté noire »), aux ancêtres (dans « Prière aux Ancêtres »), son œuvre, destinée tout d'abord à sa communauté, résonne bien au-delà, comme dans le poème « Pauvreté », dans lequel elle affirme sa conviction que « la liberté appartient à ceux qui sont libres / de ne pas s'identifier à la matérialité ». S'élever contre la violence structurelle et coloniale constitue l'un des thèmes récurrents travaillés par sa pratique poétique. Les formules astucieuses de ses poèmes rappellent le pouvoir qu'a la poésie de sculpter la pensée en sculptant la langue, comme en témoignent les vers refrain du poème « *Don't let it make you over* » (« refuse qu'on t'efface »), encourageante exhortation à ses frères et sœurs incarcérés pour qu'ils libèrent leurs esprits de leurs entraves :

if you were doin' time	si tu purgeais ta peine,
like a fine wine, brother	tel un vieux vin, mon frère,
you would make a beautiful	ton bouquet fleurirait au palais[9]
bouquet	

Dans un entretien, la poétesse relata qu'après sa performance du poème « *I shall surprise you by my will* »[10] devant 36 000 personnes en 2001 à Alice Springs, lors du Festival Yeperenye[11] qui réunissait des artistes aborigènes de toute l'Australie, elle croisa des « frères et sœurs aborigènes » dans les rues qui reprenaient en chantant en la voyant « *I surprise you by my will* ». Elle en conclut :

> Pour ceux qui disent que les Aborigènes ne sont pas littéraires, qu'ils n'ont pas le goût de la littérature, « Je vous surprendrai par ma volonté » sert de moyen d'évaluation. Selon moi, cela tient lieu de littérature. Et cela sert de maxime. De ligne de conduite. Quand j'ai écrit ce poème, j'ai laissé libre cours à mon imagination. J'essaie depuis lors de mettre ces paroles en pratique. [...] Je dois [...] faire de cette maxime une réalité (in Castro 2007 : 560).

Témoignant du rôle de passeur de valeur que peuvent avoir les poètes, la reprise du refrain-maxime dans les rues suggère que les auditeurs du poème se l'approprièrent et confirme la vocation de la pratique créatrice de Moreton, que Katherine Russo

---

8. Voir <http://aso.gov.au/titles/shorts/a-walk-with-words/clip1/> et
<http://aso.gov.au/titles/shorts/a-walk-with-words/clip3/>.

9. Traduction de Philippe Guerre.

10. Ce poème-performance se trouve sur le CD et dans le documentaire sur la poétesse d'Erica Glynn *A Walk with Words* (2004). Il est traduit, et accompagné d'un entretien, dans Castro & Guerre (2007) : <http://www.cairn.info/redirect.php?SCRIPT=/load_pdf.php&ID_ARTICLE=MULT_029_0101>.

11. <http://www.alicespringsnews.com.au/o831.html> ;
<http://www.abc.net.au/radionational/programs/awaye/yeperenye-festival/3672982>.

qualifie de *transmedia storytelling* (2009 : 80). Les paroles de la poétesse traduisent en outre une éthique personnelle cherchant la cohérence entre ses actes et le verbe poétique. Le terme d'axiopoiesis, c'est-à-dire la construction, l'élaboration de valeurs-principes, semble donc approprié pour examiner la poétique de cette auteure, et partant, des poétiques autochtones océaniennes. Ce concept permet aussi de mieux appréhender l'engagement que les auteurs espèrent engendrer, notamment lors de festivals littéraires. Le théoriser permet de ne pas renoncer à la possibilité qu'a la société, grâce à ses artistes notamment, de créer et transmettre des valeurs et de renforcer le tissu social.

Les festivals d'auteurs (à Sydney, Melbourne, Brisbane, ou Darwin par exemple) invitent chaque année des écrivains dont les œuvres viennent d'être publiées ou primées par des prix littéraires, ainsi que des écrivains prolifiques tels qu'Alexis Wright, Kim Scott (tous deux ayant reçu le prestigieux prix littéraire australien Miles Franklin), Philip McLaren ou Anita Heiss[12]. Les festivals littéraires sont des milieux propices dans lesquels leur axiopoiesis peut être entendue par des publics qui n'ont pas nécessairement de contact avec la population aborigène. S'ils marquent une reconnaissance de leur travail d'écrivain, ces événements peuvent toutefois s'avérer difficiles pour les auteurs, comme le souligne le poème « *literary festival bump-out* » de Samuel Wagan Watson, qui établit la comparaison entre les festivals littéraires et une curée (Watson 2004 : 107). Les auteurs aborigènes s'y retrouvent souvent mis dans la position de porte-parole de la population aborigène, interrogés sur des thèmes politiques et sociaux, et amenés à devoir couvrir en quelques secondes l'histoire coloniale ignorée de beaucoup.

Il en est de même pour les auteurs tahitiens et kanak au Salon du livre de Paris[13]. Difficile d'accès dans les libraires parisiennes et françaises, la littérature océanienne est mise à l'honneur au Stand Océanie du Salon avec des dédicaces et des tables rondes (les tables rondes sont souvent organisées sur le stand des Outre-mer), et, plus rarement, de la poésie déclamée et d'autres formes oratoires. À l'édition de 2011 le performeur-slameur kanak de Lifou Paul Wamo[14] provoqua un attroupement à sa « *slam session* », puis à l'occasion de plusieurs performances spontanées, notamment de son poème « Je suis noir » (Wamo 2008)[15]. En cette année de l'Outre-mer, l'humour du poème juxtaposait la fierté kanak au regard des Noirs « d'Afrique » et « d'Océanie », contre les méprises et mépris issus d'idéologies coloniales.

---

12. Ces quatre auteurs ont été traduits en français.

13. Sur la littérature kanak, voir Doelrasad (2006). Sur la littérature tahitienne, voir André (2008) et Picard (2008).

14. Une partie de cette performance est sur : <http://www.youtube.com/watch?v=I7iN_5mcCns>.

15. Pour l'une des performances du poème, voir
<http://www.youtube.com/watch?v=wpllHA_rdfs>.

La performance de l'écriture est aussi une forme que la revue littéraire et culturelle *Littérama'ohi* souhaita donner à la littérature tahitienne lors du Salon du livre de Papeete en 2011 à travers l'événement « Pina'ina'i ou l'écho de l'esprit et des corps »[16]. Ce florilège de performances d'une littérature mise en danse et en musique, fruit d'une collaboration inter-arts, manifesta la richesse et la diversité de l'écriture et de la créativité contemporaine tahitienne. Entrelaçant le ma'ohi et le français tout comme les genres littéraires, cet événement s'ouvrit sur une multitude de voix poétiques, puis sur la poésie de l'écrivaine Chantal Spitz[17] rendant hommage au feu poète Henri Hiro et méditant sur comment « parler écrire » dans son style caractéristique sans complaisance, épousant et enrichissant le cheminement de la pensée de trouvailles langagières. Il s'est clos sur la performance inspirée du poème « *Pi'i te pi'i noa ra* » de l'écrivaine, oratrice, compositrice, et académicienne, Flora Aurima-Devatine, déclamé en ma'ohi, puis à nouveau en français pour sa conclusion. La performance de ce *Pehe rauti* (poème d'exhortation faisant partie des genres poétiques traditionnels tahitiens), virtuose mélodie, exhorta les jeunes gens à braver les difficultés, « *la tupu e ia tu te parau ra e / Ua ta'atahia te fenua* », « [a]fin que du pays, et avec justesse, l'on dise, en affirmant ces mots / Le Pays est Peuple, Habité d'Honnêtes Hommes ! »[18]. Sagesse, créativité, espoir et transmission figurèrent au centre de cet événement, comme le conclut le concepteur de l'événement Moana'ura Tehei'ura, dans son introduction à la revue *Littérama'ohi* qui fut consacrée à l'événement : « Sous le piétinement des enfants de la terre, l'amour renaît. La sagesse a coiffé ses cheveux blancs et interpelle la jeunesse. L'arbre du poète sourit. L'écriture d'une nuit s'inscrit dans nos mémoires. L'oubli est banni. L'espoir ressurgit. » (2013 : 9). Lors de cette manifestation fut également lu un passage du roman de l'écrivaine aborigène Anita Heiss *Qui suis-je ? Journal de Mary Talence — Sydney 1937*, portant sur les générations volées, signe s'il en fallait qu'alors qu'il est souvent reproché aux peuples autochtones d'être essentialistes dans leur problématique d'identité collective, ils se reconnaissent entre eux à la fois dans leur singularité et comme ayant des histoires ou valeurs communes.

Chronotopoi où la tradition orale peut être remise à l'honneur, en même temps que la tradition écrite peut être célébrée, les festivals et salons littéraires constituent donc des lieux dans lesquels les auteurs autochtones peuvent investir leurs œuvres d'un pouvoir *hors*-textuel en même temps que de se réapproprier un espace de parole. Favorisant une proximité entre les lecteurs, les auteurs et leurs textes, ces événements se font également espace de rencontre entre écrivains, et participent de la reconnaissance des auteurs dans leur lieu d'origine.

---

16. <http://www.tntvreplay.com/PINA-INA-i-ou-l-echo-de-l-esprit-et-des-corps-du-jeudi-15-Decembre-2011_v1483.html>.

17. Pour un documentaire sur cette écrivaine majeure, auteur du premier roman tahitien (1991), voir <http://www.francetv.fr/culturebox/rencontre-avec-chantal-spitz-ecrivaine-majeure-de-polynesie-83935>.

18. Le texte en ma'ohi comme en français est de Flora Aurima-Devatine.

La reconnaissance s'établit. Le Dreaming

Depuis 2005, le Dreaming Festival, festival d'arts performatifs autochtones majeur sur la scène internationale, met en valeur la richesse, la polyfonctionnalité (Montandon 1998), et l'hétérogénéité (Slater 2011 : 638) des formes d'expression artistique des Aborigènes et des Insulaires de Torres. Le festival tire son nom de la traduction d'un concept arrernte (groupe du désert central), partagé par de nombreux groupes aborigènes et popularisé par les anthropologues, le marché de l'art et les médias. Cette manifestation, qui a vu le jour sous la direction de Rhoda Roberts dans l'État du Queensland, se tient sur quatre à cinq jours près de la ville de Woodford, dans un espace en plein air où les festivaliers ont la possibilité de camper. De nombreuses scènes de concert-espaces de débat, un cinéma sous chapiteau, un espace de théâtre, une piste de danse intitulée « dancestry »[19], et de nombreux stands, sont répartis autour d'un petit lac. Le festival, qui attire une foule importante (8 593 tickets furent vendus en 2009), venant essentiellement du Queensland et du nord de l'État de Nouvelle-Galles du Sud, se veut un espace vital de rencontres intracommunautaires, intergénérationnelle et interculturelles (Slater in Phipps et Slater 2010 : 48). La programmation internationale incluait en 2010 des chanteurs, groupes de musique et une pièce de théâtre maori, des intervenants autochtones d'Amérique du Nord, et les chanteurs Ykson et Guulan de Nouvelle-Calédonie/Kanaky, mettant ainsi en relation des représentants locaux et internationaux de l'autochtonie (Slater 2011 : 638).

Cette édition fut notamment marquée par la volonté des groupes de danse de Mornington Island, au large du golfe de Carpentarie, et de la communauté de Doomadgee, au sud-ouest dans les terres, de danser ensemble, alors que leurs performances avaient été programmées sur la scène de danse à des moments distincts. Cette réactualisation de pratiques historiques (et probablement cérémonielles) et de re-connaissance en tant que connaissance renouvelée, fut présentée comme hautement symbolique par l'un des danseurs de Mornington, qui expliqua que les deux communautés n'avaient pas dansé ensemble depuis trente-deux ans. De Largy Healy aborde un phénomène similaire de rencontre sur la piste de danse au festival de Garma en Terre d'Arnhem, où, tout comme au Dreaming, « la performance donne lieu à une reconfiguration contextuelle des alliances et du sens », et le site du festival devient « un lieu de tous les possibles, à la croisée des trames ontologiques singulières de chaque clan, pensable par toutes les parties de l'échange et conducteur d'un savoir partagé en mouvance ». (2011 : 132). À Woodford, les danseurs exprimèrent leur gratitude vis-à-vis des organisateurs du festival, ainsi que leur désir de pouvoir revenir et danser ensemble au festival. À la fin de leur performance, ils invitèrent les spectateurs à les suivre pour aller rejoindre le groupe Busby

---

19. Mot-valise formé sur « dance » et « ancestry », mot renvoyant à la fois à la généalogie et à l'ensemble des ancêtres.

Marou en concert sur la scène principale située une cinquantaine de mètres de là, où les danseurs furent invités à rejoindre le groupe de rock. L'importance de la danse et des chants comme vecteurs de lien social et de transmission historique fut mise en lumière par ce moment significatif du festival, tout comme la capacité d'improvisation des danseurs, à l'aise aussi bien sur le rythme des claves (*clap sticks*) que de musique pop et rock, sur lesquelles ils accomplirent des danses pleines d'humour. Espace axiopoétique permettant l'innovation et l'élaboration stratégique de nouvelles collaborations, le Dreaming se fait donc lieu de *mob*ilisation collective, pour reprendre l'astucieuse italicisation de Martin Préaud (2009). Difficile à traduire en français, le terme *mob* est utilisé de manière positive dans l'Australie aborigène pour renvoyer à une notion d'appartenance de groupe.

La reconnaissance mutuelle interculturelle, que Slater appelle « engagement inter-culturel éthique » (2011), est aussi grandement encouragée dans ce festival par des ateliers et des discussions publiques, qui prennent généralement une dimension politique. Un débat de 2010 sur les questions de nationalisme aborigène et d'« autorité culturelle » invita à réfléchir sur la manière dont différentes « nations » peuvent avancer ensemble dans une « nation collective ». Sam Watson, écrivain et militant aborigène birri gubba, demanda aux festivaliers combien d'entre eux connaissaient le nom du groupe aborigène auquel appartenait le lieu où ils habitaient. Deux tiers ou trois quarts des mains se levèrent. Sam Watson enjoignit alors le public à rechercher ce qui était arrivé à ces peuples depuis le début de la colonisation. John Harvey, le direc-teur de Ilbijerri Aboriginal and Torres Strait Islander Theatre Co-operative, insista sur l'idée que l'écoute impliquait de faire un travail important sur l'origine de ses convictions, et incita les festivaliers à décoloniser leur esprit, difficile processus qui « influence[rait] alors toute interaction » : invitation à la reconnaissance comme admission (le fait d'accepter comme vrai, et d'en faire mention). Que les intervenants aient décidé de répondre par « solidarité obligatoire »[20], ou par volonté didactique, ce débat invita les spectateurs et les intervenants à une reconnaissance de soi au sens de « reconnaissance de responsabilité », associée à l'« idée de capacités individuelles et de capacités sociales » (Ricœur 2004 : 232-233). Tant dans ces moments de débats, que lors d'ateliers-jeux de rôle, ou par des pièces de théâtre, le festival mit les spec-tateurs face à leur responsabilité morale, en les incitant à reconnaître le passé et le présent colonial et à devenir des acteurs de changements.

Les festivals sont des axiopraxes dans lesquels s'élèvent une multiplicité de voix : des voix qui célèbrent la vitalité de leur culture, d'autres qui dénoncent l'histoire coloniale, et d'autres qui posent des questions, témoignant parfois de leur ignorance

---

20. Terme utilisé par l'écrivaine et personnalité politique kanak Déwé Gorodé lors d'une table ronde au Salon du livre de Paris de 2011, pour parler de la situation des Kanak aujourd'hui, face aux « conséquences de cette histoire commune [avec la France qui] font que le rapport de domination [coloniale] essaie de se maintenir sous d'autres formes. »

ou d'une absence d'écoute s'ignorant elle-même. Les performeurs et artistes autochtones qui interviennent dans les festivals s'inscrivent dans un processus de décolonisation, de légitimation, de communication et de création, en utilisant leur savoir, expérience et compétence comme outils artistiques et de résistance. Catalyseurs pédagogiques, les festivals permettent aussi de rendre visible et compréhensible aux publics les multiples fonctions des performances autochtones.

La relation se construit. Paroles d'Autochtones

L'enseignement des valeurs et des histoires des autochtones par les autochtones eux-mêmes fut au cœur des cycles Paroles d'Autochtones organisés en 2008 et 2009 par le Musée des Confluences à Lyon. Arnaud Morvan (2011) a souligné le rôle innovateur qu'a eu ce musée sur le plan national en incluant des représentants des communautés-sources des œuvres pour déterminer du statut des objets des collections du musée. Ce musée de sciences et sociétés invita, en collaboration avec le Bureau du Haut-Commissariat des Nations Unies aux droits de l'homme et Survival France, douze représentants de peuples autochtones la première année, et onze, dont trois Aborigènes, la seconde année. L'événement de 2009 comporta différents types de performances, de débats, des projections, et quatre expositions, programmés sur environ une semaine en présence des invités autochtones [21]. Intitulée « terre, terroir [22], territoire » la manifestation accorda une importance primordiale aux créations contemporaines aborigènes, présentées dans le programme comme « puissant moyen de transmission à la fois entre les générations mais aussi entre les communautés aborigènes et le monde extérieur », les expositions d'art aborigène visant à « élargir notre vision européenne de l'éducation et de la transmission ». Les Aborigènes invités, Steven Wanta Patrick, warlpiri, Lance Sullivan, yalarrnga, et Margaret Raven, yamatji-wunmulla, furent présentés comme partenaires dans un échange.

Wanta Patrick anima un « atelier découverte danse » avec des enfants de primaire dans la galerie qui abritait l'une des expositions aborigènes. Ayant donné quelques principes et valeurs de sa culture, il répartit les enfants en quatre groupes : bleu, jaune, rouge, et vert, couleurs utilisées dans le festival Milpirri pour représenter quatre paires de *skin names*, ces noms de peau qui situent un individu dans les systèmes de parenté, « principes de relation » qui régissent notamment les obligations et droits de chacun à l'intérieur de la communauté (Wanta Patrick *et al.* 2008 : 29, Glowczewski 2004). Les explications se poursuivirent dans la cour du bâtiment, cette fois accompagnées

---

21. La manifestation se prolongea par des événements programmés pendant un mois. Voir le programme sur :
http://www.museedesconfluences.fr/musee/evenements/paroles_autochtones_2009/index.php
22. Ce terme intéressa tout particulièrement les invités aborigènes qui y virent des résonances avec la notion aborigène de country.

de l'enseignement de mouvements montrés par Lance Sullivan, sur lequel les enfants prirent exemple. En leur enseignant la danse du varan, Wanta Patrick expliqua aussi que les noms de peau et les danses étaient notamment liés aux valeurs de respect, d'unité, et de protection. Pour faire comprendre le sens de Milpirri, il expliqua qu'une cérémonie de résolution, de réconciliation, est nécessaire lorsque quelque chose ne va pas. Wanta Patrick proposa, par cet atelier, « l'adaptation d'un véritable programme de savoir Warlpiri, dont la singularité culturelle est […] une leçon de connaissance et d'éthique universelle » (De Largy Healy, Glowczewski et Morvan 2008 : 29). Les enfants se prirent au jeu : pendant la danse du varan, les garçons devaient faire le geste indiquant qu'ils creusaient pour chercher ces reptiles, et l'un des garçons exhorta ainsi son camarade de devant, qui avançait sans mouvement des bras : « creuse, creuse ! ». Lorsque Wanta Patrick expliqua que le bleu, associé à son nom de peau Jampijinpa, était associé à la valeur de respect et au principe de « trouver, donner un sens à sa vie et à toute vie », un petit garçon répéta ces paroles à voix haute, d'un ton concentré et sérieux. Wanta Patrick expliqua aussi que le bleu représentait l'émeu, l'enseignement et l'enseignant, ainsi que le chasseur et le chassé. À la fin de l'atelier, l'une des médiatrices lui demanda pourquoi il fallait à la fois être le chasseur et le chassé. Il répondit qu'il fallait se mettre à la place de l'animal pour pouvoir chasser. Il ajouta qu'en ayant mis les participants sur un chemin pour devenir des chasseurs, il les avait aussi mis sur un chemin pour qu'ils se découvrent eux-mêmes. L'une des animatrices me demanda également de traduire que « nous » (les Français) étions déconnectés de la terre, qu'elle avait été très inspirée par l'atelier, et en remerciait Wanta Patrick. Celui-ci répondit qu'il avait entendu l'appel de la France, et expliqua que figurait dans ses lignes de chant (*songlines*[23]) une femme tenant du feu. Il avait depuis son arrivée établi le rapprochement avec la flamme de la statue de la liberté.

A ce moment précis du festival, Wanta Patrick entreprit de communiquer les valeurs fondamentales warlpiri à travers une didactique en mouvement, incarnée. À d'autres moments, il entreprit de les transmettre aux festivaliers et aux organisateurs à partir d'un modèle qu'il avait conçu intitulé *ngurra-kurlu*, développé autour de cinq principes qui gouvernent la vie warlpiri, chacun défini en relation avec les autres : la terre, la peau/la famille, la langue, la loi, les cérémonies. Le philosophe avait développé son modèle dans une vidéo publiée sur YouTube en 2008[24] et dans une publication (Wanta Patrick *et al.* 2008), dans lesquelles il expliquait que la danse et les performances font partie des cérémonies et sont intimement liées aux quatre autres principes : ces cérémonies « vous font battre le cœur plus vite, vous donnent la

---

23. Sylvie Poirier (1996 : 10) note que « dans le désert occidental, les récits de tous genres (mythique, onirique, anecdotique ou dramatisation de faits quotidiens) ainsi que les modes et les contextes de leur narration fondent l'essence du savoir. À travers ces récits émergent la perception de la réalité des Aborigènes, leur mémoire collective et leur interprétation des événements. ».
24. <http://www.youtube.com/watch?v=iFZq7AduGrc>.

vie, vous rendent fier, et vous permettent de réaliser que vous avez ce *kurrwa* [cette responsabilité] » (Wanta Patrick *et al.* 2008 : 29). C'est également de cette responsabilité incombant à chacun que les enfants semblèrent intérioriser lors de l'atelier, sur le mode sérieux et sur le mode ludique. Forme parmi d'autres d'expression d'une axio-praxis warlpiri, la danse permit donc de communiquer des valeurs et d'établir une relation directe avec les enfants, les éducateurs et les médiateurs. L'atelier permit aussi de matérialiser l'importance des relations interpersonnelles et des valeurs de respect, d'écoute, et de concentration nécessaires pour la bonne réalisation de la danse, et, partant, d'un rituel de renforcement de cohésion sociale.

Dans un article dans lequel elle définit une « épistémologie de la rencontre », par la danse notamment, l'anthropologue Franca Tamisari, qui travaille avec les Yolngu de la Terre d'Arnhem en Australie, distingue la connaissance *sur* l'autre, disjoignant le pensé du vécu, et commune dans le monde occidental, d'une connaissance *avec* l'autre, dont on se fait proche. Elle rappelle dans cet article que la « *co-naissance*, comme l'implique l'étymologie du français, implique une « co-nativité », un « être-avec » l'autre (Tamisari 2006 : 27). L'atelier de danse montra en effet que cet « être » et ce « naître » ensemble, rendus nécessaires pour que la performance dansée et la transmission aient lieu, sont simultanément créés par la performance. Par son exigence d'implication corporelle et personnelle, l'atelier rendit manifeste que le savoir et les valeurs warlpiri se transmettent dans une relation et par la performance, et que ces savoirs, valeurs, et performance irriguent et s'intègrent en outre dans toute une série de relations — à la terre, à la communauté, et aux histoires du Rêve (*Dreaming*[25]). Le festival, concept métaphorique, et nuage Milpirri permet en outre de saisir, comme l'a souligné Préaud à partir du concept yolngu de *galtha*, que « la performance reproduit à l'extérieur son propre mouvement interne : des relations. Elle pose, crée, engage des situations et par là même des possibilités de relations que, pour un temps, elle rend réelles, effectives et opératoires » (Préaud 2007 : 114). Si plusieurs membres du musée me firent part de leur admiration pour la façon « très imagée » de parler, « la simplicité et la profondeur » des propos de Wanta Patrick, celui-ci lut sa relation avec le musée et la France au regard des prédictions qui lui avaient été faites par des anciens, le paysage urbain fluvial et les histoires du lieu venant concrétiser les histoires qu'ils lui avaient racontées bien des années auparavant.

---

25. « Le terme anglais Dreaming désigne chez les Aborigènes à la fois les êtres éternels, les récits mythiques dont ils sont les acteurs, leurs itinéraires et les points d'arrêt géographiques devenus des sites sacrés, ainsi que la matrice créative qui les génère. » (Glowczewski 2004 : 43). Andrée Grau (1998 : 17-18) souligne l'importance cruciale du concept de « rêve » pour comprendre la danse des Tiwi (habitant des îles Melville et Bathurst au nord de Darwin), « car les activités musicales et chorégraphiques traditionnelles sont toutes liées à cet espace-temps représentant d'une part le passé mythologique [...mais aussi] une sorte de mémoire cosmique [...] dans laquelle les Aborigènes vont se ressourcer au travers des « arts » en général, et de la danse et de la musique en particulier. »

Axiopraxis en mouvement

Au travers des exemples détaillés jusqu'ici, l'axiopoiesis, la reconnaissance et la relation sont proposés comme les trois concepts auxiliaires ainsi que les étapes d'un processus orienté qui constitue une axiopraxis, comme l'indique la Figure 1 ci-dessous.

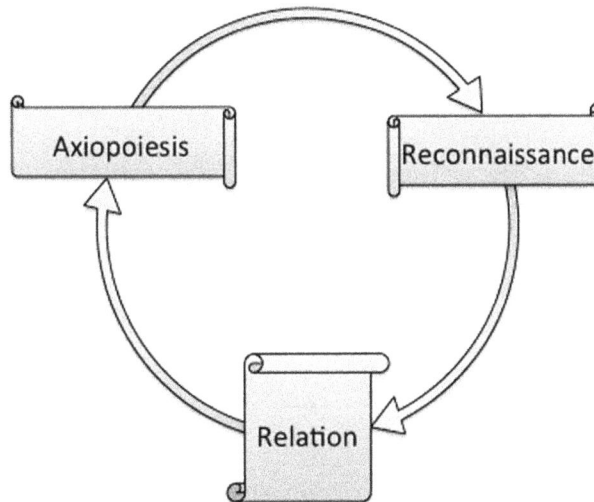

Figure 1. Axiopraxis — concepts

Le processus d'axiopraxis peut se matérialiser à travers les festivals et les performances festivalières, comme l'indique la Figure 2. Les cercles concentriques représentent visuellement la thèse avancée selon laquelle les performances et les festivals autochtones sont axiopratiques en même temps qu'ils font partie d'une axiopraxis. Les performances festivalières créent différentes formes de reconnaissance, permettant à des relations intra- ou interculturelles de s'établir en vue de nouvelles créations de sens et d'un bien commun. Les événements examinés dans ce chapitre illustrent les trois étapes-concepts de l'axiopraxis. Toutefois, comme le montrent les exemples, il existe une relation de causalité synchronique entre les trois étapes. Ainsi, lorsque j'ai abordé une étape-concept (axiopoiesis, reconnaissance, relation), les autres se sont manifestées également. Le schéma permet en outre de souligner que les performances festivalières autochtones ont bien souvent pour effet, et pour but, d'inciter les festivaliers non seulement à la réflexion, mais aussi à l'action. En devenant acteurs de changements, passeur de valeurs, les personnes touchées par les performances autochtones participent ainsi, tout comme les performeurs et artistes encouragés à persévérer dans leurs initiatives créatrices, d'une axiopoiesis. Certaines personnes ne font cependant pas l'expérience du cycle dans sa globalité. Les flèches noires sur le schéma représentent ces points d'entrée et de sortie ainsi que les trajectoires individuelles qui sont attirées ou repoussées par un festival ou une performance.

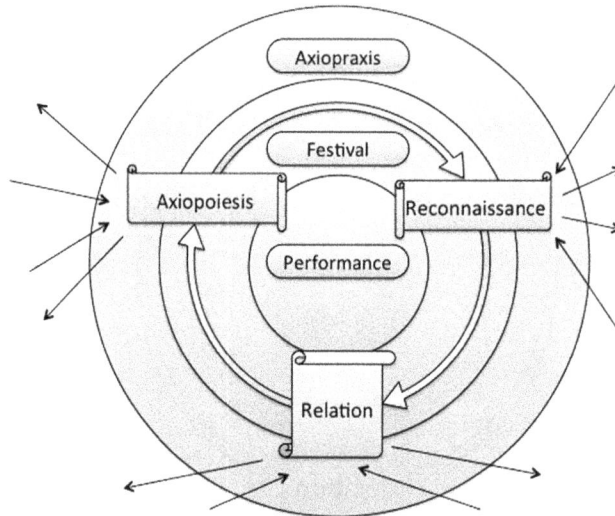

Figure 2. Axiopraxis en mouvement.

Modèle d'axiopraxis. *Origins, Festival of First Nations*

Unique et novateur sur la scène londonienne et britannique de par son programme centré sur les peuples et les arts vivants autochtones contemporains, le festival Origins est organisé par la compagnie artistique Border Crossings (dirigée par Michael Walling) qui se donne pour objectif de favoriser « la compréhension mutuelle, le développement positif, et la paix » par le dialogue interculturel[26]. Le titre du festival fut choisi en référence aux origines des festivals — qui pour les cultures autochtones ou la Grèce ancienne, marquaient le rythme de la nature, dans l'intention de convier les Londoniens à retrouver leurs racines, et à s'inspirer de l'attention portée par les autochtones aux traces qu'ils laissent sur la terre (Walling 2011a : 9). Le site internet de la deuxième édition du festival, qui se tint entre la fin juin et le début juillet 2011, annonça que cet événement allait faire intervenir des « musiciens, gens de théâtre, artistes plasticiens, cinéastes, et cuisiniers » autochtones reconnus, pour « montrer et

26. <http://www.bordercrossings.org.uk/>.

expliquer, mettre en scène (*perform*) et informer, débattre et célébrer[27] ». Le site explique que grâce à leurs « racines culturelles », ces « cultures anciennes » que sont les Premières Nations détiennent des points de vue « spécifiques et puissants » sur les questions de changement climatique, de droits de l'homme, de migration et de globalisation. Les organisateurs présentent les autochtones comme des détenteurs d'un savoir précieux et comme des acteurs du changement, à même d'influencer les attitudes et politiques contemporaines. Cette posture anti-coloniale, argumentée par le directeur du festival (Walling 2011b), inverse une tradition et une approche encore prédominantes dans les médias et la recherche qui font des autochtones des objets d'étude plutôt que des sujets agissants, et peinent à comprendre qu'ils sont de plain-pied dans la contemporanéité, préférant parfois les représenter comme symboles d'une altérité radicale. Organisé comme un « espace de dialogue » entre les artistes des Premières Nations et les publics londoniens, notamment au travers d'ateliers avec des performeurs autochtones, qui renforcent la dimension participative de l'événement, et en ayant impliqué étroitement la communauté polynésienne de Londres dans la programmation en 2011, le festival cherche donc aussi à se faire espace de reconnaissance mutuelle, axiopraxis, et à participer de l'axiopraxis de Border Crossings.

La première édition en 2009 comprenait des pièces de théâtre, des spectacles de contes, des ateliers avec des dramaturges, des projections de films ainsi que des conférences publiques. Le programme se diversifia en 2011, eu égard à la collaboration étroite avec la communauté polynésienne de Londres et avec le City of London festival : il inclut notamment une journée familiale dans le plus grand parc de Londres Hampstead Heath, la mise à l'eau et progression d'un waka, canoë maori, sur la Tamise, une soirée communautaire polynésienne d'art et de performances, et un cercle de paroles (*talking circle*)[28], qui clôtura le festival. Le terme « polynésien » est souvent employé par les Océaniens à Londres afin d'intégrer par ce terme non seulement les Maori mais aussi d'autres peuples, des îles Samoa, Fidji, et de Rotuma par exemple.

La soirée multi-arts intitulée « Matariki ki tua » fournit un exemple patent de la richesse des formes artistiques et culturelles contemporaines du Pacifique, et de la conviviale chaleur des soirées communautaires. Matariki est le nom donné aux Pléiades en maori : cette constellation apparaît une fois par an, et indique le début de l'année pour les Polynésiens, fut-il expliqué au public qui remplit la salle de concert de RichMix ce soir-là. Il s'agit aussi d'un moment où l'on se souvient des morts et où l'on célèbre la vie nouvelle. Sous le signe de la mémoire, du renouveau et de la vitalité se succédèrent danses et chants, incluant la performance toujours éclatante du groupe

---

27. <http://www.originsfestival.bordercrossings.org.uk/>.

28. Cette dernière rencontre, marquée par le respect et l'émotion, rassembla les performeurs et intellectuels autochtones Robert Greygrass (amérindien lakota), Bruce Sinclair (métis du Canada), et Noritta Morseu-Diop (insulaire de Torres), des festivaliers, et l'équipe d'organisation du festival. Voir <http://bordercrossingsblog.blogspot.co.uk/2011/07/talking-circle.html>.

maori de Londres Ngati Ranana[29], de la musique, de la poésie, des contes, des histoires mêlant histoire familiale et contexte historique. De nombreuses performances furent introduites comme des hommages rendus à des parents, des grands-parents, et aux ancêtres. Un jeune homme et une jeune femme de Rotuma montrèrent sur écran des photos de leur île et de leurs parents. Ces photos, dans leur simplicité, créèrent une intimité et suscitèrent des cris joyeux du public. Briar Wood introduisit ses lectures poétiques en précisant que si d'autres Matariki étaient organisés, ses poèmes deviendraient à leur tour des performances. La soirée offrait aussi la possibilité de goûter à différents plats polynésiens, fort appréciés du public. La possibilité fut donc donnée aux spectateurs londoniens de (re)connaître la particularité et la diversité des performances polynésiennes, tout en baignant dans une atmosphère festive et de promotion des arts qui ne s'adressait pas primordialement à l'extérieur, une grande partie du public étant polynésienne, comme en témoigna la reprise en chœur de refrains par de nombreux spectateurs. Exemple éclatant d'axiopoiesis, cette soirée contribua à souligner l'importance d'Origins, comme forum synergétique permettant la reconnaissance et l'assertion de la vitalité créatrice et culturelle venant du Pacifique, comme tremplin pour des artistes reconnus ou émergents, et comme espace de rencontre interculturelle et intra-culturelle (intra-Pacifique et intra-communautaire).

En étudiant comment les représentations et épistémologies autochtones océaniennes et non-autochtones s'expriment et s'échangent dans les festivals, ce chapitre a montré que l'axiopraxis, sous la forme festival ou sous la forme performance, se constitue par la relation, entre différentes personnes, et entre ces espaces festivaliers et d'autres espaces (imaginaires, politiques, sociaux, géographiques). La collaboration d'Origins avec le City of London festival et des Polynésiens de Londres donna notamment lieu à un défilé organisé dans Londres, qui inclut la participation d'enfants de plusieurs écoles. Pour préparer l'occasion, un membre de Ngati Ranana enseigna un *haka* et des chants dans une école. Les enfants performèrent notamment ce qu'ils avaient appris pendant plusieurs semaines sur les marches de la fameuse église londonienne Saint-Paul. Selon Rebecca Kiddle, elle-même maori : « l'événement fut formidable, et fournit un bon exemple d'un enseignement portant sur les peuples autochtones qui s'est fait dans la concertation et avec une volonté de créer du sens. Les enfants eurent l'air de vraiment s'amuser »[30]. Le festival Origins 2011, tout comme le Dreaming, et Paroles d'Autochtones, accorda donc une place importance à la transmission intergénérationnelle (Slater 2011). Origins donna également lieu à un documentaire intitulé « A Maori Heritage Project »[31] (« un projet de patrimoine maori »), rendant ainsi les productions du festival pérennes.

Les conclusions de cette partie peuvent être représentées par la Figure 3 suivante :

---

29. <http://www.ngatiranana.co.uk/>.
30. Remerciements à ma collègue Becky Kiddle pour son compte rendu de l'événement.
31. <http://www.youtube.com/watch?v=CQYyaOXsTxU>. Le défilé des enfants se trouve entre 5:00 et 5:59.

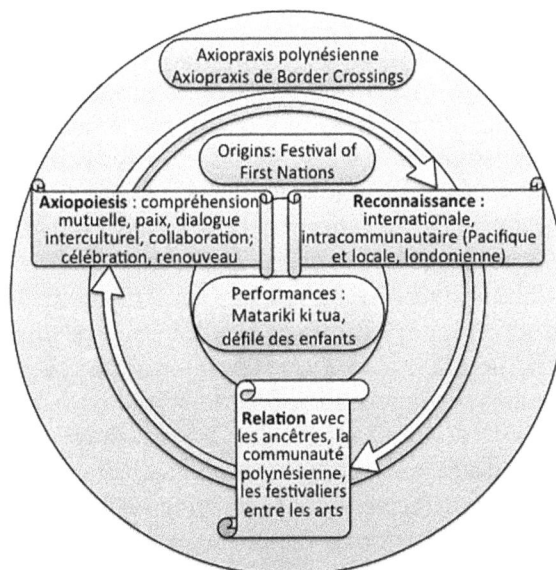

Figure 3. Origins, modèle d'axiopraxis.

Conclusion. Créer et réinjecter du sens

Si les festivals ou autres événements culturels mettant en valeur les arts et savoirs autochtones permettent que ceux-ci soient connus d'un plus grand public et que des relations s'établissent entre les invités autochtones et les festivaliers, ainsi qu'entre des institutions et la société civile, ces manifestations permettent aussi que des réseaux inter-autochtones, inter-artistes, ou dans le cas qui nous occupe, inter-océaniens, se tissent, se renforcent, puis viennent nourrir à nouveau l'espace culturel et politique. À cet égard, le SILO (Salon international du Livre Océanien), le FIFO, le Festival Rochefort-Pacifique (Castro 2013), ainsi que des événements plus ponctuels comme la Semaine de l'Océanie de la Comédie Française en 2006[32], ou le festival Étonnants Voyageurs en 2012[33], qui consacra une grande partie de son programme à la littérature océanienne, jouent un rôle majeur de diffusion des productions artistiques océaniennes et de renforcement des réseaux d'échange océaniens (Devatine 2009).

---

32. Cet événement sans précédent permit au public de découvrir du 25 au 29 janvier 2006 des textes d'une quarantaine d'écrivains d'Océanie, lus par des comédiens du Français. Voir Castro (2006) et le programme sur : <http://tahitienfrance.free.fr/infos/semaine_oceanie.htm>

33. Voir l'entretien de Chantal Spitz et de Christian Robert, directeur des éditions Vent des îles, lors du festival : <http://www.etonnants-voyageurs.com/spip.php?article9610>.

Respect pour la terre (le pays), la communauté, la famille ; transmission de savoirs et apprentissage ; créativité émancipatrice ; excellence artistique ; maintien et renouveau de la vie ; engagement communautaire et dans la sphère sociale ; conscience politique et décolonisation des mentalités ; relation aux ancêtres et aux cérémonies rituelles ; et, bien entendu, divertissement : les performances et festivals autochtones étudiés occasionnent chacune de ces valeurs-principes.

Sur un plan méthodologique, le concept et outil descriptif d'axiopraxis ont permis d'adresser la question récurrente du fossé qui existe entre le discours universitaire et les épistémologies autochtones. Ce fossé n'est pas seulement problématique d'un point de vue éthique et politique ; il constitue bien souvent une limitation considérable pour la recherche et la théorie (Smith 1999). Pour participer au processus de décolonisation, les universitaires ont la responsabilité de permettre le franchissement de ce fossé. Des passerelles ont déjà été créées dans ce sens, souvent par les autochtones eux-mêmes. Le concept d'axiopraxis et les concepts auxiliaires proposés ici constituent un modèle s'inscrivant dans cette volonté de créer des passerelles, et dans une démarche ethnographique interprétative mettant en œuvre une « politique de l'espoir » (Denzin 2000 : 403).

Comprendre les performances et les festivals comme axiopraxis a permis de les saisir comme ancrés dans une cosmologie et un système de valeurs, comme des sources de connaissance et d'expression, et comme modes de transmission et de relation à l'autre. Comprendre les festivals eux-mêmes comme performances permet aussi de saisir en quoi ils servent d'une part de plateforme aux préoccupations sociales, politiques et épistémologiques des autochtones et de la société en général, et en quoi, d'autre part, ils « constituent des moments de sociabilité et de socialisation particulièrement intenses » (Préaud 2009 : 160), des « opération[s] esthético-politique[s] figur[ant] pour tous les présents un événement social qui relève du rassemblement et qui s'inscrit nécessairement dans le politique ». Pour reprendre les termes que Christian Biet et Christophe Triau utilisent pour le théâtre, « [l]'*opération* politique, ainsi, ne veut pas nécessairement dire que [le festival ou la performance] est ostensiblement un acte politique, une action politique, mais qu'il[/elle] est une opération du politique, une façon d'accomplir ou d'actualiser le politique par sa présence même dans la cité » (2009 : 41).

Nous avons vu que si les festivals sont des lieux où se créent des alliances, du sens, et l'histoire, ils donnent aussi *lieu* à des processus de ressourcement et d'ancrage spirituels, émotionnels et collectifs, qui peuvent être renforcés ou générés successivement par l'axiopraxis des participants, le festival comme lieu d'accueil, et les performances (les trois cercles de la Figure 2). Le modèle développé permet donc de souligner comment les performances autochtones et les festivals permettent aux Océaniens d'injecter un message politique et leur intentionnalité dans la sphère publique, et munissent les spectateurs et festivaliers de nouveaux outils et espoirs pour comprendre le monde contemporain et l'histoire, et participer à la sphère culturelle et sociale[34]. Dans la mesure où ce chapitre a souligné quelques parcours de la reconnaissance, il convient de rappeler ici « le caractère à jamais inachevé de la lutte pour la reconnaissance » (Ricœur 2004 : 396), « le caractère irremplaçable de chacun des partenaires dans l'échange ». En effet, comme le souligne Ricœur, si l'on peut partager, dans toute situation, des informations, des sentiments, échanger des dons et des idées, on ne peut pas changer de place (2004 : 401). Toutefois, comme le dit Sam Watson au Dreaming Festival de 2010, « l'éducation est une expérience universelle, qui n'appartient pas à un groupe ou à une communauté en particulier ». Les festivals sont souvent fondés sur cet espoir, un espoir qui s'apparente à celui d'Aimé Césaire dans son *Discours sur la négritude*, quand il écrivait : « l'universel, bien sûr, mais non pas par négation, mais comme approfondissement de notre propre singularité » (2004 : 92).

Remerciements

Je remercie le Conseil Européen de la Recherche qui a financé les recherches dont cet article est le fruit dans le cadre du Projet « Indigeneity in the Contemporary World : Performance, Politics, Belonging », dirigé par Helen Gilbert à Royal Holloway, University of London. J'exprime ma reconnaissance aux collègues, artistes et amis aborigènes et autochtones qui m'ont encouragée depuis 2003, et qui sont la source du modèle d'axiopraxis développé ici. Mes remerciements sincères vont à Jessica De Largy Healy pour l'œil aiguisé qu'elle a porté sur ce chapitre, et à Charlotte Gleghorn, Sophie Jacotot et Arifani Moyo pour leurs précieuses suggestions.

Bibliographie

André, Sylvie
2008   *Le Roman autochtone dans le Pacifique Sud : penser la continuité.* Paris : L'Harmattan.

Barker, Wayne Jowandi
2007   « *Shake-a-leg*. Festivals aborigènes et scène internationale ». In B. Glowczewski et R. Henry (eds), *Le Défi indigène. Entre spectacle et politique.* Paris : Aux lieux d'être, p. 177-197.

Biet, Christian et Christophe Triau
2009   « La Comparution théâtrale. Pour une définition esthétique et politique de la séance ». *Tangence*, 88 (Automne) : 29-43.

Carlson, Marvin
1996   *Performance : A Critical Introduction.* New York : Routledge.

---

34. Norman Denzin (2009) relève l'influence qu'ont eue les discours et théories des autochtones, océaniens notamment, sur sa théorisation – du besoin – d'une démocratie et d'une pédagogie démocratique radicale.

Castro, Estelle et Philippe Guerre
2007   Traduction de « Blak Beauty » et « I shall surprise you by my will ». *Multitudes*, 28 (Juin) : 101-112.

Castro, Estelle
2006   « Soirées océaniennes à la Comédie Française ». *Littérama'ohi – Ramées de Littérature Polynésienne — Diversité culturelle et francophonie*, 3, 11 (Mai) : 24-30.
2007   Tradition, création et reconnaissance dans la littérature aborigène des vingtième et vingt-et-unième siècles. Thèse de Doctorat. Paris/Brisbane : Paris 3 – La Sorbonne Nouvelle/The University of Queensland.
2013   « Call to Action and Civic Creativity at the Rochefort Pacific Film Festival ». *Bulletin of Francophone Postcolonial Studies*, 4(1): 12-20.

Césaire, Aimé
2004   *Discours sur le colonialisme Suivi de Discours sur la négritude*. Paris : Présence Africaine, 1955/1987.

Conquergood, Dwight
1991   « Rethinking Ethnography: Towards a Critical Cultural Politics ». *Communication Monographs*, 58 : 179-94.
2002   « Performance Studies: Interventions and Radical Research ». *The Drama Review*, 46.2 : 145-56.

De Largy Healy, Jessica
2011   « 'Murayana va à Garma cette année !' : cérémonies publiques et rituels contemporains du nord-est de la Terre d'Arnhem, Australie ». *Journal de la Société des Océanistes*, 132(1): 53-65.

De Largy Healy, Jessica, Barbara Glowczewski et Arnaud Morvan
2008   « Aux sources de la création ». In M. Côté (éd.), *Aborigènes : Collections australiennes contemporaines du Musée des Confluences*. Lyon : Fage, p. 21-37.

Denzin, Norman K.
2000   « Interpretive Ethnography ». *Zeitschrift für Erziehungswissenschaft*, 3 : 401-409.
2009   « Critical Pedagogy and Democratic Life or a Radical Democratic Pedagogy ». *Cultural Studies <=> Critical Methodologies*, 9 : 379-97.

Devatine, Flora
2009   « Du Silo Au Cilaf et d'un Carrefour à l'autre ». *Littérama'ohi – Ramées de Littérature Polynésienne*, 17 (juin) : 45-55.

Doelrasad, Julia
2006   La Littérature kanak francophone, entre revendication d'identité culturelle et interculturalité. Thèse de Doctorat. Université de Poitiers.

Gagné, Natacha et Laurent Jérôme (eds)
2009   *Jeunesses autochtones : Affirmation, innovation et résistance dans les mondes contemporains*. Rennes : Presses Universitaires de Rennes.

Gagné, Natacha and Marie Salaün
2012   « Appeals to Indigeneity: Insights from Oceania ». *Social Identities: Journal for the Study of Race, Nation and Culture*, 18: 381-98.

Glowczewski, Barbara
2004   *Rêves en colère. Alliances aborigènes dans le nord-ouest australien*. Paris : Plon/Terre humaine.

Glowczewski, Barbara et Rosita Henry (eds)
2007   *Le Défi indigène. Entre spectacle et politique*. Paris : Aux lieux d'être.

Grau, Andrée
1998   « Danse et 'pensée' symbolique : danser la parenté chez les Tiwis de l'Australie du Nord ». In A. Montandon (eds), *Sociopoétique de la danse*. Paris : anthropos, p. 15-25.

Henry, Rosita
2008   « Engaging with History by Performing Tradition: the Poetic Politics of Indigenous Australian Festivals ». In J. Kapferer (ed.), *The State and the Arts: Articulating Power and Subversion*. New York: Berghahn Books, p. 52-69.

Martin, Jacqueline and Willmar Sauter
2007   « Playing Politics at the Adelaide Festival ». In T. Hauptfleisch *et al.* (eds), *Festivalising! Theatrical Events, Politics and Culture*. Amsterdam — New York: Rodopi, p. 97-118.

Montandon, Alain (éd.)
1998   *Sociopoétique de la danse*. Paris : Anthropos.

Moreton, Romaine
2004   *Post Me to the Prime Minister*. Alice Springs: IAD Press.

Moreton-Robinson, Aileen (ed.)
2007   *Sovereign Subjects: Indigenous Sovereignty Matters*. Crows Nest: Allen & Unwin.

Morvan, Arnaud
2011   « A Third Path: The Musée Des Confluences ». *Artlink*, 31(2): 108-111.

Phipps, Peter and Lisa Slater
2010   *Indigenous Cultural Festivals. Evaluating Impact on Community Health and Wellbeing*. Melbourne: RMIT, Globalism Research Centre.

Picard, Jean-Luc
2008   Ma'ohi Tumu et Hutu Painu : La Construction identitaire dans la littérature contemporaine de Polynésie Française. Thèse de Doctorat. Metz : Université Paul Verlaine.

Poirier, Sylvie
1996   *Les Jardins du nomade. Cosmologie, territoire et personne dans le désert occidental australien*. Münster : Lit. Verlag.

Préaud, Martin
2007   « Deux mises en scène interculturelles de l'histoire. Du rituel au théâtre chez les Yolngu et les Kija ». In B. Glowczewski et R. Henry (eds), *Le Défi indigène. Entre spectacle et politique*. Paris : Aux lieux d'être, p. 103-124.

Préaud, Martin
2009   Loi et culture en pays aborigènes. Anthropologie des réseaux autochtones du Kimberley, nord-ouest de l'Australie. Thèse de doctorat. Paris/Townsville : EHESS/James Cook University.

Ricœur, Paul
2009 [2004]. *Parcours de la reconnaissance. Trois études.* Paris : Gallimard-Folio Essais.

Russo, Katherine E.
2009   « On Indigenous Post-nostalgia: Transmedia Storytelling in the Work of Romaine Moreton ». *Anglistica*, 13(1): 73-87.

Slater, Lisa
2011   « 'Don't let the Sport and Rec. officer get hold of it': Indigenous Festivals, Big Aspirations and Local Knoweldge ». *Asia Pacific Journal of Arts and Cultural Management*, 8(1): 630-644.

Smith, Linda Tuhiwai
2003   *Decolonizing Methodologies – Research and Indigenous Peoples.* 1999. Dunedin: University of Otago Press.

Spitz, Chantal
1991   *L'île aux rêves écrasés.* Tahiti : Au Vent des Îles.

Tamisari, Franca
2006   « 'Personal Acquaintance': Essential Individuality and the Possibilities of Encounters ». In T. Lea, E. Kowal and G. Cowlishaw (eds), *Provoking Ideas: Critical Indigenous Studies.* Darwin : Darwin University Press, p. 17-36.

Turner, Victor
1982   *From Ritual to Theatre. The Human Seriousness of Play.* New York : PAJ Publications.

Walling, Michael
2011a   « Welcome to Origins ». In M. Walling and C. H. Lynch (eds), *Origins-Festival of First Nations. Programme 2011.* London: Border Crossings Publications, p. 9-14.
2011b   « Culture and Resistance: Indigenous Responses to a Globalised World ». <http://www.gresham.ac.uk/professors-and-speakers/michael-walling>.

Wamo, Paul
2008   *J'aime les mots* (CD-livre). Nouméa : L'Herbier de Feu / Grain de Sable.

Wanta Jampijinpa Pawu-Kurlpurlurnu (Steven Jampijinpa Patrick), Miles Holmes and (Lance) Alan Box
2008   *Ngurra-Kurlu: A Way of Working with Warlpiri People.* Desert Knowledge CRC.

Watson, Samuel Wagan
2004   *Smoke Encrypted Whispers.* St Lucia : UQP.

Chapitre 11

Nouveaux regards sur la situation coloniale en Nouvelle-Calédonie

Benoît Trépied

En Nouvelle-Calédonie, depuis près de quarante ans, la lutte nationaliste kanak et les accords successifs de Matignon (1988) et de Nouméa (1998) n'ont pas seulement contribué à rebattre les cartes en matière politique, socio-économique, foncière, culturelle ou scolaire — pour citer les principaux chapitres de la revendication indépendantiste[1]. Ils ont aussi profondément transformé les méthodes, les objets et les problématiques des chercheurs en sciences sociales œuvrant sur le terrain calédonien, ainsi que les politiques publiques de recherche. Longtemps tenue à l'écart des débats sur la « décolonisation scientifique » dans le Pacifique anglophone, la Nouvelle-Calédonie est aujourd'hui le lieu principal où se renégocient les conditions sociales, administratives et intellectuelles de la recherche, dans un dialogue désormais incontournable entre chercheurs locaux, universitaires extérieurs, agents administratifs et responsables politiques de l'archipel (Trépied 2011). De plus, en faisant de la question du « legs colonial » (Bayart et Bertrand 2006) une question déterminante pour le présent et le futur de la société calédonienne, le mouvement indépendantiste kanak a suscité l'ouverture de nouvelles pistes d'investigation, par-delà les frontières disciplinaires classiques des sciences sociales. Ce chapitre a précisément pour ambition d'examiner l'évolution des regards scientifiques sur la « situation coloniale » (Balandier 1951) dans cet archipel du Pacifique sud-ouest.

Un survol rapide de la littérature académique produite sur la Nouvelle-Calédonie permet de saisir dans quelles conditions les rapports coloniaux de domination, longtemps refoulés ou naturalisés dans les travaux des anthropologues et des historiens, ont été progressivement rendus visibles et placés au centre de leurs préoccupations. Cette évolution du regard scientifique n'est pas tant liée à une relecture des travaux de Balandier qu'aux effets de « l'irruption kanak » (Coulon 1985) — en particulier lors des « événements de 1984-1988 », période de fortes

---

1. Ancienne colonie de peuplement sous souveraineté française depuis 1853, la Nouvelle-Calédonie est actuellement engagée dans un processus inédit de décolonisation en vertu de l'Accord de Nouméa, fondé sur le transfert progressif des compétences de l'État, la reconnaissance de « l'identité kanak », la création d'une « citoyenneté de la Nouvelle-Calédonie » et la définition d'un projet sociétal de « destin commun ».

tensions et d'affrontements violents entre militants indépendantistes et partisans du maintien de la Nouvelle-Calédonie dans la France. En dénonçant explicitement l'ordre colonial qu'ils subissaient et en tentant de le renverser par le biais de l'action politique (dans les institutions ou « sur le terrain » : manifestations, occupations foncières, barrages routiers, échanges de coups ou de tirs, prises d'otages, etc.), les indépendantistes kanak ont très directement contribué, par leur engagement et leur prise de parole, à une réévaluation générale des agendas de recherche. La première partie de ce texte retrace ainsi les grandes étapes du processus par lequel un certain nombre de travaux en sciences sociales sur la Nouvelle-Calédonie sont passés du déni, de l'évitement ou de l'euphémisation de la situation coloniale, à son analyse précise et détaillée, autrement dit à son intelligibilité.

Cette perspective scientifique de réinscription des matériaux ethnographiques et historiques dans la structure coloniale des rapports sociaux a notamment permis de mettre en lumière l'importance cardinale des processus de ségrégation (raciale, territoriale, scolaire, etc.) dans la genèse et la reproduction de la domination coloniale en Nouvelle-Calédonie. Cette insistance sur les dynamiques ségrégatives découle d'un fait historique majeur : au tournant du XXe siècle, le cantonnement général des Kanak dans les « réserves indigènes » — qu'ils n'avaient pas le droit de quitter jusqu'en 1946 — a participé de la mise en place d'un ordre colonial fondamentalement clivé, dont les effets sociaux se firent sentir bien après l'abolition de ses fondements juridiques au lendemain de la guerre. Cette attention portée aux mécanismes de la ségrégation, tout à fait légitime au regard de la trajectoire coloniale de l'archipel, peut cependant conduire à un point aveugle : en l'occurrence l'examen de tout ce qui se joue précisément dans les interactions sociales entre colons et colonisés — qui n'ont, en pratique, jamais cessé d'exister, malgré la création des réserves. Autrement dit, après avoir pleinement intégré dans l'analyse le poids des contraintes coloniales globales structurant le tissu social calédonien — grâce aux effets cumulatifs des travaux de recherche réalisés depuis trente ans —, il est aujourd'hui possible de réexaminer la question de la « frontière coloniale » à nouveaux frais : non plus comme un fossé irréductible entre deux mondes sociaux opposés et hiérarchisés l'un par rapport à l'autre ; mais plutôt comme une « zone grise », un espace social ambigu et incertain, fait de rencontres, de circulations, d'échanges et de malentendus (Comaroff et Comaroff 1991, 1997, Cooper 2010). L'analyse des relations de pouvoir multiples et équivoques qui se jouent dans le cadre des médiations coloniales, que j'évoquerai dans la deuxième partie de ce texte à partir de mes propres travaux de recherche, ne conduit pas à remettre en cause les recherches antérieures sur la structure ségréguée des rapports sociaux en Nouvelle-Calédonie. Ce nouveau regard permet simplement de préciser les termes mêmes de la situation coloniale calédonienne, en insistant désormais sur la complexité, les nuances et les ambiguïtés qui la fondent.

La situation coloniale en Nouvelle-Calédonie : du déni au phénomène social « total »

L'anthropologie et l'histoire (à un degré moindre) sont les deux disciplines des sciences sociales ayant produit le plus grand nombre de recherches sur la Nouvelle-Calédonie. Elles l'ont fait néanmoins selon une ligne de séparation très nette, puisqu'aux ethnologues revenait l'étude des Kanak, et aux historiens l'étude des autres habitants [2]. Ce partage renvoie à la fois aux découpages traditionnels entre disciplines et aux caractéristiques spécifiques de la colonisation dans l'archipel. Dans le champ des études scientifiques, le monde kanak a longtemps été présenté comme un objet ethnologique par excellence — l'anthropologie s'étant constituée comme discipline spécialiste des « sociétés primitives » — alors que la méthode historique, fondée sur l'analyse des sources écrites léguées par le passé, donc essentiellement européennes dans le contexte calédonien, favorisait la production d'une histoire non-kanak de la Nouvelle-Calédonie. Cette dichotomie résulte aussi et surtout de la division structurelle instaurée par les frontières des réserves, qui donnait tendanciellement à voir deux mondes clos, séparés et étanches, jusqu'à ce que la mobilisation politique des Kanak ne bouscule ce schéma établi.

« Ce que les Kanak font à l'anthropologie » (Bensa 2007)

Avant le virage indépendantiste, les ethnologues travaillant en Nouvelle-Calédonie ont surtout cherché à caractériser la culture kanak. Ce projet scientifique n'était pas seulement déterminé par les logiques disciplinaires de l'anthropologie française, mais renvoyait aussi à l'existence de terrains « naturellement » appropriés à ce questionnement : les réserves indigènes, longtemps tenues, selon l'anthropologue Michel Naepels (1997 : 47), « pour des conservatoires de la coutume et de la tradition, pour des lieux de préservation de la culture kanak en marge de l'univers colonial — et donc pour les lieux privilégiés, si ce n'est exclusifs, de l'enquête ethnographique. » Il n'est d'ailleurs pas anodin que les premiers travaux sur la société mélanésienne ont été produits par des missionnaires, seuls Européens légalement autorisés à vivre à l'intérieur des réserves avant 1946. Ce sont surtout les travaux de Maurice Leenhardt — missionnaire protestant de 1902 à 1926, puis chargé de cours à l'École pratique des hautes études à Paris dans les années 1930 et 1940 — qui ont marqué l'anthropologie de la Nouvelle-Calédonie. Dans *Do Kamo*, son ouvrage le plus tardif et le

---

2. Du fait des politiques coloniales de peuplement, la population de la Nouvelle-Calédonie est composée, selon les catégories officielles des recensements, de plusieurs « communautés » : mélanésienne ou kanak (45 % des 245 000 habitants de l'archipel en 2009), européenne (35 %), wallisienne et futunienne (12 %), tahitienne, indonésienne, vietnamienne, ni-vanuatu, etc. Voir : http://www.isee.nc/population/population.html.

plus connu (Leenhardt 1947), il contribua de façon décisive à imposer dans la tradition ethnologique française une vision culturaliste et anhistorique des Kanak. Il y défendait l'idée d'une altérité radicale de la pensée mélanésienne — « le » Mélanésien ne connaît pas les notions d'espace et de temps, il n'a pas conscience de son corps et de son individuation, il vit dans un temps « mythique » en indistinction avec la nature — dont l'articulation réussie avec la pensée occidentale passait par la conversion chrétienne résultant de l'action missionnaire. Après la guerre, Pierre Métais (1956) et Éliane Métais (1966) ne remirent pas en cause ce type d'approche, leurs travaux visant toujours à décrire sous différents aspects, selon les termes de Michel Naepels (1997 : 47) « l'essence intemporelle de la coutume et de l'être social mélanésien ». Cependant, dans le contexte des mobilisations politiques découlant de l'accession des Kanak à la citoyenneté en 1946, Jean Guiart (1963) commença à prendre en compte la dimension historique du monde kanak.

C'est seulement lorsque les Kanak s'engagèrent eux-mêmes dans une remise en cause frontale de la situation coloniale en Nouvelle-Calédonie, dans les années 1970 et 1980, que les ethnologues furent véritablement contraints de reconsidérer leurs analyses de la vie sociale dans les réserves indigènes, dont la dimension historique liée à la colonisation avait jusqu'alors été largement négligée. L'anthropologue Alban Bensa vécut personnellement cette « révision déchirante de la tradition ethnologique » selon l'expression de Pierre Bourdieu (Bensa et Bourdieu 1985 : 69) :

> Quand l'objet d'étude reste bien sagement dans ses réserves — puisque les Kanak sont dans des réserves —, les recherches se développent tranquillement : des mythologies à la parenté, des systèmes politiques aux représentations de la personne… Mais quand ces mêmes personnes — précisément — prennent la parole, s'imposent sur la scène internationale, autant physiquement qu'à travers un ensemble de discours, que fait l'ethnologue ? S'offraient deux possibilités : ne rien faire du tout ; ou bien tenter de tirer parti de mon expérience ethnographique pour comprendre et aider à comprendre ce qui était en train de se passer, de surgir (Bensa 1995 : 13).

Dans cette perspective, la montée en puissance de l'affirmation culturelle et politique kanak a suscité par contrecoup le développement d'une nouvelle anthropologie contextualisée du monde kanak, désormais saisi directement dans son rapport historique à la situation coloniale calédonienne. Ainsi Alban Bensa et Jean-Claude Rivierre (linguiste) ont-ils cherché à replacer les récits, légendes et mythes qu'ils recueillaient au sein des tribus de l'aire linguistique paicî-cèmuhî dans leurs contextes historiques de production (Bensa et Rivierre 1982, 1994). Leur démarche ethno-linguistique les a amenés à écrire des histoires kanak, dans les régions de Touho et de Koné (centre-nord de la Grande Terre), au sein desquelles la nouveauté coloniale — maladies, outils, armes, chefferies administratives, évangélisation, cantonnement, etc. — était replacée dans des stratégies politiques locales concurrentielles. La structure de leur ouvrage *Les chemins de l'alliance* (1982) témoigne en particulier du virage épistémologique qui traversa leurs recherches, débutées sur le terrain calédonien en 1965 pour Jean-Claude Rivierre et en 1973 pour Alban Bensa. La première partie propose en effet une description « traditionnelle » de l'organisation sociale cèmuhî — les divisions territoriales, les groupes de filiation et les groupes de résidence — tandis que la seconde partie déconstruit divers récits « mythiques » en montrant leur rôle stratégique de légitimation historique d'un ordre colonial local organisé à partir de 1901 autour de la chefferie administrative de Poyes.

Vers un dialogue pluridisciplinaire autour de « l'objet kanak »

Cette réorientation des recherches ethnologiques a en outre rendu possible l'instauration d'un dialogue scientifique fécond avec les historiens travaillant, à partir des archives européennes, sur les transformations sociales kanak à l'époque coloniale. Outre les travaux de Dorothy Shineberg (1967) et Bronwen Douglas (1998) sur les « premiers contacts » en Nouvelle-Calédonie au milieu du XIXe siècle, c'est surtout la grande insurrection kanak de 1878 — qui éclata vingt-cinq ans après les débuts de la colonisation française, et dont l'armée imputa la responsabilité au « chef » Ataï de La Foa — qui a focalisé l'attention des chercheurs au moment du virage indépendantiste kanak. En effet, cet événement a fait l'objet dans les années 1960 et 1970 de relectures historiques magnifiant la « résistance » héroïque kanak dans une perspective nationaliste, en particulier de la part d'Apollinaire Anova Ataba (1965), l'un des premiers intellectuels kanak envoyés dans les universités françaises, et de Roselène Dousset-Leenhardt (1978), fille de Maurice Leenhardt. De même, l'ouvrage d'Alain Saussol (1979) sur les spoliations foncières, intitulé *L'Héritage*, a fait date dans l'historiographie de la Nouvelle-Calédonie. En retraçant méticuleusement les différents moyens juridiques et pratiques mis en œuvre par l'administration et les colons pour organiser le refoulement foncier des Kanak — conquêtes et répressions militaires, réglementation foncière, divagation du bétail… — depuis les débuts de la colonisation, le géographe a mis en lumière les logiques de constitution du « problème foncier mélanésien », support essentiel de la ségrégation entre colons et colonisés, et dont l'enjeu a été placé au cœur de la revendication indépendantiste kanak à l'époque de la publication du livre. Les liens entre cette recherche et le contexte politique des années 1970 étaient explicitement évoqués par Alain Saussol (1979 : 13) dans son avant-propos :

> Un siècle après la Grande Insurrection, Ataï, le vieux chef de guerre, n'est point mort et l'invocation de son nom apparaît comme un cri de ralliement pour une partie de la jeune génération mélanésienne. Les tensions et les confrontations d'aujourd'hui sont filles du drame qui s'est noué, il y a cent ans sur cette terre, et que le temps et l'oubli n'ont pas suffi à gommer. Loin d'être tu ou pudiquement voilé, cet anniversaire douloureux paraît au contraire propice à ouvrir une réflexion à partir d'un dossier longtemps ignoré. C'est ce que nous avons tenté en prenant le problème de bout en bout, depuis les temps précoloniaux jusqu'aux confrontations d'aujourd'hui.

La convergence entre cette histoire du processus colonial calédonien et l'ethnographie historicisée du monde kanak a sans aucun doute été renforcée par les « événements » des années 1980 qui placèrent la question coloniale en Nouvelle-Calédonie au cœur de l'actualité nationale et internationale. La genèse et les caractéristiques de la revendication nationaliste kanak ont ainsi suscité d'importantes recherches : analyse de la vie politique, sociologie des leaders (Soriano 2001, Wittersheim 2006), ethnographie des transformations sociales liées à la lutte indépendantiste à l'échelle tribale et villageoise (Demmer 2002). Plusieurs travaux ont également réexaminé le traitement administratif des populations indigènes avant 1946 en temps de paix (Merle 2004, Muckle 2012a) ou de guerres (Muckle 2010, 2012b), ainsi que les interactions complexes entre le monde kanak et le fait missionnaire (Naepels et Salomon 2007). Le rapport des Kanak à la ville de Nouméa (Dussy 2012) et leur place dans l'économie calédonienne (Leblic 1993, Grochain 2007) ont aussi été étudiés dans une perspective à la fois historique et ethnographique. Michel Naepels (1998, 2013) a retracé la genèse historique des conflits fonciers contemporains entre les Kanak de la région de Houaïlou (centre-est) par le biais d'une anthropologie contextualisée et réflexive, attentive aux conditions sociales et historiques de production des sources qui fondent le discours ethnologique, la pratique ethnographique de recueil des récits renvoyant directement aux enjeux de l'historicité kanak. Quant à Marie Salaün (2005a), elle a croisé les archives et les récits des témoins de l'époque pour écrire l'histoire d'une institution coloniale particulière, l'école indigène (1885-1945), dont elle retrace les logiques administratives et politiques de constitution en les confrontant aux expériences sociales des anciens élèves kanak. Enfin depuis la signature de l'Accord de Nouméa en 1998, de nouveaux enjeux sociaux et politiques sont apparus dans le monde kanak contemporain, qu'il s'agisse des questions environnementales et minières (Faugère 2010), des mobilisations au nom de l'autochtonie (Demmer 2007, Salaün 2013) ou des politiques éducatives et citoyennes (Salaün et Vernaudon 2009), dont plusieurs recherches récentes ont tenté de comprendre les logiques.

L'ensemble de ces travaux développés depuis la fin des « événements » fournit aujourd'hui des clés essentielles pour la compréhension sociologique des expériences kanak de la colonisation, du nationalisme et de la décolonisation en cours. Bien loin du fonctionnement « routinier » et monodisciplinaire des sciences sociales avant l'irruption politique kanak, ces recherches reposent sur d'autres exigences méthodologiques et épistémologiques : production et analyse de données de première main, souci de l'interdisciplinarité, enfin et surtout croisement généralisé des enquêtes de terrain et du travail en archives. La révolte kanak a de ce point de vue bousculé non seulement la société calédonienne elle-même, mais aussi la façon de l'observer, de la concevoir et de la présenter : pour une grande partie des chercheurs travaillant en Nouvelle-Calédonie, il n'est plus envisageable de penser les transformations sociales passées, présentes et futures sans mobiliser autant que faire se peut l'ensemble des outils de connaissance offerts par les sciences sociales.

L'histoire en dehors des réserves indigènes

Parce que la Nouvelle-Calédonie a longtemps été considérée comme un terrain « naturel » de l'anthropologie exotique, l'analyse de la vie sociale « non-kanak » a suscité des travaux scientifiques nettement moins nombreux. Les clivages politiques liés à la situation coloniale ont également influé sur la répartition des objets de recherche, entre d'une part les historiens coloniaux célébrant l'œuvre de la France en Nouvelle-Calédonie, et d'autre part les ethnologues se présentant implicitement comme les défenseurs de ceux qu'ils étudient. Publiés par la Société d'études historiques de la Nouvelle-Calédonie, les livres de Bernard Brou (1973, 1975, 1982), qui retracent du seul point de vue européen les grandes étapes de l'évolution politique de la Nouvelle-Calédonie, sont exemplaires de cette hagiographie coloniale locale. Les « événements » des années 1980 ont là encore provoqué une réévaluation générale des agendas de recherche, en particulier pour les historiens « caldoches » (descendants des colons européens), directement interpellés par la revendication kanak, comme l'indiquait Cynthia Debien (1990 : 1) dans l'introduction de son mémoire de maîtrise sur l'histoire du centre de colonisation pénale de Pouembout :

> Les évènements insurrectionnels de 1984 en Nouvelle-Calédonie ont souvent mis en accusation la communauté européenne. Cela nous a amené à nous pencher sur l'origine de notre présence en Nouvelle-Calédonie alors que jusqu'à présent dans les vieilles familles calédoniennes la question ne se posait pas, puisqu'on croyait, peut-être naïvement, avoir toujours fait partie de ce décor, tant les références métropolitaines étaient devenues lointaines et étrangères.

Si le mouvement de renaissance culturelle et politique kanak des années 1970 a initié une importante dynamique patrimoniale en faveur de la promotion de la culture kanak, les « événements » puis l'ère des accords ont donc conduit réciproquement les non-Kanak à s'interroger sur les raisons de leur présence en Nouvelle-Calédonie et à s'engager dans un travail historique et culturel spécifique. En témoignent plusieurs mémoires, thèses et ouvrages réalisés par des associations, des étudiants ou des enseignants issus des « communautés » caldoche (Collectif *Être Caldoche aujourd'hui* 1994, Barbançon 2003), wallisienne (Rettig 2006, Collectif *Tavaka* 2009) et indonésienne (Adi 1998), centrés sur les politiques de peuplement et la trajectoire de leur propre groupe au sein de la société calédonienne (De Deckker 1993). Les débats locaux suscités actuellement par la mise en place des programmes scolaires adaptés en histoire calédonienne témoignent également de la place centrale de ces questions « identitaires » dans le processus en cours de construction du « destin commun » préconisé par l'Accord de Nouméa (Dahlem 1997, Terrier 2004).

Les chercheurs métropolitains et australiens ont aussi contribué à nourrir cette réflexion locale sur les fondements coloniaux de la société calédonienne, en proposant notamment de nouvelles pistes de recherche pour une socio-histoire des élites blanches de la colonie (Kohler et Shineberg 1992) et des rapports de domination économique structurant l'économie de comptoir calédonienne (Djama 1997). Citons enfin l'ouvrage *Expériences coloniales* d'Isabelle Merle (1995), dans lequel l'historienne retrace la fabrication progressive d'un monde colonial particulier à l'extérieur du périmètre des réserves indigènes, entre le milieu du XIXᵉ siècle et les années 1920, en se penchant à la fois sur les politiques coloniales de peuplement et sur la panoplie des expériences sociales des individus soumis aux diverses catégorisations administratives. L'ouvrage se clôt sur une description nuancée et complexifiée des « identités coloniales » stabilisées dans l'entre-deux-guerres.

Cette revue (non exhaustive) de la littérature en sciences sociales sur la Nouvelle-Calédonie appelle deux remarques. Il importe d'abord de souligner combien l'affirmation politique kanak a effectivement joué un rôle moteur quant à la prise en compte par les chercheurs de la situation coloniale calédonienne — au sens de Balandier, c'est-à-dire en tant que phénomène social « total » structurant et bornant leurs objets de recherche. Concrètement néanmoins, au regard de la prégnance des partages disciplinaires canoniques (anthropologie du monde kanak *versus* histoire du monde non-kanak) et dans le contexte sociopolitique profondément clivé de la Nouvelle-Calédonie, ces analyses de la situation coloniale ont essentiellement consisté à retracer les logiques administratives, politiques et socio-économiques du processus colonial de marginalisation des Kanak dans la société calédonienne, d'une part, et à examiner « en interne » les différents mondes sociaux ainsi définis, d'autre part. D'où cette deuxième remarque, en forme de paradoxe : on ne peut qu'être frappé par la quasi-absence, au sein de cette historiographie des années 1980-1990, d'études portant sur les relations sociales entre colons et colonisés, alors même que la bipolarisation partisane et raciale autour de la revendication d'indépendance plaçait la question des rapports entre Kanak et Caldoches au cœur du débat politique. À vrai dire, le paradoxe n'est qu'apparent car l'enjeu est ici à la fois très empirique et fondamentalement politique : au moment des « événements » et dans les années qui suivirent, qu'ils le veuillent ou non, les chercheurs étaient sommés de « choisir leur camp ». Dans la présentation de son enquête d'histoire orale réalisée en 1990 auprès des descendants de colons, Isabelle Merle (1995 : 23) soulignait explicitement combien les affrontements récents entre Kanak indépendantistes et Européens anti-indépendantistes rendaient pratiquement impossible toute recherche menée dans les deux mondes à la fois :

> On ne peut ignorer la valeur d'un travail qui consisterait à croiser les regards « blancs » et « noirs » sur un héritage commun vécu si différemment. En 1990, cependant, les tensions encore vives laissées par les « événements » ne facilitaient pas ce type d'approche du fait de l'extrême ségrégation existant entre les communautés « caldoches » et kanaks. Dans l'intérieur du pays où tout se sait et tout se voit, il était alors très difficile de passer librement d'une société à l'autre sans éveiller la suspicion.

Ainsi, malgré sa mise en perspective historique et politique, la ségrégation coloniale est longtemps apparue comme un horizon indépassable de la recherche.

Traverser la frontière : la situation coloniale par les relations colons-colonisés

Depuis une dizaine d'années pourtant, un certain nombre de travaux témoignent d'une nouvelle appréhension des rapports sociaux en Nouvelle-Calédonie, dans laquelle la ségrégation coloniale ne délimite pas à priori les objets d'étude, mais se retrouve au contraire englobée dans des problématiques transversales, ce qui permet en retour d'examiner sous d'autres perspectives la situation coloniale au fondement de la société calédonienne. Les raisons de cette évolution sont à la fois politiques et scientifiques. Avec le temps, l'affaiblissement de la bipolarisation politique et raciale autour de la question de l'indépendance, au profit de l'idéologie partagée du « destin commun » promue par l'Accord de Nouméa, a progressivement légitimé ce type d'enquête, dans les cercles académiques comme sur le terrain calédonien. En outre, il est d'autant plus aisé de construire de nouveaux objets de recherche transversaux qu'il existe désormais une solide historiographie de la situation coloniale en Nouvelle-Calédonie, progressivement établie depuis les années 1980, et que le renouveau international des études sur les mondes coloniaux, depuis une quinzaine d'années, a particulièrement travaillé la question des points de rencontre entre société coloniale et société colonisée (Cooper et Stoler 1997, Saada 2007, Bertrand 2011).

Dans cette nouvelle génération de travaux sur la Nouvelle-Calédonie, deux types d'approches complémentaires peuvent être distingués. D'une part, certaines recherches analysent les *différences* entre Kanak et non-Kanak face à des phénomènes sociaux ou des institutions particulières. On peut citer ici les travaux sur les inégalités face à l'école (notamment l'ouvrage précurseur de Kohler et Wacquant 1985, mais aussi Salaün 2005b, Hadj *et al.* 2011, Gorohouna 2011), ou encore les études de Christine Hamelin et Christine Salomon (2004, 2008) sur les violences faites aux femmes et les comportements de santé des jeunes : après leurs premiers travaux ethnographiques sur le seul monde kanak, ces deux chercheuses ont mené des enquêtes statistiques sur des échantillons représentatifs de l'ensemble de la population féminine, puis jeune, de Nouvelle-Calédonie, afin notamment d'examiner « l'ethnicité différenciée » des violences intra-familiales ou des pratiques à risque des jeunes. De même, les analyses de Marcel Djama (2006) sur les structures de commercialisation des produits agricoles soulignent les modalités éminemment politiques de l'intégration différenciée des producteurs européens et kanak au marché local.

D'autre part, on trouve aussi des recherches qui posent directement la question des *relations* entre Kanak et non-Kanak. C'est le cas de l'ouvrage de Dorothée Dussy (2012) sur la ville de Nouméa, qui examine en particulier les confrontations entre Européens, Kanak et autres Océaniens dans les usages sociaux des espaces urbains.

Au croisement du genre et de la race, la question du métissage, après avoir été long-temps instrumentalisée politiquement — l'invocation du « métissage calédonien » permettant de délégitimer la revendication kanak — commence également à être abordée dans le champ scientifique (Dauphiné 1996, Angleviel 2004, Hamelin et Salomon 2008, Muckle et Trépied 2014). Quant aux travaux d'Ismet Kurtovitch (2002) et à ceux d'Hamid Mokaddem (2010) sur le champ politique, ils prennent pour objet la façon dont colons et colonisés ont négocié conjointement les moments-charnières de l'histoire politique calédonienne — après l'acquisition de la citoyenneté par les Kanak en 1946 pour le premier, lors de la séquence des « évé-nements » puis sous l'ère des Accords de Matignon et Nouméa pour le second. Ma propre recherche doctorale, sur laquelle je vais maintenant revenir, s'inscrit enfin dans ce type de perspective analytique, puisqu'elle se focalise sur les rapports sociaux et politiques noués entre Kanak et non-Kanak à l'échelle d'une commune rurale du nord-ouest, Koné.

Une commune comme cadre d'analyse « interracial »

Si la citation précédente d'Isabelle Merle insistait sur l'impossibilité pratique, en 1990, d'une enquête de terrain menée dans les deux « camps » à la fois, j'ai pourtant pu réaliser ce type d'ethnographie une décennie plus tard, pour plusieurs raisons (Trépied 2007 : 61-96). La durée de ma présence sur un terrain de taille modeste (deux ans dans une commune de 5 000 habitants), et la familiarité qui en a découlé dans un contexte rural de forte interconnaissance, ont d'abord constitué des atouts importants pour me faire accepter localement au sein des diverses « communautés » en présence. Au moment de mon enquête (2002-2004), le contexte politique relati-vement apaisé — du fait de l'idéologie de la réconciliation imprégnant l'Accord de Nouméa signé peu de temps avant — m'a également permis de traverser sans difficulté, dans les deux sens et à maintes reprises la frontière entre le monde social des colons et celui des colonisés, matérialisée à l'intérieur du territoire communal par les limites des réserves indigènes. Enfin et surtout, le choix d'une commune comme cadre de l'étude — plutôt qu'une tribu kanak ou un village européen — a été déterminant pour dépasser la perspective d'un cloisonnement étanche des expériences sociales.

Cette échelle d'analyse était inédite dans le champ des recherches en sciences sociales sur la Nouvelle-Calédonie, précisément en raison des partages disciplinaires établis et des clivages sociopolitiques nés de la colonisation qui excluaient « naturel-lement » ce type de terrain hybride (ni d'un côté des réserves indigènes, ni de l'autre, mais des deux côtés à la fois). Au croisement de l'ethnographie et de la recherche en archives, mon enquête consistait à penser *ensemble* tous les habitants (kanak ou non) d'une même commune, entendue comme un espace social partagé où vivaient des individus héritiers d'histoires coloniales contrastées mais simultanément engagés dans certaines activités communes.

Très concrètement, en enquêtant pendant deux ans dans la commune de Koné, j'ai identifié plusieurs scènes sociales où se déployaient des relations particulières entre des individus rattachés à des catégories coloniales et raciales différentes : au sein des couples et familles « mixtes » (questions du métissage, des stratégies matrimoniales et familiales) ; au travail (élevage, mine, caféiculture, domesticité, travaux publics) ; dans le cadre du commerce (magasins, colportage) ; dans les zones de voisinage résidentiel (propriétés des colons mitoyennes des réserves, Kanak installés aux abords du village) ; au sein de l'appareil administratif (rencontres entre le « syndic des affaires indigènes » et les chefs kanak, en tribu ou à la gendarmerie) ; dans les lieux de culte (relations entre les paroissiens indigènes des tribus, les missionnaires européens et, à partir des années 1950, les colons pratiquants du village) ; à l'école du village (fréquentée par quelques Kanak après 1946) ; lors des activités sportives et de loisirs (matchs, courses, musique, fêtes) ; enfin au sein des structures politiques locales (mairie, organisations partisanes et syndicales).

Je ne développerai ici qu'un exemple pour illustrer la façon dont ce type d'objet construit par-dessus la frontière coloniale contribue à renouveler l'intelligibilité de la situation coloniale calédonienne : celui des relations nouées entre éleveurs européens et gardiens de bétail kanak dans le cadre des activités pastorales à Koné[3].

Le monde social des « stockmen »

Dès la naissance de la colonie dans les années 1850, les grandes prairies herbeuses et le relief peu accidenté du versant ouest de la Grande Terre, où se situe Koné, ont été privilégiés par les investisseurs et spéculateurs du chef-lieu pour le développement des activités pastorales. L'élevage bovin extensif est de ce fait le principal secteur professionnel ayant rassemblé Européens et Kanak sur le temps long et de façon répétée dans la région de Koné, des années 1870 — dès l'arrivée des premiers éleveurs, soit près d'une décennie avant la fondation administrative officielle du village en 1880 — jusqu'aux années 1980. L'analyse des rapports entre « stockmen » kanak (gardiens de bétail) et éleveurs européens constitue donc une clé de lecture originale pour repenser la genèse et la reproduction de l'ordre colonial à Koné à partir de cette focale à la fois « pastorale » et « interraciale ».

Loin d'être marginales, les activités d'élevage ont concerné de nombreux Kanak de la zone. Au cours des années 1940 et 1950 par exemple, dans chacune des tribus de la commune, plusieurs hommes étaient clairement identifiés comme des spécialistes du « travail au bétail » (selon l'expression familière couramment utilisée sur place), reconnus, recherchés et appréciés pour leurs compétences professionnelles par les

---

3. Concernant les autres scènes sociales interraciales évoquées ci-dessus, que je ne peux traiter ici faute de place, je me permets de renvoyer à Trépied (2010).

éleveurs blancs. Je souhaite citer à ce sujet des extraits d'entretiens réalisés avec deux figures majeures du monde pastoral de Koné au XXᵉ siècle, Auguste Poadja (1916-2005, stockman kanak) et Roger Mennesson (1923-2008, gérant européen de la propriété d'élevage Ballande de Pidjen, l'une des plus importantes de la région). La lecture croisée de leurs deux entretiens dessine un univers social partagé entre colons et indigènes à Koné. Cet univers social du « travail au bétail » était certes clairement hiérarchisé entre patrons blancs et employés kanak, mais c'était aussi un monde familier où éleveurs et stockmen se connaissaient par leurs noms (ou leurs surnoms), se fréquentaient, se tutoyaient, discutaient et travaillaient ensemble :

Benoît Trépied : « Chez Devillers [colon voisin de la tribu de Poindah], vous avez travaillé longtemps ? »

Auguste Poadja : « Ouh ! Depuis le début jusqu'à la fin. Je suis parti de chez lui pour travailler chez Bouillet, et de là chez Videault, et quand je reviens ici, je travaille toujours avec lui, avec le vieux Léopold. […] J'ai commencé le bétail vers 12, 14 ans, à partir de 1928, 1930, 31, j'ai travaillé pour Devillers. Même j'ai amené le bétail jusqu'à Nouméa, pour faire la viande à la capitale. […] On a toujours travaillé à cheval. Chez Devillers, il y avait des gens qui travaillaient, de Poindah, de Netchaot, de Bopope [noms de tribus]. De Netchaot, c'était un vieux Kapouno, de Noelly c'est un Poadaé, ils sont plusieurs frères Poadaé, Bopope c'est Alphonse, et puis un Pawa, Pawa Elia. […] Ici, on a Devillers en haut, par là il y a Ballande, il y a Videault [il indique les directions de la main]. Donc quand il faut travailler le bétail, ils nous trouvent, et nous aussitôt, on accepte, parce qu'on a besoin de l'argent, on est malheureux. » [4]

Roger Mennesson : « Sur Pidjen, il y avait un effectif constant d'une dizaine de personnes. Tous les Poadaé là, les Poadaé, les Goroépata, les… Dans les Poadaé j'ai eu Raymond, j'ai eu Jojo, j'ai eu le vieux Dogo… Pierre, Tiaou Pierre, qui a fait le front avec moi… J'ai eu, comment il s'appelait, Petit Pierre de Noelly là, Poaracagu, il y avait des Poaracagu… Vous savez, j'ai eu tous les noms de toutes les tribus hein ! […] J'ai travaillé avec le chef Auguste [cité ci-dessus], beaucoup avec Auguste. Le grand chef Auguste c'était un bon stockman ça, Poadja je parle hein, ça c'est un bon stockman, bon gardien de bétail, dans le monde typiquement stockman il en connaît un rayon. J'ai travaillé beaucoup avec Boaé, Boaé, le fils de Pierre Boaé qui est mort au front là. […]

Je voyais le grand chef Poigny à Atéou, je lui disais : « Poigny, il me faut quatre stockmen, tu prends des bons stockmen hein ! » Ou bien : « moi je voudrais Rocaou avec moi », c'est un surnom, Le Vieux Rouquin on l'appelait, c'est Louis. Je lui disais : « moi je voudrais que tu me donnes Louis, je voudrais bien que tu me donnes… » Ben voilà, j'avais des préférences. Poigny me disait : « bon tu vois le vieux Louis il peut pas en ce moment, parce qu'il est parti à Pamalé » [propriété d'un autre colon]. Ou il me disait : « non, il y a Joseph Devaud [éleveur] qui est venu le prendre la semaine dernière », ben alors je lui dis : « bon donne-moi un, mais un bon hein ! » […]

---

4. Tribu de Poindah, Koné, entretien du 30 mai 2003.

Je me serais fait tuer pour eux comme eux se seraient fait tuer pour moi ! On arrivait en conduite [lors d'une transhumance], ma femme est là elle pourra vous confirmer, j'avais droit au matelas parce que j'étais le chef, mais tous les mecs, Poigny, tout ça, ils se disputaient pour coucher à côté de nous. Et puis le soir, si le patron il donnait pas un coup de tafia [alcool], ça voulait dire que le patron il était pas content. Alors ils venaient : « on a fait des choses qui va pas ? » Il y en a qu'un qui m'appelait Roro c'était Édouard Réveillon [stockman blanc], mais tous les autres m'appelaient « patron ». « Il y a quelque chose qui va pas patron ? », « pourquoi ? », « parce que t'as pas payé le coup t'à l'heure », « ah ben j'ai oublié ». Mais j'avais besoin d'engueuler un homme, je passais par Poigny d'abord, je lui disais : « tu sais Poigny, l'autre tout à l'heure il a pas bien fait »[5].

Pour être utilisables, ces discours doivent bien entendu être replacés dans le contexte rétrospectif de leur énonciation. Lors de notre très long entretien (près de cinq heures), Roger Mennesson a clairement adopté une posture nostalgique et euphémisante — on serait tenté de dire « testamentaire », tant il semblait crucial pour lui, à 81 ans, de raconter cette « belle vie d'autrefois », de léguer en quelque sorte le récit de cette « brousse » calédonienne révolue. En revanche, le récit beaucoup plus sobre d'Auguste Poadja relativise l'angélisme des propos de Roger Mennesson en mettant en lumière l'emprise — pour ne pas dire l'aliénation — du « travail au bétail » sur la vie des stockmen kanak et les rapports de domination dans lesquels ils étaient pris : rapports hiérarchiques, travail contraint et quasi obligatoire (notamment pour payer l'impôt de capitation), voire misère et oppression (« on était malheureux »). Il n'en demeure pas moins que ces deux entretiens donnent à voir un véritable espace social commun, malgré la prégnance des processus ségrégatifs à l'œuvre dans la colonie.

Il est possible de pousser un peu plus loin l'analyse : c'est précisément parce que la société calédonienne était profondément divisée, que les dispositions et connaissances réciproques acquises dans le cadre de l'élevage par les stockmen kanak sur les éleveurs européens (et vice-versa) pouvaient apparaître potentiellement comme des ressources sociales et des avantages comparatifs, dès lors qu'un « enjeu interracial » exigeait la mobilisation de liens noués par-delà la frontière coloniale. Nombre des hommes engagés dans le secteur pastoral, qu'ils soient Kanak ou Européens, ont ainsi joué un rôle majeur dans l'histoire politique de Koné — comme chefs administratifs ou élus, lors des guerres de l'époque coloniale, après l'accession des Kanak à la citoyenneté en 1946 et pendant les « événements » des années 1980 — en tant que médiateurs incontournables entre les deux mondes sociaux en présence (Muckle et Trépied 2010).

Pour les stockmen kanak en particulier, deux attributs sociaux semblaient jouer un rôle politique déterminant : leur fréquentation répétée des colons et leur connaissance de la langue française. Dans le cadre de leurs activités pastorales en effet, il n'était pas rare qu'ils quittent leur domicile de tribu pendant plusieurs semaines pour travailler aux côtés des éleveurs européens. Les relations quotidiennes nouées en ces occasions

---

5. Tontouta, Païta, entretien du 12 janvier 2004.

entre employés kanak et employeurs blancs pouvaient être empreintes tantôt de complicité et de camaraderie, tantôt de froideur et de distance, selon les sensibilités des uns et des autres, mais aussi selon le lieu, la durée et le type d'activités réalisées. L'organisation des repas, évoquée ainsi par Auguste Poadja, fournit un bon exemple : « A la maison [de l'éleveur] on mange à part, mais dans la brousse, on mangeait ensemble, c'est surtout quand on emmenait le troupeau à Nouméa »[6]. Par-delà leur hétérogénéité, ces rapports particuliers entre éleveurs européens et employés kanak créaient à minima certaines formes d'interconnaissance et de familiarité.

La connaissance du français par les stockmen kanak s'avérait également déterminante dans le cadre de leurs trajectoires politiques. C'est par exemple ce qu'indiquait l'ancien instituteur européen de Koné à propos du premier scrutin municipal ouvert aux Kanak en 1954, au terme duquel cinq Kanak furent élus, dont quatre stockmen : « Au début, je m'en souviens, on en a longuement discuté, j'ai préconisé de prendre ceux qui savaient lire, écrire, et parler, qu'ils comprennent »[7]. En ce sens, c'est bien leur statut d'*interlocuteurs* privilégiés des éleveurs qui semble avoir contribué à la désignation des candidats kanak de 1954. Plus largement, jusqu'à l'émergence des premiers lettrés et diplômés mélanésiens dans le courant des années 1960, le critère de la langue acquise « au bétail » semblait constituer à Koné un fondement central de l'influence kanak construite en relation avec les Européens, non seulement dans le cadre professionnel, mais aussi au sein des chefferies administratives, puis après 1946 dans les structures militantes et à la mairie (Trépied, à paraître)[8]. Quand je leur ai présenté les noms des cinq premiers conseillers municipaux kanak de 1954, Auguste Poadja et son fils Gérard ont souligné la signification politique des compétences linguistiques de ces hommes — stockmen, chefs et élus, mais avant tout « porte-parole » :

Auguste Poadja : « Goroerewan Baptiste [alias « Poigny » dans l'entretien réalisé avec Roger Mennesson], c'est un gars, il travaille beaucoup à cheval. Et dans ce métier-là, on parle beaucoup le français, on parlait pas la langue. C'est comme le vieux Oué Auguste qui était ici, il était comme Baptiste. [...] Oué Auguste, il travaille beaucoup au bétail, il sait parler mieux le français que les autres, alors ils ont nommé lui comme porte-parole au grand chef Katélia. »

Gérard Poadja : « La plupart du temps, chez nous les Kanak, c'est celui qui se démerde assez bien, sur le plan français, ou sur sa manière de discuter, qu'on met en avant. Quand on regarde ces noms [de 54], c'était des vieux qui étaient en charge d'une responsabilité quelconque à l'époque. » [...]

6. Entretien avec Auguste Poadja, Poindah, 30 mai 2003.
7. Entretien avec Paul Rival, Nouméa, 24 octobre 2002.
8. Les stratégies d'évangélisation (en langues vernaculaires) et « l'école indigène » n'ont suscité, en matière linguistique, qu'une francisation marginale des populations kanak à l'époque coloniale (Salaün 2005a).

Auguste Poadja : « C'est les mecs un peu dégourdis, à la manière kanak, qui parlent un peu mieux le français. […] À force de parler le français, c'est de là que tu vas être chef, tu vas être le porte-parole aux autres. »[9]

Pour certains stockmen kanak de Koné, les ressources linguistiques acquises auprès des éleveurs blancs étaient ainsi étroitement liées à de multiples positions de pouvoir locales. Si la connaissance du français n'était pas l'unique critère d'ascension politique locale — la désignation des chefs relevait par exemple également d'autres logiques liées aux rapports de force internes au sein des tribus —, elle n'en demeurait pas moins un atout maître pour collaborer avec l'administration et les dirigeants européens des partis politiques.

Grâce à la qualité des recherches menées dans le sillage de l'irruption politique kanak des années 1970-1980, la genèse et les caractéristiques de la ségrégation coloniale au fondement de la société calédonienne sont aujourd'hui relativement bien connues. Forte de ces acquis, une nouvelle génération de travaux tente désormais de construire des objets de recherche dont les limites ne correspondent plus « naturellement » aux frontières des réserves indigènes. Ils opèrent ainsi un changement de focale déterminant, au profit d'espaces sociaux établis par-dessus les grands clivages raciaux et territoriaux nés de la colonisation de peuplement. Ce type de recentrage analytique — sur le péri-mètre d'une commune par exemple — offre la possibilité, grâce aux « jeux d'échelles », de réexaminer *la* situation coloniale (globale) à partir *d'une* situation coloniale parti-culière (Cooper 2004, Revel 1996). La définition d'un « micro-terrain » incluant à la fois colons et colonisés permet ici de saisir « sur le vif » des situations d'interactions concrètes entre des individus appartenant aux divers groupes définis par le processus colonial. De fait, face au fossé « macro » de la ségrégation entre mondes kanak et non-kanak instituée par les autorités administratives à l'échelle de la colonie entière, ces espaces interraciaux de relations sociales ne peuvent être observés concrètement que dans les replis du « micro-social ». En retour, cette réorientation du regard dévoile les nuances sociales d'un monde colonial complexe, au-delà de la vision manichéenne d'une opposition bloc contre bloc entre Kanak et Européens. Elle donne à voir non seulement les multiples tensions structurant en interne chacun des deux principaux groupes — en termes de genre, de classe, de rang social, de race (question du métissage), d'origine migratoire (colons « libres » ou issus du bagne), etc. —, mais également les diverses oppositions et les alliances nouées entre certains individus issus de ces dif-férents groupes dans des situations historiques particulières. Apparaissent ainsi des configurations complexes de rapports de domination diversifiés, non nécessairement convergents, cohérents ou unifiés. Établis de part et d'autre et par-dessus la frontière coloniale, ils évoquent directement, selon la définition foulcadienne du pouvoir, « le

---

9. Entretien avec Auguste et Gérard Poadja, Poindah, 10 novembre 2002.

socle mouvant des rapports de force qui induisent sans cesse, par leur inégalité, des états de pouvoir, mais toujours locaux et instables » (Foucault 1984 : 121).

Bibliographie

Adi, Catherine
1998   Les travailleurs javanais sous contrat en Nouvelle-Calédonie de 1896 à 1955. Besançon : Université de Franche-Comté, mémoire de maîtrise en histoire.

Angleviel, Frédéric (éd.)
2004   La Nouvelle-Calédonie, terre de métissages. Paris : Les Indes Savantes, annales d'histoire calédonienne n° 1.

Ataba, Apollinaire Anova
1965   Histoire et psychologie des Mélanésiens. rééd. Nouméa : Expressions, 2008.

Balandier, Georges
1951   « La situation coloniale : approche théorique ». Cahiers internationaux de sociologie, 51 : 44-79.

Barbançon, Louis-José
2003   L'archipel des forçats. Histoire du bagne de Nouvelle-Calédonie (1863-1931). Villeneuve d'Ascq : Presses universitaires du Septentrion.

Bayart, Jean-François et Romain Bertrand
2006   « De quels 'legs colonial' parle-t-on ? ». Esprit, décembre : 134-160.

Bertrand, Romain
2011   L'histoire à parts égales. Paris : Seuil.

Bensa, Alban
1995   Chroniques kanak. L'ethnologie en marche. Paris : Ethnies Documents, 18-19.
2007   « Ce que les Kanaks font à l'anthropologie. De l'autre côté du mythe ». Vacarme, 44 : 5-14.

Bensa, Alban et Pierre Bourdieu
1985   « Quand les Canaques prennent la parole ». Actes de la recherche en sciences sociales, 56 : 69-83.

Bensa, Alban et Jean-Claude Rivierre
1982   Les Chemins de l'alliance. Paris : SELAF.
1994   Les Filles du rocher Até. Contes et récits paicî. Paris : Geuthner-ADCK.

Brou, Bernard
1973   Histoire de la Nouvelle-Calédonie : les temps modernes, 1774-1925. Nouméa : Société d'études historiques de la Nouvelle-Calédonie.
1975   Espoirs et réalités : la Nouvelle-Calédonie de 1925 à 1945. Nouméa : Société d'études historiques de la Nouvelle-Calédonie.
1982   Trente ans d'histoire de la Nouvelle-Calédonie, 1945-1977. Nouméa : Société d'études historiques de la Nouvelle-Calédonie.

Collectif Être Caldoche Aujourd'hui
1994   Nouméa : Île de Lumière.

Collectif *Tavaka*

2009   *Mémoires de voyage*. Nouméa : ADCK-Tavaka.

Comaroff, Jean and John Comaroff

1991 et 1997. *Of Revelation and Revolution. Christianity, Colonialism and Consciousness in South Africa*. Chicago : University of Chicago Press, 2 volumes.

Cooper, Frederick

2004   « Grandeur, décadence... et nouvelle grandeur des études coloniales depuis le début des années 1950 ». *Politix*, 66 : 17-48.

2010   *Le colonialisme en question. Théorie, connaissance, histoire*. Paris : Payot.

Cooper, Frederick and Ann Laura Stoler

1997   *Tensions of Empire. Colonial Cultures in a Bourgeois World*. Berkeley : University of California Press.

Coulon, Marc

1985   *L'irruption kanak. De Calédonie à Kanaky*. Paris : Messidor/Éditions sociales.

Dahlem, Jacqueline

1997   *Nouvelle-Calédonie, Pays Kanak : un récit, deux histoires*. Paris : L'Harmattan.

Dauphiné, Joël

1996   « Le métissage biologique dans la Nouvelle-Calédonie coloniale (1853-1939) ». In A. Saussol et J. Zitomersky (eds), *Colonies, territoires, sociétés. L'enjeu français*. Paris : L'Harmattan, p. 217-222.

Debien, Cynthia

1990   La colonisation pénale en Nouvelle-Calédonie. L'exemple des concessionnaires de Pouembout, *1883-1895*. Nouméa : CTRDP, mémoire de maîtrise en histoire.

Deckker, Paul de (éd.)

1993   *Le peuplement du Pacifique et de la Nouvelle-Calédonie au XIXᵉ siècle. Condamnés, Colons, Convicts, Coolies, Chân Dang*. Paris : L'Harmattan, Pac 93-Université Française du Pacifique.

Demmer, Christine

2002   Les héritiers d'Éloi Machoro (1941-1985). Une génération nationaliste au pouvoir à Amââ et Kûöö, villages de Xârâcùù (Canala), Nouvelle-Calédonie. Paris : EHESS, thèse de doctorat en anthropologie.

2007   « Autochtonie, nickel, environnement : une nouvelle stratégie kanake ». *Vacarme*, 39 : 43-48.

Djama, Marcel

1997   « Du changement sous contrôle : les recompositions de la filière élevage en Nouvelle-Calédonie ». In G. Diemer (éd.), *La négociation sociale des dispositifs techniques pour le développement*. Paris : APAD, bulletin n° 13, p. 69-77.

2006   « Marchand ? Non-marchand ? L'hybridation des catégories économiques en pays kanak contemporain (Nouvelle-Calédonie) ». In C. Demmer et M. Salaün (eds), *À l'épreuve du capitalisme. Dynamiques économiques dans le Pacifique*. Paris : L'Harmattan, Cahiers du Pacifique Sud Contemporain 4, p. 114-128.

Douglas, Bronwen
1998   *Across the Great Divide. Journeys in History and Anthropology*. Amsterdam : Haarwood
        Academic Publishers.

Dousset-Leenhardt, Roselène
1978   *Colonialisme et contradictions*. Paris : Mouton & Co.

Dussy, Dorothée
2012   *Nouméa, ville océanienne ?* Paris : Karthala, Karapaa.

Faugère, Elsa
2010   « La fabrication sociale et politique des forêts sèches en Nouvelle-Calédonie
        (1981-2001) ». In E. Faugère et I. Merle (eds), *La Nouvelle-Calédonie vers un destin
        commun ?* Paris : Karthala, Karapaa, p. 185-200.

Foucault, Michel
1984   « Deux essais sur le sujet et le pouvoir ». In H. Dreyfus et P. Rabinow (eds), *Michel Foucault,
        Un parcours philosophique. Au-delà de l'objectivité et de la subjectivité*. Paris : Gallimard.

Gorohouna, Samuel
2011   Dynamiques des inégalités dans un pays pluri-ethnique : le cas de la Nouvelle-Calédonie.
        Paris : Université Paris 1 Panthéon-Sorbonne, thèse de doctorat en sciences économiques.

Grochain, Sonia
2007   Les Kanak et le travail en province Nord de Nouvelle-Calédonie. Paris : EHESS,
        thèse de doctorat en sciences sociales.

Guiart, Jean
1963   *Structure de la chefferie en Mélanésie du Sud*. Paris : Musée de l'Homme, travaux et
        mémoires de l'Institut d'ethnologie.

Hadj, Laure, Gaël Lagadec, Gérard Lavigne et Catherine Ris
2011   « Les inégalités ethniques devant l'école en Nouvelle-Calédonie ». *Cahiers du LARJE*, 2,
        working paper : 1-32.

Hamelin, Christine et Christine Salomon
2004   « Parenté et violences faites aux femmes en Nouvelle-Calédonie. Un éclairage sur
        l'ethnicité différenciée des violences subies au sein de la famille ». *Espaces, populations,
        sociétés*, 2 : 307-323.
2008   « Situations sociales et comportements de santé des jeunes en Nouvelle-Calédonie :
        Premiers résultats ». Paris : INSERM.

Kohler, Jean-Marie et Dorothy Shineberg
1992   « Argent, religion et pouvoir en Nouvelle-Calédonie : A. Ballande et les évêques,
        1885-1935 ». *Journal de la Société des Océanistes*, 95 : 151-183.

Kohler, Jean-Marie et Loïc Wacquant
1985   *L'école inégale. Éléments pour une sociologie de l'école en Nouvelle-Calédonie*. Nouméa :
        Institut culturel mélanésien-IRD éditions.

Kurtovitch, Ismet
2002   *La vie politique en Nouvelle-Calédonie, 1940-1953*. Villeneuve d'Asq : Presses
        Universitaires du Septentrion.

Leblic, Isabelle
1993   *Les Kanak face au développement. La voie étroite*. Grenoble : Presses Universitaires de Grenoble.

Leenhardt, Maurice
1947   *Do Kamo. La personne et le mythe dans le monde mélanésien*. Paris : Gallimard.

Merle, Isabelle
1995   *Expériences coloniales. La Nouvelle-Calédonie, 1853-1920*. Paris : Belin.
2004   « De la légalisation de la violence en contexte colonial. Le régime de l'indigénat en question ». *Politix*, 66 : 137-162.

Métais, Éliane
1966   *La sorcellerie canaque actuelle. Les « tueurs d'âme » dans une tribu de la Nouvelle-Calédonie*. Paris : Société des océanistes.

Métais, Pierre
1956   *Mariage et équilibre social dans les sociétés primitives*. Paris : Imprimerie nationale.

Mokaddem, Hamid
2010   Anthropologie politique de la Nouvelle-Calédonie contemporaine. Constitution et médiation des espaces publics insulaires. Paris : EHESS, thèse de doctorat en anthropologie.

Muckle, Adrian
2010   « Troublesome chiefs and disorderly subjects : the internment of Kanak under the indigénat – New Caledonia, 1887-1946 ». *Journal of French Colonial History*, 11 : 131-160.
2012a   « The presumption of indigeneity : colonial administration, the 'community of race' and the category of indigène in New Caledonia, 1887-1946 ». *Journal of Pacific History*, 47(3): 309-328.
2012b   *Specters of Violence in a Colonial Context : New Caledonia, 1917*. Honolulu : University of Hawai'i Press.

Muckle, Adrian et Benoît Trépied
2010   « In the long 'run': Kanak stockmen, the cattle frontier and colonial power relations in New Caledonia, 1870-1988 ». *Oceania*, 80 : 198-215.
2014   « Les transformations de la « question métisse » en Nouvelle-Calédonie (1853-2009) ». *Anthropologie et Sociétés*, 38(2) : 89-108.

Naepels, Michel
1997   « 'Il a tué les chefs et les hommes'. L'anthropologie, la colonisation et le changement social en Nouvelle-Calédonie ». *Terrain*, 28 : 44-58.
1998   *Histoires de terres kanakes*. Paris : Belin, Socio-histoires.
2013   *Conjurer la guerre. Violence et pouvoir à Houaïlou (Nouvelle-Calédonie)*. Paris : éditions de l'EHESS.

Naepels, Michel et Christine Salomon (eds)
2007   *Terrains et destins de Maurice Leenhardt*. Paris : éditions de l'EHESS, Cahiers de L'Homme.

Rettig, Isabelle
2006   La communauté wallisienne et futunienne en Nouvelle-Calédonie. Facteurs de production et usages localisés. Paris : EHESS, mémoire de DEA en anthropologie.

Revel, Jacques (éd.)

1996   *Jeux d'échelles. La microanalyse à l'expérience*. Paris : Gallimard, Le Seuil, coll. Hautes Études.

Saada, Emmanuelle

2007   *Les enfants de la colonie. Les métis de l'empire français entre sujétion et citoyenneté*. Paris : La Découverte.

Saussol, Alain

1979   *L'Héritage. Essai sur le problème foncier mélanésien en Nouvelle-Calédonie*. Paris : Société des Océanistes, Musée de L'Homme.

Salaün, Marie

2005a   *L'école indigène. Nouvelle-Calédonie, 1885-1945*. Rennes : Presses Universitaires de Rennes.

2005b   « De la mentalité primitive au choc des cultures. L'échec scolaire kanak et son étiologie : état des lieux (communs) ». In V. Fillol et J. Vernaudon (eds), *Stéréotypes et représentations en Océanie*. Nouméa : Corail-Grain de sable, p. 129-144.

2013   *Décoloniser l'école ? Hawai'i, Nouvelle-Calédonie : expériences contemporaines*. Rennes : Presses Universitaires de Rennes.

Salaün, Marie et Jacques Vernaudon

2009   « La citoyenneté comme horizon : destin commun, demande sociale et décolonisation de l'école en Nouvelle-Calédonie aujourd'hui ». *Anthropologie et sociétés*, 33(2): 63-80.

Shineberg, Dorothy

1967   *They Came for Sandalwood. A Study of the Sandalwood Trade in the South-West Pacific*. Melbourne : Melbourne University Press.

Soriano, Éric

2001   Une trajectoire du politique en Mélanésie. Construction identitaire et formation d'un personnel politique. L'exemple kanak de Nouvelle-Calédonie. Montpellier : Université Montpellier 1, thèse de doctorat en science politique.

Terrier, Christine

2004   « Quêtes identitaires, citoyenneté calédonienne et histoire ». *Mwà Véé*, 44 : 5-9.

Trépied, Benoît

2007   Politique et relations coloniales en Nouvelle-Calédonie. Ethnographie historique de la commune de Koné. Paris : EHESS, thèse de doctorat en anthropologie.

2010   *Une mairie dans la France coloniale. Koné, Nouvelle-Calédonie*. Paris : Karthala, Recherches Internationales.

2011   « Recherche et décolonisation en Nouvelle-Calédonie contemporaine : lectures croisées ». *Revue d'histoire des sciences humaines*, 44 : 159-187.

à paraître (2014). « Langues et pouvoir en Nouvelle-Calédonie coloniale. Les Kanak locuteurs du français dans la région de Koné ». In R. Bertrand et E. Sibeud (eds), *Cultures d'Empires*. Paris : Karthala.

Wittersheim, Éric

2006   *Des sociétés dans l'État. Anthropologie et situations postcoloniales en Mélanésie*. Paris : Aux Lieux d'Être.

Chapitre 12

Le *marae* : ancrage et métaphore pour être Māori et Tahitien aujourd'hui

Natacha Gagné

Chez les Māori comme chez les Tahitiens, la référence à la « culture », en particulier à certains de ses éléments jugés « traditionnels », est centrale dans les discours et les pratiques visant l'affirmation et l'autodétermination. Dans ces deux cas, le mouvement, souvent qualifié de « renaissance » ou de « renouveau culturel », a fait du *marae*, défini par Saura comme cet « [espace réservé] aux activités cérémonielles, sociales et religieuses des anciens Polynésiens » (2005 : 163), un important symbole.

Dans une approche comparative, je m'attarderai tout d'abord sur ce qu'est le *marae* ainsi que sur son destin en pays māori et tahitien. Dans un deuxième temps, j'explorerai quelques exemples d'investissement du lieu, tant sur le plan physique que symbolique. Dans une troisième partie, je reviendrai sur la signification des *marae* dans la vie des Māori et des Tahitiens et montrerai comment ils sont fondamentaux dans l'affirmation d'un univers de sens qui leur est particulier et qui les orientent dans leurs actions et interactions au quotidien. Par « univers de sens », j'entends un ensemble de principes généraux et de valeurs qui constituent un domaine interprétatif au sein duquel certains principes, valeurs, personnages, acteurs, catégories et identités sont reconnus ; des significations particulières sont assignées à certains actes, idées, symboles ; et certains résultats, projets sont plus valorisés que d'autres.

Qu'est-ce qu'un *marae* ?

On retrouve des *marae* dans tout le triangle polynésien — *malae* en samoan et *mala'e* en tongien — bien qu'il existe des différences entre eux aux plans structurel et fonctionnel[1]. Dans le territoire de l'actuelle Polynésie française, les *marae* présentent également des différences d'une île à l'autre pour ce qui est de leur taille, de leur localisation, de leur structure. Leur architecture comprend pourtant deux éléments de base : 1) une aire rectangulaire ou cour pourvue d'une plate-forme (*ahu*)[2] qui peut être comparée à une sorte d'autel et 2) un ensemble de pierres dressées le long du

---

1. Pour des précisions, voir Conte (2000), en particulier les pages 198 à 208. Voir également, parmi d'autres travaux plutôt récents, Gérard (1974), Kahn et Kirch (2011), Kirch (1990), Saura (2005), Robineau (1986a, 1986b, 1986c, 1986d, 1986e, 2009), Wallin et Solsvick (2002, 2008, 2010) sur les rôles politiques, sociaux, religieux et économiques de ces structures d'un point de vue historique et archéologique.
2. À Rapanui (Île de Pâques), ce terme en est venu à désigner l'ensemble de la plate-forme cérémonielle.

ahu ou dans la cour qui servaient de reposoir aux dieux et aux ancêtres, mais aussi de dossier pour les officiants (Saura 2005 : 163). À la structure de pierres s'ajoutait anciennement un ensemble de constructions de bois et de végétaux qui avaient diverses fonctions. Certaines abritaient les représentations des dieux, d'autres des accessoires cérémoniels, d'autres encore les corps des défunts appartenant à la classe des chefs (Saura 2005 : 164). Ces constructions ont aujourd'hui disparu. N'en subsistent que quelques descriptions de témoins oculaires peu avant l'arrivée des missionnaires ou lors des premiers contacts, ainsi que l'iconographie laissée par les artistes faisant partie des premières expéditions européennes (Conte 2000 : 197).

Chez les Māori de Nouvelle-Zélande, le *marae* correspond à une structure un peu différente, même si on retrouve certains éléments communs à l'aire polynésienne, telle que la cour cérémonielle. Le *marae* consiste en un ensemble clôturé de bâtiments parmi lesquels on retrouve la très caractéristique *wharenui*, la grosse maison ou maison de rassemblement, une cuisine et une salle à manger. La *wharenui* — aussi appelée *whare tipuna* (maison ancestrale), *whare hui* (maison de rassemblement), *whare whakairo* (maison sculptée), *whare rūnanga* (maison du conseil) — représente le cœur du complexe cérémoniel[3]. Elle est habituellement nommée du nom d'un ancêtre. D'ailleurs, non seulement la maison représente l'ancêtre — le faîtage étant sa colonne vertébrale et les chevrons, ses côtes —, elle l'incarne. À l'intérieur de la maison, on est entouré et protégé par l'ancêtre éponyme, par d'autres figures ancestrales associées au groupe et par les dieux (Allen 2002 : 48). La maison est d'ailleurs considérée comme un être vivant et dans les discours cérémoniels, on s'y adresse directement comme à un aîné (Allen 2002 : 48). Si la maison est sculptée et/ou peinte, toutes les formes représentent des figures ancestrales importantes, que ce soit des gens, des dieux ou divers éléments. La maison ancestrale est vue comme un livre d'histoire architectural pour ceux qui y sont liés (Salmond 1975 : 39, Ihimaera 1972 : 117). Rosenblatt (2011) parle d'une sorte de « grammaire » qui participe à la constitution et à la définition du groupe. C'est d'ailleurs le caractère ancestral et symbolique de la maison qui lui confère son caractère *tapu* (sacré)[4].

Si les *marae* ne sont pas une particularité de la Polynésie française, ce qui est sans doute particulier, cependant, c'est la façon dont les missionnaires se sont acharnés contre eux en les diabolisant (Kahn 2011 : 39), ce qui fait que ces lieux ont été abandonnés, comme furent aussi abandonnées assez rapidement après les conversions au christianisme, les activités cérémonielles, politiques et religieuses qu'on y pratiquait. C'est ce qui ferait qu'aujourd'hui, comme le mentionne Alévêque, « dans cette société

---

3. Sur l'architecture et l'ornementation de ce type de maison, voir, entre autres, les travaux de Kernot (1983), Neich (1993, 2001), Sissons (1998), Webster (1995).
4. Les principes de *tapu* et *noa* (ordinaire, libre de restrictions religieuses) servent à définir l'ensemble des relations sur le *marae* et à orienter les rituels. Pour des détails, voir Gagné (2013). Voir également Metge (1976) et Salmond (1975).

fondamentalement chrétienne, tout ce qui peut être considéré comme une relique d'un passé païen dans un présent chrétien est regardé avec suspicion, car susceptible d'impliquer des esprits, des malédictions et de la sorcellerie » (2011 : 196). Cette situation contraste avec celle des Māori qui, malgré la colonisation, continuèrent à entretenir une forte relation avec leur *marae*.

Dans une dynamique inverse à celle à l'œuvre en Polynésie française, Sissons (2010) a montré que le nombre de *wharenui* en Nouvelle-Zélande a considérablement augmenté entre 1880 et 1950 en partie en lien avec la colonisation et la christianisation. De nouvelles maisons furent construites de façon à pouvoir accueillir de larges rassemblements politiques et pour symboliser les alliances entre les groupes en opposition au gouvernement colonial (Sissons 2010 : 379). Des considérations religieuses menèrent également à la construction de nouvelles maisons. Ce fut le cas, par exemple, dans les années 1880 et 1890, parmi les adeptes du mouvement religieux — l'Église Rignatu — inspiré par le prophète Te Kooti un peu partout dans l'île du Nord (voir Binney 1995). Plusieurs *marae* comprenant une *wharenui*, une église et un cimetière furent également construits par l'Église anglicane (voir Sissons 1998, 2010, Neich 1993, Binney 1995).

Auparavant, les Māori réservaient le terme « *marae* » — ou « *marae atea* » — pour désigner spécifiquement l'espace du terrain, pavé ou non, se trouvant juste devant la *wharenui*. Le *marae* ou *marae atea* désignait donc la cour cérémonielle (Metge 1976 :

Figure 1 : Maison de rassemblement Tāne-nui-a-rangi, marae Waipapa, Université d'Auckland, mai 2002
(Photo Natacha Gagné, reproduite avec la permission de Rangimarie Rawiri, Erana Foster et Valance Smith)

227). Ses fonctions étaient d'accueillir les visiteurs et de fournir un espace pour la tenue des discours cérémoniels et l'échange de points de vue (Tauroa et Tauroa 1986 : 59). La plupart des *powhiri* (cérémonies d'accueil)[5] se tiennent aujourd'hui sur le *marae atea*, mais elles peuvent aussi se tenir à l'intérieur de la maison, qui est vue comme un prolongement du *marae atea*, par mauvais temps, pendant la saison froide ou le soir venu. En anglais, l'expression « *marae proper* » sert aujourd'hui à distinguer cet espace de l'ensemble du complexe.

Si le *marae* est d'abord et avant tout un lieu de rassemblement, comme Tauroa et Tauroa l'expliquent, « [it] is the family home of generations that have gone before. It is the standing place of the present generation and will be the standing place for the generations to come » (1986 : 19). Ce lieu d'où les Māori tirent leurs droits est aussi qualifié de *tūrangawaewae* (littéralement, « un lieu où poser ses pieds, où se tenir debout ») et incarne la connexion à la terre, à Papatūānuku, la Terre-Mère, qui est représentée par la cour cérémonielle. C'est à travers leur *tūrangawaewae*, que les Māori tirent leurs droits comme *tangata whenua* (gens de la terre/du lieu) et maintiennent la connexion aux ancêtres qui fréquentèrent le *marae* et qui y sont maintenant enterrés. Selon Durie (1999 : 362), le *marae* est étroitement lié à l'identité, laquelle embrasse des relations beaucoup plus larges, dans le temps et l'espace : « *connections over time, connections between tribes and peoples, connections which link secular and spiritual, temporal and ethereal* » (Durie 1999 : 359). Le *marae* est ainsi défini comme un chez-soi spirituel : « *[it is a] standing place from where one gains the authority to belong* » (Tauroa and Tauroa 1986 : 166).

Une caractéristique essentielle du *marae* est aussi d'être équipé pour recevoir et loger des visiteurs, l'hospitalité étant un de ses principes fondamentaux. La cuisine et la salle à manger sont donc des composantes très importantes, parce qu'elles sont le symbole de la générosité et du sens de l'accueil, lesquels confèrent le *mana* (pouvoir, statut, autorité) au groupe. Pour cette raison, le *marae* inclut également des installations sanitaires (toilettes, douches) et peut aussi comprendre d'autres bâtiments comme un dortoir qui serait distinct de la maison ancestrale. On retrouve aussi souvent un cimetière à proximité.

Une fonction importante — la plus importante pour certains — du *marae* est d'accueillir la dépouille de leurs membres décédés et d'y tenir les funérailles. Les funérailles sont d'ailleurs un des moments très importants pendant lequel les Māori qui habitent aujourd'hui en ville ou loin de leur région tribale saisissent l'occasion de revenir au *marae*, ce qui leur donne l'occasion de participer à la vie du groupe et d'y remplir leurs responsabilités et obligations. C'est une occasion privilégiée pour renouer et

---

5. Pour une analyse des rituels et des différents types de rassemblement se tenant sur les *marae* et une histoire générale des *marae* en Nouvelle-Zélande, voir l'ouvrage classique de l'anthropologue Anne Salmond, *Hui : A Study of Maori Ceremonial Gatherings* (1975). Pour un résumé des différentes étapes des *powhiri* à partir de Salmond (1975), voir Gagné (2012).

réaffirmer ses relations aussi bien avec les vivants qu'avec les morts, ce qui fait des funérailles un site politique important pour l'affirmation de son identité et de sa position dans la communauté māori, mais aussi comme Māori parmi l'ensemble des citoyens de la Nouvelle-Zélande (Sinclair 1990, McIntosh 2001). Ces moments sont particulièrement importants puisque de nos jours, la vaste majorité des Māori ne visitant pas ou n'accomplissent pas d'activités sur un *marae* au quotidien (Metge 1976, Durie 1999).

Traditionnellement, les *marae* étaient soit familiaux, soit tribaux et étaient construits en l'honneur d'un ancêtre de la famille étendue ou de la tribu[6] sur les lieux de sa sépulture. À partir des années 1960, étant donné l'importante migration urbaine[7], des *marae* tribaux et pantribaux furent construits en ville pour répondre aux besoins des citadins. Dans certains cas, il s'agissait de *marae* construits par une tribu et destinés en propre à leurs membres pour répondre à leurs besoins loin du *marae* « traditionnel » (pour un ex., voir Tapsell 2002). Dans d'autres cas, l'initiative de la construction d'un *marae* fut celle d'un groupe de personnes venant de différentes tribus et ayant besoin d'un lieu pour leurs rassemblements communautaires, leurs funérailles et pour mener à bien certains projets, par exemple, en matière d'éducation. Ce type de *marae* acquit une vocation pantribale, c'est-à-dire qu'il avait pour objectif de servir l'ensemble ou une partie de la communauté des Māori vivant en ville aux origines tribales diversifiées (voir, par exemple, George 2010 et 2011, Mead 2003, Rosenblatt 2002 et 2011, Salmond 1975, Tapsell 2002, Walker 2004 pour des exemples et plus de détails). Plusieurs institutions publiques telles les écoles, universités, hôpitaux, ministères et agences gouvernementales se dotèrent aussi de *marae*, souvent à la suite de demandes formulées par des groupes māori s'inscrivant dans le mouvement plus large de « renaissance culturelle ». Penetito qualifie ces *marae* de « *marae* institutionnels » (2010 : 212).

Quand j'ai commencé à mener des recherches parmi les Māori d'Auckland, au début des années 2000, les *marae* constituaient donc un symbole important d'identité et de continuité et étaient devenus des sites clés de l'affirmation culturelle et politique. On estime aujourd'hui à environ 1 300 le nombre de *marae* dans tout le pays[8]. On en dénombre une vingtaine dans la ville d'Auckland (Rosenblatt 2011 : 411).

---

6. Le terme *iwi*, communément traduit par « tribu », correspond, dans la structure sociale traditionnelle, à des groupes sociopolitiques définis en vertu de la filiation de leurs membres à un ancêtre commun. Pour plus de détails sur la structure sociale māori, voir, entre autres, Ballara (1998), Metge (1995), Schwimmer (1990), Sissons (2010), Webster (1975, 1998).

7. Étant donné les demandes du marché du travail et les pressions exercées par une importante croissance démographique sur un territoire devenu plutôt restreint à la suite des confiscations foncières, le mouvement de migration des Māori vers la ville débuta dans les années 1930, pour s'accélérer dans les années 1950 et atteindre un sommet dans les années 1960 (Belich 2001). Leur présence est remarquable aujourd'hui dans le tissu urbain du fait que presque 84,4 % d'entre eux habitent en ville et qu'ils représentent 14,6 % de la population néo-zélandaise (Recensement 2006).

8. Voir Te Puni Kōkiri, « Marae development project 2009 », URL (site consulté le 20 novembre 2011) : http://www.tpk.govt.nz/en/in-focus/marae/.

Figure 2 : *Un des* marae *de la vallée de la rivière Papeno'o sous la tutelle de Hauururu, en vertu d'un accord avec le gouvernement de la Polynésie française, mai 2011 (Photo Natacha Gagné)*

Voyons maintenant quelques exemples de la façon dont Māori et Tahitiens investissent ces sites.

Les étudiants māori de l'Université d'Auckland et le *marae* Waipapa

Mes recherches parmi les étudiants māori de l'Université d'Auckland[9] ont révélé que le *marae* de l'université, le *marae* Waipapa, est un lieu très important pour les étudiants māori en ce qui a trait à l'affirmation — et parfois l'exploration et la redécouverte — de leur identité māori, à l'établissement d'un sentiment de bien-être et aux échanges. Toutes sortes d'activités se tiennent au *marae* telles que les *powhiri* (cérémonies d'accueil) pour les invités et visiteurs du Département d'études māori et de l'université en général qui s'accompagnent toujours d'un goûter ou d'un repas. S'y tiennent également des réunions, rencontres et retraites de toutes sortes, des réceptions et des fêtes à l'occasion de collectes de fonds pour aider au financement de divers projets, de mariages ou de réalisations exceptionnelles par certains membres māori de l'université. Le *marae* accueille aussi les funérailles d'étudiants

---

9. Pour plus de détails, voir Gagné (2009, 2013).

ou de membres du personnel (actuels ou anciens), les pratiques hebdomadaires du groupe de *kapa haka* (danses et chants māori) de l'université, les cérémonies de collation des grades pour les étudiants māori. Les différents édifices du *marae* sont aussi utilisés pour des activités d'enseignement surtout par le Département d'études māori, mais aussi, à l'occasion, par d'autres départements de l'université. Les nouveaux étudiants māori sont aussi invités au *marae* pour un *powhiri* (cérémonie d'accueil) par l'association étudiante māori, Ngā tauira Māori, lors de la rentrée. Cette activité est, pour plusieurs, déterminante pour la rencontre d'autres étudiants et la création d'un premier réseau d'amis.

Globalement, le *marae* sert à affirmer la présence māori dans l'université — une institution vue par plusieurs comme plutôt austère et étrangère à ce qu'ils sont — et représente donc le symbole d'un pouvoir certain, d'autant plus que ce *marae* a été construit à la suite d'une mobilisation de plusieurs années des Māori de la communauté universitaire et de leurs alliés. Le *marae* fut inauguré en 1988 après plusieurs années d'hésitation de la part de l'université, étant donné les fonds importants devant être investis[10].

De nombreux étudiants māori ressentent un fort attachement au *marae* de l'université et y sont activement engagés. Il revêt aussi pour eux une signification beaucoup plus intime. Bon nombre d'entre eux y trouvent donc un « chez-soi », mais également une *whānau* (famille étendue). Ils considèrent en effet ceux qui fréquentent le *marae* sur une base régulière comme une *whānau* et agissent comme tels avec ses membres, avec les obligations et les responsabilités que cela suppose[11]. Comme je l'ai déjà montré ailleurs (Gagné 2009), le sentiment d'être une *whānau* vient de l'attachement commun au *marae*, aux responsabilités partagées, de l'expérience commune d'être étudiants, d'apprendre ensemble, de partager des expériences difficiles et heureuses et d'être côte à côte chaque jour dans les mêmes cours et dans les différents locaux de l'université. La *whānau* métaphorique agit comme une courroie de transmission culturelle et une source de soutien à tous les niveaux, à l'université et bien au-delà de ses murs. Ceux qui s'identifient au *marae* de l'université et participent régulièrement à ses activités savent qu'il est de leur responsabilité de s'assurer que le *marae* soit un endroit vivant et chaleureux, qui incarne l'esprit des anciens et met en application les principes « traditionnels ».

Le *marae* de l'université joue un rôle très important dans la vie des étudiants et dans leur identité comme Māori. Il les aide à se sentir chez eux, à l'aise à l'université et en ville. Les étudiants parlent souvent du *marae* comme d'un endroit paisible où ils peuvent se retrouver et réfléchir. Le *marae* de l'université étant pantribal, certains étudiants aiment dormir aux pieds de leur *tipuna* (ancêtre) sculpté sur les poteaux de charpente de la *wharenui* pendant les retraites d'études ou les fins de semaine dédiées

---

10. Voir Webster (1998) et Walker (2004, 2008) sur l'histoire de ce *marae*.
11. Sur cette idée, voir également Rosenblatt (2011) à propos de *marae* Hoani Waititi et George (2010) à propos de *marae* Awataha.

aux pratiques de *kapa haka*. Ce qui est d'ailleurs particulier à la *wharenui* de l'université d'Auckland, c'est qu'y sont représentés les capitaines et prêtres-navigateurs des principaux canots dans lesquels les ancêtres des différentes tribus māori auraient migré en Nouvelle-Zélande (voir Harrison 2008) [12]. Ce lien étroit des jeunes avec leurs ancêtres leur permet de réaffirmer leur appartenance à une lignée et à un lieu particulier. La relation aux ancêtres sculptés peut aussi être une façon d'affirmer une identité tribale particulière parmi les collègues universitaires et dans les mondes plus larges auxquels ils prennent part. Il est significatif que quelques étudiants māori avec qui j'ai discuté considèrent que le *marae* de l'université, au moins pendant la période de leurs études, est leur *tūrangawaewae*, c'est-à-dire l'endroit où ils peuvent se « tenir debout », « poser leurs pieds » puisque ce lieu est le leur, un des seuls lieux leur « appartenant » vraiment comme lieu incontestablement māori. Cet usage du terme *tūrangawaewae* dans un contexte urbain est nouveau et peut même parfois être contesté, ce que savent bien ceux qui s'expriment en ces termes.

« Ma maison est comme un *marae* »

À la suite d'une rencontre au *marae* de l'Université d'Auckland, une étudiante māori me dit un jour : « Tu devrais venir à la maison, ma maison est comme un *marae*! ». Qu'est-ce que cela pouvait bien vouloir dire ? C'est l'apparent paradoxe de l'expression qui avait alors suscité ma curiosité puisque celle-ci opérait une fusion entre le lieu hautement sacré et symbolique qu'est le *marae* et un espace domestique ordinaire, profane, une maison.

J'ai finalement répondu à l'invitation qui m'avait été lancée et on me persuada par la suite de m'installer dans cette maison et de partager le quotidien de ceux qui y habitaient. C'est ce que je fis pendant plusieurs mois, cherchant à comprendre ce que pouvait bien vouloir dire cette comparaison qu'on établissait entre un *marae* et cette maison d'une banlieue d'Auckland Sud. Pendant mon séjour sur le terrain, je m'aperçus que cette maison n'était pas unique en son genre et que plusieurs Māori considéraient que leur maison en ville était également semblable à des *marae*. Est-ce que les principes à l'œuvre dans les *marae* — « traditionnels » et urbains — pouvaient également opérer à ce niveau ? Sans en posséder les caractéristiques les plus sacrées, je me suis en effet aperçue qu'on applique dans ces maisons des principes très similaires à ceux qui orientent la vie sur les *marae*. Voici maintenant un aperçu de la vie au sein de ces maisons [13].

---

12. Selon la tradition orale, les ancêtres des Māori seraient arrivés en canots il y a environ 1 000 ans en provenance d'un lieu appelé Hawaiki qui se situerait en Polynésie orientale (pour plus de détails sur les récits racontant l'arrivée des Māori en Nouvelle-Zélande et un résumé des débats à leur propos, voir Taonui (2012).

13. Pour plus de détails, voir Gagné (2013).

En conformité avec le principe d'hospitalité et de réciprocité, ces maisons sont ouvertes sur une base quotidienne aux membres de la famille étendue et aux amis. Les gens viennent pour bavarder, partager un repas, demander des conseils sur les bonnes façons de faire en accord avec la tradition, demander de l'aide dans l'apprentissage de la langue māori, s'occuper des enfants, aider dans les tâches de la maison ou passer la nuit. Ces maisons sont des lieux où toute la famille converge, où les liens avec le passé, la tribu, la terre et les mondes ancestraux sont entretenus, où les connaissances « traditionnelles » et la langue māori sont enseignées, où les nouvelles et les potins sont échangés et où d'importantes décisions concernant la famille, les enfants, les terres collectives et la politique sont prises. Elles représentent une source importante de soutien à tous les plans, tant physique, émotif, intellectuel, spirituel, qu'économique.

Concrètement, cette maison dans laquelle j'ai eu la chance d'habiter pendant plusieurs mois était la résidence principale de 11 à 13 personnes en plus d'accueillir d'autres membres de la famille et des amis qui venaient en visite. Nous étions rarement moins de 15 à 20 personnes à table pour dîner. Cette maison était — et est toujours — un lieu important d'échange et de discussion. Des discussions et des débats avaient lieu particulièrement quand les grands-parents étaient présents. À ces moments, plus de gens convergeaient vers la maison pour parler de différents sujets et problèmes se situant souvent bien au-delà de problématiques relatives à la maison et à ses membres. On discutait de l'éducation des enfants, des responsabilités sur le marché du travail, des rénovations au *marae*, des revendications tribales au Tribunal de Waitangi. Quand on était aux prises avec un conflit ou un problème, à l'intérieur de la famille ou avec des personnes ou groupes externes à la famille, on discutait également des solutions qui étaient *tika* (correcte, moralement juste) dans les circonstances, en accord avec les principes « traditionnels », ceux du *marae* et de la famille étendue [14]. Quand les Māori comparent leur maison en ville à des *marae*, ils parlent non seulement de l'amour inconditionnel qu'ils disent y trouver, de la réciprocité dans un environnement bienveillant et chaleureux, mais également d'une éthique de responsabilité.

C'est aussi dans ce type de maison que dès leur jeune âge, dans le but explicite de permettre l'engagement et l'affirmation dans les mondes māori et non māori, la famille étendue choisit certains membres pour des rôles spécifiques. Certains sont alors éduqués comme gardiens des traditions et de la famille étendue, alors que d'autres sont socialisés pour devenir des personnes biculturelles, capables de s'engager tant dans les mondes māori que non māori. Ces derniers, par exemple, sont souvent libérés de leurs responsabilités quotidiennes dans la famille et sont appuyés dans leurs études et leur carrière. Très souvent, la mission particulière qu'on attribue aux membres de la

---

14. Voir Gagné (2006) pour un exemple de la façon dont on fit face à une « crise » dans une famille qui m'accueillait.

famille est liée au bien-être de la famille et même de l'ensemble des Māori. Ainsi, on peut les préparer à devenir les prochains chefs ou aînés ou de bons avocats, enseignants ou conseillers. Ce ne sont pas seulement les membres vivants de la famille qui interviennent dans les choix de personnes particulières, mais aussi les ancêtres. Les signes en provenance du monde surnaturel et les rêves sont alors déterminants.

À un niveau très concret, les familles étendues ont une excellente réputation d'efficacité. Dans l'accès aux emplois manuels, elles servent de porte d'entrée la plus fréquente. En fait, dans la migration vers la ville, la famille étendue a souvent joué et joue toujours un rôle clé dans l'intégration des membres sur le marché du travail et dans des réseaux, les maisons qui fonctionnent selon les principes du *marae* étant le lieu de transition par excellence entre la campagne et la ville. Elles jouent donc un rôle clé dans l'intégration des membres dans des réseaux qui sont des voies d'accès à d'autres espaces et lieux de (sur)vie, d'entraide, d'affirmation, de découverte et de résistance. Parmi ceux-ci, on retrouve également, entre autres lieux, les *marae* urbains, les différents centres de services communautaires, les écoles māori, les Églises, les clubs de sports. Tous ces lieux sont d'ailleurs interconnectés à travers des réseaux de personnes qui gardent contact grâce aux nouvelles — mais aussi aux potins — qui voyagent en suivant les pousses rampantes de la *kūmara* (patate douce), comme disent les Māori. Ces réseaux sont d'ailleurs très importants pour appuyer les initiatives māori de toutes sortes, tant dans le domaine des affaires, des arts, de la politique, en ville comme ailleurs. C'est donc à dire que les pousses rampantes de la *kūmara*, en retissant et en resserrant chaque fois les liens de la famille étendue, permettent l'entraide.

Ces maisons qu'on décrit en les comparant à des *marae* — qui sont des unités domestiques ordinaires, mais qui fonctionnent selon une logique collective sans pour autant être des propriétés collectives — deviennent donc des lieux cruciaux en ville pour l'affirmation māori et la résistance aux effets de la colonisation et de l'urbanisation. Ils sont des lieux importants pour le maintien et l'actualisation des relations sociales entre les Māori vivant en ville, entre les Māori citadins et les Māori ruraux, entre ceux vivant en Nouvelle-Zélande et ceux vivant outre-mer, et finalement entre les Māori et leurs amis et alliés non māori.

Les *marae* et le renouveau culturel à Tahiti

Depuis la fin des années 1960, la Polynésie française a vu l'avènement d'un ensemble d'initiatives culturelles. Elles correspondent à la résurgence de pratiques et références culturelles anciennes ou « traditionnelles » — dont la danse et le tatouage — et à une montée de l'affirmation d'une identité qui prend ses distances avec les référents coloniaux, une identité enracinée dans la terre des îles, une identité mā'ohi. Dans les années 1980, le mouvement prend une ampleur telle que certains le qualifient de renouveau (Saura 1988, 2008) ou de réveil (Brami Celentano 2002) culturel. Le mouvement semble même avoir pris un nouvel élan au cours des dernières années en lien avec de nouvelles formes d'engagement avec les *marae*, d'investissement sur les *marae*.

Henri Hiro et Duro Raapoto ont été les fers de lance et artisans du renouveau culturel et se sont mobilisés autour de l'identité et des valeurs mā'ohi [15]. Saura résume de la façon suivante les aspects novateurs de leurs prises de parole et de leurs écrits :

> – tout d'abord, ils théorisent leur culture, leur langue et mettent sans cesse en avant le qualificatif *mā'ohi* qui n'est alors pas ou que très peu usité à propos de l'homme pour signifier l'autochtonie. De même, ils rebaptisent le *reo Tahiti* (la langue tahitienne) *reo mā'ohi* ;
> – par ailleurs, tout en restant attachés à la religion protestante et au Dieu de la Bible, ils recherchent l'évocation des *marae* et des divinités préchrétiennes. Ils les ressuscitent à l'intérieur de leurs poèmes, Henri Hiro les met en scène dans ses spectacles. (2008 : 79)

Après des recherches archéologiques et travaux de restauration importants depuis les années 1920 et, de façon plus significative, depuis les années 1950, les *marae* ont donc, là aussi, été investis d'une valeur symbolique importante dans le processus de renouveau culturel. Dans les années 1980, ils furent le site d'événements culturels et de reconstitutions historiques. Ces manifestations, soutenues par les pouvoirs publics, s'adressaient à un public très large et poursuivaient plusieurs objectifs : divertir, encourager le développement touristique et permettre l'éducation populaire. À Tahiti, pour ne prendre qu'un exemple, un *marae* en particulier est considéré comme un symbole de la renaissance culturelle, et ce, depuis plusieurs décennies déjà. Il s'agit du *marae* Arahurahu à Paea, sur la côte ouest de Tahiti. Inventorié par l'archéologue Kenneth Emory dans les années 1920 puis restauré par la Société des Études Océaniennes (SEO) « afin de mieux faire connaître le passé polynésien et de valoriser son patrimoine » (Hiro'a 2010b : 23), il fut, en 1952, un des premiers à être classé. Il fut inauguré au public en juillet 1954 et devint un lieu important de manifestations culturelles et de reconstitutions historiques (voir Stevenson 1992) [16]. En 1983, il fut le lieu de la reconstitution d'une cérémonie d'intronisation d'un jeune *arii* (chef) qui fera par la suite l'objet du film d'Henri Hiro *Marae* et d'une seconde reconstitution-culte sur le *marae* Taputapuātea avec un scénario adapté (Mairai 2010a).

Même si bon nombre de Tahitiens sont encore mal à l'aise à l'idée de fréquenter ces lieux étant donné leur diabolisation dans le passé — Conte parle de « l'opposition déroutante attrait/répulsion » (2000 : 198) — et même si on ne s'entend pas toujours

---

15. Pour plus de détails sur Henri Hiro et Duro Raapoto, voir Saura (2008) et Pambrun (2010).

16. Tel que mentionné par Kahn (2011 : 160) et Alévêque (2011 : 197), ces reconstitutions sont désapprouvées par plusieurs Tahitiens. Elles sont parfois vues par certains comme pouvant déplaire aux ancêtres (Kahn 2011 : 160, 171) et comme pouvant entraîner des conséquences imprévisibles et potentiellement indésirables ou même dangereuses en provenance du monde surnaturel. Elles sont décriées par d'autres comme une entreprise de folklorisation de la culture (Alévêque 2011 : 195, 197).

sur le rôle à leur donner dans la vie d'aujourd'hui et sur l'usage qu'on peut en faire, dans les dix dernières années, les *marae* sont devenus des lieux importants d'investissement pour les associations culturelles. Parfois en collaboration avec des archéologues, parfois de leur propre initiative, des Tahitiens se sont mobilisés et regroupés en association afin de voir à la conservation et à la mise en valeur de certains sites. Nous prendrons un seul exemple d'une association œuvrant à la revitalisation des *marae* et de la culture, mais elles sont aujourd'hui nombreuses [17]. Il s'agit de l'association Haururu, très connue à Tahiti. Cette association se décrit comme une association culturelle ayant aussi des préoccupations environnementales. Elle a été créée en 1994 et rassemble des originaires ainsi que des défenseurs du patrimoine naturel et culturel de la vallée de la rivière Papeno'o, dans la partie est de Tahiti. L'association a été créée en grande partie en réaction aux importants aménagements hydroélectriques et hôteliers, ainsi qu'à l'exploitation de carrières de gravier détruisant le lit de la rivière.

Au fil des ans, l'association s'est engagée dans de nombreuses activités : elle fut associée au mouvement d'entretien des *marae* de la vallée, lesquels furent révélés lors de fouilles archéologiques dans les années 1970 et de très importants travaux de prospection archéologique dans les années 1990 en lien avec les nouveaux projets hydroélectriques, puis restaurés par le Centre Polynésien des Sciences Humaines ; elle participa à l'entretien de la vallée (plantations, entretien des routes, des sentiers utilisés par les anciens et des cours d'eau) ; elle organisa des journées de chants et de danses sur les sites des *marae* ; elle participa de diverses façons à la célébration de la mémoire des ancêtres ; elle organisa des cérémonies de *'ava* (ou *kava*, boisson aux effets légèrement analgésiques et anxiolytiques obtenue à partir de racines de poivrier) [18] ; elle anima des classes vertes pour les jeunes comprenant des activités visant à les familiariser aux pratiques et aux connaissances des temps anciens. L'association a aussi fait construire un ensemble de *fare* (maisons en matériaux végétaux) ainsi qu'un abri équipé du matériel nécessaire pour faire la cuisine procurant à la fois un lieu d'enseignement et de réunion sur le site principal de l'association, le village temporaire

---

17. Des initiatives d'autres natures ont également lieu, dont celle visant le classement du *marae* Taputapuatea sur l'île de Raiatea, un *marae* vu comme un centre important de rassemblement pour l'ensemble des Polynésiens, au Patrimoine Mondial de l'Unesco (voir Saura 2008 : 412-413, Massau 2011). Voir également Kahn (2011) à propos de l'association Opu Nui de Huahine et de leurs initiatives en vue de la préservation de leur héritage, lequel inclut les *marae* du village de Maeva, et la reconstruction du *fare pōte'e* (maison ovale, aux extrémités arrondies) comme centre culturel et musée. Kahn (2011) décrit également comment, après la destruction du *fare pōte'e* en 1998 par un cyclone seulement 18 mois après son ouverture, le gouvernement du territoire se saisit du projet pour en faire un site touristique et procéda à d'importants travaux de reconstruction des *marae*. Voir aussi Wallin (2004) au sujet des modifications apportées aux structures des *marae* et à leurs utilisations modernes, incluant à des fins touristiques.

18. Pour des détails sur ces cérémonies voir Alévêque (2011), Mairai (2010b) et Saura (2008).

de Fare Hape, afin de pouvoir recevoir et héberger des groupes scolaires et d'autres visiteurs sensibles à la culture et à l'environnement dans la vallée ainsi que des membres d'autres associations en visite et de délégations venues d'ailleurs, incluant d'autres États du Pacifique.

Ce sont à travers ses contacts avec d'autres peuples du Pacifique[19] et la lecture d'ouvrages ethnographiques sur la société traditionnelle et des récits d'époque que Haururu, comme ses membres le disent ouvertement, complète certains savoirs et élabore certains rituels (voir aussi Alévêque 2011 et Saura 2008). Pionnière, Haururu célèbre, depuis 2004, Matari'i i nia (lever des Pléiades) et, depuis 2005, Matari'i i raro (coucher des Pléiades) pour marquer le début de la période d'abondance et de la saison sèche. Des rituels comprenant l'appel des divinités et symbolisant leur départ marquent les célébrations (pour des détails, voir Alévêque 2011 : 201-202). Dès 2005, d'autres associations de Tahiti et des autres îles de la Société se sont jointes aux célébrations. Yves Doudoute explique la démarche de Haururu de la façon suivante :

> On ne sait pas grand-chose de la façon dont les célébrations de Matarii i Raro se déroulaient aux temps anciens. Mais finalement peu importe, les reconstitutions c'est de la foutaise. On ne pourra jamais reconstituer ce que l'on n'a jamais vu. Nos célébrations du 18 mai rendront hommage à la terre, au ciel, aux éléments et aux ancêtres qui nous ont légué tout cela. Nous ferons des Ta'u (anciennes prières), des chants, des danses, des orero, des cérémonies du 'ava (kava). Nous le ferons avec notre interprétation, notre ressenti, nous le ferons avec nos tripes (dans Benouataf, 2008 : 15).

Les activités de Haururu diffèrent donc des événements culturels et des reconstitutions historiques des années 1980 organisés sur les sites des *marae*. Comme le souligne avec justesse Saura, « l'esprit célébré par les participants est avant tout celui de la communauté des Tahitiens d'aujourd'hui, unis par leurs origines et leurs traditions » (2008 : 425). « Selon [les membres de Haururu], ces cérémonies sont '*vraies*', comparées à des spectacles jugés folkloriques, c'est-à-dire sans véritable dimension sacrée. Ils ne veulent plus imiter la culture mais la '*vivre*' » (Alévêque 2011 : 198 ; italiques de l'auteur).

À Tahiti, mes recherches font donc ressortir une idée partagée à divers degrés au sein des associations culturelles selon laquelle le *marae*, par l'ensemble des relations qu'il incorpore, fournit un cadre interprétatif, un ethos, des principes pour l'action, les interactions et les façons d'être au monde. C'est d'ailleurs ce cadre interprétatif qui semble avoir guidé les gens qui se sont mobilisés autour d'un projet de renouveau de la navigation traditionnelle en fondant l'association Faafaite i te ao mā'ohi.

---

19. En particulier, au départ, des échanges eurent lieu avec des Māori et des Hawaiiens (Alévêque 2011 : 201). Il m'est pourtant apparu qu'à travers les initiatives entourant le renouveau de la navigation traditionnelle des dernières années auxquelles je reviendrai, les associations culturelles, notamment Haururu, ont également eu beaucoup plus de contacts avec des groupes d'ailleurs dans le Pacifique.

L'association, qui bénéficie de l'appui du philanthrope allemand Dieter Paulmann et de la fondation Okeanos ainsi que d'un collectif d'associations locales a entrepris en mai 2011 un périple qui l'a menée jusqu'à Hawai'i en compagnie de six autres pirogues provenant d'autres îles du Pacifique. Plusieurs des membres sont également des membres de longue date de l'association Hauruuru et d'autres associations culturelles qui se sont d'abord investis sur et en lien avec les *marae*. Des liens explicites sont d'ailleurs établis entre les anciennes pirogues des Polynésiens et le *marae* qui serait une « pirogue de pierre ». Ainsi, Yves Doudoute explique que pour le peuple polynésien qui « vient de la mer [...], la pirogue est considérée comme un « marae » [...]. Les « marae » que l'on a ici sont également des pirogues mais faites pour voyager dans la spiritualité [...] L'idée est de permettre à tous de se réapproprier toutes ces valeurs que transporte la pirogue » (Tahiti Presse 2009) [20]. La mobilisation pour le renouveau de la navigation traditionnelle peut donc être vue comme une extension de leur investissement sur les sites des *marae*. L'un des objectifs de la traversée est d'ailleurs une réunification au sein de la grande famille océanienne [21] et la finalité de l'entreprise est de « réconcilier l'homme polynésien avec son environnement et avec lui-même grâce à la pirogue et toute sa symbolique » [22].

Le parallèle qui peut être établi ici avec les processus et dynamiques à l'œuvre chez les Māori m'apparaît intéressant, même si les contextes particuliers aux deux populations sont fort différents et si, historiquement, les *marae* ont occupé des places différentes dans leurs histoires et leur vie au quotidien. À Tahiti, si certains désaccords émergent parfois au sein de la mouvance présentée ici quant aux objectifs à atteindre et aux priorités à se fixer, de certains projets sont nées des synergies nouvelles entre les acteurs locaux considérées comme des avancées très positives [23]. Le respect des cycles de la nature et du temps des anciens qui est favorisé à travers les cérémonies sur les *marae* est vu comme une façon de décoloniser les savoir-vivre et les consciences : « On nous

---

20. Le même parallèle est établi par ceux qui ont initié la démarche de patrimonialisation du *marae* Taputapuātea à l'Unesco. Ainsi, puisque le *marae* est inscrit sur la liste indicative de la France depuis novembre 2010, on peut lire sur le site internet de l'Unesco ce qui suit : « L'importance de la pirogue (va'a) se retrouve dans l'analogie faite entre la pirogue et le marae. Ainsi le marae peut être considéré comme la représentation de la pirogue tirée à terre, une fois arrivée à sa destination finale. Des termes désignant les différentes parties du marae se rapportent au vocabulaire de la pirogue (tira, ava'a, to'o...). [...] L'océan lui-même était considéré comme le marae le plus vaste, où les voyageurs pouvaient rendre leur culte à leurs ancêtres lorsqu'ils étaient loin de leur marae familial », tiré de http://whc.unesco.org/en/tentativelists/5568/ (site consulté le 11 décembre 2011). Schwimmer mentionne également la présence de cette analogie chez les Māori : « On parle aussi de cette maison [*wharenui*] comme d'une pirogue qui assure le passage entre la vie et la mort » (1992 : 60).
21. Voir le communiqué de Te Faafaite i te ao Mā'ohi sur le site de Tahiti Infos à http://www.tahiti-infos.com/Faafaite-i-te-ao-Maohi-Pour-le-renouveau-de-la-navigation-traditionnelle_a22839.html.
22. Voir le site de l'association à http://www.faafaite.pf/.
23. Voir, par exemple Coéroli-Green (2007) à propos de la mobilisation en faveur de la protection de la pointe Tata'a et de la source Vaima.

a acculturés, il faut donc maintenant nous enculturer à nouveau », précisait en entretien le président d'une association qui collabore régulièrement avec Haururu. Le rétablissement des relations avec les *marae* semble ici crucial.

Le *marae* comme guide et métaphore

Dans son article de 2010, Sissons avance que la dynamique mentionnée plus haut, relative à la prolifération des *wharenui* pendant la période allant de 1880 à 1950 en lien avec la colonisation et la christianisation, aurait eu un effet structurant sur la société māori. Elle aurait fait en sorte de contribuer à faire de la société māori une société structurée comme une société à maisons, c'est-à-dire « *a society organized most fundamentally as a relationship between houses rather than through rules of descent* » (Sissons 2010 : 373). Mes recherches parmi les Māori depuis le début des années 2000 vont dans le même sens, même si les affiliations tribales ont pris davantage d'importance vers la fin de la décennie [24], ce qui ne va pas nécessairement à l'encontre de la première dynamique. Elles ont révélé que pour les personnes qui fréquentent régulièrement un ou des *marae* et même pour ceux qui les visitent seulement à l'occasion, les principes qui les gouvernent agissent comme guide, comme cadre interprétatif pour être, interagir avec les autres et agir dans le monde d'aujourd'hui, incluant en ville. Les *marae* ont pour effet de maintenir et d'affirmer un univers de sens qui permet aujourd'hui aux Māori de prendre part aux mondes contemporains selon leurs propres termes, même si ces termes sont en constantes négociations et changement dans l'interaction entre les mondes (voir également Rosenblatt 2011). La présence physique d'un *marae* ou sa fréquentation régulière ne sont pourtant pas toujours nécessaires pour que soit à l'œuvre l'univers de sens qui lui est associé. C'est le cas dans certaines maisons en ville. Le *marae* oriente également les interactions au sein de groupes qui ne sont pas nécessairement reliés par la parenté et qui proviennent d'horizons divers, comme dans certains *marae* urbains et des institutions comme des écoles d'immersion, par exemple. Le *marae* sert de cadre pour penser différents projets et pour faire face aux défis de notre temps en accord avec les façons d'être māori [25].

Il faut préciser ici le caractère inhérent des *marae* comme forum de discussion et d'échange. Le terme « *marae* » est parfois utilisé pour référer à un idéal d'ouverture et d'inclusion (Allen 2002 : 46). En cela, les *marae* ouvrent de nouvelles possibilités et de nouveaux espaces (Schwimmer 2004). Mason Durie (2001 : 90), psychiatre et

---

24. Pour des précisions sur ces dynamiques tribales, voir Gagné (2013). Voir également, entre plusieurs autres, Tapsell (2002).

25. Pour un exemple de la façon dont le *marae* peut également servir de cadre pour la réarticulation des relations des Māori avec l'institution coloniale qu'est le musée et plus largement pour la décolonisation, voir mon analyse de la cérémonie de restitution de vingt *toi moko* (têtes momifiées tatouées) par la France à la Nouvelle-Zélande (Gagné 2012).

universitaire māori, écrivant au sujet des façons d'agir et de penser relatives aux *marae*, avance que l'énergie sur un *marae* est dirigée vers l'extérieur, vers des échelles sans cesse plus larges par comparaison avec d'autres types d'environnements où l'énergie et dirigée vers soi et vers des sphères plus intimes.

Ceci m'est apparu intéressant pour comprendre comment les Māori participent aujourd'hui aux autres mondes qui se côtoient en Nouvelle-Zélande, coexistent avec les non-Māori et prennent part à la société plus large. L'écrivain māori Witi Ihimaera parle pour sa part d'un mouvement en spirale pour décrire le processus qui naît de l'engagement dans des mondes multiples : « We say of the spiral that at the same time it is going forward, it is also returning » (Jahnke et Ihimaera 1996 : 30). Ainsi, après un mouvement de la spirale en direction du monde plus large, un mouvement de retour s'effectue vers ce que Ihimaera (1992-1996 : 5) appelle le *pito* (littéralement le nombril ou le cordon ombilical). Il semble que le *marae* et ces maisons qui sont comparées à des *marae* font partie de ce *pito* qui nourrit et permet le mouvement vers l'extérieur. Schwimmer (2004 : 21) mentionne que certains pourraient voir ce mouvement comme étant essentialiste, mais sa lecture insiste plutôt pour le voir comme une variante māori d'une dynamique universelle d'hétéroglossie dans lequel les sujets soumettent leurs visions du monde à des négociations sans fin.

Rappelons que traditionnellement, les *marae* sont des lieux importants de rencontres avec l'autre puisque c'est sur la cour cérémonielle que sont accueillis les « visiteurs » et où, à travers le *powhiri* (cérémonie d'accueil), sont nouées les relations avec eux (Tauroa et Tauroa 1986). À propos des *marae* institutionnels, comme celui de l'Université d'Auckland dont j'ai parlé plus haut qui sont fréquentés par des Māori de partout et qui sont des lieux ouverts à tous permettant l'accueil des visiteurs, Penetito (2010 : 212) avance qu'ils peuvent être vus comme des exemples de « *mediating structures* », des structures permettant la médiation entre les mondes māori et non-māori. Ainsi, il écrit que ce type de *marae* agit comme :

> « 'halfway house' for Māori students looking for sanctuaries within often unfamiliar and sometimes hostile environments. It is also a 'halfway house' for non-Māori students who are learning how to get involved in a Māori world » (Penetito 2010 : 212).

Cet idéal d'ouverture et d'inclusion correspond également à ce que j'ai observé dans les maisons où j'ai vécu. Même si elles peuvent être vues comme des refuges en ville, ces maisons ne sont pas des lieux où l'on vit complètement en retrait, replié sur soi. Au contraire, ces lieux sont au centre même de l'expression et de l'imagination des identités, des façons d'être et de faire māori et permettent leur affirmation dans une société plus large où ils ne se reconnaissent pas toujours et où ils sentent souvent un certain inconfort.

Dans un texte récent, l'anthropologue māori Merata Kawharu (2010) suggère que dans le domaine de la protection de l'environnement et de la gestion des ressources naturelles, le *marae* peut servir de métaphore en fournissant un ensemble de pratiques et de principes pour faire face aux défis environnementaux. Le *marae*, parce qu'il incarne l'unité (*kotahitanga*), c'est-à-dire l'ensemble des relations entre les humains, entre les humains et leur environnement, entre les humains, les ancêtres et les dieux, constitue un ethos holiste pouvant servir de cadre de référence. Ainsi, l'environnement doit être interprété comme un *marae* au sein duquel doit être mis en pratique le principe de *kaitiakitanga* (tutelle, la traduction anglaise *guardianship* inclut l'idée de protection, attention, souci, soin), lequel est également lié à ceux de responsabilité, hospitalité et réciprocité. Ces principes s'appliquent aux personnes comme aux ressources : « [t]hey were looked after and managed » (Kawharu 2010 : 227). Ce qui est important, selon Kawharu, c'est que cette éthique n'est pas simplement environnementale, mais socio-environnementale : « *it weaves together ancestral, environmental and social threads of identity, purpose and practice* » (Kawharu 2010 : 227). Cette éthique que Kawharu interprète comme « the challenge of the marae » (2010 : 235) suppose non seulement de protéger l'environnement physique, mais également, de rétablir le *mana whenua*, c'est-à-dire le pouvoir et l'autorité māori sur le territoire, soit une empreinte culturelle dans une société multiculturelle ; de réaffirmer un leadership tribal crédible ; de réapprendre les connaissances et valeurs traditionnelles et de les mettre en application ; et de raviver la connaissance traditionnelle parmi les enfants et les jeunes. De cette proposition de Kawharu (2010) ressort à nouveau l'idée du *marae* comme principe organisateur, comme cadre de référence pour être, agir et interagir avec les siens et les autres.

Certaines initiatives récentes des Tahitiens présentent des traits communs avec les façons de faire des Māori avec qui — et cela ne me semble pas une simple coïncidence — ils ont d'ailleurs établi des relations privilégiées au cours des dernières années. Elles se rapprochent, par rapport à des enjeux similaires, de la proposition de Kawharu (2010) d'une éthique socio-environnementale. Dans les deux cas, le *marae* permet de rétablir et réaffirmer les relations. Plus largement, il est vu comme crucial à la fois pour l'affirmation de façon de faire et d'être māori et mā'ohi, mais également en vue de leurs engagements dans les mondes contemporains et dans la collectivité plus large.

Enfin, il me paraît intéressant d'y regarder de plus près dans le cadre de mes travaux actuels sur la citoyenneté et la coexistence dans les États modernes pluralistes. Comment ces formes d'appartenance collectives, cet univers de sens qui est ré(affirmé) et qui sert à orienter la vie en ville, les façons d'être, les actions et les inter-actions, guideraient également les relations avec les membres — individuels et collectifs — des autres populations au sein des deux États concernés ? Par exemple, on peut se demander si seraient ainsi favorisés des modes particuliers de relations entre les communautés ? Quels autres facteurs — historiques, sociaux et politiques — auraient également participé aux dynamiques et configurations actuelles ? C'est ici que la démarche comparative qui a fait la marque de l'anthropologie m'apparaît des plus pertinentes. Cette approche permet de faire ressortir ce que chaque cas a « en propre », mais également ce qu'ils ont « en partage ». Les deux cas discutés ici présentent un intérêt particulier pour éclairer les conditions et possibilités de la coexistence puisque s'ils ont en partage cette culture polynésienne qui présente encore aujourd'hui de grandes similarités et un passé précolonial partagé sur de longues périodes. Leurs destins ont divergé de façon assez radicale avec la colonisation européenne. Même si toute comparaison a ses limites, ces cas me paraissent présenter des conditions particulièrement intéressantes permettant d'isoler certains paramètres ou contextes en vue de l'analyse de l'influence sur la coexistence aujourd'hui d'idiosyncrasies locales, d'univers de sens particulier, mais également du contexte national, du type d'État et des histoires coloniales singulières.

Bibliographie

Alévêque, Guillaume
2011   « La ritualisation de la culture en Polynésie française. Enjeux politiques et identitaires ». In G. Ciarcia (dir.), *Ethnologues et passeurs de mémoires*. Paris : Karthala – MSH-M, p. 195-211.

Allen, Chadwick
2002   *Blood Narrative. Indigenous Identity in American Indian and Maori Literary and Activist Texts*. Durham and London : Duke University Press.

Ballara, Angela
1998   *Iwi : The Dynamics of Māori Tribal Organisation from c.1769 to c.1945*. Wellington : Victoria University Press.

Belich, James
2001   *Paradise Reforged: A History of the New Zealanders from the 1880s to the Year 2000*. Auckland: Allen Lane and The Penguin Press.

Benouataf, Khadidja
2008   « Yves Doudoute : Avec l'association Hauururu, il s'apprête à célébrer Matarii i raro ». *Les Nouvelles de Tahiti*, mercredi 14 mai, p. 15.

Binney, Judith
1995   *Redemption Songs: A Life of Te Kooti Arikirangi Te Turuki*. Auckland: Auckland University Press and Bridget Williams Books.

Brami Celentano, Alexandrine
2002   « La jeunesse à Tahiti : renouveau identitaire et réveil culturel ». *Ethnologie française*, 32 (4) : 647-661.

Coeroli-Green, Annie Reva'e
2007   « Protégeons Tata'a et Vaima ». *Littérama'ohi*, (14) : 86- 101.

Conte, Éric
2000   *L'archéologie en Polynésie française : Esquisse d'un bilan critique*. Papeete : Au Vent des Îles.

Durie, Mason

1999   « Marae and Implications for a Modern Māori Psychology ». *Journal of the Polynesian Society*, 108 (4): 351-366.

2001   *Mauri Ora. The Dynamics of Māori Health*. Auckland: Oxford University Press.

Gagné, Natacha

2006   « Une approche dialogique de l'événement : Le cas d'un dilemme dans une famille maaori d'Auckland ». In J-J. Lévi et J.-I. Olazabal (eds), *L'événement en anthropologie : Concepts et terrains*. Québec : Presses de l'Université Laval, p. 91-114.

2009   « L'université : un site d'affirmation et de négociation de la coexistence pour les jeunes Māori de Nouvelle-Zélande ». In N. Gagné et L. Jérôme (eds), *Jeunesses autochtones : affirmation, innovation et résistance dans les mondes contemporains*. Rennes : Presses universitaires de Rennes, p. 97-122.

2012   « Affirmation et décolonisation : la cérémonie de rapatriement par la France des *toi moko* à la Nouvelle-Zélande en perspective ». *Journal de la Société des Océanistes*, 134 : 5-24.

2013   *Being Māori in the City: Indigenous Everyday Life in Auckland*. Toronto : University of Toronto Press, coll. « Anthropological Horizons ».

George, Lily

2010   Tradition, Invention and Innovation : Multiple Reflections of an Urban Marae. PhD Thesis, Department of Anthropology, Massey University, Albany.

2011   « Ka hao te rangatahi : Transformation et leadership dans la société māori ». *Anthropologie et sociétés*, 35 (3) : 167-187.

Gérard, Bertrand

1974   « Origine traditionnelle et rôle social des marae aux îles de la Société ». *Cahiers de l'ORSTOM*, série sciences humaines 11 (3-4) : 211-226.

Harrison, Paki

2008   *Tāne-nui-ā-Rangi: 20th Anniversary Edition*. Auckland: University of Auckland.

Hiro'A

2010   « Un symbole de renaissance : le marae Arahurahu ». *Hiro'a* (33) juin : 22-23.

Ihimaera, Witi (éd.)

1992-1996. *Te Ao Mārama: Māori Writing*, 5 volumes. Auckland: Reed.

Ihimaera, Witi

1972   *Pounamu, Pounamu*. Auckland: Heinemann.

Jahnke, Robert and Witi Ihimaera

1996   « Mataora ». In W. Ihimaera (ed.), *Mataora, The Living Face: Contemporary Maori Art*. Auckland: David Bateman et Te Waka Toi/Creative New Zealand, p. 17-19.

Kahn, Miriam

2011   *Tahiti Beyond the Postcard : Power, Place, and Everyday Life*. Washington : University of Washington Press.

Kahn, Jennifer G. and Patrick V. Kirch

2011   « Monumentality and the materialization of ideology in Central Eastern Polynesia ». *Archaeology in Oceania*, 46 (3): 93-104.

Kawharu, Merata
2010   « Environment as a marae locale ». In R. Selby, P. Moore and M. Mulholland (eds), *Māori and the Environment: Kaitiaki*. Wellington: Huia Publishers, p. 221-237.

Kernot, Berny
1983   « The Meeting House in Contemporary New Zealand ». In S. Mead and B. Kernot (eds), *Art and Artists of Oceania*. Palmerston North : Dunmore Press, p. 181-197.

Kirch, Patrick V.
1990   « Monumental Architecture and Power in Polynesian Chiefdoms: A Comparison of Tonga and Hawaii ». *World Archaeology*, 22 (2): 206-222.

Mairai, John
2010a   « Confession d'Henri Hiro place To'ata ». *Les Nouvelles de Tahiti*, samedi 10 juillet, [en ligne], http://www.lesnouvelles.pf/article/a-laffiche/confession-d%E2%80%99henri-hiro-place-toata.
2010b   « Matarii : une tradition nouvelle ». *Les nouvelles de Tahiti*, mercredi 17 novembre, [en ligne], http://www.lesnouvelles.pf/article/a-laffiche/matarii-une-tradition-nouvelle.

Massau, Serge
2011   *Paroles d'un autochtone*. Papeete : Haere Pō.

Mcintosh, Tracey
2001   « Death, Every Day ». In C. Bell (ed.), *Sociology of Everyday Life in New Zealand*. Palmerston North: Dunmore Press : 234-251.

Mead, Sidney Moko
2003   *Tikanga Māori: Living by Māori Values*. Wellington: Huia Publishers.

Metge, Joan
1976   *The Maoris of New Zealand Rautahi*. London : Routledge and Kegan Paul.
1995   *New Growth from Old: The Whānau in the Modern World*. Wellington: Victoria University Press.

Neich, Roger
1993   *Painted Histories: Early Maori Figurative Painting*. Auckland: Auckland University Press.
2001   *Carved Histories: Rotorua Ngati Tarawhai Woodcarving*. Auckland: Auckland University Press.

Pambrum, Jean-Marc et Henri Hiro Tera'ituatini
2010   *Héros polynésien*. Moorea : Puna Honu.

Penetito, Wally
2010   *What's Māori About Māori Education? The Struggle for a Meaningful Context*. Wellington: Victoria University Press.

Robineau, Claude
1986a   « Cérémonie au *marae* ». In J. Garanger (éd.), *Encyclopédie de la Polynésie. Vol. 4. À la recherche des anciens Polynésiens*. Papeete : Multipress, p. 62-63.
1986b   « *Marae* et parenté ». In J. Garanger (éd.), *Encyclopédie de la Polynésie. Vol. 4. À la recherche des anciens Polynésiens*. Papeete : Multipress, p. 64-65.

1986c   « *Marae* et politique ». In J. Garanger (éd.), *Encyclopédie de la Polynésie. Vol. 4. À la recherche des anciens Polynésiens*. Papeete : Multipress, p. 66-67.

1986d   « *Marae*, généalogies et terres ». In J. Garanger (éd.), *Encyclopédie de la Polynésie. Vol. 4. À la recherche des anciens Polynésiens*. Papeete : Multipress, p. 68-69.

1986e   « *Marae* et société ». In J. Garanger (éd.), *Encyclopédie de la Polynésie. Vol. 4. À la recherche des anciens Polynésiens*. Papeete : Multipress, p. 70-72.

2009   « Marae, population et territoire aux îles de la Société. Le réseau mā'ohi ». *Journal de la Société des Océanistes*, 128 (1) : 79-89.

Rosenblatt, Daniel

2002   « 'Titiranti is the Mountain': Representing Maori Community in Auckland ». *Pacific Studies*, 25 (1-2) : 117-140.

2011   « Indigenizing the City and the Future of Maori Culture: The Construction of Community in Auckland as Representation, Experience, and Self-Making ». *American Ethnologist*, 38 (3): 411-429.

Salmond, Anne

1975   *Hui: A Study of Maori Ceremonial Gatherings*. Auckland: Reed Books.

Saura, Bruno

1988   « Culture et renouveau culturel ». In *Encyclopédie de la Polynésie*, vol. 9. Papeete : Éditions Christian Gleizal/Multipress, p. 57-72.

2005   *Huahine aux temps anciens, Cahiers du Patrimoine*. Papeete : Service de la Culture et du Patrimoine de Polynésie française.

2008   *Tahiti Mā'ohi : culture, identité, religion et nationalisme en Polynésie française*. Papeete : Au Vent des îles.

Schwimmer, Eric

1990   « The Maori hapu: a Generative Model ». *The Journal of the Polynesian Society*, 99 (3): 297-317.

1992   « La spirale dédoublée et l'identité nationale. L'art abstrait traditionnel maori a-t-il une signification ? ». *Anthropologie et Sociétés*, 16 (1) : 59-72.

2004   « The Local and the Universal: Reflections on Contemporary Māori Literature in Response to Blood Narrative by Chadwick Allen ». *The Journal of the Polynesian Society*, 113 (1): 7-36.

Sinclair, Karen P.

1990   « Tangi: Funeral Rituals and the Construction of Maori Identity ». In J. Linnekin and L. Poyer (eds), *Cultural Identity and Ethnicity in the Pacific*. Honolulu: University of Hawaii Press, p. 219-236.

Sissons, Jeffrey

1998   « The Traditionalisation of the Maori Meeting House ». *Oceania*, 69 (1): 36-46.

2010   « Building a House Society : The Reorganization of Maori Communities around Meeting Houses ». *Journal of the Royal Anthropological Institute*, 16 : 372-386.

Stevenson, Karen

1992   « Politicization of la culture ma'ohi: the creation of a Tahitian cultural identity ». *Pacific Studies*, 15 (4): 117-136.

Tahiti Presse

2009   « Une pirogue double à Tahiti pour faire revivre la navigation traditionnelle », 17 octobre, [en ligne], http://tahitipresse.pf/2009/10/une-pirogue-double-a-tahiti-pour-faire-revire-la-navigation-traditionnelle/.

Taonui, Rāwiri

2012   « Canoe traditions ». *Te Ara — the Encyclopedia of New Zealand*, [en ligne] http://www.TeAra.govt.nz/en/canoe-traditions.

Tapsell, Paul

2002   « Marae and Tribal Identity in Urban Aotearoa/New Zealand ». *Pacific Studies*, 25 (1-2): 141-171.

Tauroa, Hiwi and Pat Tauroa

1986   *Te Marae: A Guide to Customs & Protocol*. Auckland: Reed Books.

Wallin, Paul

2004   « How Marae Change: In Mordern Times, for Example ». *Indo-Pacific Prehistory Association Bulletin*, 24 (2): 153-158.

Wallin, Paul et Reidar Solsvik

2002   « The Marae Temple Grounds in the Society Islands, French Polynesia: A Structural Study of Spatial Relations ». *Rapa Nui Journal*, 16 (2): 69-73.

2008   « Ancêtres et pratiques rituelles – Fouille de sondage de trois structures de marae à l'extérieur de la zone centrale de Maeva, Huahine, îles de la Société, Polynésie francaise, 2004 ». *Bulletin de la Société des Études Océaniennes*, (313) : 53-70.

2010   « Marae reflections: On the Evolution of Stratified Chiefdoms in the Leeward Society Islands ». *Archaeology in Oceania*, 45 (2): 86-93.

Walker, Ranginui

2004   *Ka Whawhai Tonu Matou: Struggle Without End*. Auckland: Penguin Books, 2nd edition.

2008   *Tohunga Whakairo: Paki Harrisson. The Story of a Master Carver*. Rosedale: Penguin Books.

Webster, Steven

1975   « Cognatic Descent Groups and the Contemporary Maori: A Preliminary Assessment ». *Journal of the Polynesian Society*, 84 (2): 121-152.

1995   « Marae artworks and the reproduction of Maori ethnicity ». *Oceania*, 66 (1): 5-21.

1998   *Patrons of Maori Culture: Power, Theory and Ideology in the Maori Renaissance*. Dunedin: University of Otago Press.

Gérer la biodiversité

Protection et valorisation juridique de la biodiversité terrestre et marine dans le Pacifique Sud : la mise en œuvre de la CDB (Convention sur la diversité biologique) et de la CMB (Convention Montego Bay)

Céline Castets-Renard

La riche biodiversité terrestre et marine des îles du Pacifique Sud n'est pas sans susciter des convoitises auprès des entreprises, au premier rang desquelles les entreprises cosmétiques et pharmaceutiques. Fort de ce constat, le droit a alors pour objectif de protéger l'environnement, tout en permettant un usage raisonnable des ressources génétiques. Protection et valorisation vont alors de pair, ce qui n'est pas parfois sans générer des contradictions. Des textes internationaux assurent ces deux objectifs : la Convention sur la biodiversité (CDB) et la Convention de Montego Bay (CMB). Mais ces dispositifs s'avèrent insuffisants et invitent les chercheurs et politiques à les améliorer.

Protection de la biodiversité dans la CDB — La biodiversité est source de richesse et a naturellement suscité l'intérêt de grandes entreprises multinationales chimiques et pharmaceutiques, dès la fin des années 1980. Ces dernières ont intensifié leurs recherches en ressources génétiques, en se fondant sur des savoirs locaux. Une confrontation émerge alors entre les firmes multinationales du Nord qui souhaitent une protection par brevet de leurs recherches et les pays du Sud qui hébergent l'essentiel de la biodiversité.

Les revendications des pays fournisseurs de biodiversité, appuyées par les ONG environnementales (Morin 2004), furent formalisées à l'article 8(j) de la Convention sur la diversité biologique (CDB), signée à Rio en juin 1992. La Communauté européenne et tous ses États membres l'ont signée lors d'une décision du Conseil 93/626/CEE du 25 octobre 1993. Elle a été ratifiée en 2002 par la Communauté européenne et la loi n° 94-477 du 10 juin 1994 porte ratification, en France, de la Convention sur la diversité biologique. Cette dernière vise trois objectifs : la conservation de la diversité biologique ; l'utilisation durable de ses éléments ; le partage juste et équitable des avantages découlant de l'exploitation des ressources génétiques. L'article 8 (j) de la Convention stipule que chaque Partie contractante, dans la mesure du possible et selon qu'il conviendra :

> Sous réserve des dispositions de sa législation nationale, respecte, préserve et maintient les connaissances, innovations et pratiques des communautés autochtones et locales qui incarnent des modes de vie traditionnels présentant un intérêt pour la conservation et l'utilisation durable de la diversité biologique et en favorise l'application sur une plus grande échelle, avec l'accord et la participation des dépositaires de ces connaissances, innovations et pratiques et encourage le partage équitable des avantages découlant de l'utilisation de ces connaissances, innovations et pratiques.

L'originalité de la CDB a été de reconnaître aux États un droit souverain sur les éléments de leur biodiversité. Les ressources génétiques étaient auparavant considérées comme un élément du patrimoine commun de l'humanité. Cette qualification était avancée dans les années 1980 par la FAO et l'Alliance Mondiale pour la nature (UICN) (Noiville 1997 : 324 et suiv.). Il en résultait, pour les nations industrialisées, la possibilité d'utiliser librement, donc gratuitement, ces ressources génétiques. Une telle utilisation pouvait même déboucher sur l'octroi d'un droit de propriété intellectuelle. La problématique est finalement double pour les pays fournisseurs de biodiversité : empêcher le pillage de leur biodiversité, tout en valorisant les savoirs traditionnels sur cette biodiversité (Vivien 2002 : 11-37). Rien d'étonnant alors de retrouver dans la CDB des objectifs de protection et d'exploitation de la biodiversité, sans pour autant négliger la conservation, ce qui oblige à trouver un point d'équilibre.

COP de la CDB — Les 190 États membres de la CDB ont lancé une négociation permanente au fil des Conférences des parties (COP) et des réunions des groupes de travail. Des lignes directrices de la COP dites « Lignes directrices de Bonn sur l'accès aux ressources génétiques et le partage juste et équitable des avantages résultant de leur utilisation » ont été adoptées en 2001 par la sixième Conférence des parties à la CDB. Ces Lignes directrices accordent « une sorte de droit intellectuel des communautés sur leurs ressources et connaissances » (Hermitte 2004), mais ne sont pas contraignantes. La COP constate que les savoirs traditionnels des peuples autochtones assurent la conservation et l'utilisation durable des ressources pour inciter au respect de ces pratiques et savoirs à plus grande échelle avec l'accord de ces populations. En contrepartie, les États doivent partager avec les communautés le droit d'octroyer l'accès aux ressources. La Commission européenne y a favorablement réagi par une Communication du 23 décembre 2003 (COM/2003/0821 final) au Parlement européen et au Conseil, invitant à les faire respecter.

Biodiversité marine — La convention des Nations-Unies sur le droit de la mer du 10 décembre 1982 (dite Convention de Montego Bay, CMB) a été ratifiée par l'État français en 1995. La partie XIII de la CMB envisage les règles applicables à la recherche scientifique marine, sans pour autant définir cette dernière. La partie XIII prévoit la conduite de la recherche scientifique marine et les actions visant à la favoriser dans la mer territoriale.

La biodiversité marine du Pacifique est présentée comme l'une des plus riches de la planète (voir Hilmi *et al.*, ce volume). Une partie du lagon de la Nouvelle Calédonie a été inscrite au patrimoine mondial de l'UNESCO en 2008. Cette biodiversité est hébergée par des États insulaires du Pacifique parmi les plus petits et les moins développés de la communauté internationale (Feral 2009). Si des principes, fort louables, sont posés par les conventions internationales et repris par les lois nationales, leur respect effectif n'est pas garanti, en l'absence de moyens techniques et humains de contrôle sur certains territoires, à l'image des îles Vanuatu, Salomon et Fidji. S'agissant des territoires français du Pacifique, la Métropole n'a pas dégagé de ligne politique et juridique claire en ce qui concerne l'accès à la biodiversité française. Au demeurant, en Nouvelle Calédonie, le droit de l'environnement est de la compétence des Provinces, aussi ses territoires doivent-ils prendre directement des mesures pour lutter contre la biopiraterie et bénéficier d'un partage équitable des avantages.

Biodiversité, bioprospection et propriété intellectuelle — La COP a confié à l'OMPI (Organisation Mondiale de la Propriété Intellectuelle, composante de l'ONU), la tâche de valoriser les savoirs traditionnels sur la biodiversité, laquelle a mené des enquêtes dès 1998 sur les savoirs traditionnels, les innovations et les cultures traditionnelles dans différentes régions du monde (Savoirs traditionnels, Rapport de l'OMPI, 2001). Depuis 2001, au sein de l'OMPI, un Comité Inter-gouvernemental de la propriété intellectuelle relative aux ressources génétiques, aux savoirs traditionnels et au folklore (WO/GA/26/6 ; WO/GA/26/10, questions concernant la propriété intellectuelle et les ressources génétiques, les savoirs tradi-tionnels et le folklore), a entamé une réflexion sur les moyens de protéger ces savoirs ancestraux. L'Organisation Mondiale du Commerce (OMC) s'est également inté-ressée à la protection de la propriété intellectuelle, depuis la conclusion des Accords sur les Droits de Propriété Intellectuelle relatifs au Commerce dits ADPIC (1994). Ces accords ADPIC ne prévoient pas non plus de dispositions spécifiques pour protéger les savoirs traditionnels et sont difficiles à concilier avec la CDB. L'OMC a recommandé en 2001 que la CDB et les ADPIC soient compatibles et mutuellement efficaces (Noiville 2002 : 293 et suiv.). Mais, à l'inverse, le droit de la propriété in-tellectuelle peut aussi se révéler être un danger pour la biodiversité. La reconnaissance de la brevetabilité du vivant encourage une bioprospection, pas toujours respectueuse de l'environnement et des droits des peuples souverains.

Principe de l'appropriation du vivant — L'appropriation du vivant est l'idée selon laquelle le vivant peut faire l'objet d'une réservation exclusive par un droit de propriété intellectuelle. Elle est réalisée par le droit des brevets, mais aussi par le droit des obtentions végétales. Le droit communautaire reconnaît la brevetabilité du vivant, depuis la directive 98/44/CE du 6 juillet 1998 sur la protection des inventions biotechnologiques, transposée en France par la loi n° 2004-800 du 6 août 2004 et la loi n° 2004-1 338 du 8 décembre 2004. Les accords ADPIC de l'OMC donnent aussi la possibilité aux États membres de protéger le vivant végétal par le brevet, un droit de propriété *sui generis*, ou une combinaison des deux (art. 27 3° b). En principe, en droit français et communautaire, le vivant végétal est protégé par le droit des obtentions végétales, régi par le règlement (CE) n° 2100/94 du Conseil, du 27 juillet 1994 sur la protection communautaire des obtentions végétales. Les variétés végétales bénéficient donc d'un régime spécifique d'appropriation, justifiant une exclusion de brevetabilité (art. L. 611-19 2°). Toutefois, l'article 4 § 2 de la directive du 6 juillet 1998 précise que les inventions portant sur des végétaux sont brevetables si la faisabilité technique de l'invention n'est pas limitée à une variété végétale. Au final, une plante pourra donc être brevetable si elle n'est pas revendiquée sous la forme d'une variété, et si, techniquement, elle ne donne pas naissance uniquement à une variété au sens de la réglementation du certificat d'obtention végétale. Le droit de la propriété intellectuelle, mécanisme de valorisation du vivant, semble difficile à concilier avec les conventions internationales de protection de la biodiversité.

C'est pourquoi nous proposons de faire un état des lieux de la poursuite des objectifs de la CDB et de la CMB dans quelques territoires du Pacifique Sud (Mélanésie) (I) et d'envisager les perspectives d'évolution des textes internationaux (II).

I. La protection et la valorisation de la biodiversité dans le Pacifique Sud

Ayant ratifié la CDB et la CMB, les États du Pacifique sud doivent prendre des mesures sur le fondement des conventions internationales pour protéger (objectif écologique) et valoriser (objectif économique) la biodiversité de leurs territoires. Les principes de la CDB (A) et de la CMB (B) exigent des mesures concrètes.

A. Les principes de la Convention sur la biodiversité appliqués au Pacifique Sud

Les principes de la CDB (1) sont plus ou moins respectés dans les États du Pacifique sud (2).

1. Les principes de la CDB

L'accès aux ressources génétiques — La CDB reconnaît désormais que les ressources génétiques relèvent de la souveraineté des États et constituent un patrimoine national. Les États peuvent en réglementer l'accès, sans pouvoir l'empêcher (art. 15, al. 1). Une interdiction totale d'accès serait incompatible avec la Convention.

Les États doivent aussi conserver la biodiversité et prendre en compte les populations autochtones. Le « consentement préalable donné en connaissance de cause » permet de concilier souveraineté des États et accès au matériel génétique. Dès lors, les États doivent obtenir des résultats suffisamment tangibles pour donner leur consentement. *A contrario*, les collectes et exportations des ressources génétiques sans l'autorisation des États sont illégales (art. 15.5). Toutefois, l'article 15.5 donne la possibilité au pays fournisseur de renoncer à la faculté d'autoriser préalablement la collecte.

Le mécanisme du consentement préalable n'est pas une fin en soi, mais le moyen de négocier les termes d'un éventuel accord entre la partie qui sollicite l'accès aux ressources génétiques et l'État qui les fournit. Ce dernier peut demander des renseignements sur les conditions techniques de la collecte, les organismes destinataires du matériel génétique, leur localisation et le but recherché. Également, le pays fournisseur cherchera à obtenir une contrepartie des avantages qu'il tirera des ressources génétiques, de leur mise en valeur et de leur commercialisation.

Chaque pays fournisseur de ressources génétiques doit mettre en place une procédure d'autorisation. *A contrario*, les collectes et exportations des ressources génétiques sans autorisation des États sont illégales (art. 15.5). Toutefois, l'article 15.5 donne la possibilité au pays fournisseur de renoncer à la faculté d'autorisation. L'État utilisateur doit aussi prendre des mesures pour s'assurer que les ressources utilisées ont été obtenues conformément à la législation de l'État fournisseur, selon le droit de l'État d'origine de la ressource. Lorsque l'accès est accordé, il est régi par un accord passé entre l'État utilisateur et l'État fournisseur.

Partage des avantages (APA). — L'article 15 de la CDB pose aussi le principe d'un « partage juste et équitable des résultats de la recherche et de la mise en valeur ainsi que des avantages résultant de l'utilisation commerciale et autre des ressources génétiques » avec l'État fournisseur (système APA). Ce partage doit s'effectuer par accord mutuel entre les parties (art. 15 al. 7).

Deux exemples sont souvent cités pour souligner les enjeux économiques associés à la bioprospection dans le Pacifique (Boisvert 2006 : 161). Le premier concerne un contrat passé à Fidji, associant la population locale à la recherche et au partage de ses retombées. Le second illustre au contraire la biopiraterie concernant des recherches menées sur une plante couramment utilisée à Samoa (Mamala), dont certains composés se seraient révélés intéressants pour le traitement du sida. La plante aurait été collectée dans le village de Falealupo par un ethnobotaniste, dont les recherches auraient finalement conduit au dépôt d'un brevet, détenu conjointement par Brigham Young University, le Department of Health and Human Services des États-Unis, et l'armée américaine.

Le partage peut prendre la forme d'un versement immédiat d'une somme d'argent mais les formes de contreparties envisagées par la Convention sont très variées. Le contrat doit permettre un accord économique, bien sûr, mais aussi politique et écologique. Il force les parties à accorder une valeur économique aux ressources génétiques, permet au pays fournisseur de tirer une contrepartie de leur exploitation et fournit une incitation économique à la conservation.

Formation et transfert de technologie. — L'article 12 relatif à la recherche et à la formation prévoit que les parties établissent, en particulier dans les pays en voie de développement, des programmes d'éducation et de formation scientifiques et techniques destinés à identifier, conserver et assurer l'utilisation durable de la biodiversité. Les articles 16 et 19 font référence au transfert de technologie. Il s'agit de transférer des techniques écologiquement rationnelles, de donner un accès garanti des PVD aux techniques brevetées, d'octroyer des licences obligatoires… Les droits de propriété intellectuelle sont donc explicitement envisagés par la CDB. Sont aussi consacrés un échange d'informations (art. 17), une obligation générale de coopération technique et scientifique (art. 18). L'article 15.6 prévoit par ailleurs que lorsqu'un chercheur collecte du matériel dans un pays donné, il s'engage à poursuivre ses recherches dans ce pays, avec la pleine participation des scientifiques locaux. Cette disposition a vocation à s'appliquer surtout en matière de biotechnologies, techniques dont la plupart des pays en développement souhaitent se doter (art. 19.1).

2. La mise en œuvre de la CDB dans les pays du Pacifique Sud

Une réflexion a été menée dans le cadre de la Commission du Pacifique Sud (CPS) pour mettre en œuvre les dispositions de la CDB. Une loi-type sur les savoirs traditionnels et les expressions de la culture a été adoptée en 2002 mais elle exclut les savoirs associés aux ressources génétiques. D'autres textes ont été adoptés en 2010 portant plus précisément sur ces ressources dans le cadre du Forum des îles du Pacifique. Il s'agit de simples lignes directrices sur le développement d'une loi modèle pour la protection des savoirs biologiques traditionnels, des innovations et usages fondés sur les savoirs biologiques traditionnels. L'objectif de ces lignes directrices est de fournir une assistance technique aux décideurs publics pour l'adoption d'une législation nationale sur les savoirs traditionnels biologiques. Un régime juridique sui generis de protection est en outre proposé. Ce texte régional fixe les grandes lignes mais quelques États du Pacifique ont créé une législation plus précise. La Province sud de la Nouvelle Calédonie (a) et le Vanuatu (b) seront pris en exemple.

a. L'exemple de la Nouvelle Calédonie

Texte de la Province du Sud de la Nouvelle-Calédonie. — En Nouvelle-Calédonie, l'accès aux ressources génétiques et le partage des avantages relèvent de la compétence locale des Provinces. L'Assemblée de la Province du Sud a adopté une délibération n° 06-2009 le 18 février 2009 relative à la récolte et à l'exploitation des ressources biochimiques et génétiques, codifiée aux articles 311-1 et s. du Code de l'environnement pour la Province Sud, adopté en mai 2009. Le Titre I du Livre III sur la Gestion des ressources naturelles envisage la question des « Récoltes et exploitation des ressources biologiques, génétiques et biochimiques ».

Champ d'application. — L'article 311-2 du C. envir. Prov. Sud définit largement les activités de collecte soumises à autorisation. Sont concernées « les activités de récolte effectuées par toute personne physique ou morale, de droit privé comme de droit public, à des fins commerciales ou non, industrielles ou non, biotechnologiques, de bioprospection, scientifiques, d'enseignement ou de conservation, ci-après dénommées récolteur ». L'article 311-3 C. envir. Prov. Sud prévoit toutefois des exclusions : 1° l'usage domestique des ressources biologiques ; 2° leur utilisation et échange traditionnels par les communautés locales ; 3° les ressources génétiques humaines ; 4° les ressources biologiques *ex situ* ; 5° les ressources agricoles et alimentaires.

L'article 311-4 C. envir. Prov. Sud précise que les dispositions prises s'appliquent « quelle que soit la nature de la propriété sur laquelle elles se trouvent : privée, publique ou coutumière ». Autrement dit, les règles sur l'accès aux ressources génétiques sont les mêmes sur tout le territoire de la Province Sud. Les Kanaks vont donc bénéficier des mêmes règles d'autorisation d'accès aux ressources situées sur les terres coutumières.

Procédure d'autorisation. — La procédure d'autorisation est prévue aux articles 312-1 et s. C. envir. Prov. Sud. L'article 312-1 C. envir. Prov. Sud donne compétence au président de l'assemblée de Province pour autoriser l'accès aux ressources biologiques, pendant un an renouvelable une fois (art. 312-2 C. envir. Prov. Sud). L'autorisation d'accès ne vaut pas autorisation d'exportation (art. 312-8 C. envir. Prov. Sud). Les critères pris en compte pour l'autorisation sont : l'ampleur du projet, l'importance du budget de recherche engagé, l'intérêt scientifique, l'état de conservation du bien, la contribution du projet à la conservation et à l'utilisation durable des ressources biologiques, ainsi que les impacts, les risques et dangers du projet relativement à la diversité biologique et à son utilisation durable (art. 312-9 C. envir. Prov. Sud).

Droit d'accès. — L'article 313-3 C. envir. Prov. Sud prévoit les compensations financières en contrepartie de l'accès aux ressources : « ces compensations ne peuvent être inférieures à 10 % du budget de recherche pour les entreprises commerciales et, en tout état de cause, à moins de 2 % du montant des ventes des produits dérivés de la ressource collectée avant imposition ». La loi donne la possibilité aux parties de prévoir tout autre avantage non financier qui s'ajouterait aux obligations financières prévues par la loi.

Partage des avantages. — L'article 313-4 C. envir. Prov. Sud dispose que les sommes ainsi collectées sont ensuite réparties entre la province et les propriétaires des sites prospectés au moment de la récolte, à raison de 35 % pour la province, 65 % pour le(s) propriétaire(s). La moitié des sommes perçues par la province sud doit permettre de soutenir des mesures en faveur de la protection et de la préservation de la biodiversité (art. 313-5 C. envir. Prov. Sud).

Contrat entre le récolteur et le propriétaire du sol. — Préalablement à toute récolte, le récolteur doit obtenir, par contrat, le consentement éclairé des propriétaires des terres sur lesquelles se trouve la ressource convoitée (art. 313-1 C. envir. Prov. Sud). Le contrat doit en outre préciser les compensations financières et non financières concédées en contrepartie de l'accès aux ressources. Si la ressource se situe sur des terres coutumières, le contrat accessoire doit alors être accompagné d'un acte coutumier attestant de l'accord des populations concernées (art. 313-2 C. envir. Prov. Sud).

Sanctions. — L'article 315-2 C. envir. Prov. Sud prévoit des sanctions pénales « de six mois d'emprisonnement et de 1 073 986 francs CFP d'amende contre : 1° Le fait, en violation des interdictions prévues par les dispositions de l'article 315-1 et aux textes pris pour son application, de porter atteinte à la conservation des ressources naturelles sauvages ; 2° Le fait de cueillir, récolter, arracher, transporter, de colporter, utiliser, mettre en vente, vendre ou acheter un spécimen d'une ressource naturelle sauvage en violation des dispositions de l'article 315-1 et aux textes pris pour son application ; 3° Le fait de produire, détenir, céder, utiliser, transporter, tout ou partie des ressources naturelles sauvages en violation de l'article 315-1 et aux textes pris pour son application. L'amende est doublée lorsque les infractions aux 1° et 2° sont commises dans une aire protégée ». La nature pénale des sanctions est propice à dissuader les contrevenants. Il faudra ensuite vérifier si les moyens de contrôle sont suffisants.

Les agents et officiers de police judiciaire, les agents des douanes, les fonctionnaires, ainsi que les agents assermentés et commissionnés à cet effet, sont habilités à constater les infractions aux dispositions de l'article 315-1 (art. 315-3 C. envir. Prov. Sud).

b. L'exemple du Vanuatu

Le Vanuatu a adopté à la fin de l'année 2002 une loi relative à la gestion et la conservation de l'environnement (*Environmental Management and Conservation Act 2002*, ci-après l'« EMCA »). Elle est entrée en vigueur le 10 mars 2003. Elle consacre une protection de la biodiversité (Titre IV, sous-titre I, art. 29-34 EMCA) et des aires protégées. Les dispositions consacrées sont, dans leur ensemble, conformes à la CDB. Le terme « biodiversité » désigne, comme dans la CDB, « toutes les diverses formes et variétés d'organismes vivants, de toutes provenances, y compris les écosystèmes terrestres, marins et autres écosystèmes aquatiques et les complexes écologiques dont ils font partie » et couvrant « la diversité au sein des espèces, entre espèces et des écosystèmes » (art. 2 EMCA).

L'article 32 de la loi rend obligatoire l'obtention d'un permis de prospection biologique pour quiconque entreprend ou tente d'entreprendre une activité quelconque de bioprospection (a) ; exporte ou tente d'exporter un spécimen quelconque provenant de prospection biologique (b) ; importe ou tente d'importer un organisme étranger qui pourrait avoir un impact nuisible grave sur la faune et la flore indigène du Vanuatu (c). La loi prévoit toutefois des sanctions (amende de 1 000 000 vatu au plus et/ou emprisonnement de 3 ans au plus) en cas d'importation sans permis d'un organisme étranger qui pourrait avoir un impact nuisible grave sur la faune ou la flore indigènes de Vanuatu, ainsi qu'en cas de violation d'une loi portant sur la protection de cette faune et flore.

La loi met en place une procédure conforme aux exigences de l'article 15 de la CDB, en imposant le consentement donné en connaissance de cause de l'État fournisseur (alinéa 5) et des conditions fixés d'un commun accord entre les parties (alinéa 4). De plus, cette procédure va plus loin en respectant les recommandations des Lignes directrices de Bonn, dans la mesure où l'octroi du permis de bioprospection est subordonné à l'accord des propriétaires coutumiers ou de tout propriétaire de connaissances traditionnelles, à l'instar de ce que prévoit le texte de la Province Sud en Nouvelle-Calédonie.

La loi instaure aussi un organe spécial : le Conseil consultatif sur la biodiversité (Biodiversity Advisory Council) qui donne son avis au directeur responsable de l'environnement, lequel accorde les autorisations de bioprospection. Est également mis à disposition un code d'éthique.

Le Vanuatu est donc l'un des seuls États du Pacifique (avec l'Australie et la Nouvelle-Calédonie) à avoir adopté une loi nationale sur la prospection biologique. Il semblerait que les expéditions menées dans la région, en particulier la grande expédition Santo 2006, ait eu un rôle déclencheur. Notamment, la question de la conservation au Vanuatu des résultats est posée, en l'absence de moyens matériels et humains suffisants.

B. Les principes de la Convention des Nations-Unies sur le droit de la mer appliqués au Pacifique Sud

1. Les principes de la CMB

Protection en haute mer. — La Convention des Nations-Unies sur le droit de la mer met à la charge de l'État côtier, l'obligation de protéger et préserver le milieu marin dans la zone économique exclusive (ZEE) (art. 56, voir Vacher, ce volume). En haute mer, tous les États ont l'obligation de prendre les mesures, applicables à leurs ressortissants, qui peuvent être nécessaires pour assurer la conservation des ressources biologiques de la haute mer ou de coopérer avec d'autres États à la prise de telles mesures (art. 117). L'article 119 prévoit que lorsque les États fixent le volume admissible des captures et prennent d'autres mesures en vue de la conservation des ressources biologiques en haute mer, ils s'attachent à maintenir ou rétablir les stocks des espèces exploitées à des niveaux qui assurent le rendement constant maximum, eu égard aux facteurs écologiques et économiques pertinents, ainsi que les effets de ces mesures sur les espèces associées aux espèces exploitées ou dépendant de celles-ci. Les mammifères marins font également l'objet de protection (art. 65 et 120).

Protection de la ZEE. — La ZEE correspond aux fonds marins et leur sous-sol au-delà des limites de la juridiction nationale. La zone et ses ressources sont le patrimoine commun de l'humanité (art. 136). Dès lors, aucun État ne peut revendiquer ou exercer une souveraineté ni s'approprier une partie de la zone ou de ses ressources (art. 137). En outre, des mesures de protection du milieu marin doivent être prises. Des activités peuvent être menées dans cette zone, sous réserve de protéger efficacement le milieu marin des effets nocifs que pourraient avoir ces activités. Il est nécessaire de maîtriser la pollution, de protéger et conserver les ressources naturelles de la zone, ainsi que de prévenir les dommages sur la faune et la flore (art. 145). Également, la vie humaine doit être protégée dans le cadre de ces activités (art. 146). Des règles sont posées par l'Autorité internationale des fonds marins qui intervient pour le compte de l'humanité tout entière.

Protection des ZEE sous juridiction des États. — Concernant les ZEE sous juridiction des États, ces derniers ont l'obligation de protéger et préserver le milieu marin (art. 192). Ils disposent alors d'un droit souverain d'exploiter leurs ressources naturelles, tout en respectant leur obligation de protéger et de préserver le milieu marin (art. 193). Ils mettent en œuvre les moyens les mieux adaptés, en fonction de leurs capacités et s'efforcent d'harmoniser leurs politiques à cet égard (art. 194.1). Ils prennent toutes les mesures nécessaires pour que les activités relevant de leur juridiction ou de leur contrôle le soient de manière à ne pas causer de préjudice par pollution à d'autres États et à leur environnement (art. 194.2). Toutes les sources de pollution sont visées (art. 194.3). Un principe de coopération entre États est également posé (art. 197) qui peut se traduire notamment par la mise en œuvre de programmes de recherche scientifique (art. 200). Une assistance technique aux États en développement est même prévue (art. 202). Les organisations internationales peuvent allouer des fonds, des moyens d'assistance technique et mettre à disposition des services d'assistance technique aux États en développement (art. 203).

Les États côtiers sont tenus d'adopter des règlements pour prévenir, réduire et maîtriser la pollution du milieu marin, en particulier d'origine tellurique (art. 207). Ils doivent aussi adopter des règlements pour prévenir, réduire et maîtriser la pollution des fonds marins (art. 208), ainsi que la pollution résultant d'activités menées dans la zone (art. 209). Les États sont rendus responsables de l'accomplissement de leurs obligations internationales en ce qui concerne la protection et la préservation du milieu marin (art. 235).

Recherche scientifique marine. — La partie XIII de la CMB organise la recherche scientifique marine (RSM). L'article 238 donne le droit à tous les États, quelle que soit leur situation géographique, ainsi que les organisations internationales compétentes, d'effectuer des RSM, sous réserve des droits et obligations des autres États tels qu'ils sont définis dans la Convention. Plus encore, l'article 239 prévoit que « les États et les organisations internationales compétentes encouragent et facilitent le développement et la conduite de la recherche scientifique marine ». Un cadre de la recherche scientifique marine peut être déduit de l'article 240 qui pose les principes généraux de sa conduite. La recherche doit être menée à des fins exclusivement pacifiques ; en utilisant des méthodes et moyens scientifiques appropriés compatibles avec la Convention ; et ne doit pas gêner de façon injustifiable les autres utilisations légitimes de la mer compatibles avec la Convention et elle est dûment prise en considération lors de ces utilisations. Enfin, la recherche doit être menée conformément à tous les règlements pertinents adoptés en application de la Convention, y compris ceux visant à protéger et à préserver le milieu marin. La RSM ne peut constituer le fondement juridique d'une quelconque revendication sur une partie du milieu marin et de ses ressources (art. 241). L'article 242 impose aux États de favoriser la coopération internationale en matière de recherche marine scientifique. L'article 244 prévoit une publication et diffusion d'informations et de connaissances.

Recherche scientifique marine dans la ZEE. — L'article 245 de la CMB dispose que « Les États côtiers, dans l'exercice de leur souveraineté, ont le droit exclusif de réglementer, d'autoriser et de mener des recherches scientifiques marines dans leur mer territoriale. La recherche scientifique marine dans la mer territoriale n'est menée qu'avec le consentement exprès de l'État côtier et dans les conditions fixées par lui ». La CMB pose donc le principe d'un consentement préalable exprès de l'État côtier à la recherche, à l'instar de la CDB. Ce consentement est aussi requis pour les RSM menées dans la ZEE et sur le plateau continental (art. 246). Les ZEE constituent une véritable valeur (Taglioni 2007). Dans ces zones, les États côtiers peuvent réglementer, autoriser et mener des RSM. Ils sont toutefois tenus d'adopter des règles et des procédures garantissant que leur consentement sera accordé dans des délais raisonnables et ne sera pas refusé abusivement. Le point 5 de l'article 246 donne toutefois la possibilité aux États côtiers, à leur discrétion, de refuser un projet de RSM notamment si le projet a une incidence directe sur l'exploration et l'exploitation des ressources naturelles, biologiques ou non biologiques. Par ailleurs, l'article 248 impose aux États et organisations internationales qui ont l'intention d'entreprendre des recherches scientifiques marines dans la ZEE ou sur le plateau continental d'un

État côtier, une obligation de fournir des renseignements à cet État. Cette information préalable doit être fournie six mois avant le début de la recherche, et doit indiquer notamment la nature et les objectifs du projet, la méthode et les moyens utilisés. En outre, l'État ou l'organisation à l'initiative de la recherche doit garantir à l'État côtier, si ce dernier le désire, le droit de participer au projet. Il doit aussi fournir des rapports préliminaires, ainsi que les résultats et conclusions finales. Il s'engage également à donner accès à tous les échantillons et données obtenus dans le cadre du projet de recherche, ainsi qu'une évaluation ou une aide à l'évaluation de ces données (art. 249). Si ces dispositions ne sont pas respectées, l'État côtier peut ordonner la suspension ou la cessation des travaux de recherche (art. 253). L'article 255 encourage la RSM en incitant les États à adopter des règles et procédures raisonnables pour la faciliter.

2. L'application des principes de la CMB dans le Pacifique Sud

Fidji. – Une loi nationale transpose une partie des dispositions de la CMB. Il s'agit de la loi sur les espaces marins (Marine, Spaces Act, Chapter 158A, 21 avril 1978). L'article 11 (a) : ministre des affaires étrangères compétent pour réglementer, selon les règles du droit international, la conduite de la RSM dans la ZEE. Le ministre des pêches ou le ministre des affaires étrangères peut réglementer l'ensemble des activités en découlant (recherche, pêche, production d'énergie, protection et préservation de l'environnement).

Le problème de cette loi nationale est qu'elle présente une vision réductrice de la RSM dans la loi de 1978 : seule la recherche halieutique est visée. Les autres activités de la RSM (taxonomie, océanographie, géologie, bioprospection) peuvent se dérouler dans les espaces marins nationaux et pas seulement dans la ZEE. La loi ne s'adapte pas aux nouvelles activités de RSM. La bioprospection est assimilée à la pêche, aussi le dispositif législatif n'est-il pas satisfaisant.

Salomon. — La loi sur les pêches (1998) consacre les principes de la CMB. La (RSM) est réglementée par la loi de 1982 révisée en 1992 (Research Act) et suppose que les étrangers obtiennent une autorisation pour réaliser une recherche. La difficulté est que la définition de la pêche est large et englobe les pêches scientifiques. En outre, le texte prend finalement peu en compte les principes du chapitre XIII de la CMB sur la recherche scientifique marine. Un autre texte de loi serait donc souhaitable.

II. Les perspectives d'évolution de la protection et de la valorisation de la biodiversité dans le Pacifique Sud

Tant la CDB (A) que la CMB (B) méritent des évolutions en vue de s'adapter, notamment, au contexte environnemental actuel.

A. L'amélioration de la CDB

L'amélioration de la CDB passe par une meilleure articulation de ses règles avec les systèmes de propriété intellectuelle (1) mais aussi par une précision des règles d'accès et de partage des avantages (2).

1. L'articulation de la CDB avec la propriété intellectuelle

Conflit entre la CDB et les ADPIC. — Remarquons au préalable que l'évolution de la CDB est à mener parallèlement avec des négociations sur les accords ADPIC. Certains pays émergents considèrent qu'il y a un réel conflit entre les ADPIC et la CDB (de Sadeleer et Born, 2004) et revendiquent la suppression de l'obligation de protéger les innovations biotechnologiques, telle que prévue à l'article 27.3 b). Le fait d'autoriser la délivrance de brevets pour du matériel génétique serait en soi incompatible avec la CDB et les droits souverains des pays sur leurs ressources génétiques. En outre, certains États membres de l'OMC n'appliquent pas assez strictement les conditions de brevetabilité. La condition d'invention n'est ainsi pas toujours respectée puisque des brevets pour du matériel génétique à l'état naturel ou qui a été simplement isolé de la nature et n'a pas été modifié ont pu être accordés. De même, la condition de nouveauté n'est pas toujours bien vérifiée, puisque des brevets illégitimes ont été délivrés pour des inventions qui reposent directement ou indirectement sur des savoirs traditionnels (Dans l'affaire du *turmeric* [*curcuma longa*]), par exemple, cette plante utilisée depuis des millénaires en Inde, notamment dans le domaine médicinal et cosmétique, a fait l'objet d'un brevet aux États-Unis pour ses vertus cicatrisantes. À la demande de l'*Indian Council of Scientific and Industrial Research* qui fit valoir l'absence de nouveauté, les autorités américaines ont révoqué ce brevet (Arhel 2007).

Reconnaissance des savoirs traditionnels dans un système de propriété intellectuelle. — Un Comité intergouvernemental de la propriété intellectuelle relative aux ressources génétiques, aux savoirs traditionnels et au folklore de l'OMPI a été mis en place dès février 2008 afin de mieux intégrer les savoirs traditionnels à l'état de la technique et d'éviter la délivrance de brevets illégitimes. À titre d'exemple, l'Office de la propriété intellectuelle de la Nouvelle-Zélande a établi des directives à l'intention des examinateurs de brevets concernant les demandes de brevets intéressants les Maoris. Ces directives portent sur les inventions concernant, utilisant ou dérivées de la flore ou de la faune autochtones, des micro-organismes autochtones (tels que virus, bactéries, champignons ou algues) ou du matériel autochtone issu d'une source inorganique, dès lors que des savoirs traditionnels ou autochtones ont été utilisés dans le processus de recherche. Par ailleurs, dans le cadre de l'OMPI, la huitième révision de la classification internationale des brevets (CIB), entrée en vigueur le 1er janvier 2006, adapte les règles de ce système hiérarchique de symboles, indépendants de la langue, destiné à classer les brevets et modèles d'utilité. La révision a permis d'élargir et de cibler la couverture d'un type particulier de matériel lié aux savoirs traditionnels, les « préparations médicinales de constitution indéterminée contenant du matériel provenant d'algues, de lichens, de champignons, ou de plantes, ou leurs dérivés, par exemple médicaments traditionnels à base de plantes » (WIPO/GRTK/IC/13/5(b)). Cette révision accroît la probabilité que les documents pertinents traitant des savoirs traditionnels soient trouvés durant les procédures de recherche en matière de brevets.

L'obligation de divulguer les sources. — Pour mieux lutter contre la délivrance de brevets illégitimes, divers détenteurs de savoirs traditionnels souhaitent imposer une obligation de divulguer l'origine géographique des ressources génétiques ou des savoirs (Schmitt 2006). Cette obligation permettrait de mieux identifier l'origine des brevets et du droit des obtentions végétales et de vérifier le consentement préalable, ainsi que le partage des avantages.

À l'heure actuelle, cette obligation de divulgation n'est pas reconnue en droit communautaire de la propriété intellectuelle. Le considérant 27 de la directive 98/44/CE du 6 juillet 1998 sur les inventions biotechnologiques prévoit que la demande de brevet qui porte sur la matière biologique d'origine végétale ou animale ou qui utilise une telle matière devrait comporter une information géographique concernant le lieu d'origine de cette matière si celui-ci est connu. Mais une telle disposition est facultative et tempérée par la précision qu'elle ne pourrait pas affecter « l'examen des demandes de brevets et la validité des droits résultant des brevets délivrés ». En droit français, ni la loi n° 2004-800 du 6 août 2004 relative à la bioéthique, ni la loi n° 2004-1338 du 8 décembre 2004 relative à la protection des inventions biotechnologiques, transposant la directive, n'a prévu l'indication de l'origine dans une demande de brevet. Les accords ADPIC, conclus en 1994 dans le cadre de l'OMC, ne prévoient pas non plus cette obligation de divulgation. La question de la divulgation de l'origine du matériel génétique et des savoirs traditionnels dans la demande de brevet a été inscrite à l'ordre du jour de l'OMC en juillet 2008. Il s'agirait d'ajouter un article 29bis aux ADPIC pour obliger les membres à exiger du déposant d'une demande de brevet concernant des « ressources biologiques et/ou savoirs traditionnels associés » qu'il indique la source et le pays d'origine des ressources biologiques et/ou savoirs faire utilisés dans une invention, qu'il prouve le consentement préalable pour la prise de brevet et le partage loyal et équitable des avantages découlant de l'utilisation commerciale ou autre des ressources et/ou savoirs traditionnels associés. La violation de cette obligation nouvelle serait sanctionnée par un ralentissement de la délivrance du brevet ou pourrait entraîner l'invalidation du brevet délivré. L'OMPI envisage aussi de créer une obligation de divulgation des sources dans le cadre de la procédure de délivrance des brevets et les Lignes directrices de Bonn l'encouragent également. Certains États ont d'ailleurs déjà inscrit cette obligation de divulgation dans leur législation nationale sur la propriété intellectuelle, sous peine de se voir priver de l'efficacité du brevet sur le territoire national.

2. L'adoption d'un régime international lors du Protocole de Nagoya (octobre 2010)

Revendications pour un régime international. — Les « trous dans l'équité » (Bellivier et Noiville 2006) laissés par les contrats et les lois pris en application de la CDB invitent à élaborer un texte international qui prévoirait les modalités d'application de la CDB. Douze pays riches en biodiversité (Brésil, Chine, Colombie, Costa Rica, Équateur, Inde, Indonésie, Kenya, Mexique, Pérou, Afrique du Sud et Venezuela) se sont réunis à Cancun en février 2002 pour former le cartel des pays « mégadivers ». En se fondant sur les règles de la CDB, ces pays demandent la création d'un régime international sur l'utilisation et la conservation des ressources biologiques, mieux à même de prendre en compte les intérêts de certaines populations (Louafi et Varella 2008 : 157). La COP 9 tenue en mai 2008 a engagé les États à élaborer un régime international d'accès et de partage des avantages de l'utilisation des ressources génétiques en vue de son adoption, lors de la COP 10, en octobre 2010 à Nagoya, au Japon.

Contenu du protocole. – Le protocole de Nagoya, adopté en octobre 2010, porte sur l'accès aux ressources génétiques et le partage juste et équitable des avantages découlant de leur utilisation relative à la CDB. L'article 6 pose les conditions d'obtention du consentement préalable donné en connaissance de cause en vue d'accéder aux ressources génétiques. Il en est de même pour les connaissances traditionnelles, associées aux ressources (art. 7). Lorsque les ressources sont situées *in situ* sur le territoire de plusieurs pays, le Protocole encourage la coopération transfrontière (art. 11). Il en est de même lorsque les connaissances sont détenues par plusieurs communautés. Les communautés traditionnelles sont, par ailleurs, invités à mettre en place des mécanismes d'information, ainsi que l'élaboration de clauses, protocoles ou conditions minimales (art. 12). Pour améliorer encore l'information, les États doivent mettre en place des correspondants nationaux dont le rôle est d'informer les demandeurs d'accès aux ressources et aux connaissances traditionnelles de l'existence de procédures d'obtention du consentement préalable (art. 13). Ce correspondant fait également le lien avec le Secrétariat de la COP de la CDB. Un Centre d'échange sur l'accès et le partage des avantages et échange d'information renforce l'information (art. 14).

Le protocole se préoccupe du respect des dispositions de la CDB en prévoyant que chaque partie doit prendre les mesures nécessaires et assurer la surveillance de l'utilisation des ressources (art. 15 à 17). Les États doivent également prévoir les conditions de règlement des litiges (art. 18). L'article 22 prévoit le renforcement des capacités pour faire respecter le protocole. En particulier, les besoins des petits États insulaires, comme ceux situés dans le Pacifique Sud, doivent être pris en compte. De même, le protocole encourage le transfert de technologie en faveur de ces États (art. 24). Le protocole entrera en vigueur au 90e jour suivant la date de dépôt du 50e instrument de ratification (art. 33). Il devrait permettre de rendre plus effectifs les objectifs de la CDB et répondre à une revendication forte des peuples autochtones.

B. L'amélioration de la CMB

La difficulté majeure dans la mise en œuvre de la Convention de Montego Bay sur le droit de la mer tient au fait que les concepts juridiques du droit de la mer ne sont plus adaptés (Proutière-Maulion et Beurier 2008) à la situation actuelle de raréfaction des ressources. En outre, la non-affectation des ressources, c'est-à-dire la non-appropriation de la mer est un obstacle à l'efficacité des mesures de protection. La gestion de la haute mer est devenue difficile, en raison de l'absence de mécanismes internationaux de gestion et de contrôle, ainsi que de la multiplicité des usages que l'on peut rencontrer dans cet espace (pêche, transport, tourisme…).

Dès lors, il convient de redéfinir les concepts fondateurs du droit de la mer, en faisant coopérer les différents secteurs et acteurs concernés, de l'échelon local à l'échelon international. Il conviendrait aussi d'organiser une gouvernance de la biodiversité marine au-delà des zones de juridiction nationale. Il est nécessaire de prendre des mesures permettant de sauvegarder et protéger la biodiversité marine.

Au-delà de la redéfinition des conventions internationales, il apparaît aussi nécessaire d'agir au niveau régional dans le Pacifique. Le niveau national n'est pas pertinent, en raison de la petite taille des États insulaires et des risques de divergences nationales peu souhaitables, alors même que les problématiques sont identiques. Les réflexions et solutions pourraient être menées au niveau régional, dans le cadre de la Commission du Pacifique Sud et du Grand Observatoire de l'environnement et de la biodiversité terrestre et marine du Pacifique Sud (GOPS). La coopération régionale pourrait se traduire par la création d'organismes de contrôle du respect de la réglementation sur la bioprospection, ainsi que de conservation des échantillons déposés à l'issue des recherches. On peut enfin s'interroger sur l'opportunité de créer un Office régional de la propriété intellectuelle du Pacifique Sud.

Conclusion

Le protocole de Nagoya est venu utilement compléter la Convention de Rio. Mais il laisse une large marge de manœuvre aux États et il reste encore à voir comment les États vont s'en emparer, notamment en France et en Europe. Les recherches devraient à présent porter sur la mise en œuvre du protocole et l'analyse des difficultés qui ne manqueront pas de se poser.

En revanche, la Convention de Montego Bay n'a pas été modifiée et il serait dès lors utile que des recherches envisagent à l'avenir les pistes d'amélioration de ce dispositif.

Bibliographie

Arhel, Pierre
2007   « Cycle de Doha : bilan et perspectives ». *Recueil Dalloz 2007*, 28 : 1984.

Bellivier, Florence et Christine Noiville
2006   *Contrats et vivant*. Paris : LGDJ.

Boisvert, Valérie
2006   « Étude économique : modes de valorisation et de protection des substances naturelles ». In J. Guezennec, Ch. Moretti et J.-C. Simon (eds), *Substances naturelles en Polynésie française : Stratégies de valorisation*. Paris : IRD Éditions : 2e partie.

De Sadeleer, Nicolas et Charles-Hubert Born
2004   *Droit international et communautaire de la biodiversité*. Paris : Dalloz, Thèmes et commentaires.

Feral, François
2009   *Synthèse des travaux Access and benefit sharing of Genetic Resources in the Pacific*. Papeete : Pacific Science Inter-congress.

Hermitte, Marie-Angèle
2004   « L'accès aux ressources biologiques ». In Mélanges J.-C. Hélin, *Perspectives du droit public*. Paris : Litec.

Louafi, Sélim et Marcello Varella
2008   « La régulation de la bioprospection au Brésil ». In P. Jacquet et L. Tubiana (eds), *Regards sur la terre, biodiversité : nature et développement, Regards sur la terre, L'annuel du développement durable*. Paris : Les Presses de Sciences Po.

Morin, Jean-François
2004   « Une réplique du Sud à l'extension du droit des brevets : la biodiversité dans le régime international de la propriété intellectuelle ». *Droit et société*, 58.

Noiville, Christine
1997   *Ressources génétiques et droit : essai sur les régimes juridiques des ressources génétiques marines*. Paris : Pédone.
2002   « La mise en œuvre de la convention de Rio sur la conservation de la diversité biologique et ses relations avec l'accord de l'OMC sur les ADPIC ». In S. Maljean-Dubois (éd.), *L'outil économique en droit international et européen de l'environnement*. Paris : La documentation française.

Proutiere-Maulion, Gwenaëlle et Jean-Pierre Beurier
2008   « Ressources marines : un bien public mondial ». *Courrier de la planète, Biodiversité, la haute mer oubliée*, 86.

OMPI
2001   Rapport de l'OMPI sur les missions d'enquête consacrées à la propriété intellectuelle et aux savoirs traditionnels (1998-1999). Savoirs traditionnels : besoins et attentes en matière de propriété intellectuelle. Genève.

Schmitt, Philippe
2006   « Quelle origine au sens de la Convention sur la diversité biologique faudrait-il indiquer dans une demande de brevet ? ». *Revue Propriété Industrielle*, 10, oct. 2006, Étude 27.

Taglioni, François
2007   « Les petits espaces insulaires au cœur des revendications frontalières maritimes dans le monde ». *Rev. L'espace politique*, 2007-1.

Vivien, Franck-Dominique (éd.)
2002   « Les droits de propriété dans le domaine de la biodiversité : un état des lieux au croisement des sciences sociales ». In *Biodiversité et appropriation : les droits de propriété en question*. Elsevier Masson.

Chapitre 14

Préserver la biodiversité des récifs coralliens : l'évaluation économique comme outil d'une gouvernance multi-échelle

Nathalie Hilmi, Tamatoa Bambridge, Joachim Claudet,
Gilbert David, Pierre Failler, François Feral, Marc Léopold,
Nicolas Pascal et Alain Safa

Introduction [1]

Les écosystèmes coralliens constituent un thème d'étude particulièrement prisé des écologues en raison de leur exceptionnelle biodiversité et leur rôle de sentinelle face aux changements globaux. Chaque année, des centaines d'articles scientifiques viennent enrichir la littérature internationale en ce domaine. Il en va autrement des sciences humaines et sociales (SHS) qui, d'une manière générale, traitent moins d'environnement littoral, et en particulier d'écosystèmes aquatiques. Pourtant, les relations nature/sociétés sont remarquablement développées en Océanie insulaire qui, si on y inclut les îles Philippines et les îles orientales de l'archipel indonésien, abrite plus de la moitié des récifs coralliens de la planète. La gouvernance de ces écosystèmes, de leur biodiversité et de leurs usages devrait donc constituer une priorité à décliner à différents niveaux scalaires (du km à plusieurs milliers de km) : local, provincial, national, régional, et global eut égard aux effets spécifiques du changement climatique sur les processus biologiques et biochimiques dans les récifs coralliens.

Dans ce cadre, l'une des problématiques récurrentes concerne l'évaluation économique des écosystèmes coralliens, et plus particulièrement l'opportunité d'utiliser cet outil économique aux différentes échelles des systèmes de gouvernance à des fins de préservation écologique. Tenter de donner une valeur monétaire à des milieux naturels qui, par essence, devraient échapper à l'économie marchande, ne va pas sans poser de nombreuses difficultés, tant méthodologiques qu'éthiques. Plus généralement,

---

1. Hormis le premier auteur, la liste des co-auteurs a été établie selon un ordre alphabétique. Les affiliations sont, par ordre d'apparition : (1) Centre Scientifique de Monaco et IAEA Environment Laboratories, (2) Centre de Recherches Insulaires et Observatoire de l'Environnement (CRIOBE), USR 3278 CNRS-EPHE, (3) Laboratoire d'Excellence CORAIL, (4) UMR Espace-Dev (IRD), (5) Centre for the Economics and Management of Aquatic Resources (CEMARE), (6) CERTAP (Université de Perpignan) et EPHE, (7) UR Coreus 2 (IRD), (8) Laboratoire IDRAC Research et MSHSE Université de Nice-Sophia Antipolis.

les raisons mêmes qui ont fait émerger l'évaluation économique des écosystèmes coralliens sur le devant de la scène scientifique et politique méritent d'être explicitées.

Premier élément de réponse : qu'elles soient d'origines anthropiques ou naturelles, les multiples dégradations des écosystèmes coralliens affectent partout les populations humaines dont les activités professionnelles ou les modes de vie reposent sur l'exploitation des ressources et des services générés par ces milieux : diminution des emplois dans le secteur de la pêche, détérioration de la sécurité alimentaire des communautés du littoral occasionnée par la baisse des rendements de la pêche vivrière, baisse de l'attractivité touristique, perte du rôle de protection naturelle contre la houle et de la beauté paysagère, etc. Or ces perturbations, et donc la gestion de leurs impacts environnementaux, relèvent de la sphère économique et peuvent se mesurer sous une forme monétaire. De fait, les économistes investissent la sphère environnementale depuis une dizaine d'années, et de grandes organisations internationales non gouvernementales (ONG) dans le domaine de la conservation [*e.g.* Union Internationale pour la Conservation de la Nature (UICN) et World Wildlife Fund (WWF)] font désormais appel à leurs services (Cesar *et al.* 2003). Cette tendance illustre l'émergence de l'économie comme une discipline pouvant avoir un discours sur l'environnement et sa gestion (David *et al.* 2007, Van Beukering *et al.* 2007).

D'un point de vue économique, les menaces locales sur les écosystèmes coralliens (telles que la surpêche, la pollution ou la destruction des habitats) relèvent principalement de deux concepts :

1- Celui de la « tragédie des biens en commun » (Hardin 1968) qui explique pourquoi il y a généralement peu d'intérêt individuel à utiliser de manière durable des biens en commun ou publics puisque le coût de l'action sera assumé par les individus tandis que les bénéfices profiteront au groupe ou aux générations futures ; la surpêche est un parfait exemple, motivée par l'idée que « tout poisson que je ne prends pas peut potentiellement être pris par mon voisin ».

2- Celui des externalités[2] pour lesquelles l'absence d'espace d'échange ou de « marché » des valeurs inhérentes aux services écosystémiques ne permet pas de réguler les bénéfices et pertes liées à la qualité de ces services. À titre d'illustration, les principales externalités locales et négatives concernent les effets de la surpêche, la pollution et l'érosion provenant des bassins-versants ainsi que la sur-fréquentation touristique. Les externalités positives proviendront d'une gestion côtière intégrée qui assurera durablement le niveau de la « biomasse » commerciale ou recherchée par le tourisme, qui maintiendra la protection côtière ou encore renforcera les valeurs de legs, c'est-à-dire la valeur que la génération actuelle attribue en héritage aux générations futures.

---

2. On parle d'externalité lorsque l'action d'un agent, à travers son impact positif ou négatif sur la biodiversité, modifie la quantité ou la qualité des services écosystémiques rendus à un autre agent, affectant ainsi son bien-être, sans que cette variation ne donne lieu à un échange sur un marché.

Structuré en trois parties, ce chapitre propose d'étudier les différentes questions soulevées par la montée de l'enjeu économique dans la gouvernance des écosystèmes coralliens en Océanie. Dans un premier temps, nous présentons comment la multiplicité des acteurs contraint les initiatives de protection de la biodiversité des écosystèmes coralliens face aux objectifs de développement économique. Dans un deuxième temps, nous exposons les problématiques émergentes des SHS pour répondre aux enjeux de gouvernance de ces milieux, notamment via la mise en place d'aires marines protégées. Enfin, nous abordons, la question méthodologique de l'évaluation économique de ces milieux.

Multiplicité des acteurs face aux enjeux de conservation et de développement

Depuis une vingtaine d'années, les médias internationaux se sont emparés du terme « biodiversité » qui a dépassé la sphère scientifique pour diffuser dans la société civile et la sphère des décideurs économiques et politiques. À côté des forêts primaires de la zone intertropicale, les récifs coralliens forment l'écosystème le plus riche de la planète. Ils abritent plus du quart des espèces de poisson connues (McAllister 1988, Sale 2002, Moberg et Rönnback 2003) et les expéditions scientifiques ont montré que le benthos récifal restait encore très mal connu et que tout nouvel effort de recherche conséquent se soldait par la découverte d'un grand nombre de nouvelles espèces. Dans ce contexte, la protection et la gestion de la biodiversité corallienne constitue une priorité pour les générations actuelles afin que ce patrimoine puisse être accessible aux générations futures qui auront la charge d'en poursuivre la description, voire son utilisation pour les espèces d'intérêt économique. En ce domaine, la valorisation pharmaceutique des invertébrés benthiques possédant des substances naturelles actives présente, par exemple, un grand potentiel.

Si la nécessité de préserver la biodiversité récifale constitue une évidence pour la majorité des scientifiques, force est de constater que cette priorité n'est pas partagée par l'ensemble des acteurs ayant un impact sur les milieux coralliens. Le résultat est patent : la dégradation des récifs se poursuit comme le montrent les bilans de l'état de santé des récifs coralliens effectués tous les deux ans depuis 1998 à l'échelle internationale (Wilkinson 1998, 2000, 2002, 2004, 2006, 2008, 2010). Aux abords des villes, des platiers sont comblés pour le développement urbain, industriel ou commercial. Même sur les littoraux moins anthropisés, la pollution chimique des eaux côtières, la surpêche et la turbidité croissante (du fait de l'érosion accrue des bassins versants) entraînent une forte mortalité des espèces de scléractinaires les plus fragiles, remplacées par un nombre réduit d'espèces résistantes et par les algues qui deviennent prépondérantes dans certaines zones comme le grand récif de Tuléar à Madagascar. D'une manière générale, dans le Pacifique insulaire, l'érosion de la biodiversité récifale est moindre que dans l'océan Indien ou la Caraïbe. La conjugaison de facteurs géographiques et économiques moins défavorables (des distances plus grandes entre les îles, l'urbanisation moins développée et l'utilisation plus réduite d'intrants dans l'agriculture en particulier) et d'épisodes de blanchissement du corail moins sévères, pourrait expliquer ce constat. À terme, le Pacifique insulaire pourrait constituer le principal « réservoir » d'espèces coralliennes de la planète. Cela confère aux Océaniens une responsabilité accrue vis-à-vis des générations futures.

Avec le développement économique des îles, la globalisation des échanges et la mise en place des États-Nations, le nombre de catégories d'acteurs pouvant impacter de manière directe ou indirecte les récifs s'est singulièrement accru. À l'époque pré-coloniale, seules les communautés locales du littoral avaient cette faculté. Aujourd'hui, six principales catégories d'acteurs peuvent être identifiées : les communautés locales du littoral, les élus politiques et les administrations subordonnées, les décideurs économiques, les scientifiques, et les organisations non gouvernementales d'envergure internationale impliquées localement dans la défense de l'environnement, et les bailleurs de fonds internationaux ou régionaux intervenant dans la conservation de la biodiversité (Fond Français pour l'Environnement Mondial, Programme Régional Océanien pour l'Environnement…).

Cette multiplicité a des conséquences en termes de gouvernance des écosystèmes coralliens. Ces catégories d'acteurs interviennent en effet dans des réseaux séparés ou imbriqués, et à différentes échelles sociales et géographiques. Elles portent des enjeux différents. Toutes ont aussi des points de vue différents sur ce qu'est la bio-diversité récifale, la nécessité d'en assurer la protection et la manière de procéder en ce domaine. Si les trois dernières catégories sont acquises à la préservation de la biodiversité corallienne, il en va autrement des trois premières. D'une manière générale, les communautés locales appréhendent parfaitement la relation aux éléments de l'environnement que l'on résume souvent sous la notion de « nature », car elle fait partie de leur vie quotidienne et structure leurs savoirs traditionnels (David 2008) ; en revanche, pour nombre d'entre elles, la biodiversité reste une notion d'origine exogène, importée dans leur quotidien par les médias et le discours des ONG locales de conservation supportées par les ONG internationales comme FSPI (Foundation of the people of the South Pacific International). Pour les élus locaux comme les déci-deurs économiques, la préservation de la biodiversité relève encore souvent du domaine des scientifiques et des ONG environnementalistes.

Que ceux-ci n'aient guère réussi à enrayer la dégradation de la biodiversité récifale au cours des trente dernières années, malgré un argumentaire scientifique tout à fait pertinent, tient au fait que différentes conceptions de la relation homme-environ-nement sont en confrontation, tout comme leur message paraît mal adapté à l'obj-ectif : c'est-à-dire convaincre les acteurs, susceptibles d'aménager et de dégrader ce milieu naturel, ou au contraire de le préserver.

Confiné à la sphère internationale, le message des scientifiques et des ONG envi-ronnementalistes, transmis via la presse écrite, la télévision et/ou le réseau Internet, se traduit :

a) par l'adhésion des pays à des conventions internationales ;

b) par des engagements internationaux comme le *Micronesian challenge* qui relèvent du marketing politique à l'échelle mondiale[3], la préservation de la biodiversité étant devenue depuis le congrès mondial des parcs nationaux de Durban en 2003 un élément central de la politique étrangère de certains pays ;

c) au mieux par des politiques publiques qu'il est souvent difficile de mettre en œuvre au niveau local.

Si le message n'est pas sans impact au niveau local, il touche d'abord les acteurs déjà sensibilisés à la protection des récifs comme les associations de protection de l'environnement ou des usagers dont, par le passé, l'activité économique ou la vie quotidienne a pâti des dégradations du récif et qu'ils considèrent désormais comme un patrimoine. En revanche, les autres usagers, comme certains décideurs locaux, ne sont pas assez sensibles aux arguments élaborés par les scientifiques et les ONG.

Le message pèche par son contenu. Produit de recherches exclusivement axées sur la compréhension de l'écosystème récifal, il se focalise sur des arguments d'ordre biologique et écologique, ignorant la plupart du temps l'Homme. Ce dernier est d'ailleurs souvent présenté comme « l'ennemi du récif ». Ce message est également défaillant par sa forme, trop éloignée des normes et rationalités des décideurs (communautés locales et/ou autochtones, élus politiques, haute administration, opérateurs économiques), pour lesquels il est peu compréhensible.

L'écologie a été longtemps perçue comme un frein à l'économie et si dans certains pays, la préférence économique prime sur la gestion durable des récifs coralliens, d'autres mettent en place des politiques de gestion et de préservation de cet écosystème, comme c'est le cas en Nouvelle-Calédonie ou en Australie. En revanche, si le maintien de la productivité d'un récif exige qu'une activité économique soit stoppée ou fortement réduite ou qu'un projet, source d'emplois et de revenus futurs, ne se concrétise pas, alors le choix des décideurs est vite arrêté : l'activité économique prime toujours sur les considérations écologiques, essentiellement perçues dans leur dimension scientifique ou morale. Pour mieux sensibiliser les décideurs à mener des politiques de protection et de gestion des récifs coralliens, il semble nécessaire de leur faire parvenir un message plus approprié qui réconcilie la préservation des espaces naturels, le développement économique et les intérêts des communautés locales et/ou autochtones. L'intégration de la multiplicité des acteurs et des intérêts divergents doit trouver sa traduction dans des politiques économiques.

---

3. Il s'agit d'une initiative prise en 2005 par cinq gouvernements de la Micronésie (États Fédérés de Micronésie, Guam, îles Marshall, Mariannes du nord, Palau) pour promouvoir une meilleure gestion et conservation de leurs ressources forestières et marines. Ainsi ce défi projette de mettre en aires protégées 30 % des zones côtières et 20 % des forêts des territoires signataires.

L'émergence des recherches en SHS en matière de gouvernance des écosystèmes coralliens

Le principe de la conservation de la biodiversité est plus ou moins accepté auprès des acteurs de la société civile et des responsables politiques. Mais il existe des incertitudes liées à la notion même de biodiversité, les ambiguïtés et contradictions des stratégies des acteurs constituent le contexte compliqué dans lequel la gestion de la « nature » se met en œuvre dans le Pacifique. La protection de la biodiversité accompagne les politiques de développement durable définies lors de la conférence de Rio en 1992. C'est également à cette occasion que la notion de « gouvernance » fait son apparition comme un nouveau modèle d'action publique. Mais la notion est d'autant plus délicate à étudier qu'elle est désormais utilisée dans plusieurs lexiques avec des contenus polysémiques.

Au niveau politique, l'ensemble des États riverains s'est engagé dans des programmes de conservation et de coopération portant sur la biodiversité corallienne, avec un affichage propagandiste qui souligne la dimension géopolitique de ce dossier. Le concept de biodiversité a pu être récupéré par les acteurs politiques océaniens comme un nouvel outil de marketing politique sur la scène internationale et de légitimation territoriale au niveau national. Les aires marines protégées (AMP) se comptent ainsi par centaines et leurs surfaces ajoutées laissent entendre qu'une protection effective du Pacifique à hauteur du 1/10 de sa superficie est un objectif réaliste. Mais si d'incontestables efforts financiers sont réalisés par les États, la mise en œuvre concrète de ces politiques est beaucoup plus difficile à évaluer. Derrière les chiffres apparaissent les annonces de données contradictoires et de définitions hasardeuses, réalité qui souligne que la protection des récifs est d'abord un champ politique fait de représentations et de conflits sociaux. La gouvernance et la gestion des espaces coralliens protégés ou « gérés durablement » sont emblématiques de ces difficultés : elles soulèvent des questions d'évaluation, de légitimité, d'efficacité ou de comparabilité.

De nombreux acteurs de la société civile, en particulier les ONG internationales et les organismes de recherche, investissent également ce champ d'action publique. Reflétant la diversité des enjeux de la gouvernance, les thématiques scientifiques associent les sciences de la vie et de la terre, œuvrant à une meilleure connaissance des processus environnementaux, et plus récemment les SHS, plaçant l'interaction « terre-mer » au centre des recherches. Les SHS se déclinent sous la forme de rapports milieu/société et interrogent sur les dynamiques propres ou co-évolutives du sociosystème et de l'écosystème composant le géosystème récifal. Les temporalités d'observation sont souvent en décalage avec les sciences de la vie : les processus trophiques par exemple ne sont pas nécessairement en phase avec les crises ou les transformations sociales. La gestion de la biodiversité et des AMP est ainsi confrontée à l'extension de la ville, à la globalisation, à l'instabilité des marchés… Toute étude SHS est désormais affectée par ces données contextuelles, mais la gestion de l'environnement reste fortement marquée par une gouvernance scientifique et un héritage conservationniste qui a des difficultés à intégrer ces aspects. Ainsi sous le couvert de la promotion d'une meilleure gestion environnementale, la montée en puissance depuis quelques années de l'approche écosystémique des ressources renouvelables conduit à réduire l'Homme à un rôle de prédateur supérieur. Dans cette perspective, la gestion environnementale est ramenée à une simple régulation des rapports prédateur-proie, bien loin de la définition donnée par J. Weber selon laquelle « la gestion environnementale n'est pas une question de rapport des hommes avec la nature mais une question de rapport entre les hommes à propos de la nature » (citée par Denis *et al.* 2001, p. 8).

L'association des SHS avec les sciences de l'environnement se voit confrontée à la circonscription spatiale et temporelle des champs et des sujets de recherche des différentes disciplines, ce qui freine une interdisciplinarité pourtant nécessaire des programmes. De plus, l'unité thématique apparente des SHS est scindée en deux orientations majeures au niveau international, suivant que les recherches développées visent 1) à suivre quantitativement l'évolution des écosystèmes coralliens et des sociétés locales qui en dépendent, ou 2) à comprendre le fonctionnement du sociosystème et ses interrelations avec l'écosystème (via les usages, la gestion, etc.). Ces orientations correspondent à deux approches conceptuelles et méthodologiques divergentes. La première approche considère les relations d'usage entre le récif et les populations côtières suffisamment structurantes pour faire des usagers des récifs une communauté spécifique dont la dynamique économique et sociale est déterminée par les dynamiques de l'écosystème récifal. Ainsi, toute perturbation majeure de cet écosystème est censée perturber gravement le fonctionnement de la communauté d'usagers dont les réponses (adaptation et résilience) deviennent des sujets privilégiés de recherche. Dans le contexte actuel d'une demande croissante des bailleurs de fonds concernant les études en SHS relatives au changement climatique, cette orientation se développe et privilégie l'évaluation socio-économique. La méthode d'analyse se base sur des questionnaires administrés aux populations riveraines, comme l'illustre l'initiative SOCMON (Global Socioeconomic Monitoring Initiative for coastal management) qui couvre désormais l'ensemble de la zone intertropicale (Bunce et Pomeroy 2003, Wongbusarakum *et al.* 2008) La seconde approche met quant à elle en avant les études qualitatives, suivant une analyse spatiale globale de la société avec différents focus d'observation. Il est fait d'ailleurs plus volontiers références aux « lagons », aux « espaces marins », au « foncier marin » (Bambridge 2012), qu'aux récifs proprement dits.

Sur le plan méthodologique, on ne peut ainsi dissimuler que les démarches adoptées oscillent entre phénoménologie, expérimentation et managérialisme. Cette hésitation est désormais fréquente en sciences sociales, souvent convoquées dans les programmes de développement comme les outils cliniques venus appuyer des politiques publiques sommairement conçues : perfectionnement des institutions de gestion d'AMP, coopération interinsulaire pour la mise en place d'AMP à grande échelle, identification des phénomènes de pluralisme culturel et juridique dans la gestion des territoires et de l'environnement (Bambridge 2008), mise en place de nouveaux modèles de gouvernance pour prendre en considération les résistances sociétales, pour ne citer que quelques exemples familiers aux collectivités françaises du Pacifique.

Il convient toutefois de relativiser l'ampleur des recherches en SHS sur la gouvernance des littoraux dans cette région, où la complexité des sociétés océaniennes a été renforcée par l'histoire postcoloniale et la globalisation. Ce contexte spécifique sur le plan social, économique et culturel donne l'avantage aux démarches scientifiques phénoménologiques par rapport à des transpositions hasardeuses de modèles institutionnels ou de gestion. La gouvernance des écosystèmes coralliens, et le phénomène institutionnel des AMP en particulier, fait en effet émerger des problématiques originales pour la protection de la biodiversité dans le Pacifique. Hormis les dimensions écologiques habituellement associées au fonctionnement des AMP, l'étude de leur gouvernance y soulève par exemple des questions sur l'analyse des valeurs et des représentations sur lesquelles les populations océaniennes fondent leur acceptation ou leur refus de cet outil de conservation. Plus largement, les recherches en SHS pourraient cibler trois problématiques.

La première problématique renvoie à la cohabitation de plusieurs ordres juridiques (droit autochtone et droit étatique) dans de nombreux pays du Pacifique, qui affecte directement l'architecture des systèmes de gouvernance et leurs capacités à concilier les différences socioculturelles. Le pluralisme juridique soulève de nombreuses questions sur la construction syncrétique des institutions postcoloniales, les ressources du droit comparé dans la catégorisation des droits autochtones, la fonction du droit international dans la construction du droit insulaire du Pacifique, l'intégration de la coutume dans l'ordre juridique étatique, les droits autochtones et la discrimination positive, les principes républicains à l'épreuve de l'autochtonie…

La seconde problématique concerne l'inventaire, la valorisation et la protection des savoirs traditionnels océaniens, qui apparaît comme une condition du succès ou de l'échec des systèmes de gouvernance. Le champ des questions de recherche apparaît encore peu étudié : origine, histoire et connectivité des savoirs traditionnels, sens du concept de biodiversité pour les populations du littoral, fonctionnalités (sociétale et technoscientifique) des savoirs traditionnels dans le cadre de la globalisation, savoirs traditionnels et accès juridiques et économiques des peuples d'Océanie aux ressources de la biodiversité…

Enfin, la troisième problématique s'intéresse aux transformations des sociétés insulaires océaniennes face aux évolutions démographiques et socioéconomiques au cours de l'Histoire et dans le contexte postcolonial. Ces changements impliquent notamment de concevoir la gouvernance comme un processus sociopolitique dynamique, et d'analyser par exemple les stratégies des acteurs du Pacifique, les politiques publiques, les transformations des économies insulaires et la marginalisation des économies de subsistance en relation avec la biodiversité…

Approches méthodologiques pour l'évaluation économique des services écosystèmiques coralliens

Les précurseurs en matière d'évaluation monétaire de la biodiversité sont les membres de l'équipe de Costanza, de l'Université de Maryland, qui en 1997 ont estimé que les « services écosystémiques » de la Terre valaient deux fois le produit brut mondial du moment. Depuis lors on essaie de chiffrer l'action mais aussi l'inaction pour savoir ce qu'il convient de faire en matière de politique socio-économique.

L'évaluation économique de la biodiversité des récifs coralliens est primordiale dans un processus de conservation et de gestion récifale dans un contexte de « tragédie des biens communs ». Le contenu du message doit être clair : appartenant à l'État ou à une collectivité territoriale décentralisée, le récif fait l'objet d'usages collectifs et individuels qui se déclinent en production de type vivrier et en activités entrant dans le cadre de rapports marchands ou y échappant. En lui attribuant une valeur monétaire, on intègre l'écologie dans la sphère économique et on adresse aux décideurs un message dans un langage qu'ils comprennent, changeant ainsi la nature de leur décision.

La valeur économique de la biodiversité des récifs coralliens est principalement liée aux services écosystémiques d'habitats pour les poissons commerciaux, de barrière naturelle pour les côtes, de fourniture de loisirs et de tourisme. Dans le contexte du développement durable, elle peut également être utilisée comme un indicateur du changement climatique et de la richesse de la biodiversité.

Dans la pratique, l'évaluation économique d'un récif corallien se fait, tout d'abord, à partir de l'identification des « services rendus » par l'écosystème. Elle peut, pour cela, s'aider de la catégorisation des services écosystémiques réalisée lors de l'évaluation des écosystèmes pour le millénaire. Elle consiste ensuite à évaluer monétairement ces services. Si plusieurs méthodes existent (cf. Balmford *et al.* 2008, Beukering *et al.* 2007, TEEB 2010, Failler *et al.* 2010 pour une revue et une appréciation des différentes méthodes), la plus complète aujourd'hui est l'évaluation économique totale. Une première étape consiste à identifier les services écosystémiques rendus par les récifs.

A. L'identification des services écosystémiques

La classification des services[4] rendus par les récifs peut s'appuyer sur celle utilisée lors du « Millenium Ecosystem Assessment » (MEA)[5]. L'ensemble des services que procure l'existence des récifs peut ainsi être distribué dans une des quatre grandes

---

[4]. À noter que les biens sont assimilés à des services d'approvisionnement dans la classification de l'évaluation MEA.
[5]. Elle s'impose d'elle-même par sa robustesse, sa clarté, sa cohérence et son holisme. Elle a été par ailleurs utilisée dans la récente étude relative à l'évaluation des récifs coralliens à St Lucie et à Tobago.

catégories de services retenues : services de support, de régulation, d'approvisionnement et de la culture (cf. tableau 1). Cela permet non seulement la comparaison entre leurs valeurs monétaires respectives mais aussi le rapprochement avec les valeurs obtenues dans le cadre de l'évaluation MEA ou d'autres évaluations, à condition de prendre en compte le contexte économique de l'évaluation.

Tableau 1 : Classification des services rendus par les écosystèmes coralliens selon le MEA
(Source : Adapté de MEA, 2007).

Services fournis par les écosystèmes coralliens			Éléments clés du bien-être humain	
Services de support : Services nécessaires à la production de tous les autres services des écosystèmes - Formation du sol et substrat marin - Cycle des nutriments - Habitats marins et production primaire - Protection côtière - Développement urbain	Services d'approvisionnement : Produits obtenus depuis les écosystèmes - Poissons, coquillages - Eau - Composés biochimiques - Ressources génétiques - autres…	Chaque service influence chacun des éléments du bien-être humain	Sécurité : - Habilité à vivre dans un environnement sain et sécurisant - Habilité à réduire la vulnérabilité aux catastrophes écologiques	Libertés et choix
			Éléments basiques pour une vie décente : Habilité à accéder aux ressources, à gagner un revenu et à obtenir des moyens d'existence	
	Services de régulation : Bénéfices obtenus de la régulation des processus des écosystèmes - Régulation du climat - Régulation de certaines maladies - Régulation du cycle de l'eau - Purification de l'eau		Santé : - Habilité à être adéquatement nourri - Habilité à être exempt de maladies évitables - Habilité à avoir un air pur et iodé	
	Services culturels : Bénéfices non-matériels obtenus depuis les écosystèmes - Spirituels et religieux - Récréation et écotourisme - Esthétique - d'Inspiration - d'Éducation - Héritage culturel		Bonnes relations sociales : - Opportunité de formuler les valeurs esthétiques et ludiques associés aux écosystèmes coralliens - Opportunités de formuler les valeurs culturels et spirituelles associées aux écosystèmes coralliens - Opportunité d'observer et d'étudier les écosystèmes coralliens	

Parmi tous les services, les services d'approvisionnement relèvent le plus facilement de l'économie de marché de par les activités marchandes qui leur sont associées (pêche, tourisme, de loisirs, activités ludiques, etc.). Ils sont donc facilement évaluables monétairement. Les autres services, de support notamment, en l'absence de prix de marché, sont estimés par des prix de remplacement : par exemple, combien cela coûterait-il de remplacer la fonction de protection côtière des récifs par une

---

(Burke *et al.* 2008). Plusieurs nomenclatures de classifications des biens et services fournis par les écosystèmes marins ont été utilisées lors des évaluations monétaires de leur valeur. Cela étant, la robustesse du MEA n'est pas partagée par tout le monde ; voir les critiques de Wallace (2007), Boyd et Banzhaf (2007) et Meral (2010) concernant la revue de littérature sur les services environnementaux (www.serena-anr.org/spip.php?article176).

digue (implémentation et entretien) ? Les services culturels sont, pour leur part, évalués par des méthodes de prix révélés lors d'une enquête d'opinion et de consentement à payer. Ce dernier point constitue une limite importante de la méthode lorsqu'elle vise à monétariser la fonction culturelle d'un récif qui relève du sacré pour certaines populations du Pacifique.

Nonobstant ce dernier point, les bénéfices engendrés par l'écosystème récifal sont globalement estimés à quelque 172 milliards de dollars annuels par Martinez *et al.* (2007). La forme pyramidale du graphique ci-dessous (figure 1), illustre bien la problématique de l'évaluation monétaire des services rendus par les récifs : elle n'est appliquée qu'à certains services ou à certaines de leurs composantes. Elle doit donc être comprise comme une dimension partielle de l'évaluation des services rendus par les récifs.

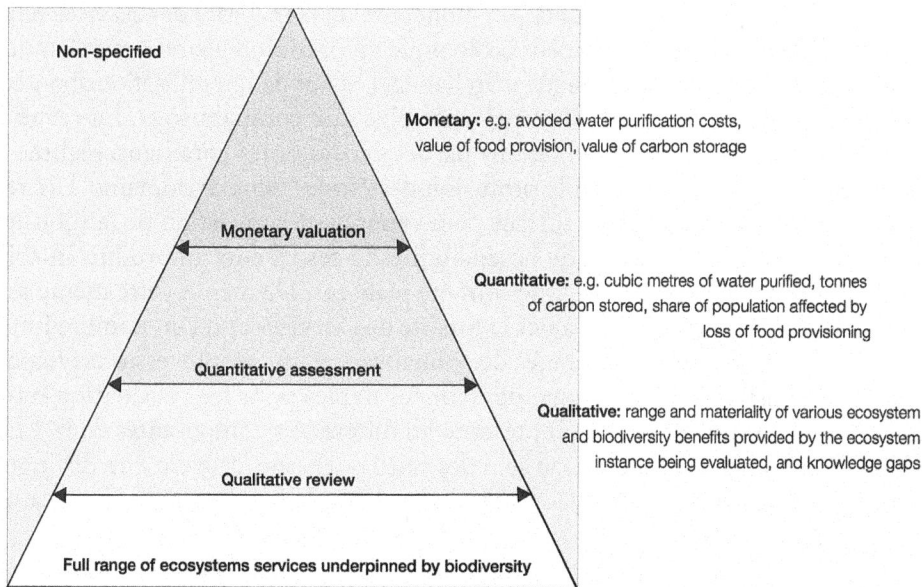

Source: P. ten Brink, Workshop on the Economics of the Global Loss of Biological Diversity, 5-6 March 2008, Brussels

Figure 1

La difficulté de l'évaluation économique réside alors dans la capacité à rendre la forme triangulaire la plus rectangulaire possible en conférant une valeur à tous les services inventoriés. Inventaire qui doit se faire de manière collégiale en impliquant tous les acteurs ayant une connaissance fine du fonctionnement des écosystèmes marins et côtiers. En d'autres termes, la monétarisation doit apparaître le plus possible comme un indicateur à même de représenter la variété, qualitative et quantitative des services procurés par les écosystèmes.

B. L'évaluation économique totale

La valeur monétaire d'un service écologique est mesurée par la disposition d'une personne à l'acquérir diminuée de son coût de production (Noël 2006). En d'autres termes, la valeur monétaire des récifs coralliens et écosystèmes associés (RCEA) peut être évaluée par l'estimation de leur contribution aux activités marchandes et non marchandes. Si l'estimation de la valeur monétaire des services donnant lieu à des activités marchandes se fait en déduisant les coûts des revenus afin de définir la valeur ajoutée, celle des services liés à des activités non marchandes requiert une méthode d'estimation sophistiquée afin d'obtenir le consentement à payer du bénéficiaire potentiel.

Le concept de valeur économique totale (VET) offre un cadre conceptuel à même de prendre en compte toutes les valeurs énumérées précédemment et qui peuvent être attribuées aux RCEA (Charrier et Failler 2009). L'avantage d'un tel cadre est tout d'abord qu'il permet une évaluation monétaire de la majorité des services rendus par les RCEA, qu'ils aient une valeur écologique ou patrimoniale non marchande ou qu'ils revêtent une valeur économique marchande. Du fait de son utilisation abondante depuis la fin des années 1980, il se prête de plus aux comparaisons. La revue des évaluations des biens et services rendus par les écosystèmes coralliens, réalisée par P. Blanquet (2008), montre bien la profusion des études dans ce domaine. L'hétérogénéité des valeurs par unité de surface pose cependant la question de la robustesse des méthodes employées et/ou de la sensibilité de ces valeurs au produit intérieur brut des pays dans lesquels les études ont été réalisées. De même, cette même revue met en évidence la difficulté d'évaluer la totalité des services et qu'un nombre important de ces services souffre de lacunes de connaissances sur les processus écologiques sous-jacents ainsi que d'un manque de données fiables pour leur évaluation monétaire. Le schéma suivant (figure 2) présente les différentes composantes de la VET.

Selon la nomenclature admise, au sein des valeurs d'usage, peuvent être distinguées les valeurs d'usage actif direct, induit et indirect. Dans le cas des valeurs d'usage actif direct, il s'agit des usages les plus habituels de la biodiversité marine et côtière à savoir la pêche, le tourisme, la plongée, etc. qui constituent des activités marchandes et non marchandes. Les valeurs d'usage actif induit représentent les services fournis par les RCEA en tant que facteur de production pour des services marchands pour l'essentiel tels que l'aquaculture ou la perliculture. Dans ce cas, c'est le milieu en tant que facteur de production pour une activité de production marchande qui est examiné. De leur côté, les valeurs d'usage actif indirect sont constituées en premier lieu par les fonctions écologiques régulatrices des RCEA (Barbier *et al.*, 2008). Elles peuvent aussi provenir de l'appui ou de la protection qu'elles assurent à des activités économiques ayant une valeur directement mesurable comme le tourisme balnéaire. La valeur d'usage indirect d'une fonction écologique est liée au changement de la valeur de production ou de consommation de l'activité ou de la propriété qu'elle protège ou soutient. Toutefois, cette contribution n'étant ni commercialisée, ni financièrement

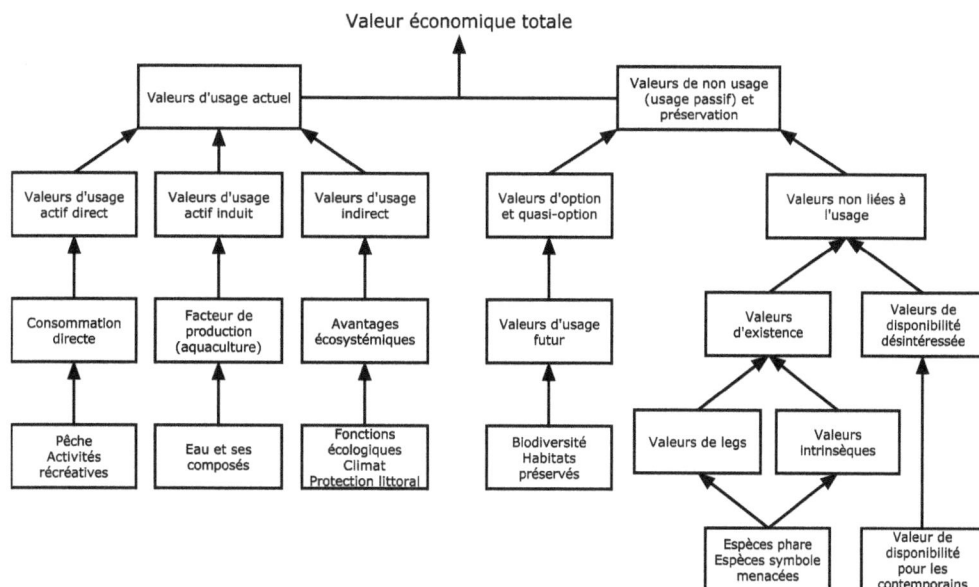

*Figure 2 : Décomposition de la Valeur économique totale d'après Point (1998)
et adapté par Failler et Pan (2007).*

rétribuée et n'étant qu'indirectement liée aux activités économiques, de telles valeurs d'usage indirect doivent faire l'objet d'estimation par des méthodes comme celles des coûts de remplacement. Les usages actifs indirects concernent aussi les services fournis par les RCEA permettant indirectement la production et la consommation courante comme les cartes postales, les films, documentaires et autres qui utilisent les RCEA comme support principal (Mirault 2007).

Les valeurs de non-usage, d'usage passif et de préservation comprennent diverses valeurs non liées à l'usage actif direct ou indirect des RCEA. Sous cette rubrique, plusieurs types de valeurs peuvent être identifiés. Tout d'abord la valeur d'option qui représente une valeur qui intervient en présence d'incertitude sur la disponibilité future des RCEA. Définie comme la prime d'assurance que l'on est prêt à payer en situation d'incertitude pour s'assurer de la disponibilité future des RCEA, cette valeur potentielle future peut être de divers types allant de l'usage direct ou indirect, à tous les autres usages passifs (ou non-usage). En présence de forte incertitude quant à la valeur future des RCEA mais d'une estimation potentiellement élevée des usages possibles, une valeur de quasi-option peut être estimée. Cette valeur est relative à la conservation de certaines composantes des RCEA en vue d'un usage futur dont l'intérêt n'est pas encore démontré (par exemple, la préservation de plantes des herbiers pour des usages encore inconnus ou des gorgones et autres populations récifales pouvant contenir des principes actifs encore non identifiés pour des usages médicaux ou autres). Dans de telles circonstances, le principe de précaution s'applique et préconise de disposer de plus d'informations pour entreprendre une action ayant des impacts potentiellement irréversibles. Ainsi, par extension, la valeur de quasi-option est la valeur escomptée de l'information qu'on obtiendra du fait de surseoir aujourd'hui à l'exploitation et à la transformation des RCEA. Elle repose sur l'intuition que le temps permettra d'accroître l'information disponible comme, par exemple, les connaissances scientifiques sur les écosystèmes marins. Faute de connaître précisément cette valeur potentielle, on peut être amené à choisir la conservation des RCEA.

Un sous-groupe des valeurs de non-usage est la valeur de legs, par laquelle on attribue par exemple une valeur à la conservation de la biodiversité marine pour les générations futures. C'est la valeur que la génération actuelle attribue au legs qu'elle fait aux générations futures. Les valeurs de legs semblent dans le Pacifique présenter une importance particulière pour les communautés de pêcheurs utilisant les RCEA et souhaitant voir le mode de vie transmis à leurs héritiers et aux générations futures. Enfin, la valeur intrinsèque définit l'aptitude des RCEA à avoir une valeur propre supérieure à ce qu'ils peuvent apporter pour satisfaire les besoins anthropiques (lors d'une évaluation économique, les divers avantages environnementaux sont mesurés du point de vue de leur aptitude à fournir des biens et services à l'Homme). Selon ce point de vue, la protection ou le maintien de la biodiversité marine devient ainsi plus une question de morale que d'affectation optimale ou même équitable des ressources.

La distinction entre valeur d'usage et non-usage est particulièrement difficile à opérer en matière de biodiversité marine et côtière car, comme le rappellent Barbier *et al.* (1997), « On ne sait pas encore avec certitude dans quelle mesure la diversité biologique est importante pour l'homme mais on accepte généralement que plus la diversité est élevée plus l'écosystème est stable. Nombreux sont ceux qui apprécient l'existence pure et simple de la diversité biologique et qui lui accordent une valeur élevée ».

S'il est donc aujourd'hui possible de mesurer la valeur monétaire de certains des services produits par les RCEA du Pacifique (Beukering *et al.* 2006, Cesar *et al.* 2003, Pascal 2010), il est en revanche moins aisé, pour ne pas dire encore impossible, de mesurer la valeur de la biodiversité marine et côtière. Les méthodes d'évaluation comme la VET s'attachent en effet à mesurer les services produits par la biodiversité des RCEA mais pas la valeur de cette biodiversité en tant que telle. En d'autres termes, elles mesurent ce qui peut d'une part se traduire par un bien et service utilisable par l'homme et d'autre part être attribué à une entité physique (un km² de récif ou de mangrove) sans pour autant estimer ce qui concourt à la qualité de l'écosystème et à son fonctionnement. On observe ainsi le contresens suivant : une perte de biodiversité marine (appauvrissement de la structure trophique et de ses composantes comme le remplacement de familles de poissons par des céphalopodes ou des crevettes) peut très bien s'accompagner d'une VET plus élevée dès lors que la valeur de capture des quelques espèces qui demeurent est supérieure à celle de capture d'une multitude de poissons. On observe le même phénomène avec l'implantation de nouvelles structures touristiques : la VET des espaces/ressources ou des RCEA s'envole alors même que la biodiversité du site se trouve dégradée (David *et al.* 2007). Il convient dès lors de travailler à l'élaboration de méthodes permettant de rendre compte de la durabilité des usages de la biodiversité.

L'analyse des retombées politiques d'une sélection d'études économiques des RCEA dans le Pacifique a mis en évidence des nuances importantes (Laurans *et al.* 2013a, Seidl *et al.* 2011). La majorité des études sont restées au stade du rapport technique avec une diffusion limitée aux décideurs et il n'est pas certain que les messages aient atteint leur objectif initial d'« informer et convaincre ». Cependant, ces études sont encore trop récentes pour une évaluation ex-post robuste de leurs impacts sur les politiques de conservation des RCEA (Laurans *et al.* 2013b, Pascal *et al.* 2012).

L'évaluation des récifs coralliens en termes économiques doit assister également la prise de décision relevant d'une analyse coûts-bénéfices entre la préservation, support d'une économie, et la transformation ou la destruction du récif, support d'une autre économie. Elle permet d'identifier clairement les bénéficiaires et les perdants de la mise en place de mesures de gestion comme les aires marines protégées (Pascal 2011 et 2012). L'évaluation économique fondée sur la comparaison des coûts et bénéfices peut être appliquée aux utilisations alternatives des écosystèmes. Il faut d'abord comprendre les changements biophysiques des écosystèmes et mesurer les préférences des différents individus sur différentes échelles géographiques et temporelles. Là aussi, notre analyse peut être faussée par un manque d'information. Il est très difficile d'évaluer tous les bénéfices, encore plus en termes monétaires. Il existe certes des « fonctions de production écologiques », mais elles sont peu disponibles pour les services écosystémiques des récifs. Ainsi les approches d'évaluation « *a minima* » sont souvent recommandées par différents groupes de travail institutionnels (Chevassus-au-Louis *et al.* 2009).

D'un autre côté, la monétarisation de certains services écosystémiques met en évidence des flux biophysiques et financiers qui doivent permettre le calibrage d'instruments financiers (Pesche *et al.* 2011). Ces instruments, très peu testés sur les RCEA, répondent à des stratégies d'internalisation des dommages (« pollueurs payeurs »), des bénéfices (« bénéficiaires payeurs ») ou de création de marché basé sur des droits de propriétés (Meignien et Lemaître-Curri 2010).

Finalement, l'évaluation économique doit être pleinement intégrée à la gestion des récifs coralliens. Les activités managériales doivent incorporer les valeurs sociales, économiques et culturelles.

Conclusion

Les écosystèmes coralliens, de part les usages dont ils font l'objet (pêche et tourisme, notamment), procurent des revenus conséquents aux pays du Pacifique et constituent bien souvent un support de revenus important à des communautés littorales vivant au seuil de la pauvreté. Les récifs apportent, de plus, une contribution significative à la protection des côtes, au maintien de la biodiversité marine et plus généralement à la régulation des écosystèmes marins et côtiers des îles. En outre, les récifs et les lagons ont une valeur culturelle et sociale forte pour les Océaniens qui y associent des récits mythologiques et historiques, qui intègrent ces espaces dans leur territorialité. Certains récifs, passes, trous à poissons, font l'objet de maîtrises prioritaires ou spécialisées analogues à des composantes du droit de propriété en Occident.

Dans ces perspectives, la préservation des récifs doit constituer un objectif prioritaire, notamment afin de lutter contre la pauvreté et la vulnérabilité des populations côtières.

Certaines des menaces et pressions pesant sur les écosystèmes coralliens sont d'ordre économique (tragédie des communs, externalités de marché) et peuvent être traitées par des outils du même régime. L'évaluation économique prend alors son sens en faisant sortir de l'ombre certains des services rendus par les écosystèmes et en identifiant des flux de bénéfices et pertes pour les acteurs impliqués. Il s'agit cependant encore de pratiques complexes reposant sur de nombreuses lacunes de connaissances et des méthodes peu standardisées. Les activités de recherche sur cette thématique sont donc primordiales. Elles sont généralement lancées de façon indépendante par des chercheurs ou des groupes de chercheurs avec peu de coordination générale, formant ainsi un « patchwork » de projets. Une coopération des scientifiques à l'échelle nationale et internationale ainsi qu'avec les communautés des récifs à travers le monde, permettrait d'améliorer les impacts des résultats.

Il y a aussi un réel besoin de recherche pluridisciplinaire, qui relie la biologie marine (au sens large) et l'économie environnementale avec au centre des débats les questions posées par la gouvernance. Des recherches complémentaires pourraient étendre le champ d'analyses au-delà des récifs coralliens à d'autres écosystèmes qui pourraient être concernés avec des menaces et des enjeux similaires.

Élaborer une communication accessible à toutes les audiences (décideurs, formeurs d'opinion, grand public) mettant en avant les intérêts de mieux gérer les récifs coralliens semble être devenue nécessaire, de même que développer le plus possible des programmes pluridisciplinaires qui articulent les sciences de la vie à celles de l'Homme en proposant des décloisonnements et offrant des plateformes de travail communes. L'évaluation économique de la biodiversité des récifs et écosystèmes associés se prête particulièrement à ce rassemblement pluridisciplinaire.

Remerciements

Ce chapitre a été rédigé par des scientifiques participants au Groupement de recherche international « Biodiversité des récifs coralliens », créé en 2009 et fédérant les principales institutions de recherche françaises intéressées par les écosystèmes coralliens. Plus particulièrement, ce texte participe de l'axe 5 de ce GDRI, portant sur l'évaluation économique, la valeur patrimoniale et la gouvernance des écosystèmes coralliens.

Bibliographie

Allsopp, M., R. Page, P. Johnston and D. Santillo
2009   *State of the World's Oceans*. Dordrecht : Springer.

Association des Juristes de Polynésie Française Papeete
2008   « Droit foncier en Polynésie Française ». Octobre 2008.

Balmford, A., A. Rodrigues, M. Walpole, P. ten Brink, M. Kettunen, L. Braat and R. de Groot
2008   *Review on the economics of biodiversity loss : scoping the science*. Report produced for the European Commision under contract ENV/070307/2007/486089/ETU/B2 — 60 pages.

Bambridge, Tamatoa et Jacques Vernaudon
2013   « Espace, histoire et territoire en Polynésie : une appropriation foncière de l'espace terrestre et marin ». In É. Le Roy (éd.), *L'homme et la terre*. Paris : Éditions Khartala.

Barbier, E.B., M.C. Acreman et D. Knowler
1997   Évaluation économique des zones humides : Guide à l'usage des décideurs et planificateurs. Bureau de la Convention de Ramsar.

Barbier, E.B., E.W. Koch, B.R. Silliman, S.D. Hacker, E. Wolanski, J. Primavera, E.F. Granek, S. Polasky, S. Aswani, L.A. Cramer, D.M. Stoms, C.J. Kennedy, D. Bael, C.V.Kappel, G.M.E. Perillo and D.J. Reed
2008   « Coastal ecosystems based management with non linear ecological functions and values ». *Science*, 319 : 321-323.

Beukering, P.J.H.v., Brander, L., Tompkins, E., E. McKenzie
2007   Valuing the Environment in Small Islands, in: Joint Nature Conservation Committee, P.P.J.U.T.r., 128 pages. Juin 2007, disponible sur http://www.jncc.gov.uk/page-4065.

Beukering, P.V., W. Haider, W., E. Wolfs, E., Y. Liu, Y., K.V.D. Leeuw, K.v.d., M. Longland, J. Sablan, B. Beardmore, S.D. Prima, E. Massey, H. Cesar and Z. Hausfather
2006   *The Economic Value of the Coral Reefs of Saipan*. Commonwealth of the Northern Mariana Islands.

Blanquet P.
2008   « Revue bibliographique : évaluation des biens et services rendus par les écosystèmes coralliens ». Note (éd. Direction des Études Économiques et de l'Évaluation Environnementales : Paris), 4 p. (Ministère de l'écologie et du développement et de l'aménagement durable).

Boyd J. and S. Banzhaf
2007   « What are ecosystem services? The Need for Standardized Environmental Accounting Units ». *Ecological Economics*, 63(2-3) : 616-626.

Brander, L.M., P. Van Beukering and H.S.J. Cesar
2007   « The recreational value of coral reefs : a meta-analysis ». *Ecological Economics*, 63(1) : 209-218.

Bunce, L. and B. Pomeroy
2003   *Socioeconomic monitoring guidelines for coastal managers in the Caribbean: Socmon Caribbean*. World Commission on Protected Areas and Australian Institute of Marine Science.

Cesar, H., L. Burke and L. Poet-Soede
2003   *The economics of world wide coral reef degradation*. Cesar Environmental Consulting, ICRAN/WWF, 23 pages.

Cesar, H., P.V. Beukering, S. Pintz and J. Dierking
2003   *Economic valuation of the coral reefs of Hawaii*. National Oceanic and Atmospheric Administration, Coastal Ocean Program.

Charrier F. et P. Failler
2009   *Revue des méthodes d'évaluation de la valeur des récifs coralliens et des écosystèmes associées*. Rapport IFRECOR n° 2, Fort de France, Martinique, 23 pages.

Chevassus-au-Louis, B., J.-M. Salles, S. Bielsa, D. Richard, G. Martin et J.-L. Pujol
2009   *Approche économique de la biodiversité et des services liés aux écosystèmes, Contribution à la décision publique. Rapport technique du Centre d'analyse stratégique, Premier Ministre*. Rapport du groupe de travail Centre d'analyse stratégique, Premier Ministre http://www.strategie.gouv.fr.

David, G.
2008   « La pêche côtière océanienne et son environnement, la dialectique instabilité stabilité au fil de l'eau ». *Journal de la Société des Océanistes*, 126-127 : 59-81.

David, G., J.-B. Herrenschmidt, E. Mirault et A. Thomassin
2007   *Valeur sociale et économique des récifs coralliens du Pacifique Insulaire – Éléments méthodologiques*. Nouméa : CRISP/IRD, 47 pages. http://www.crisponline.net/Portals/1/PDF/C1A4_Manuel_socio_FR.pdf

Denis, J., Y. Hénocque, M. Antona, J. Barbière, P. Barusseau, L. Brigand, G. David, C. Grignon-Logerot, B. Kalaora et M. Lointier
2001   *Des outils et des hommes, pour une gestion intégrée des zones côtières : Guide méthodologique*. Paris : Unesco, COI Guides et manuels n° 42.

Failler, P.
2009   Détermination de la valeur socio-économique des récifs coralliens et écosystèmes associés (mangroves, herbiers de phanérogames, zones littorales envasées) de Martinique. Rapport N° 1 Méthode, Dans le cadre du Plan d'actions national IFRECOR 2006-2010, Thème d'Intérêt Transversal « Socio-économie », Fort de France, 41 pages.

Failler, P. and Pan Hoaran

2007   « Global value, full value and societal costs; capturing the true cost of destroying marine ecosystems ». *Social Information Journal*, 46(1) : 109-134.

Failler, P., S. Collet and A. Sall

2008   « From destroying marine ecosystem to reconnecting people and the sea; The need of modelling human nature interactions and of putting values to the centre ». In P. F. L. MacCord and A. Begossi (eds.), *New Trends in Human Ecology*. Cambridge: Cambridge Scholars Publishing, p. 222-245.

Féral, F.

2009a   « Analyse institutionnelle de la gouvernance des aires marines protégées : l'exemple du PGEM de Moorea en Polynésie française ». Actes du PSI (Pacific Science Inter-Congress), Papeete 2-5 Mars 2009 publié également in « Journal of US-China Public Administration » :
«海洋保护区治理的制度分析：以法属波利尼西亚莫雷阿的海洋区管理计划（PGEM）为例» (trad. Bai Fan) Vol. 6 n° 6 p. 6-18, novembre 2009 (ISSN1548-6591USA 2010).

2009b   « Propriété et domanialité publique lagonaire à Moorea » et « Synthèse générale ». Univers polynésiens/AJPF, 2009 : 69-78 et 167-178.

2010   « Access and benefit sharing of Genetic Resources in the Pacific ». PSI 2009 Side-Event organisé par IRD, CRISP et CBOL Papeete 5 mars 2009 : F. Féral « The public-private dynamic for the sustainable development in the Pacific. » Synthèse des travaux « Access and benefit... ».

Frogier *et al.*

2007   « Regards croisés sur les aires protégées marines et terrestres ». In F. Féral (éd.), *L'administration des aires marines protégées en Afrique de l'Ouest*. Monde en développement vol. 35, N° 138 juin 2007.

Gaspar C. et T. Bambridge

2008   « Territorialités et aires marines protégées à Moorea ». *Journal de la Société des Océanistes*, 126-127(1/2) : 232-245.

Gueorguieva, A. and K. Bolt

2003   « A Critical Review of the Literature on Structural Adjustment and the Environment, World Bank Environmental Economics ». Series Paper N° 90. Disponible en ligne :
http://wwwds.worldbank.org/servlet/WDSContentServer/WDSP/IB/2003/07/23/000090341_20030723141839/Rendered/PDF/263750PAPER0EN110900Criticaloreview.pdf
(dernier accès le 18 mai 2008).

Hoegh-Guldberg, O. *et al.*

2007   « Coral reefs under rapid climate change and ocean acidification ». *Science*, 318(5857) : 1737-42.

Kleypas, J.A. and C. Langdon

2006   « Coral reefs and changing seawater chemistry ». In J. Phinney *et al.* (eds), *Coral Reefs and Climate Change: Science and Management AGU Monograph Series, Coastal and Estuarine Studies*. Washington DC: Geophys. Union, p. 73-110.

309

Laurans, Y., N. Pascal, T. Binet, L. Brander, E. Clua, G. David, D. Rojat and A. Seidl

(in review) « Economic valuation of ecosystem services from coral reefs in the South Pacific: taking stock of recent experience ». *Journal of Environmental Management*.

2013a « Economic valuation of ecosystem services from coral reefs in the South Pacific: taking stock of recent experience ». *Journal of Environmental Management*, 116 (2013) : 135-144.

Laurans, Y., A. Rankovic, R. Bille, R. Pirard and L. Mermet

2013b « Use of ecosystem services economic valuation for decision making: Questioning a literature blindspot ». *Journal of Environmental Management*, 119 : 208-219.

Léopold, M., J.-B. Herrenschimdt and R. Thaman

(sous presse) The relevance of traditional ecological knowledge for modern management of coral reef fisheries in Melanesia. Miami: Proceedings of the 11th ICRS, Juillet 2008

Martinez, M.L., A. Intralawana, G. Vázquez, O. Pérez-Maqueo, P. Sutton P. and R. Landgrave

2007 « The Coasts of our World: ecological, economic and social importance ». *Ecological Economics*, 63 : 254-272.

McAllister, D.E.

1988 « Environmental, economic and social costs of coral reef destruction in the Philippines ». *Galaxea*, 7 : 161-178.

Meignien, P. et E. Lemaître-Curri

2010 « Conservation et utilisation durable de la biodiversité et des services écosystémiques : analyse des outils économiques ». Références du Service de l'Économie, de l'Évaluation et de l'Intégration du Développement Durable (SEEIDD) du Commissariat Général au Développement Durable (CGDD). Rapport de la commission des comptes et de l'économie de l'environnement.

Méral, P.

2010 « Les services environnementaux en économie : revue de la littérature ». Programme SERENA, Document de travail n° 2010-05, 50 pages.

Mirault, E.

2007 Les fonctions et enjeux socio-économiques des écosystèmes récifaux : une approche géographique des valeurs de l'environnement appliquée à l'île de la Réunion. Thèse de doctorat, Université de Paris X, Nanterre.

Moberg F. and P. Rönnbäck

2003 « Ecosystem services of the tropical seascape: Interactions, substitutions and restoration ». *Ocean*, 2003.

Noël, J.-F.

2006 « Valeur économique des services écologiques rendus par la biodiversité marine à l'homme », Université Versailles, 12 pages.

Pascal, N.

2010 « Ecosystèmes coralliens de Nouvelle-Calédonie, valeur économique des services écosystémiques Partie I : Valeur financière ». Nouméa : IFRECOR, Avril 2010, 155 pages + 12 planches.

2011 « Cost-Benefit analysis of community-based marine protected areas: 5 case studies in

Vanuatu, South Pacific ». Research report, CRISP-CRIOBE (EPHE/CNRS), Moorea, French Polynesia, 107 pages.

2012   « Reserve Naturelle de Saint Martin : Valeur Economique ». Rapport technique — IFRECOR Guadeloupe (MEEDTL-MOM) APNSP/MOM 2010, Novembre 2011, 139 pages.

Pascal, N., L. Brander, E. Clua, G. David, Y. Laurans and A. Seidl
2012   « What impacts to expect from economic valuation of coral reefs? » Proceedings of the 12th International Coral Reef Symposium. Cairns, Australia, 9-13 July 2012 22D Economic valuation and market-based conservation.

Pesche, D., P. Méral, M. Hrabanski et M. Bonnin
2011   « Services écosystémiques et Paiements pour services environnementaux : les deux faces d'une même logique ? ». Document de travail n° 2011-01, SERENA, programme SYSTERRA, ANR-08-STRA-13.

Point, P.
1998   « La place de l'évaluation des biens environnementaux dans la décision publique ». *Économie publique*, 1 : 13-46.

Sale, P.F.
2002   *Coral reef fishes*. Elsevier Science.

Seidl, A., N. Pascal and E. Clua
2011   « Economics of Coral reef management in the South Pacific ». Workshop proceedings 'Investing in Coral Reef : is it worth it?'. CRISP/3B/3B3 — Workshop report, 35 pages http://www.crisp-online.com.

Stern, N.
2008   « The economics of Climate Change – Richard T. Ely Lecture ». *American Economic Review: Papers & Proceedings*, 2 : 1-37.

Teeb
2010   The Economics of Ecosystems and Biodiversity : Mainstreaming the Economics of Nature: A synthesis of the approach, conclusions and recommendations of TEEB. http://www.teebweb.org/teeb-study-and-reports/main-reports/synthesis-report/.

Ten Brink, P. et I. Bräuer
2008   « Compte-rendu du séminaire intitulé 'Economics of the Global Loss of Biological Diversity', avec la participation de Kuik, O., Markandya, A., Nunes, P. et Rayment, M., Kettunen M., Neuville, A., Vakrou, A. et Schröter-Schlaack, C. 5-6 mars 2008 ». Bruxelles : Belgique.

Université de Nouvelle-Calédonie Colloque
2009   « L'intégration de la coutume dans l'élaboration de la norme environnementale ». F. Féral (éd.), *Forme, contenu et mode de production de la norme juridique : l'intégration des règles traditionnelles en droit positif*. LARJE/UNC Documentation française.

Van Beukering, P., L. Brender, E. Tomkins and E. McKenzie
2007   *Valuing the environment in small islands, an environmental economics tool kit*. London : JNCC/Gov. UK.

Wallace, K.J.

2007   « Classification of ecosystem services : problems and solutions ». Biological Conservation,
        139(3-4) : 235-246.

Whittingham, G., J. Campbell and P. Townsley

2003   *Poverty and reefs – a global overview*. Exeter: DFiD-imm. imm Ltd. Innovation Center,
        Exeter University.

Wilkinson, C. (ed.)

1998   *Status of coral reefs of the world : 1998*. Townsville: Australian Institute for Marine
        Sciences.

2000   *Status of coral reefs of the world : 2000*. Townsville: Australian Institute for Marine
        Sciences.

2002   *Status of coral reefs of the world : 2002*. Townsville: Australian Institute for Marine
        Sciences.

2004   *Status of the coral reefs of the world — 2004*. Volumes 1 et 2. Townsville: Australian
        Institute for Marine Sciences.

2008   *Status of the coral reefs of the world — 2008*. Townsville : Global Coral Reef Monitoring
        Network and Reef and Rainforest Research Center.

Wongbusarakum, S., B. Pomeroy, C. Loper, C. Vieux, C. Guilbeaux, A. Levine A. and C. Bartlett

2008   *SEM-Pasifika: socio-economic monitoring guidelines for coastal managers in Pacific Island
        Countries*. Apia (W. Samoa) : Secretariat of the Pacific Regional Environment Programme.

Chapitre 15

Le mécénat dans l'exploration contemporaine de la biodiversité : approche anthropologique

Elsa Faugère

Introduction

En trente ans, des années 1980 aux années 2010, la gestion de la biodiversité est devenue un enjeu majeur — au moins en matière de discours et de textes — dans les politiques internationales environnementales. Impulsée dans les années 1980 par la communauté scientifique des biologistes, la protection de la biodiversité est rapidement devenue le sujet d'une grande convention internationale, la Convention sur la Diversité Biologique, signée en 1992. Moins médiatisée que le changement climatique, la protection de la biodiversité apparaît cependant comme une nécessité pour la survie de l'humanité face à ce que les scientifiques qualifient de 6ᵉ crise d'extinction des espèces[1].

Pour relever ce défi, les scientifiques chargés d'étudier et d'inventorier cette biodiversité — les taxonomistes et systématiciens — ont mis au point différents outils, institutionnels, techniques, et logistiques pour surmonter ce qu'ils appellent « le handicap taxonomique ». L'un de ces outils consiste à organiser des expéditions scientifiques naturalistes d'une ampleur sans précédent dans l'histoire, afin de procéder à des collectes et des inventaires massifs et urgents des espèces avant qu'elles ne disparaissent définitivement de la surface de la Terre[2].

---

1. « La datation des fossiles nous permet de connaître la durée de vie des espèces passées. Nous savons désormais que depuis l'apparition de la vie il y a 3,8 milliards d'années, la Terre a connu cinq grandes crises d'extinction d'espèces, suivies de phases d'expansion. La plus grave de ces crises fut sans conteste celle de la fin de l'ère primaire, il y a 245 millions d'années : elle vit disparaître la quasi-totalité des espèces marines dont les fameux trilobites et les foraminifères des fonds marins ainsi que les deux tiers des familles d'insectes et de vertébrés. La plus connue de ces crises est survenue à la fin du Crétacé, marquant le début de l'ère tertiaire (il y a 65 millions d'années) avec l'extinction des dinosaures, des ammonites et de beaucoup d'autres espèces marines et terrestres ainsi que la grande élimination des mammifères sur Terre » (Renan Aufray, Manuelle Rovillé, http://www.cnrs.fr/cw/dossiers/dosbiodiv/index.php?pid=decouv_chapA_p2_f1&zoom_id=zoom_a2_1, page consultée le 8 décembre 2011).
2. Pour une analyse détaillée du renouveau de la taxonomie et de la systématique, voir le dossier thématique coordonné par Elsa Faugère et Isabelle Mauz (2013) dans la *Revue d'Anthropologie des Connaissances*.

C'est grâce à l'implication financière de fondations d'entreprises comme la Fondation Total, et de fondations familiales comme la fondation Niarchos, la fondation Prince Albert II de Monaco, la fondation Sloan, la fondation Richard Lounsberry, etc. que ces grandes expéditions naturalistes — dont le budget dépasse un million d'euros hors salaires des chercheurs — ont pu se dérouler. Selon les organisateurs de ces expéditions, l'argent public n'aurait pas permis la tenue de telles opérations.

La présence de ces fondations qui investissent, sous forme de mécénat, d'importantes sommes d'argent (des centaines de milliers d'euros) dans des inventaires scientifiques sans but lucratif peut sembler inattendu, de même que l'existence de fonds d'investissement privés en matière de conservation de la biodiversité. Ces derniers — particulièrement bien structurés et largement développés en Amérique du Nord — constituent en effet aujourd'hui l'une des grandes modalités de financements privés de la conservation. Le langage utilisé dans les brochures de présentation de ces fonds d'investissement pour convaincre les investisseurs potentiels qu'il est rentable, financièrement, d'investir dans la conservation de la biodiversité est particulièrement instructif. Il s'agit d'un nouveau langage économico-écologique qui applique les expressions empruntées à la finance internationale dans le domaine de la conservation de la biodiversité. Un extrait d'une brochure de la Fondation de la Faune du Québec en fournit une illustration saisissante :

> Une perte de biodiversité est comparable à une perte de diversité dans un portefeuille d'investissement : elle brise l'équilibre, augmente le risque et limite le potentiel de rendement. [...] Contrairement à un portefeuille d'investissement que l'on peut rééquilibrer régulièrement, la perte de biodiversité déséquilibre les écosystèmes de façon permanente. Le niveau de risque associé à notre portefeuille naturel planétaire augmente donc continuellement, mettant ainsi en péril les multiples services que nous tirons de nos écosystèmes, tels l'eau pure et les nouveaux remèdes provenant d'espèces sauvages [3].

La biodiversité constitue donc, dans ce nouveau langage *écolo-nomique* (voir aussi le chapitre Hilmi *et al.*, ce volume), un portefeuille d'investissement. On peut faire l'hypothèse que c'est précisément dans ces alliances surprenantes qui peuvent sembler contre-nature, que s'élabore peut-être en ce moment, les bases d'un développement durable et d'une « écologisation » de la société [4]. Au-delà des jugements moraux parfois hâtifs qui tendent à condamner les alliances financières entre entreprises, scientifiques et protecteurs de la nature, il semble particulièrement intéressant d'étudier de plus près de telles configurations. Existerait-il un *business de la biodiversité* ?

---

3. Extrait tiré de la brochure de la Fondation de la Faune du Québec,
http://www.cbin.ec.gc.ca/documents/other_documents/Brochurefinale.pdf, page n°2,
lue le 16 décembre 2011.
4. Voir Deverre et de Sainte Marie 2008.

Dans le cadre de cet article, je vais m'intéresser aux fondations (familiales et d'entreprises) qui *mécènent* des opérations en matière d'exploration scientifique de la biodiversité. Ces grandes expéditions naturalistes contemporaines — organisées par le Muséum National d'Histoire Naturelle de Paris, l'ONG ProNatura International et l'Institut de Recherche pour le Développement — visent à inventorier la biodiversité des pays du sud pour la collecter et l'archiver dans les grands muséums d'histoire naturelle avant qu'elle ne disparaisse, pour servir de support aux politiques nationales de protection de la biodiversité dans les pays explorés, et pour alerter les médias, les politiques et l'opinion publique de l'existence de la 6e crise d'extinction de la biodiversité.

Les fondations familiales et d'entreprises qui acceptent de *mécéner* ces grandes expéditions naturalistes considèrent que les inventaires de la biodiversité ont du sens, et qu'inventorier, collecter, archiver et étudier la biodiversité avant qu'elle ne disparaisse constitue un enjeu suffisamment crucial et important pour qu'elles acceptent de donner des sommes d'argent non négligeables pour réaliser un tel projet. Elles considèrent donc que faire ces inventaires de la biodiversité constitue une cause d'intérêt général et participe du bien commun.

Il peut pourtant paraître incongru qu'une entreprise comme Total dont le cœur d'activité est l'exploitation commerciale des ressources naturelles puisse considérer qu'il est important de collecter, d'archiver et d'étudier des micro-mollusques marins du Vanuatu. Pour comprendre ces paradoxes, on peut émettre plusieurs hypothèses. La première est que le mécénat participe uniquement d'une stratégie de communication de l'entreprise qui cherche à donner du sens en interne à ses salariés et à améliorer son image de marque en externe. La seconde hypothèse est qu'il n'y a aucune contradiction entre l'exploitation des ressources naturelles d'un côté, et leur protection de l'autre. Ces deux activités participent d'un même rapport à la nature, situé historiquement et culturellement dans les sociétés occidentales post-industrielles. On constate en effet que le développement de l'exploitation industrielle des ressources naturelles s'est historiquement accompagné d'un rapport préservationniste à la nature qui consiste en la mise sous cloche de pans entiers de territoires, interdits à toute activité humaine et devenus des aires protégées[5].

Après avoir présenté le contexte politique et scientifique qualifié de 6e crise d'extinction des espèces, on interrogera ces liens surprenants entre une petite communauté de scientifiques académiques constitués de taxonomistes et de systématiciens qui, dans la grande tradition de l'histoire naturelle, œuvrent à la classification du vivant en constituant des inventaires de la biodiversité, et des fondations d'entreprise qui, comme la Fondation Total, investissent des sommes importantes sous forme de mécénat pour soutenir de telles recherches.

---

5. Pour une histoire de la conservation de la nature dans les pays occidentaux, voir notamment : Rodary et Castellanet 2003.

Comment se tisse et se construit une relation de mécénat ? Quelles en sont les conséquences pour les instituts de recherche et pour les scientifiques notamment en termes de liberté d'action ? Est-ce que cela modifie l'exercice de leurs métiers de biologistes ? Est-ce que le développement du mécénat depuis le début des années 2000 signifie de nouveaux liens entre entreprises, sciences et sociétés et le désengagement de l'État ? Quelle est la signification anthropologique du développement du mécénat en France, pays jusqu'alors peu habitué à ces rôles nouveaux joués par des acteurs privés ?

La 6e crise d'extinction des espèces

Alors que les sociétés humaines ont de tout temps entretenu des relations multiples et étroites avec leurs environnements naturels, sans lesquels, faut-il le rappeler, elles ne pourraient survivre, on assiste, depuis la fin du XXe siècle, à une crise sans précédent de la diversité du vivant, c'est-à-dire de la nature. Selon la communauté internationale des biologistes, nous serions en train de vivre la 6e extinction des espèces vivantes due, contrairement aux cinq crises précédentes, à l'action de l'espèce humaine sur son environnement[6].

C'est dans les années 1980, et plus précisément en 1985 que le néologisme « *biodiversity* » est créé par un biologiste américain, Walter G. Rosen, lors de la préparation du *National Forum on Biological Diversity* qui se tiendra l'année suivante à Washington D.C. (Le Guyader 2008). Et c'est lors de ce forum organisé par le *National Research Council* américain que les biologistes lancent un premier grand cri d'alarme concernant l'érosion de la biodiversité et la 6e crise d'extinction des espèces. Ils contribuèrent ainsi à populariser le terme même de biodiversité qui sera repris par la suite dans les actes du colloque devenu un célèbre ouvrage coordonné par Edward O. Wilson (1988)[7].

Dans sa thèse de philosophie, Virginie Marris (2006) relate en détail cet événement scientifique qui, de par sa couverture médiatique sans précédent, allait marquer le point de départ d'une véritable prise de conscience en matière d'érosion de la biodiversité et de nécessité de la gérer pour la protéger :

> Dans une conférence de presse, ce collectif d'éminents biologistes regroupés sous le nom de *Club of Earth* annonce que la diversité biologique est dans un état de véritable crise, et que cela représente un grand danger pour l'humanité : « *The species extinction crisis is a threat to civilisation second only to the threat of thermonuclear war* ». L'ampleur de la couverture médiatique et le relais assuré par les associations environnementales permirent à l'évènement, auquel assistaient plus de 14 000 personnes, de résonner massivement et durablement dans

---

6. Voir note n° 1.

7. Edward O.Wilson, editor, Frances M.Peter, associate editor, Biodiversity, National Academy Press, March 1988, online edition.

l'espace public. Dès lors, la perception collective de la valeur de la diversité biologique et du danger que représente son érosion ne fera qu'augmenter (Marris 2006).

Quelques années auparavant, en 1982, Terry Erwin, un entomologiste américain, démontre, par une expérience décisive[8], que l'ordre de grandeur de la biodiversité spécifique est beaucoup plus important que ce que les biologistes soupçonnaient jusque-là. Ce constat, inattendu, est édifiant. Pour Hervé Le Guyader (2008) :

> Le rêve des naturalistes — décrire exhaustivement l'ensemble des espèces, les répertorier et les classer, s'éloigne. Ensuite, le désaccord sur l'ordre de grandeur (de 10 à 100 millions d'espèces) indique que l'on est incapable de quantifier le nombre d'espèces. Et enfin, étudier la « biodiversité spécifique » nécessite une toute autre force de frappe que celle de quelques naturalistes isolés réalisant, sans trop de moyens, des missions de courte durée dans des environnements riches.

C'est donc dans les années 1980 que les biologistes découvrent à la fois l'étendue de leur ignorance sur la biodiversité spécifique et les menaces qui pèsent sur elle. Selon Le Guyader (2008), de ces constats découle l'idée qu'il faut dorénavant organiser des expéditions scientifiques de grande taille. Cette conviction va être déterminante pour impulser une série d'initiatives qui, dans les années 1990 et 2000, vont tenter d'apporter des réponses au manque de connaissances scientifiques sur la biodiversité.

Or, la discipline qui permet de collecter, identifier et classer des espèces nouvelles pour la science, est la taxonomie. Mais cette discipline est, aux dires de tous[9], en crise depuis un certain nombre d'années (Tillier 2000), et c'est là le deuxième obstacle à la constitution des collections naturalistes. Dès le début des années 1990, les biologistes mentionnent l'existence de ce qu'ils appellent un « handicap taxonomique » qui limite considérablement l'émergence pourtant urgente de nouvelles connaissances sur la biodiversité :

> *The taxonomic impediment is a term that describes the gaps of knowledge in our taxonomic system (including knowledge gaps associated with genetic systems), the shortage of trained taxonomists and curators, and the impact these deficiencies have on our ability to manage and use our biological diversity.* (Darwin Declaration, 1998, unep/cdb/cop/ /4/Inf.28, 2 may 1998).

---

8. En pulvérisant un insecticide puissant (expérience de *fogging*) sur une espèce d'arbre au Panama, il collecte une très grande quantité d'espèces différentes d'insectes, ce qui montre que la biodiversité est bien supérieure à ce que les biologistes envisageaient jusque-là.

9. Sur cette question de la crise de la discipline taxonomique, des travaux récents nuancent fortement une telle vision, en apportant des éléments qui permettent de mieux appréhender les changements techniques, organisationnels, épistémologiques, etc., que connaît cette vieille discipline scientifique : Tancoigne (2011), Wheeler (2008), Hine (2008), Agnarsson et Kuntner (2007), Faugère et Mauz (dir.) (2013), etc.

Dans les années 1990 et 2000, différentes initiatives internationales, gouvernementales et non gouvernementales, ont tenté de surmonter ce handicap taxonomique et, au-delà, d'apporter des réponses politiques et scientifiques à la crise affectant la biodiversité. Parmi les plus importantes d'entre elles, la signature, en 1992, d'une grande convention internationale sur la diversité biologique va jouer un rôle déterminant [10]. La Convention sur la Diversité Biologique (CDB, signée à ce jour par 193 pays, les États-Unis ne l'ont toujours pas ratifiée, voir Castets-Renard, ce volume), va, en effet, modifier les règles du jeu en « nationalisant » la biodiversité qui, de patrimoine commun de l'humanité, devient la propriété d'États souverains. Dès lors, pour avoir accès à la diversité des espèces vivantes, que ce soit pour l'étudier scientifiquement ou pour la prospecter dans le but de découvrir de nouvelles substances naturelles commercialisables (pour la pharmacopée, l'agroalimentaire, la cosmétique), de nouvelles procédures sont nécessaires, comme l'obtention d'un « Consentement Informé Préalable » (CIP) de la part des populations locales concernées et la signature d'une convention avec le pays hôte. De plus, la CDB va introduire la notion de partage des avantages découlant de l'utilisation des ressources génétiques (article 15).

Mais finalement, ces nouvelles réglementations et règles d'accès à la biodiversité initiées par la CDB constituent, aux dires des taxonomistes et systématiciens, un sérieux obstacle à la constitution des collections naturalistes et donc à l'exercice de leur métier, comme le formule ci-dessous Philippe Bouchet, malacologue, professeur au MNHN et co-organisateur des grandes expéditions naturalistes étudiées ici :

> Le serpent se mord la queue. Au départ, ce sont les préoccupations des scientifiques sur l'érosion de la biodiversité qui ont amené à une convention internationale qui devait mieux cadrer et mieux gérer la conservation de la biodiversité. Cette convention a entraîné des réglementations nationales qui font, qu'aujourd'hui, on ne peut plus accéder à la biodiversité ! (Philippe Bouchet, mai 2010).

La Convention sur la Diversité Biologique introduit des changements importants qui ont des répercussions sur les rapports entre les pays du nord et ceux du sud en matière d'accès à la biodiversité. En effet, la nature (vivante) change dès lors de statut : de patrimoine commun de l'humanité qu'elle était auparavant, elle devient dès lors propriété des États souverains.

---

10. Ce n'est pas la première convention internationale à s'intéresser à la diversité du vivant. Dans les années 1970, quatre conventions internationales avaient pris comme thématique la protection des zones humides en 1971 (Convention de Ramsar), la protection du patrimoine naturel mondial en 1972 (Convention du Patrimoine Mondial), la protection des espèces sauvages commercialisées en 1975 (Convention sur le commerce international des espèces menacées de flore et de faune sauvages, CITES), et la protection des espèces migratrices d'animaux sauvages en 1979 (Convention sur la conservation des espèces migratrices d'animaux sauvages ou Convention de Bonn).

Cette crise de la diversité du vivant dont les conséquences, à terme, pourraient être la disparition de l'espèce humaine, contribue à modifier le rapport à la nature dans les sociétés occidentales. On assiste, en effet, depuis la seconde moitié du XXe siècle à une progressive prise de conscience de la finitude et de la fragilité de la nature et de ses ressources, qui se répand progressivement dans toutes les sphères de la société.

Le réchauffement climatique, la pollution des eaux, de l'air et des sols, l'érosion de la biodiversité, le souci d'une alimentation saine, autant de problématiques environnementales (et/ou sanitaires) qui occupent une place croissante non seulement dans l'espace public — tant médiatique que politique — que dans les espaces privés (tri des déchets, choix d'une nourriture bio, etc.).

Mais, plus surprenant encore, les acteurs qui sont incriminés comme participant de manière massive à ces dégradations environnementales (Total, Lafarge, EDF, Suez, etc.) deviennent aussi des protecteurs de la diversité du vivant, des défenseurs d'une nature propre et saine. Un discours écologiquement correct, assorti parfois de « bonnes pratiques » de production, de commercialisation, d'investissement, de consommation etc., se développe au sein du monde des entreprises qui sont de plus en plus nombreuses à s'impliquer dans des actions de mécénat environnemental.

Le mécénat dans les grandes expéditions naturalistes

C'est au Vanuatu qu'eut lieu en 2006 l'expédition Santo considérée comme « la plus ambitieuse mission naturaliste de tous les temps ». Plus de 150 scientifiques de 25 pays différents participèrent à un grand inventaire de tous les compartiments de la biodiversité de l'île de Santo d'août à décembre 2006. Financée majoritairement par des fondations privées (principalement la fondation Total et la fondation Niarchos), l'expédition Santo 2006 a bel et bien inauguré un nouveau type de grandes expéditions — nouveau par ses modalités de financement sous forme de mécénat, par sa taille, le nombre de participants, le montant du budget, l'ampleur de la couverture médiatique[11], le respect de l'esprit de la CDB, etc.[12] Elle s'inscrivait néanmoins dans un double héritage : dans l'histoire des campagnes MUSORSTOM d'exploration marine du Pacifique Sud et l'histoire du Radeau des Cimes.

Sans entrer ici dans le détail de ces histoires uniques au monde[13], il faut souligner que les deux principaux organisateurs de l'expédition Santo 2006, Philippe Bouchet, malacologue, professeur au MNHN, et Olivier Pascal, botaniste, salarié de l'ONG Pro-Natura International et l'un des responsables de l'équipe du Radeau des Cimes

---

11. Pour une description et une analyse des stratégies médiatiques et de communication mises en place par les organisateurs de ces grandes expéditions naturalistes voir Faugère et Pascal (2011).

12. Pour une description détaillée de l'expédition Santo voir Bouchet *et al.* (2008, 2011), Faugère (2008), Tzerikiantz (2008), Bouchet, Le Guyader et Pascal (2011), Faugère et Louafi (2011).

13. Pour les lecteurs intéressés, lire Bouchet *et al.* (2009), Francis Hallé (2000).

dans les années 1990, avaient chacun, dans leur domaine respectif, marin pour le premier et terrestre pour le second, tissé des liens auprès de fondations d'entreprises qui, dans le passé, avaient déjà mécéné des opérations de plus petite envergure.

Pour Philippe Bouchet, il était clair qu'une expédition de l'ampleur et de la nature de l'expédition Santo 2006 ne pouvait être entièrement financée par de l'argent public. Elle devait donc nécessairement trouver des soutiens privés. Dans un entretien effectué en mai 2005, il raconte que l'idée de prospecter auprès des fondations privées lui était venue au début des années 1980 à la suite d'un séjour aux États-Unis où il avait pu constater, dans des laboratoires de recherche, la diversité des sources de financement émanant, notamment, de fondations d'entreprises. À son retour en France dans les années 1980, il contacte les rares fondations d'entreprises existant alors. Mais ses demandes furent rejetées au motif que ces fondations ne finançaient que de la recherche dite fondamentale, ce qui signifiait alors pour elles, la recherche biomédicale.

En juillet 1999, alors qu'il était en train de préparer un « atelier marin »[14] à Lifou (en Nouvelle-Calédonie), il prit contact avec la Fondation Total pour la Biodiversité et la Mer, sur les conseils d'un de ses collègues du *British Museum*. Il leur présenta alors le projet Lifou. Lorsqu'il reçut une réponse de leur part début 2000, il s'était passé entre-temps deux événements majeurs : la fusion Total-Fina et l'affaire de l'Erika. Ces deux événements avaient conduit Total à augmenter le budget de sa Fondation, tout en conservant le même nombre de projets soutenus. Philippe Bouchet s'est donc involontairement rapproché de la Fondation à un moment favorable. La Fondation accepta alors de financer l'expédition marine de Lifou. Philippe Bouchet raconte :

> L'expédition à Lifou a été super vis-à-vis de Total en termes de retour d'images. On a eu une bonne couverture médias. Ils étaient très contents de Lifou parce que, malgré tout, le Muséum est encore un endroit prestigieux (entretien avec Philippe Bouchet, 4 mai 2005, enregistrement et transcription par Elsa Faugère).

Depuis lors, toutes les expéditions montées par Philippe Bouchet (à Rapa en Polynésie en 2002, à Panglao aux Philippines en 2004, à Santo en 2006 et à Madagascar en 2010) ont reçu un soutien financier de la fondation Total sous forme de mécénat. La Fondation Total attend un retour d'image, c'est-à-dire une bonne couverture médiatique. Dans un entretien effectué en mai 2010 avec la responsable de la fondation Total, Laure Fournier, elle compare les « résultats » des différentes expéditions *mécénées* :

> Une expédition sur laquelle on a mis peut-être moins de moyens mais sur laquelle on a été le plus visible c'est Panglao aux Philippines, parce que les instituts philippins et l'accueil

---

14. Expression qui désigne une opération d'inventaire de la biodiversité marine du littoral. Le terme « campagne » est réservé aux opérations menées en pleine mer.

local ont été très importants. Ils ont mis à disposition des moyens locaux qui ont permis d'avoir des coûts logistiques moins élevés et énormément de retombées en publications, en conférences de presse locales, en appropriation par le pays de ces résultats formidables qui ont été trouvés sur leur territoire. Donc je pense qu'en retombées c'est celle qui nous a le plus apporté. Les résultats sont étalés dans le temps et avec surprise, on voit encore des publications sortir et des noms d'espèces nouvelles qui ont été découvertes, ça, c'est intéressant. Santo ça a été la première expédition avec des moyens logistiques sous-traités et ils ont voulu faire beaucoup de com'. Mais les mécènes n'ont probablement pas été traités de façon tout à fait égale, c'est-à-dire que les contrats passés avec une société de production audiovisuelle, avec un éditeur et avec un magazine ont été des très bonnes choses et ont fait connaître ce type d'expédition, en revanche au détriment total des mécènes qui ont financé l'expédition et ça, c'est dommage. Donc ils ont été plus vigilants là sur l'expédition Madagascar d'impliquer un peu plus le nom des mécènes (entretien avec Laure Fournier, 10 mai 2010, enregistrement et transcription par Elsa Faugère).

En guise de contrepartie au mécénat de la fondation Total, Philippe Bouchet est régulièrement sollicité par cette fondation pour faire des conférences sur la biodiversité auprès du Club d'actionnaires de Total, auprès d'un groupe « biodiversité » existant au sein du groupe Total et auprès du *World Environment Center*, club de multinationales (de l'automobile, de l'agroalimentaire, la chimie, du pétrole, des mines, des communications) qui affichent des préoccupations pour l'environnement et le développement durable. Il raconte :

Avec la fondation Total, on a un peu une relation, je dirai, d'obligations réciproques. Je trouve ça intéressant de faire ces conférences. Je n'ai absolument pas l'impression, j'allais dire, de me faire acheter. La société dans laquelle on vit n'est pas faite que d'organismes de recherche et de crédits de recherche publique. Et ça me sert, je pense, à être plus convaincant quand je vends mes projets scientifiques à un ministre du Vanuatu ou à un directeur d'organismes aux Philippines. Je ne parle pas qu'un langage académico-scientifique. Avec ce genre de contacts, je comprends mieux quel regard les autres peuvent porter sur mon activité professionnelle et sur la biodiversité (entretien avec Philippe Bouchet, 4 mai 2005, enregistrement et transcription par Elsa Faugère).

La privatisation du financement de l'expédition Santo n'a attiré ni polémique ni critique sur la qualité scientifique et l'indépendance des recherches menées. L'ensemble des participants à cette expédition, ethnologues inclus, a accepté d'être financé par des fondations privées. Avoir ses recherches financées par du mécénat n'a posé aucun problème aux scientifiques, biologistes comme chercheurs en sciences sociales. Les connaissances ainsi produites, qu'elles soient ethnologiques ou taxonomiques, n'ont rien perdu ni en valeur ni en légitimité. L'un des participants à ces expéditions se souvient, par contraste, que dans les années 1980, les enseignants et les chercheurs allaient facilement dans la rue manifester en disant « pas d'argent privé ! L'argent pour la science doit être de l'argent public » !

En septembre 2005, alors même que le budget de l'expédition était loin d'être bouclé, puisque seulement 10 % avaient alors été trouvés, les organisateurs ont refusé une importante proposition financière émanant d'une entreprise fabriquant des parfums et des arômes alimentaires. Pour fabriquer ces produits, l'entreprise travaille sur des substances naturelles et fait donc de la bioprospection. Pour les organisateurs, le dilemme fut alors le suivant : peut-on accepter de l'argent d'une entreprise qui fait de la bioprospection, même si leur aide, dans le cadre de l'expédition Santo, n'est que du mécénat ? Il était d'emblée clair pour ces organisateurs que si cette entreprise voulait participer financièrement à l'expédition Santo dans le but de faire de la bio-prospection, la réponse devait être négative en raison du contexte international actuel sur ces questions hautement sensibles [15]. Mais s'il ne s'agissait que de mécénat, pourquoi refuser une aide dont ils avaient alors cruellement besoin ? Aux yeux des organisateurs, il était préférable de refuser cette subvention même s'il ne s'agissait que de mécénat, afin de ne pas risquer de porter préjudice, en termes d'images, à l'ensemble de l'expédition.

La logique du mécénat est celle du don. C'est une transaction monétaire mais non marchande. Sans développer ici une analyse anthropologique du don, on voit, par cet exemple, que certains dons sont refusés car ils sont considérés risqués, comme si le don portait avec lui quelque chose de l'identité de son donateur, comme s'il allait « coller à la peau » des donataires, ainsi que l'exprime l'un des organisateurs :

> Est-ce que l'on a envie de se coller avec cette entreprise ? On peut se demander si à long terme c'est très profitable d'avoir ce genre d'étiquette qui te colle à la peau (extrait d'une réunion préparatoire de l'expédition Santo, 15 septembre 2005, enregistrement et trans-cription par Elsa Faugère).

Finalement, le salut viendra d'une fondation familiale d'un armateur grec, la fondation Niarchos. Lors du congrès mondial sur la nature organisé en 2005 par l'Union Internationale pour la Conservation de la Nature (UICN) à Bangkok, Olivier Pascal, l'un des organisateurs et membre de l'ONG Pro-Natura International, rencontre « par hasard » l'un des directeurs de la fondation Niarchos avec lequel il sympathise. La qualité des liens tissés auprès des mécènes est essentielle. Dans un premier temps, tout est affaire de carnet d'adresses. Il faut activer son réseau de relations pour trouver la bonne personne, sorte de clé ou de porte d'entrée, qui permet, par des chemins coutumiers, de pénétrer dans la fondation visée. Tout un jeu relationnel subtil existe dans cet univers feutré où se croisent des directeurs d'instituts de recherche, des directeurs de fondations, des scientifiques de renom, des directeurs d'ONG, des

---

15. Pour un récit détaillé des tensions apparues dans le cadre du montage de l'expédition Santo liées aux questions de bioprospection, voir Faugère et Louafi (2011).

directeurs de presse, etc., autant d'individus souvent issus des plus prestigieuses formations de la République, et parfois décorés des ordres de la République (Légion d'Honneur, Ordre du Mérite, etc.).

Au sens strict du terme, le mécénat n'implique aucune contrepartie, pas de retour d'image ni de communication réalisée à partir de son action de mécénat. Or, certaines fondations, comme la Fondation Total, attendent cependant un retour d'image de l'argent qu'elles donnent dans les expéditions, ce qui n'est pas le cas d'autres fondations comme la fondation familiale Niarchos qui n'attend aucun retour.

Olivier Pascal, de Pro-Natura International et Francis Hallé, directeur du Radeau des Cimes, préfèrent d'ailleurs parler de sponsors pour tout ce qui concerne l'histoire du Radeau des Cimes et des différents engins volants qu'ils ont inventés pour explorer la canopée des forêts tropicales [16]. Ils parlent même de clients : leur nom sera écrit en gros sur les engins, selon la somme d'argent investi dans la construction des engins volants. Tout est très précisément codifié, dans des conventions signées avec les sponsors et/ou mécènes. Pour Francis Hallé, c'est d'ailleurs bien le sponsoring et la médiatisation qui en résulte, qui caractérise et spécifie les expéditions naturalistes contemporaines :

> Ce qui est bien de notre époque, dans l'aventure du Radeau des Cimes, c'est le rôle que jouent les sponsors et les médias : c'est aussi le fait que les explorations, qui étaient prises en charge, par l'État au temps de Lapérouse, sont maintenant de plus en plus dépendantes de financements privés. L'ancêtre direct du sponsor, le mécène, est une espèce qui a complètement disparu. Elle ne demandait rien en contrepartie de ses bienfaits. Avec le sponsor voilà comment les choses se passent : qu'il s'occupe de pétrole ou de produits de beauté, de médicaments ou de parfums, un sponsor n'accepte de nous aider que si cela se sait. Son 'Département de Communication' s'assure donc que nous fixons sur le Radeau des Cimes des logos plus visibles qu'esthétiques ; en outre, la 'com' fait venir les médias : des journalistes, des photographes, des équipes de télé ou de cinéma afin que les images des « logos en situation » soient diffusées dans le monde entier, seule échelle valable pour une « com » qui se respecte. Espérons que ces actions médiatiques contribueront à stimuler les ventes, à faire rêver les actionnaires ou à « verdir » l'image des sociétés qui nous financent. (Francis Hallé 2010 : 262-263, le Radeau des Cimes, J.-C. Lattès).

Médiatiser ces expéditions et ces explorations naturalistes consiste à les faire connaître auprès d'un public plus large que la seule communauté des scientifiques qui y participent. Si le public s'y intéresse, achète les magazines, journaux, films, livres qui retracent ces expéditions, alors cela légitime, *in fine*, l'existence même de ces expéditions et les pérennise puisqu'une bonne couverture médias rendra un mécène/sponsor satisfait et du coup enclin à investir à nouveau de l'argent dans les prochaines expéditions.

---

16. Pour une histoire détaillée, voir Hallé (2000).

On voit donc se mettre en place un mécanisme singulier d'évaluation et de validation du travail scientifique : c'est le téléspectateur, le lecteur, le consommateur de produits médiatiques qui, *in fine*, va permettre ou non de pérenniser ces expéditions naturalistes. Si personne ne regarde le documentaire de Thalassa, n'achète le Figaro Magazine consacré à l'expédition, ni n'écoute les émissions de radio, alors les mécènes/sponsors considéreront qu'il vaut mieux financer d'autres opérations. S'il n'y a pas de public, les journalistes ne s'intéresseront pas aux prochaines expéditions. Et sans couverture média, les organisateurs des expéditions ne trouveront pas de mécènes.

L'essor du mécénat depuis le début des années 2000 en France

L'existence et le développement du mécénat en France, depuis le début des années 2000, est en grande partie liée à la loi dite Aillagon d'août 2003. Cette loi, n° 709-2003, donne de nouveaux avantages fiscaux significatifs aux fondations et autres mécènes désireux de soutenir des actions que ce soit dans le domaine de l'environnement, de la science, de la santé, de l'éducation, de la culture etc. Elle aurait favorisé le développement de fondations d'entreprises en France.

Selon Anne Bory (2008) et Dominique Legrain (2007), le régime fiscal prévu par la loi met la France à un niveau d'excellence comparable à celui des pays européens les plus avancés : « Ouvrent droit à une réduction d'impôt égale à 60 % de leur montant les versements, pris dans la limite de cinq pour mille du chiffre d'affaires, effectués par les entreprises assujetties à l'impôt sur le revenu ou à l'impôt sur les sociétés au profit… de la défense de l'environnement ». Pour un versement d'un millon d'euros, la réduction fiscale dont bénéficie l'entreprise est de 600 000 euros.

D'après une enquête réalisée sur le mécénat d'entreprises par l'Association pour le Développement du Mécénat Industriel et Commercial (ADMICAL), le budget global du mécénat d'entreprises en 2010 en France était de 2 milliards d'euros (ADMICAL 2010). « Il y a trente ans le mécénat était synonyme de culture. Dans les années 1980 et 1990, le domaine de la solidarité au sens large est apparu comme le 2ᵉ pilier de l'engagement des entreprises. Puis l'environnement, le sport et la recherche les ont rejoints » (enquête ADMICAL 2010).

D'après l'enquête de l'ADMICAL, en 2010, 12 % des entreprises mécènes interviennent dans le domaine de l'environnement alors qu'elles étaient 14 % en 2008. On observe donc une légère diminution. Et ce sont surtout les grosses entreprises, de plus de 200 salariés, qui interviennent dans le domaine de l'environnement. 11 % du budget du mécénat d'entreprise a été consacré, en 2010, au domaine de l'environnement soit 220 millions d'euros.

Dominique Legrain (2007) souligne que le mécénat est désormais intégré à la stratégie globale des firmes, notamment chez les grands groupes où il dépend fréquemment des directions de la communication ou du développement durable. Laure Fournier, responsable de la Fondation Total, l'explique bien :

> Chaque fois que Total annonce ses bénéfices c'est une catastrophe ! Plus ils sont bons et plus on est critiqué ! Alors que, à côté de ça, Total a créé cette fondation qui fait des choses formidables. Total est une entreprise que je trouve responsable. C'est peut-être quelque chose qui se développe davantage en France, c'est la responsabilité sociétale, c'est d'accompagner tout ce qui est autour des activités de l'entreprise, éducation, santé, accès à l'énergie. C'est plus que de la philanthropie, c'est de la responsabilité au-delà de ses activités propres vis-à-vis des communautés qui entourent ses sites de production. Ça, je trouve que c'est bien, que ces activités de responsabilité sociétale se structurent aussi, mais ça vient du monde anglo-saxon (entretien avec Laure Fournier, 10 mai 2010, enregistrement et transcription par Elsa Faugère).

Si la part du mécénat consacré à l'environnement reste donc modeste (Legrain 2007), c'est en partie lié à l'essor des politiques de développement durable au sein des entreprises qui englobent une partie des budgets auparavant consacrés au seul mécénat environnemental.

Au-delà du seul mécénat environnemental, ce qui interpelle c'est donc la signification du développement du mécénat, d'entreprises notamment, dans un pays comme la France où il est d'usage de considérer que seul l'État et les pouvoirs publics sont garants et responsables de l'intérêt général. Or, le développement du mécénat modifie la donne. Car il s'agit d'acteurs privés qui choisissent d'investir de l'argent dans des actions environnementales, sociales, sanitaires, culturelles, sportives, etc.

L'expansion du mécénat au cours de ces dix dernières années révèle des changements dans les rapports entre sphères publiques et privées en France, ainsi que des transformations dans le rôle et la place des entreprises dans la société française. Elle révèle aussi et peut-être d'abord un changement du rapport de l'État au monde de l'entreprise et à la sphère du privé en général. En effet, comme on l'a vu, c'est la loi Aillagon d'août 2003 qui a donné un véritable coup de fouet à l'essor du mécénat en France en faisant bénéficier les mécènes de réductions importantes d'impôts. On peut considérer d'une part, qu'en accordant de fortes réductions d'impôts, l'État, indirectement, continue de financer ces opérations (scientifiques, sociales, culturelles, etc.), mais que, d'autre part, il délègue le choix des opérations à financer — dont les recherches scientifiques — à des acteurs privés (fondations d'entreprises ou autres types de mécènes).

En guise de conclusion

Que des fondations d'entreprise aient accepté de financer, sous forme de mécénat, une expédition comme Santo 2006, révèle plusieurs tendances de fond de l'économie capitaliste contemporaine : d'une part, un renouveau de la philanthropie et du mécénat depuis le début des années 1980, processus que certains sociologues, comme Nicolas Guilhot (2004), lient à la financiarisation de l'économie capitaliste depuis cette période ; d'autre part, l'apparition et le développement d'entreprises qui se disent socialement et écologiquement responsables.

Que des entreprises comme Total, Suez, GDF, EDF, Veolia, etc. aient toutes créées des fondations d'entreprises dont une partie non négligeable est consacrée à des opérations de mécénat dans le domaine environnemental révèle également l'existence de logiques d'écologisation qui investissent progressivement tous les secteurs de la vie sociale, dont celui des entreprises. À ce jour, cette écologisation ne remet pas en question l'exploitation massive des ressources naturelles. Elle ne fait finalement que l'accompagner. On peut cependant s'interroger sur son devenir et ses conséquences à long terme et se demander : dans quelle mesure ces processus d'écologisation de la société seront-ils au XXIe siècle ce que l'hygiénisme a été aux XIXe et début XXe siècles ? Le mouvement engagé depuis une trentaine d'années et qualifié de développement durable conduira-t-il, à terme, à un monde dans lequel la protection de l'environnement (de la biodiversité, de l'air, de l'eau, des ressources naturelles, etc.), aura été totalement intégrée dans les pratiques de production et de consommation, comme, au bout de deux siècles, l'hygiène est devenue une pratique banale et courante de nos sociétés et modes de vie d'Occidentaux ? Est-ce que ce mouvement constitue un nouveau et véritable projet politique ainsi qu'une nouvelle vision de la société, comme cela fut le cas pour l'hygiène publique aux siècles précédents [17] ?

Remerciements

Je tiens à remercier ici chaleureusement les organisateurs des expéditions naturalistes Philippe Bouchet, Olivier Pascal et Hervé Le Guyader, ainsi que Laure Fournier de la Fondation Total, pour leur confiance et leur disponibilité. Je remercie aussi vivement l'ensemble des participants à ces expéditions qui ont toujours accepté mes questionnements avec patience et bienveillance.

Depuis janvier 2010, cette recherche est menée dans le cadre du projet « Expébiodiv. Étude pluridisciplinaire des grandes expéditions naturalistes contemporaines », financé par le programme « Sciences, technologies et savoirs en société. Enjeux actuels, questions historiques » de l'Agence Nationale de la Recherche (ANR-09-SSOC-052).

---

17. Voir notamment l'ouvrage de Gérard Jorland (2010).

Bibliographie

ADMICAL
2010   Enquête sur le mécénat d'entreprise en France, (Association pour le Développement du Mécénat Industriel et Commercial).

Agnarsson, Ingi and Matjaz Kuntner
2007   « Taxonomy in a Changing World: Seeking Solutions for a Science in Crisis ». *Syst. Biol.*, 56(3) : 531-539.

Aufray, Renan et Manuelle Rovillé
2011   « Les grandes crises d'extinction ».
http://www.cnrs.fr/cw/dossiers/dosbiodiv/index.php?pid=decouv_chapA_p2_f1&zoom_id=zoom_a2_1, page consultée le 8 décembre 2011

Bory, Anne
2008   De la générosité en entreprise. Mécénat et bénévolat des salariés dans les grandes entreprises en France et aux États-Unis, Thèse de doctorat de sciences sociales, Paris 1.

Bouchet, Philippe, Hervé Le Guyader et Olivier Pascal
2008   « Des voyages de Cook à l'expédition Santo 2006 : un renouveau des explorations naturalistes ». *Journal de la Société des Océanistes*, 126-127 : 167-185.

Bouchet, Philippe, Virginie Héros, Pierre Lozouet et Philippe Maestrati
2009   « Un quart de siècle d'exploration des faunes malacologiques de profondeur dans le pacifique Sud et Ouest : où en sommes-nous ? Où allons-nous ? ». *Xenophora*, 126 : 18-53.

Bouchet, Philippe, Hervé Le Guyader et Olivier Pascal (eds)
2011   *The Natural History of Santo*. Paris : Éditions Patrimoines Naturels, Muséum National d'Histoire Naturelle.

Bouchet, Philippe, Hervé Le Guyader et Olivier Pascal
2011   « Santo 2006 : The Making Of ». In P. Bouchet, H. Le Guyader et O. Pascal (eds), *The Natural History of Santo*. Paris : Éditions Patrimoines Naturels, Muséum National d'Histoire Naturelle, p. 529-548.

Darwin Declaration
1998   UNEP/CDB/COP/ /4/Inf.28, 2 may 1998.

Deverre, Christian et Christine de Sainte Marie
2008   « L'écologisation de la politique agricole européenne. Verdissement ou refondation des systèmes agro-alimentaires ». *Revue d'Études en Agriculture et Environnement*, 89 : 83-104.

Faugère, Elsa
2008   « L'exploration contemporaine de la biodiversité. Approche anthropologique de l'expédition Santo 2006 ». *Journal de la Société des Océanistes*, 126-127 : 195-206

Faugère, Elsa et Sélim Louafi
2011   « Le nouveau climat des expéditions naturalistes au sud. L'exemple de Santo 2006 au Vanuatu ». *Revue Tiers Monde*, 207 : 79-96.

Faugère, Elsa et Olivier Pascal
2011   « La fabrique de l'information : le cas des grandes expéditions naturalistes contemporaines ». *Quaderni*, 76 : 39-51.

Faugère, Elsa et Isabelle Mauz (eds)
2013   Le renouveau de la taxonomie : modalités, effets et enjeux pratiques. *Revue d'Anthropologie des Connaissances*, vol. 7(2).

Fondation de la Faune du Québec
2011   http://www.cbin.ec.gc.ca/documents/other_documents/Brochurefinale.pdf, page n° 2, lue le 16 décembre 2011.

Guilhot, Nicolas
2004   *Financiers, philanthropes. Vocations éthiques et reproduction du capital à Wall Street depuis 1970*. Paris : Éditions Raison d'Agir.

Hallé, Francis avec Dany Cleyet-Marrel et Gilles Ebersolt
2000   *Le Radeau des Cimes. L'exploration des canopées forestières*. Paris : J.C. Lattès.

Hine, Christine
2008   *Systematics as Cyberscience. Computers, Change, and Continuity in Science*, Cambridge and London: MIT Press.

Jorland, Gérard
2010   *Une société à soigner. Hygiène et salubrité publiques en France au XIXe siècle*. Paris : Gallimard.

Le Guyader, Hervé
2008   « La biodiversité : un concept flou ou une réalité scientifique ? ». *Le Courrier de l'environnement de l'INRA*, 55 : 7-26.

Legrain, Dominique
2007   « L'environnement, nouvel enjeu pour le mécénat d'entreprise ». Rapport de l'Inspection Générale pour l'Environnement, Ministère de l'Écologie, de l'Environnement et du Développement Durable.

Maris, Virginie
2006   La protection de la biodiversité : entre science, éthique et politique. Thèse de doctorat de philosophie, Université de Montréal.

O.Wilson, Edward, editor, Frances M.Peter, associate editor
1988   *Biodiversity*. Washington, D.C. : National Academy Press, online edition.

Rodary, Estienne et C. Castellanet
2003   « Les trois temps de la conservation ». In E. Rodary, C. Castellanet et G. Rossi (eds), *Conservation de la nature et développement: l'intégration impossible ?* Paris : GRET, Karthala, p. 4-64.

Tancoigne, Élise
2011   Évaluer la santé de la taxonomie zoologique : histoire, méthodes et enjeux contemporains, Thèse de doctorat du Muséum National d'Histoire Naturelle de Paris.

Tillier, Simon (éd.)
2000   *Systématique. Ordonner la diversité du vivant, « livre blanc »*. Éditions Tec & Doc.

Tzerikiantz, Fabienne
2008   « Sevrapek City ou la courte histoire du module « forêts-montagnes-rivières » (expédition Santo 2006) ». *Journal de la Société des Océanistes*, 126-127 : 207-220.

Wheeler, Quentin. D. (ed.)
2008   *The New Taxonomy*. Tempe: CRC Press.

Souveraineté et citoyenneté

Chapitre 16

Reconnaissance? Une critique anthropologique du cas australien

Martin Préaud et Laurent Dousset

En avril 2009, le gouvernement australien a exprimé son soutien officiel à la Déclaration des Nations Unies sur les Droits des Peuples Autochtones à laquelle il s'était opposé deux ans plus tôt lors de son adoption par l'Assemblée Générale. Ce geste semble parachever un processus ouvert au début des années 1970 quand le gouvernement fédéral entreprit de reconnaître les Aborigènes et Insulaires du Détroit de Torres, leur différence et leur contribution particulière à la construction nationale australienne. Depuis quarante ans, les mesures politiques, juridiques et institutionnelles se sont succédé, accumulées, transformant le paysage australien en profondeur. Or, si 20 % du territoire national est désormais reconnu comme relevant des droits et intérêts autochtones, l'espérance de vie de ces derniers continue d'être en moyenne de douze ans inférieure à celle de la population australienne[1].

Le but général des politiques de reconnaissance — successivement appelées autodétermination, autogestion puis réconciliation aborigène — était de permettre aux Aborigènes et Insulaires de maintenir leurs spécificités culturelles tout en participant pleinement de la société australienne. Ce casse-tête, cependant, semble n'avoir pas été résolu au vu du tournant interventionniste définitivement engagé en 2007 lorsque le gouvernement fédéral reprit le contrôle direct de 76 communautés isolées du Territoire du Nord naguère gérées par des conseils élus localement, mesure que la nouvelle majorité, travailliste, vient de prolonger pour dix ans.

Cette nouvelle période marque également un tournant pour l'anthropologie australianiste qui cherche elle aussi à prendre ses distances vis-à-vis de ses origines coloniales et qui de manière croissante s'intéresse à la réalité sociologique davantage que de tenter de reconstruire par leurs récits des sociétés dites « traditionnelles ». Cela se traduit d'une part par la diversification des sujets de recherche, même si les communautés des régions isolées demeurent des lieux d'investigation privilégiés, et d'autre part par un engagement quasi généralisé — et dans certains cas contraint — des anthropologues australiens dans les procédures de revendication foncière. Celles-ci reposent pour une grande partie sur l'expertise anthropologique qui, afin de satisfaire

---

1. Tous les chiffres cités sont issus du rapport *Overcoming Indigenous disadvantage: Key indicators 2011* publié par la Productivity Commission du gouvernement fédéral et disponible en ligne : http://www.pc.gov.au/gsp/indigenous/key-indicators-2011 (dernier accès juillet 2012).

aux critères établis par la loi, élabore les documents nécessaires à la négociation avec l'État. Le tournant postcolonial, en d'autres termes, ouvre une période troublée pour une anthropologie inscrite *de facto* dans des politiques de reconnaissance dont par ailleurs elle ne manque pas de relever les contradictions et la manière dont elles renouvellent les rapports de domination coloniaux en soulignant l'incompatibilité entre certains modèles théoriques développés par l'anthropologie des « précurseurs », par exemple Radcliffe-Brown ou Elkin, et les réalités du terrain (Hiatt 1996, Gumbert 1984, Glowczewski 2000, Dousset et Glaskin 2007).

Deux aspects clés seront traités ici, permettant de faire le lien entre l'exploration des contraintes pesant sur l'autodétermination aborigène en Australie et les apports de l'anthropologie à ces problématiques. D'une part, les organisations autochtones, dispositif central de ces politiques ; d'autre part, les procédures légales et les processus de reconnaissance, en particulier dans le domaine foncier, objet central de la relation politique autochtone. Ces deux dimensions nous amèneront à interroger la place et le rôle des anthropologues dans un contexte où le gouvernement est depuis longtemps habitué à s'approprier le discours anthropologique pour ses propres objectifs.

Organisations autochtones

Avec le référendum approuvé en 1967, le gouvernement fédéral australien obtient pour la première fois de l'histoire du pays compétence en matière « d'affaires aborigènes », compétence jusque-là réservée aux seuls États issus des colonies de peuplement établies à partir de 1788[2]. Le gouvernement travailliste de Gough Whitlam mettra en œuvre cinq ans plus tard cette compétence en adoptant une politique dite d'auto-détermination pour les Aborigènes et Insulaires du détroit de Torres[3]. La réorientation des politiques publiques à leur égard engage l'abolition de toutes les mesures de ségré-gation et de discrimination qui caractérisaient les régimes précédents en s'appuyant notamment sur le *Racial Discrimination Act 1975 (Cth)*, transposition en droit interne de la Convention sur l'Élimination de toutes les formes de Discrimination Raciale[4]. Outre les mesures légales, la politique d'autodétermination repose également sur la

---

2. Le référendum, approuvé à près de 97 % par la population australienne (les Aborigènes ne pouvaient prendre part au vote), a supprimé les deux seules mentions des Aborigènes dans la constitution de 1901 : celle qui les excluait du recensement national et celle qui empêchait le gouvernement fédéral de légiférer en matière autochtone.

3. À cette époque l'expression « Aboriginal and Torres Strait Islander » remplace l'ancien terme, « native », utilisé pour désigner ces groupes et les politiques qui les concernent. Le terme « Indigenous » que nous traduisons par « autochtones », en accord avec la pratique au niveau des institutions internationales, s'est imposé à partir des années 1990.

4. *International Convention on the Elimination of all forms of Racial Discrimination*, adoptée en 1965 et entrée en vigueur en 1969. Texte en ligne : http://www2.ohchr.org/english/law/cerd.htm (dernier accès septembre 2012).

formation d'organisations autochtones — communautés, organisations locales, de santé, d'aide juridictionnelle, de promotion culturelle, etc. — selon les procédures de l'*Aboriginal Communities and Associations Act 1976 (Cth)* révisé en 2006[5]. À ces organisations s'ajoutent des organes statutaires représentatifs à l'échelon fédéral, dont le dernier, la Commission des Aborigènes et Insulaires du détroit de Torres (ATSIC) a été aboli en 2005[6].

En 2012, 2 183 corporations autochtones sont inscrites sur les listes du Bureau du Registre des Corporations Autochtones de l'État fédéral australien (*Office of the Registrar of Indigenous Corporations*). En termes de structure, ces corporations sont organisées sur le modèle anglo-saxon alliant un bureau exécutif élu à un coordinateur ou président ; elles sont financées par une multitude d'agences publiques et de mécènes ou partenaires privés en fonction de leur objet. Elles forment une personnalité juridique unique pour le groupe de membres qui la composent et sont de deux grands ordres, quoique variées à l'extrême quant à leur objet et l'échelle de leur action (locale, régionale, nationale) : résidentielles, pour ce qui concerne les communautés et les *outstations*[7] ou *homelands*, ou de services, cas dans lequel il est nécessaire de distinguer les organisations statutaires, c'est-à-dire déterminées par une loi ou une politique publique, des organisations autonomes, fondées par leurs membres aborigènes pour poursuivre leurs objectifs propres.

Avec les agences publiques en charge des questions autochtones, au niveau fédéral comme au niveau des États et Territoires, les corporations aborigènes composent un véritable « secteur autochtone » au sein de l'État australien (Rowse 1992, Sullivan 2010, 2011 pour une critique récente du secteur et de son insertion dans les politiques publiques). Au total, avec un tel nombre d'agences et d'organisations dédiées à une population d'à peine 550 000 personnes (soit 2,5 % des 22 millions d'Australiens), on pourrait croire les conditions de vie des autochtones d'Australie en voie d'amélioration constante, or il n'en est rien. Au contraire, les Aborigènes et Insulaires du détroit de Torres continuent de représenter la part de la population australienne la plus défavorisée, situation qui se décline en autant d'indicateurs statistiques : en termes d'espérance de vie (12 ans de moins que le reste de la population en moyenne), de taux de mortalité infantile (entre 1,4 et 3 fois supérieur), ou encore de taux suicide (2,5 fois supérieur)[8]. Comment comprendre que les processus de reconnaissance menés depuis plus de quarante ans n'aient pas résulté en une amélioration générale des conditions de vie d'une majorité d'autochtones en Australie ?

---

5. *Corporations (Aboriginal and Torres Srait Islander) Act* 2006 (CATSI).

6. Ces organisations furent, successivement : le National Aboriginal Consultative Committee (1973-1977), la National Aboriginal Conference (1978-1985) et ATSIC (1989-2005).

7. Le terme *oustation*, dérivé du secteur de l'élevage dans lequel les autochtones du nord et du centre ont longtemps travaillé, qualifie des installations plus ou moins pérennes, souvent saisonnières, en territoire autochtone.

8. SCRGSP 2011.

Un dispositif de reconnaissance inscrit dans la « relation politique autochtone »

Si le passage à une politique d'autodétermination vis-à-vis des peuples autochtones d'Australie marque une rupture, il s'inscrit également dans la continuité coloniale de régimes administratifs distincts à leur endroit. En ce sens, les mesures adoptées et les dispositifs institués afin de reconnaître les Aborigènes et Insulaires du détroit de Torres permettent d'éclairer la relation autochtone, telle que celle-ci se noue dans le contexte australien, soit un type spécifique de rapport politique au sein de l'État et du système international (Bellier 2009, Salaün et Gagné 2010, Préaud 2012). Dans ce cadre, les États et ceux qui sont désormais reconnus comme peuples autochtones, et dotés de droits collectifs en tant que tels, sont interdépendants tout autant qu'opposés, et l'une des ambitions des sciences sociales contemporaines en Australie est de rendre compte des conditions historiques et culturelles dans lesquelles un tel système prend corps et se reproduit.

Des expressions politiques de résistance aborigènes sont apparues localement dès l'installation britannique entérinée par l'appropriation *de facto* de la souveraineté par la Couronne — c'est-à-dire, en l'absence de traité formel ou de conquête militaire en bonne et due forme. L'établissement de colonies de peuplement à partir de 1788 s'est traduit par l'éviction de nombreux Aborigènes de leur terre et leur regroupement dans une variété d'institutions (prisons, missions, stations d'élevage), le front de peuplement étant marqué par des massacres qui, dans certaines régions du nord et du centre, ont perduré jusqu'aux années 1920 (Reynolds 1981, McGregor 1997, Oliver *et al.* 2002). Si, dans le cadre impérial, la Couronne britannique reconnaît les Aborigènes comme des sujets devant bénéficier de sa protection[9], un tournant fondamental s'opère à partir de la moitié du XIXe siècle quand les différentes colonies australiennes, accédant à l'autonomie, définissent à leur endroit des régimes administratifs dits « de protection », inspirés du darwinisme social et de l'eugénisme, les instituant dans un statut d'infériorité. La constitution de la fédération d'Australie adoptée en 1901 reconduit cet état de fait en excluant les « indigènes » (*natives*) du recensement national et en les laissant sous la seule autorité des États. C'est en opposition à ces régimes discriminatoires puis aux politiques d'assimilation qu'un mouvement politique pour la reconnaissance des droits civiques des Aborigènes, ainsi que leurs droits spécifiques en tant que premiers habitants du continent, s'est forgé (pour une ethnographie historique des relations

---

9. À partir du cas R v Congo Murrell de 1836 où la cour de Nouvelle-Galles du Sud s'est déclarée compétente pour traiter d'un meurtre entre Aborigènes au motif de leur statut de sujets de la Couronne. Voir ALRC 1986, Cuneen et Libesman 1995. Cette même jurisprudence fonde également la doctrine de terra nullius.
http://www.alrc.gov.au/publications/4.%20Aboriginal%20Customary%20Laws%20and%20Anglo-Australian%20Law%20After%201788/australian-law-applied#_ftn20 (dernier accès octobre 2012).

raciales dans le sud-est australien et l'émergence de militants radicaux, voir Bosa 2012). Sous l'impulsion de quelques Aborigènes et d'Européens installés en Australie qui ont soutenu cette lutte, des mouvements militants pour les droits aborigènes se sont constitués localement dès les années 1920 (Maynard 2007), s'exprimant ponctuellement dans tout le pays, notamment au travers de grèves comme dans le Pilbara (Australie Occidentale) en 1946 ou à Palm Island (Queensland) en 1958.

La fin des années 1960 constitue un tournant de rassemblement de ces luttes aborigènes en raison d'évolutions internes à la nation — diversité accrue de la population australienne suite à la révocation de la *white Australia policy*, émergence de nouveaux militants autochtones formés sous la politique d'assimilation — et en lien avec le contexte international : lutte contre l'apartheid en Afrique du Sud, décolonisation du Pacifique, mouvement pour les droits civiques aux États-Unis, ce dernier constituant un modèle explicite pour les militants radicaux aborigènes qui érigent en 1972 la tente-ambassade aborigène face au parlement et forment un parti des *Black Panthers* en Australie (Attwood et Markus 1999, Bosa 2009). Ces nouveaux militants, jeunes et radicaux — très tôt impliqués dans le mouvement international pour les droits des peuples autochtones, puisqu'ils participèrent à la formation du *World Council of Indigenous Peoples* en 1977 (Minde 2008) — contribuèrent à la construction d'un mouvement pan-aborigène en Australie s'articulant sur la revendication d'un contrôle aborigène des affaires aborigènes et la reconnaissance de leurs droits à la terre (Glowczewski 1998).

Ce mouvement bénéficie, pour son expression et sa formation, du contexte de la démocratie libérale australienne au moment de sa mutation vers le multiculturalisme, qui permet l'expression de revendications fondées sur la différence culturelle dans la mesure où elle ne contrevient pas à l'égalité citoyenne (Merlan 2009). Dans un tel contexte, un jeu complexe se déploie entre la formation d'organisations militantes locales ou régionales, voire nationales, et leur récupération institutionnelle par l'État australien.

L'*Aboriginal Communities and Associations Act (Cth)* de 1976, ouvre la possibilité aux Aborigènes et Insulaires de former des associations sur le modèle britannique de la corporation pour gérer les affaires locales, fournir des services adaptés (aide juridique, services de soin et d'éducation, etc.) et promouvoir les cultures locales. Issues de mouvements militants ou de politiques publiques, ces organisations incarnent la revendication de contrôle aborigène des affaires aborigènes et vont, de fait, devenir le principal véhicule de représentation et d'expression politique autochtone, au point qu'elles sont aujourd'hui considérées par certains comme une « troisième branche » potentielle du gouvernement auprès du gouvernement fédéral et ceux des États et Territoires (Sanders 2002, Sullivan 2010). Le Congrès National des Peuples Premiers d'Australie, fondé en 2011 sous l'égide de la Commission des Droits de l'Homme Australienne (AHRC) dans le but d'être un nouvel organe représentatif des intérêts des autochtones bien qu'il ne soit pas statutaire, incorpore, dans sa structure même, ce secteur d'organisations autochtones, ses expériences et expertises.

Une tension entre institutionnalisation et création militante est repérable aux processus de normalisation régulièrement mis en place par l'État australien. Par exemple, après la création de *Land Councils* statutaires dans le Territoire du Nord par l'*Aboriginal Land Rights Act 1976 (NT)*, cette forme d'organisation régionale a été réappropriée dans d'autres régions par des militants radicaux qui y voyaient le moyen de constituer des fronts puissants pour défendre leurs intérêts fonciers. Ils permirent notamment d'appuyer la création de centaines d'*outstations* dans les années 1980, bénéficiant d'un climat politique favorable au niveau fédéral. Dans le cadre du *Native Title Act 1993* (NTA), cependant, ces organes sont devenus des *Native Title Representative Bodies* et sont, à ce titre, tenus dans un cadre juridique et administratif strict qui contraint fortement leur capacité d'initiative. Le *CATSI Act 2006* va dans le même sens d'un encadrement administratif plus strict des corporations aborigènes, contraignant notamment les procédures internes (mode d'élection, nombre de membres du bureau, règles financières, etc.). Une même dynamique de normalisation caractérise le niveau fédéral comme en témoigne l'abolition pure et simple d'ATSIC, l'institution fédérale autochtone la plus puissante à ce jour, à la suite de soupçons de corruption durant la campagne électorale de 2005, ou encore l'adjonction en 1980 d'une *Aboriginal Development Commission* à la trop indépendante *National Aboriginal Conference*, organe statutaire dont la composition intégrait de nombreux représentants des régions les plus isolées du pays ; très éloquents quant à leur souveraineté, ils organisèrent une campagne nationale pour la signature d'un traité ou *Makaratta*[10] entre l'État et les Aborigènes.

Quel que soit leur type (statutaires ou autonomes, de service ou représentatives, communautés autogérées remplaçant des institutions coloniales ou établies dans les interstices de la légalité) et l'échelle de leur action, l'ensemble des corporations aborigènes reste soumis à un régime spécifique déterminé par le Parlement australien — à quelques exceptions près, comme le nouveau Congrès National, qui opte pour le régime général des corporations. Cette contradiction majeure, une autodétermination autochtone déterminée par la loi de l'État colon, sous-tend la manière dont l'anthropologie s'est saisie de cet objet.

Logique postcoloniale : des domaines au champ

La question de l'organisation sociale aborigène est un objet ancien en anthropologie, pour qui l'Australie a été un terrain fondateur, que la multiplication des corporations aborigènes à partir des années 1970 a permis de renouveler. Tout d'abord parce que, comprises comme interfaces, ces organisations permettent, d'examiner non seulement

---

10. Terme qui dans les langues Yolngu (nord-est de la terre d'Arnhem) désigne une cérémonie de règlement de conflit.

la dynamique des relations entre autochtones et administration mais encore celle du lien entre des sociétés autochtones travaillées par l'expérience du colonialisme et leurs organisations posées comme représentatives. En second lieu parce que la création de telles organisations, indissociable d'une volonté de contrôle aborigène des affaires aborigènes, s'est accompagnée d'une exigence adressée aux chercheurs de travailler _avec_ voire _pour_ ces organisations et donc de produire un savoir utile et accessible à ces communautés et organisations — revendication qui trouvera sa réalisation formelle dans la généralisation des procédures dites éthiques au sein des institutions de recherche australiennes — soulevant de nouvelles problématiques d'engagement et révélant de nouveaux champs d'investigation (Bosa 2005). Enfin, ces organisations, en tant que dispositif central de la reconnaissance australienne des sociétés autochtones, permettent d'interroger deux types de continuités : celles des sociétés autochtones et celles de l'État australien.

Pour les concepteurs des politiques d'autodétermination autochtone (parmi lesquels l'économiste H.C. Coombs et l'historien C.D. Rowley), les « corporations » devaient permettre aux Aborigènes de maintenir leur intégrité culturelle tout en s'articulant mieux à la société et à l'économie australiennes. En d'autres termes, elles devaient agir comme interface entre deux domaines conçus comme séparés — le domaine aborigène et le domaine australien —, modèle conceptuel dérivé d'A.P. Elkin (1951), pasteur anglican, l'un des pères fondateurs de l'anthropologie australienne. Cette notion de domaine établit deux camps strictement séparés et indépendants entre lesquels les organisations tiendraient lieu de « carapace » (Levitus 2009), frontière permettant de préserver le domaine aborigène intact tout en autorisant de multiples transactions et interactions avec l'extérieur. Elle a été d'autant plus reprise et débattue (Trigger 1986, David et Mantziaris 2000) que les descriptions en termes de domaines strictement séparés résistent mal aux enquêtes ethnographiques et sociologiques qui mettent au jour, comme ailleurs pour la notion d'ethnie, ses limites épistémologiques et heuristiques (Bazin 1996), repérables aux adaptations mutuelles et multiples de part et d'autre de la frontière présupposée (Lea _et al._ 2006). D'un point de vue épistémologique, cela se traduit par l'émergence dans les années 1990 d'un paradigme « interculturel » (Merlan 1998, Hinkson et Smith 2005) ou « relationnel » exprimé en termes de champ. Ce dernier, qui pense les cultures ou domaines présupposés comme le résultat d'interactions historiques plutôt que comme prémisse, a été l'une des réactions au paradigme de séparation spatiale, culturelle et temporelle qui avait prévalu jusqu'alors (Fabian 2002). Une telle approche ne permet que difficilement cependant d'appréhender la manière dont cette coproduction culturelle s'inscrit dans des relations de pouvoir déséquilibrées et historiquement ancrées dans l'expérience coloniale. Pour le dire autrement, la description et l'analyse de la « situation coloniale » (Balandier 1951, Gluckman 1940) continuent de représenter un horizon de la recherche en Australie, à quelques exceptions près (par exemple Sansom 1982, Collmann 1988, Morris 1989).

Un dispositif de gouvernance et de discipline

Malgré leur prégnance dans la vie quotidienne des autochtones, jusqu'au milieu des années 1990, très peu de travaux sont strictement focalisés sur les organisations aborigènes en tant qu'objet de recherche. C'est en partie le résultat de l'engagement des anthropologues dans les procédures de revendications foncières qui imposent de mettre l'accent sur les continuités plutôt que les dynamiques de transformation. Cependant, à partir du moment où ces revendications aboutissent, au titre de l'*Aboriginal Land Rights Act 1976 (NT)* d'abord puis, au niveau fédéral, du *Native Title Act 1993 (Cth)*, les organisations autochtones chargées de gérer les droits et intérêts fonciers obtenus sont soumises à examen ethnographique et ethnohistorique, tandis que le pouvoir politique se préoccupe de plus en plus de bonne gouvernance et que la dénonciation des « dysfonctionnements » — et la recherche de leurs causes dans le domaine culturel aborigène — devient une pratique commune, particulièrement en période électorale.

S'il reprend en partie le paradigme des domaines en décrivant le Kimberley Land Council comme un « système intermédiaire » occupant une zone « culturellement ambiguë », Patrick Sullivan (1996) a également été l'un de ceux qui ont décrit comment au sein des organisations s'opposaient différents styles de représentation et d'autorité, concluant notamment que la volonté d'affirmer le caractère autochtone de l'organisation de la part de ses dirigeants vouait cette dernière à une certaine inefficacité politique : l'administration et les agences publiques ne les reconnaissent pas de cette manière-là, thématique reprise par la suite par d'autres auteurs (notamment Martin 2003, Préaud 2009). Il montre ainsi les limites inhérentes à un programme d'autodétermination décidé jusque dans ses modalités par une instance non seulement extérieure mais adverse : « l'approche fondée sur les conseils communautaires est largement une construction européenne adaptée aux objectifs de l'administration post-coloniale qui exige dans le même mouvement, l'apparence de l'autodétermination et les moyens d'un contrôle administratif » (Sullivan 1996 : 118). Gillian Cowlishaw (1998) avait ainsi montré comment les politiques d'autodétermination reflétaient bien plus les préjugés culturels des bureaucrates et de ceux qui décident des politiques publiques, dans leur très large majorité des non-autochtones, que les aspirations réelles de ceux que ces politiques étaient censées servir.

Faut-il voir dans la multiplication des projets de recherche sur la gouvernance des organisations aborigènes, dans le but d'informer les politiques publiques (Hunt *et al.* 2008), un pas supplémentaire dans la même direction ? Certains auteurs (en particulier Morris et Lattas 2009), développant une lecture de l'histoire de la relation autochtone à l'aune des analyses foucaldiennes du pouvoir, identifient dans les politiques successives menées vis-à-vis des autochtones par les pouvoirs australiens, y compris les plus récentes, un mouvement de pénétration toujours plus en profondeur du corps social et des subjectivités autochtones par des impératifs disciplinaires émanant de l'État.

L'historien Patrick Wolfe compte parmi ceux qui ont tenté l'analyse et la conceptualisation du colonialisme de peuplement (*settler colonialism*) dans sa trajectoire historique qu'il repère à ce qu'il dénomme une « logique d'élimination [des autochtones] » dont le moteur premier est l'accaparement foncier. De manière significative, cette élimination ne s'entend pas qu'en termes physiques — massacres et maladies autour de la « frontière » — mais également en termes institutionnels, culturels et personnels. Nous lui devons la formule éclairante selon laquelle, dans le cadre du colonialisme de peuplement, en Australie comme ailleurs, « l'invasion n'est pas un événement mais une structure » qui organise les relations politiques entre l'État et les autochtones *contre qui* il se construit (1994 : 96, voir également Wolfe 2006, Veracini 2011). C'est cette orientation de l'État australien qui permet également de rendre compte de la faible intégration des organisations autochtones dans l'appareil institutionnel en dépit du fait qu'elles représentent leur principal véhicule de représentation et de participation politique (Reilly 2006).

Logique relationnelle : continuités, réappropriations, adaptations

L'attention ethnographique portée aux organisations autochtones en Australie a cependant permis de faire émerger les modalités complexes d'articulation et d'adaptation entre institutions autochtones « classiques » (en particulier rituel et parenté), institutions australiennes et cette nouvelle couche institutionnelle, intermédiaire, que représentent les organisations autochtones. Plusieurs travaux se sont ainsi focalisés sur le *meeting*, à partir des premières analyses de Fred Myers (1986a), y décelant le lieu où se révélait le corps politique autochtone, objet historique de débats anthropologiques sans cesse relancés (Hiatt 1996). Le souci ethnographique a également permis de faire apparaître une opposition entre deux logiques s'affrontant au sein des organisations : logique bureaucratique d'une part, qui prétend capturer des formes d'organisation sociale qui échappent encore et toujours aux pouvoirs publics comme aux anthropologues, et logique relationnelle, d'autre part, inscrite dans l'économie de la parenté et du rituel, ou « grammaire de l'échange » (Samson 1988), en particulier dans les régions isolées (qui sont le lieu des plus massives interventions de l'État en termes de gouvernance ou de discipline). Frances Morphy, dans une étude démographique de la vallée du fleuve Fitzroy en Australie Occidentale, critiquant les catégories statistiques employées par le Bureau australien des Statistiques pour comprendre les réalités sociales aborigènes affirmait ainsi que « la socialité aborigène ne peut être modalisée de manière adéquate qu'en termes de réseaux ancrés » (2010 : 7).

De ce point de vue, il est significatif que les « dysfonctions » attribués aux organisations et communautés autochtones (népotisme et clientélisme) aient, dans le discours politique des dernières décennies, été exclusivement reliées aux institutions autochtones plutôt que dans les modalités d'articulation de celles-ci avec l'appareil bureaucratique australien. Des études détaillées, ancrées dans une profondeur historique, de l'économie politique de telles articulations, comme celle de l'anthropologue Diane Austin-Broos (2009) demeurent encore trop rares. La notion de *demand-sharing* forgée par Peterson, que l'on pourrait traduire par « exigence de partage », a suscité de nombreux débats, illustrant les difficultés soulevées par l'examen des institutions autochtones dans un contexte où leur opération est presque entièrement contrainte par l'État. Dans le domaine politique, la pratique du *demand-sharing* est souvent présentée comme une des causes de la crise sociale des communautés autochtones tandis que dans le champ académique, elle soulève la question de la source de l'échange : contrainte culturelle ou formes de générosité. Altman (2011), établissant une généalogie du concept, rappelle ainsi que les formes d'échange et de redistribution dans les sociétés aborigènes entre groupes de parenté dépassent largement le seul cadre de l'exigence de partage et s'inscrivent dans la complexité spécifique des formes d'organisation sociale aborigènes où la dynamique des relations est toujours contre-balancée par des formes d'autonomie individuelle (Myers 1986b).

Pour les anthropologues français et francophones, ce sont de telles institutions autochtones « classiques » — rituel, parenté, totémisme, échange — qui ont constitué un point d'entrée privilégié dans l'Australie aborigène (Glowczewski 1991, Moisseeff 1995, Poirier 1996, Dussart 1992). Moins directement impliqués que leurs collègues dans les procédures de revendications foncières, ils ont pu d'une part saisir ce mouve-ment d'un point de vue critique et historique, l'inscrivant dans une histoire politique autochtone et, d'autre part, examiner en dehors des contraintes juridiques les dynamiques de transformation culturelle et sociale traversant les communautés et sociétés au sein desquelles ils ont travaillé, abordant la question de la continuité à l'aune d'ethnographies des pratiques. Glowczewski (1983, 2004, 2007) a ainsi contribué à mettre en lumière un « paradigme aborigène » de réinterprétation dynamique des savoirs et pratiques en articulation aux conditions transformées de leur énonciation, s'appuyant sur un dialogue intellectuel avec Félix Guattari notamment. Pris dans leur ensemble, les travaux francophones ont apporté aux débats concernant le rôle et la place de l'histoire dans des sociétés longtemps présentées comme dépourvues d'histoire, mettant l'accent sur l'*agency* des acteurs autochtones, notamment par le biais du rituel, et éclairant en particulier le rôle des femmes.

Un autre point d'entrée majeur pour les anthropologues francophones dans la question des dynamiques culturelles de transformation a été le formidable dévelop-pement de l'art aborigène contemporain, entamé dans le désert central dans les années 1970 puis répandu comme une traînée de poudre à l'ensemble des commu-nautés autochtones du pays (Anderson et Dussart 1988). Ce mouvement, en tant qu'il est intimement lié aux processus de revendications foncières, à la réimplantation des autochtones sur leurs territoires et aux mouvements politiques aborigènes, a permis de faire le lien entre les processus culturels, politiques et historiques (Glowczewski et Henry 2007). D'autre part, les travaux ethnographiques menés auprès des artistes ont également fait ressortir la manière dont ces derniers travaillaient leur propre mémoire et comment celle-ci s'étageait en couches multiples — mythologique, historique, collective et biographique — dont l'agencement performatif est autant affaire d'esthétique que de politique et conduit à saisir les manières propres dont ces artistes et leurs communautés s'ancrent dans les processus de globalisation contemporains en tant qu'acteurs (De Largy Healy 2009, Coté 2009, Le Roux et Strivay 2007).

Le modèle de la coopérative artistique, adopté par la plupart des communautés dans les années 1970 et 1980, a pour un temps servi de modèle de développement économique adapté aux communautés isolées, modèle de *develop-man* (Sahlins 1992) permettant de réinvestir les ressources générées dans la transmission et la reproduction culturelles (Altman 1989). Toutefois, l'art à lui seul, en tant que niche déclinée sur tous les médias, ne pouvait pallier le déficit structurel d'investissement et de suivi de la part des pouvoirs publics australiens dans les communautés du nord et du centre (Dillon et Westbury 2007). Depuis le milieu des années 1990, une autre niche s'est développée sur les gains territoriaux obtenus au titre de l'*ALRA 1976 NT* ou du *NTA 1993* (cf. ci-dessous). L'expression *Caring for Country* (« prendre soin du pays » ; voir Fache 2013) recouvre un ensemble de pratiques de gestion des ressources naturelles et culturelles menées par les groupes reconnus comme « propriétaires traditionnels », une catégorie juridique, sur leurs territoires. Ces programmes se présentent comme une nouvelle manière de favoriser le développement économique local et l'accès à l'emploi dans les régions isolées tout en favorisant le maintien des langues et cultures autochtones ainsi que de la biodiversité (Weir 2012). Initiatives locales au départ, ces groupes se sont progressivement constitués en réseau, à l'échelle régionale puis nationale — à l'occasion de conférences biennales — et même internationale, ainsi que l'a annoncé le premier ministre Julia Gillard lors de la conférence Rio +20 en juin 2012. Toutefois, dans un contexte où l'exploitation des ressources minières constitue le principal moteur de l'économie australienne, alimentée par la demande des États d'Asie, Chine en tête, et dans la mesure où la majorité de ces ressources sont situées en territoire autochtone, la question se pose de savoir dans quelle mesure la protection des savoirs traditionnels et de la biodiversité pourra se développer en dehors du système des seules réserves naturelles. Dans les faits, les États et Territoires promeuvent comme unique mode de développement la conclusion d'accords entre groupes autochtones et compagnies multinationales, dont les conséquences environnementales, sociales et culturelles sont encore mal mesurées.

Dysfonctions structurelles

Emma Kowal (2008), à partir de son travail ethnographique avec les personnels chargés de mettre en œuvre les politiques de santé dans les terres aborigènes du Territoire du Nord, a proposé de qualifier de « logique postcoloniale » celle qui a présidé aux politiques d'autodétermination. L'anthropologue Peter Sutton utilise quant à lui l'expression de « consensus libéral » (2001, 2009) pour caractériser le choix d'un laisser-faire selon lui coupable dans la mise en œuvre de ces mêmes politiques. Cette logique repose, selon les analyses de Kowal, sur une tension entre deux tendances inconciliables : d'une part, l'orientalisme, qui postule l'existence de sociétés autochtones traditionnelles dont les institutions et les savoirs se seraient maintenus, en particuliers dans les régions isolées du nord et du centre ; et, d'autre part, ce qu'elle nomme « remédialisme », c'est-à-dire la croyance selon laquelle les autochtones peuvent et doivent atteindre le même niveau que le reste des Australiens. C'est la rupture de l'illusion d'un équilibre entre ces deux tendances au sein de l'administration du secteur autochtone, provoquée par l'évolution des réalités sociologiques, qui serait à l'origine du retour — à partir du milieu des années 1990 et du premier des quatre mandats (1996-2007) du Premier Ministre conservateur libéral John Howard — à une politique sinon autoritaire du moins interventionniste vis-à-vis des communautés isolées.

Cet interventionnisme accru de l'État dans les affaires aborigènes du Territoire du Nord — appuyé sur un discours affirmant l'échec de l'autodétermination, dénonçant les communautés isolées comme autant de « musées culturels » ou « d'expériences communistes » ratées — a provoqué des débats d'autant plus passionnés parmi les anthropologues qu'il s'approprie un de leurs concepts fétiches, la culture, pour lui attribuer l'ensemble des maux (sociaux, économiques, médicaux, etc.) auxquels sont confrontées ces communautés (Altman et Hinkson 2009). S'il est vrai que l'engagement des anthropologues australiens a pu les rendre moins attentifs aux évolutions sociologiques et démographiques des groupes avec lesquels ils travaillaient, il n'en reste pas moins que de nombreux auteurs se sont penchés sur ces transformations et que les dysfonctionnements au sein des communautés autochtones (prévalence de l'alcoolisme, violence domestique, abus sexuels) trouvent leur source dans la trajectoire historique et culturelle complexe de la relation entre autochtones et gouvernements australiens plutôt que dans un seul des termes de la relation, le subalterne (pour une critique de la notion de « dysfonctionnement », voir Garond 2012). L'Intervention d'Urgence dans le Territoire du Nord (*Northern Territory Emergency Response*, communément dénommée Intervention) adoptée en 2007 et récemment prolongée pour dix ans sous l'appellation « *Stronger Futures for the Northern Territory* » a révélé de profondes lignes de fracture parmi les anthropologues australiens et australianistes : celles-là même qui procèdent de l'articulation ancienne et complexe entre théories anthropologiques, descriptions ethnographiques et politiques publiques à destination des autochtones en Australie.

Processus sociopolitiques et implication des sciences humaines et sociales

Cette fracture de l'anthropologie, qui aujourd'hui s'installe également dans les disciplines historiques et linguistiques fut portée à la lumière à la suite de l'intervention du gouvernement fédéral dans les communautés du Territoire du Nord les privant du peu d'autogestion qu'elles avaient acquises et au sujet de laquelle les interprétations et analyses divergent considérablement, comme nous l'avons vu. Cette fracture en recouvre une autre, plus ancienne, fondée sur l'analyse divergente de la capacité (ou nécessité) et des modalités de l'implication des sciences humaines et sociales dans les revendications culturelles et foncières des autochtones. Exprimée comme un clivage entre anthropologie dite « académique » et anthropologie dite « appliquée », cette fracture fait de nos jours l'objet de polémiques considérables, reproduites et portées de publication en publication et de conférence en conférence, polarisant les points de vue et véhiculant des propos qui parfois ressemblent davantage à des déclarations de politique morale qu'à de véritables analyses sociohistoriques et culturelles.

Indiscutablement, cette polarisation du discours anthropologique témoigne d'une profonde crise de l'anthropologie australianiste qui, malgré de multiples tentatives, est incapable de situer la nature et l'objet de ses apports heuristiques et théoriques dans le paysage politique et juridique de la nation. Les messages véhiculés depuis 2009-2010 par la liste de discussion électronique des anthropologues australianistes, AASnet, au sujet du rôle et de la responsabilité de la profession dans les politiques autochtones en Australie sont le témoin de ces fractures et reconfigurations profondes du paysage de la recherche. Pourtant, c'est à elle-même que l'anthropologie australianiste doit la situation dans laquelle elle se trouve aujourd'hui, et ce sont ses propres modèles théoriques de jadis qui influencent les modalités de son implication. Dans cette seconde partie du chapitre, nous allons évoquer les grandes lignes historiques de cette implication et tenter de l'expliciter sous un regard critique.

Anthropologie et revendications autochtones

L'implication de l'anthropologie dans la gestion des colonies, britanniques en l'occurrence, fut discutée dès la création de la *Aborigines Protection Society* à Londres en 1838 (Reining 1962). Mais l'expression « anthropologie appliquée » fut selon Keen (1999) employée pour la première fois par Radcliffe-Brown en 1931. Il y voyait la capacité du scientifique de participer à l'administration des peuples dits « indigènes » : une anthropologie au service du colonialisme, mais « neutre » et « objective » (Radcliffe-Brown 1929, McCall 1980). L'approche de Radcliffe-Brown était parallèle à une autre, plus nuancée et critique de la présence coloniale, avec Malinowski (1929 et 1938) par exemple, qui développait des notions comme « l'anthropologie pratique ». Malinowski désirait une implication à la fois scientifique et personnelle auprès de l'administration, mettant en avant l'action, et non seulement la capacité de conseil : un anthropologue qui, enrichi de son expérience et de son savoir-faire, serait en position d'interférer dans la nature des transformations sociales induites par l'occidentalisation des pratiques. Pour Malinowski, l'anthropologie tout entière devait devenir une anthropologie pratique, une anthropologie activiste (1938). D'autres chercheurs tels Evans-Pritchard (1950) qui percevait la discipline davantage comme une narration historique du contemporain qu'une science naturaliste, ou Kroeber (Keen 1999 : 47) qui remettait en question la capacité de l'anthropologue de pouvoir produire un savoir indépendant et neutre, se rapprochaient des conceptions de Malinowski.

Toutefois, c'est Radcliffe-Brown qui fonda le premier département d'anthropologie à Sydney en 1925. Sans doute ses responsabilités académiques en Australie eurent une influence sur le type d'anthropologie « appliquée » qui allait s'y développer, dans un premier temps au moins : une anthropologie « naturaliste », distanciée d'une implication personnelle du chercheur dans les éventuelles revendications autochtones, et fournissant des données brutes et des conclusions et modèles pensés objectifs. Cette approche, combinée avec son modèle intégré de la relation entre groupes de parenté et tenure foncière (Radcliffe-Brown 1956), allait devenir le modèle dominant pour expliquer les sociétés aborigènes et par la suite leurs revendications (Dousset et Glaskin 2007, 2009). Selon ce modèle, les sociétés australiennes auraient été globalement organisées autour de groupes de descendance unilinéaires, de préférence patrilinéaires, qui sont également conçus comme des propriétaires fonciers. Toute réalité sociale qui divergerait de ce principe général témoignerait de transformations, pour ne pas dire d'effondrements culturels.

La démonstration de l'existence de cette unilinéarité en cohésion avec l'organisation territoriale d'un groupe ou d'une société accompagnèrent la toute première revendication foncière et forgèrent ainsi les cadres légaux des revendications ultérieures. En 1968, les Yolngu de Yirrkala dans la Terre d'Arnhem, propriétaires traditionnels de la Gove Peninsula où s'était installée la compagnie minière Nabalco, engagèrent des poursuites à l'encontre de cette société afin de récupérer leurs droits fonciers. Cette plainte (*Milirrpum v. Nabalco Pty Ltd 1971*), connue sous le nom de *Gove land rights case*, fut entendue devant la Cour Fédérale en 1970. La revendication des Yolngu ne fut pas couronnée de succès, mais le juge admit pour la première fois l'existence d'un système de droit coutumier dans la société aborigène, même si ce système, considéré clanique en l'occurrence, ne permettait pas la justification de la propriété privée. Cette transformation importante dans la conception d'une société aborigène par le corps juridique donna lieu à une commission qui diligenta des enquêtes et déboucha sur le *Aboriginal Land Rights (Northern Territory) Act 1976* (ALRA), cadre légal qui devait permettre la récupération foncière collective de territoires appartenant encore au domaine public (propriété de la Couronne, *Crown land*) dans le Territoire du Nord. Les anthropologues experts dans le cas de Gove, Berndt et Stanner, développèrent l'articulation d'un système d'organisation coutumier fondé sur des clans localisés, propriétaires et exploitants du foncier, à l'image du modèle de Radcliffe-Brown, même si ce principe fut contredit par les témoignages des Aborigènes eux-mêmes (Gumbert 1984 : 78-81). Néanmoins, la vision unilinéaire selon laquelle la succession généalogique serait le principe organisateur des droits fonciers et de leur transmission qui découlait des modèles radcliffe-browniens de l'organisation socioterritoriale australienne fut reprise dans le *Land Rights Act* de 1976 (ALRA). Dorénavant, tout groupe aborigène qui entreprenait des démarches de récupération foncière devait démontrer posséder une organisation sociale et un système de lois coutumières articulés autour du modèle radcliffe-brownien (Weiner et Glaskin 2007 : 9-10).

L'ALRA n'était applicable que dans le Territoire du Nord. L'étape suivante fut le *Native Title Act 1993* (NTA), conséquence de la décision de la Haute Cour dans le cas Mabo contre l'État du Queensland (*Mabo & Ors v Queensland [Nº 2] 1992*). Rappelons ici seulement qu'Eddie Mabo, autochtone des îles du détroit de Torres, gagna en appel devant la Haute Cour et que la décision de justice confirma la préexistence des peuples autochtones sur le continent et annihila la doctrine implicite de la *terra nullius* (terre inhabitée). Pour la première fois l'existence d'un titre foncier coutumier fut inscrite dans la législation. Malheureusement, les modèles sociaux autochtones considérés justifiés et justifiables dans le NTA n'allaient guère s'éloigner des théories sous-jacentes à l'ALRA, et donc du modèle radcliffe-brownien.

Mécanismes de la preuve

Résumons en quelques lignes en quoi consistent le NTA et la procédure de revendication foncière. Dès lors qu'un groupe décide de s'engager dans le processus de récupération de son titre foncier coutumier, il se constitue en partie et soumet sa demande au *National Native Title Tribunal*, instance qui ne délivre aucun jugement mais qui rassemble les dossiers des groupes aborigènes et des opposants à la revendication, principalement l'État, et tente de trouver une solution par la négociation. Lorsque les négociations n'aboutissent pas à un compromis acceptable à toutes les parties, le cas est déféré devant la cour fédérale, et la Haute Cour en dernière instance, qui prennent une décision finale.

La pièce maîtresse dans ce processus, pendant la phase de négociation comme devant la Cour, est le rapport d'expert, également appelé *Connection Report*. Ce rapport, habituellement produit par des anthropologues sous le regard des juristes, doit apporter la preuve que le titre foncier autochtone traditionnel existe véritablement. Pour ce faire, doivent être démontrés que la société observée aujourd'hui est de nature identique à la société qui était propriétaire foncière de l'étendue revendiquée au moment de la perte de souveraineté, et que les individus qui revendiquent sont effectivement les descendants légitimes des ancêtres qui étaient propriétaires jadis. La notion de « société » et de son organisation sociale et culturelle est ici centrale, avec tous les problèmes et questions que ce concept implique en anthropologie et au-delà : une société est-elle identifiable et délimitable et si oui par quels moyens ? Les notions de société et de culture (ou organisation sociale) sont-elles coextensives ? Dans quelle mesure le concept de société peut-il ou doit-il inclure les transformations sociales inhérentes à tous rapports sociaux ? etc. Devant ces interrogations, l'anthropologue, et avec lui la discipline tout entière, est pris dans un dilemme quasi insurmontable résultant de la complexité heuristique d'une telle notion et des exigences juridiques qui n'admettent que peu de flou et d'incertitudes.

En outre, depuis le cas *Western Australia v Ward* (2000 et 2002) qui concernait les Miriuwung et Gajerrong dans le Kimberley (nord-ouest australien), la notion de *bundle of rights*, littéralement ensemble ou paquet de droits, fut ajoutée aux principes du NTA. Si auparavant le *Native Title* impliquait un droit général et indifférencié d'accès au foncier lorsqu'il était justifié, le cas Ward mis en place l'idée qu'il s'agissait en réalité d'un ensemble de droits différenciés et donc particuliers qui doivent individuellement être démontrés légitimes : le droit de chasser, de camper, de procéder à des rituels etc. (cf. Glaskin 2003). Le *Connection Report* doit dorénavant démontrer, un par un, que l'ensemble de ces droits étaient valables jadis et qu'ils sont encore légitimes et pratiqués par les intéressés de nos jours. Toute transformation qui aurait modifié les logiques de l'organisation sociale et foncière depuis la colonisation est synonyme de perte des droits fonciers dans les termes de la législation.

Dès lors, l'anthropologie et avec elle l'anthropologue « appliqué » contribue à une course frénétique à la preuve. Généalogies, cartographies, mythologies, totémismes, organisation sociale et système de parenté, transmission des droits et obligations foncières, activités économiques etc. doivent, dans ce qui ressemble à une véritable monographie, être livrés aux groupes aborigènes qui les soumettent à leur tour au *National Native Title Tribunal* dès lors que l'anthropologue en question a accepté, souvent au gré d'une contribution financière, de fournir ce travail. Comme dans l'ALRA, les principes radcliffe-browniens sont sous-jacents à la démonstration, car ils semblent procurer une vision à la fois simple et non-polémique de l'organisation sociale autochtone (Glaskin et Dousset 2011), et ceci même si sur le terrain la réalité est souvent plus complexe (Sutton 2007).

La reconnaissance est-elle possible ?

Force est de constater que les revendications culturelles et foncières traduisent des jeux de langage qui, au travers d'un vocabulaire commun, entendent pourtant des réalités très différentes : langage de l'expert scientifique, langage juridique, langage des Aborigènes eux-mêmes. Société, culture, tradition, transmission, patrimoine, foncier, religion, croyance, parenté, généalogies, sites fonciers, droits, légitimité… font partie des concepts nécessairement définis et illustrés dans chaque négociation qui réunit Aborigènes, scientifiques, juristes et politiques, avec comme objectif la reconnaissance pour les uns, et le rejet de cette reconnaissance par les autres, des droits, pour ne pas dire de l'existence même d'une autochtonie organisée et préexistante à la colonisation. Ce ne sont pourtant pas ces concepts eux-mêmes qui sont remis en question par les adversaires, car tout le monde autour de la table convient qu'ils sont essentiels à l'identification des ayants droit et de leur légitimité. L'enjeu est en réalité de s'accorder sur et de faire concorder des contenus à ces concepts. Cette concordance ne peut cependant advenir sans concession de la part des uns ou des autres. Reconnaître la légitimité, et donc le *Native Title*, ou au contraire ne pas la reconnaître, n'est pas un processus qui articule un différend au sujet des mots-clés en tant que tels, mais qui oppose les manières par lesquelles la réalité sociologique est interprétée pour être intégrée dans cette terminologie.

De fait, les processus de reconnaissance intègrent, comme l'expliquait Ricœur (2004) en termes généraux, une double asymétrie fondée sur le terme de reconnaissance lui-même, car ne peut être re-connu que ce qui est déjà connu et semblable. Et dans ce processus de re-connaissance, il y en a un qui connaît déjà et qui tente de repérer cette connaissance, de trouver dans l'altérité ce qui lui parle déjà. Cette double asymétrie, explique Ricœur, est d'abord constituée d'une asymétrie de pouvoir : il y en a un qui reconnaît et qui dans ce processus possède un rôle décisif, et il y a l'autre qui tente d'être reconnu et dont, pour ce faire, l'action ne peut être recevable qu'en se soumettant à la seconde asymétrie : camoufler le « tout » (la complexité de la réalité sociale) sous le drapeau d'un seul élément reconnaissable (le principe de la transmission foncière). Ne peut ainsi être reconnu par celui qui a le pouvoir de reconnaître que ce qui lui ressemble, ce qui lui parle et qu'il retrouve dans son propre schéma de pensée. De fait, le modèle de la propriété foncière limitée et identifiable (les groupes claniques et locaux), transmise de génération en génération par le biais de règles identifiables et inaltérables (de père en fils en l'occurrence) fut facilement intégré dans la conception juridique, et donc occidentale, de ce que devait être la réalité autochtone, car ce modèle parle aux juges et aux politiques. Le modèle radcliffe-brownien est compréhensible par celui qui a le pouvoir de reconnaître. Tout autre modèle de propriété foncière ou d'obtention et de transmission des droits, comme celui que connaissent les nombreuses sociétés du Désert de l'Ouest (cf. Tonkinson 1991, Myers 1986, Sackett 1975, Poirier 1992, Dousset 2003), ne peut être identifié dans ce contexte et se voit caractérisé comme ayant subi des transformations trop importantes pour pouvoir être reconnu comme constituant encore une « véritable société »[11].

Conclusions

Depuis les débuts des sciences sociales en Australie à nos jours, les méthodologies, les problématiques et l'implication des chercheurs dans la vie et les revendications des Aborigènes ont fait un long chemin. L'anthropologie australienne fut, à ses

---

11. Cf. le cas Johnny Jango & Ors v Northern Territory of Australia & Ors [2006], aussi connu sous le nom de Yulara Case ; cf. Dousset et Glaskin (2007), Sutton (2006), Sansom (2007) et les autres contributions dans le volume 17[2] de la revue *Anthropological Forum* (2007).

origines, centrale dans la définition même du champ d'investigation de la discipline. On pensera à Freud (1989) [1913]) qui dans *Totem et Tabou* se basait sur du matériel australien pour illustrer le meurtre originel du père ; à Durkheim (1960 [1912]) qui pensait trouver chez les Australiens les formes élémentaires de la vie religieuse ; ou encore à Lévi-Strauss (1967 [1947]) qui définissait les structures élémentaires de la parenté à partir de données australiennes, pour ne citer que quelques personnalités et écoles parmi de nombreuses autres. Considérés, de manière erronée d'ailleurs, comme des sociétés isolées des autres et donc du « progrès », les Aborigènes furent situés à la fois hors du temps en suggérant des modèles socioculturels universels, et dans le passé en étant pensés illustrer les réalités socioculturelles des ancêtres chasseurs-cueilleurs de l'Occident.

Depuis la fin des années 1960, toutefois, les modèles intemporels construits à partir de l'ethnographie australienne s'effondrèrent progressivement grâce aux travaux de Hiatt (par exemple 1965) et de bien d'autres qui montraient, point par point, que ces modèles n'étaient guère déductibles des réalités observables. Par là même, les problématiques se déplacèrent vers l'étude des stratégies développées et des contraintes subies par les acteurs sur le terrain qui, nécessairement, impliquaient autant les Aborigènes que l'État, les organisations gouvernementales et non-gouvernementales, le politique et le juridique, le fait colonial et enfin la présence de l'anthropologue lui-même. Faire de l'anthropologie ou être un anthropologue en Australie aujourd'hui c'est fatalement penser une approche qui n'est pas obligatoirement appliquée, mais qui est nécessairement impliquée. Plus que jamais les groupes Aborigènes sont ouverts à des recherches dans lesquelles ils participent au côté du chercheur et participent à la définition en commun des objectifs. Et pourtant, plus que jamais également, les jeunes chercheurs issus des universités australiennes se détournent des problèmes et questions qui se posent dans leur propre pays.

Références

ALRC (Australian Law Reform Commission)
1986   *Recognition of Aboriginal Customary Laws*, (ALRC Report 31). Canberra : Australian Government Publishing Service. http://www.alrc.gov.au/publications/report-31

Altman, Jon
1989   *The Aboriginal Arts and Crafts Industry*. Canberra : Australian Government Publishing Service.
2011   « A genealogy of 'demand sharing': from pure anthropology to public policy ». In Y. Musharbash and M. Barber (eds), *Ethnography and the production of anthropological knowledge : essays in honour of Nicolas Peterson*, Canberra : ANU E Press, p. 187-200.

Altman, Jon and Melinda Hinkson (eds)

2010   *Culture crisis: anthropology and politics in Aboriginal Australia*. Sydney: University of
        New South Wales Press.

Anderson, Christopher and Françoise Dussart

1988   « Dreamings in acrylic: Western Desert art ». In P. Sutton (ed.), *Dreamings: the art of
        Aboriginal Australia*, Viking (Vic.): Ringwood, p. 89-142.

Attwood, Bain and Andrew Markus, (eds.)

1999   *The Struggle for Aboriginal Rights: A Documentary History*. Melbourne: Allen & Unwin.

Austin Broos, Diane

2009   *Arrernte Present, Arrernte Past: Invasion, violence and imagination in Indigenous central
        Australia*. Chicago and London: University of Chicago Press.

Balandier, Georges

1951   « La situation coloniale: approche théorique ». *Cahiers internationaux de sociologie*,
        11: 44-79.

Bazin, Jean

1996   « Interpréter ou décrire: notes critiques sur la connaissance anthropologique ». In
        J. Revel et N. Wachtel (eds), *Une école pour les sciences sociales. De la VIIᵉ section à
        l'EHESS*. Paris: Éditions du Cerf, Éditions de l'EHESS, p. 401-20.

Bellier, Irène

2009   « Usages et déclinaisons internationales de l'autochtonie dans le contexte des Nations
        Unies ». In N. Gagné, T. Martin et M. Pineau-Salaun (eds), *Autochtones: vues de France et
        de Québec*. Québec: PUL, p. 75-92.

Bosa, Bastien

2005   « L'aigle et le corbeau. Quand les Aborigènes s'invitent à la table des anthropologues ».
        Gradhiva, 2 (2): 31-47.

2009   « Comment devient-on aborigène? Trajectoire familiales dans le Sud-est de l'Australie ».
        Annales Histoire, Sciences Sociales, 6: 1335-59.

2012   *Itinéraires aborigènes. Histoire des relations raciales dans le Sud-Est australien*. Paris:
        Karthala (Recherches Internationales).

Collmann, Jeff

1988   *Fringe dwellers and welfare: the aboriginal response to bureaucracy*. St Lucia, London,
        New York: University of Queensland Press.

Côté, Michel (éd.)

2009   *Aborigènes: collections australiennes contemporaines du musée des Confluences*.
        Lyon: Fage.

Cowlishaw, Gillian

1998   « Erasing culture and race: practicing self-determination ». *Oceania*, 68 (3): 145-69.

Cuneen, Chris and Terry Libesman

1995   *Indigenous people and the law in Australia*. Sydney: Butterworths.

Dillon, Michael C. and Neil D. Westbury

2007 *Beyond humbug: transforming government engagement with indigenous Australia.* West Lakes SA : Seaview Press.

Dousset, Laurent and Katie Glaskin

2007 « Western Desert and Native Title : How models become myths ». *Anthropological Forum*, 17(2): 127-148.

2009 « Le problème avec la preuve : modèles anthropologiques et jurisprudence dans les revendications aborigènes en Australie ». *Genèses*, 74 : 74-93.

Dousset, Laurent

2003 « On the misinterpretation of the Aluridja kinship system type (Australian Western Desert) ». *Social Anthropology*, 11 (1) : 43-61.

Durkheim, Émile

1960 [1912]. *Les formes élémentaires de la vie religieuse. Le système totémique en Australie* (4ᵉ édition). Paris : PUF.

Dussart, Françoise

1992 « Création et innovation ». *Journal de la société des Océanistes*, 94 (1) : 25-34.

Elkin, Adolphus P.

1951 « Reaction and interaction : a food gathering people and European settlement in Australia ». *American Anthropologist*, 53(2): 164-86.

Evans-Pritchard, Edward E.

1950 « Social anthropology past and present (The Marett Lecture 1950) ». *Man*, 50 : 118-124.

Fabian, Johannes

2002 *Time and the other : how anthropology makes its object.* Washington : Columbia University Press.

Fache, Élodie

2013 Impérialisme écologique ou développement ? Les acteurs de la gestion des ressources naturelles à Ngukurr en Australie, Thèse de 3ᵉ cycle. Marseille: Aix-Marseille Université.

Freud, Sigmund

1989[1913]. *Totem und Tabu. Einige Übereinstimmungen im Seelenleben der Wilden und der Neurotiker.* Frankfurt am Main Fischer : Taschenbuchverlag.

Garond, Lise

2014 (à paraître) « Forty-plus Different Tribes': Displacement, Place-making and Aboriginal Tribal Names on Palm Island, Australia ». In E. Hermann, W. Kempf and T. vanMeijl (eds.), *Movement, Place Making and Multiple Identifications in Oceania.* New York, Oxford : Berghahn Books.

Glaskin, Katie and Laurent Dousset

2011 « Asymmetry of Recognition : Law, Society and Customary Land Tenure in Australia ». *Pacific Studies*, 34(2/3): 142-156.

Glaskin, Katie
2003   « Native Title and the 'bundle of rights' model : Implications for the recognition of Aboriginal relations to country », *Anthropological Forum*, 13 (1) : 67-88.

Glowczewski, Barbara
1983   « Manifestations symboliques d'une transition économique : le 'Juluru', culte intertribal du 'Cargo' ». *L'Homme*, 23(2) : 7-35.
1991   *Du rêve à la loi chez les Aborigènes : Mythes, rites et organisation sociale en Australie.* Paris : PUF.
1997   « En Australie aborigène s'écrit avec un grand 'A'. Aboriginalité politique et nouvelles singularités identitaires ». In S. Tcherkezoff et F. Douaire-Marsaudon (eds), *Le Pacifique-Sud aujourd'hui*. Paris : CNRS Éditions, p. 169-196.
2000   « Au nom du père et de la terre », *L'Homme* 154-155, *Question de Parenté* : 409-430. (Paru en anglais en 1998 : « The Meaning of 'one' in Broome, Western Australia : From Yawuru tribe to the Rubibi Corporation ». *Aboriginal History* 22 : 203-222).
2004   *Rêves en colère : Alliances aborigènes dans le Nord-Ouest australien*. Paris : Plon (Terre Humaine).
2007   « Le paradigme des Aborigènes d'Australie : fantasmes anthropologiques, creativités artistiques et résistances politiques ». In G. Le Roux et L. Strivay (eds), *La revanche des genres : Art contemporain australien/The revenge of Genres (catalogue d'exposition bilingue)*. Paris : Aïnu Editions et Diff'art Pacific, p. 85-109.

Glowczewski, Barbara et Rosita Henry (eds)
2007   *Le défi indigène. Entre spectacle et politique*. Paris : Aux Lieux d'Être.

Gluckman, Max
1940   « Analysis of a Social Situation in Modern Zululand ». *Bantu Studies*, 14 : 1-30. Traduit et présenté par Y. Tholoniat et B. de l'Estoile, 2008, Max Gluckman (1940) : « Analysis of a social situation in modern Zululand », *Genèses* 72 : 119-155.

Gumbert, Marc
1984   *Neither Justice nor Reason : A legal and Anthropological Analysis of Aboriginal Land Rights.* St Lucia : University of Queensland Press.

Hiatt, Lester R.
1965   *Kinship and conflict : a study of an Aboriginal community in Northern Arnhem Land.* Canberra : Australian National University.
1996   *Arguments about Aborigines : Australia and the evolution of social anthropology.* Cambridge : Cambridge University Press.

Hinkson, Melinda and Benjamin Smith
2005   « Introduction : conceptual moves towards an intercultural analysis ». *Oceania*, 75 (3) : 157-66.

Hunt, Janet, Smith, Diane E., Garling, Stephanie & Sanders, Will
2008   *Contested Governance : Culture, power and institutions in indigenous Australia* (CAEPR research monograph 29). Canberra : ANU.

Keen, Ian
1999   « The scientific attitude in applied anthropology ». In S. Toussaint and J. Taylor (eds),

Applied Anthropology: Australasia. Perth: The University of Western Australia Press, p. 27-59.

Kowal, Emma
2008   « The politics of the gap: Indigenous Australians, liberal multiculturalism and the end of the self-determination era ». *American Anthropologist*, 110(3): 338-348.

Lea, Tess, Emma Kowal and Gillian Cowlishaw (eds)
2006   *Moving anthropology: critical indigenous studies*. Darwin: Charles Darwin University Press.

Le Roux, Géraldine et Lucienne Strivay (eds)
2007   *La revanche des genres: Art contemporain australien/The revenge of Genres (catalogue d'exposition bilingue)*. Paris: Aïnu Editions et Diff'art Pacific.

Lévi-Strauss, Claude
1967 [1947]. *Les structures élémentaires de la parenté*. Paris: Mouton.

Levitus, Robert
2009   « Aboriginal organisations and development: The structural context ». In J. Altman and D. Martin (eds), *Power, Culture, Economy: Indigenous Australians and Mining*. Canberra: ANU ePress, p. 73-97.

Malinowski, Bronislaw
1929   « Practical anthropology ». *Africa*, 2 (1): 22-38.
1938   *Methods of study of culture contact* (Memorandum 15, International African Institute). Londres: Oxford University Press.

Mantziaris, Christos and David F. Martin
2000   *Native title corporations: a legal and anthropological analysis*. Perth WA: Federation Press in association with National Native Title Tribunal.

McCall, Daniel F.
1980   « Radcliffe-Brown vs. historical ethnology: The consequences of an anthropological dispute for the study of Africa's past ». *The International Journal of African Historical Studies*, 13(1): 95-102.

McGregor, Russell
1997   *Imagined Destinies: Aboriginal Australians and the doomed race theory, 1880-1939*. Melbourne: Melbourne University Press.

Merlan, Francesca
1998   *Caging the rainbow: places, politics and Aborigines in a north Australian town*. Honolulu: University of Hawai'i Press.
2009   « Indigeneity: Global and Local ». *Current Anthropology*, 50(3): 303-33.

Minde, Henry
2008   « The destination and the journey: Indigenous peoples and the United Nations from the 1960s through 1985 ». In H. Minde (ed.), *Self-Determination, Knowledge, Indigeneity*. Delft: Eburon, p. 49-86.

Moisseef, Marika

1995   *Un long chemin semé d'objets cultuels : le cycle initiatique aranda*. Paris : Éditions de l'EHESS.

Morphy, Frances

2010   « Population, people and place : the Fitzroy Valley population Project » (CAEPR Working Paper No. 70/2010). Canberra : Australian National University.
          http://caepr.anu.edu.au/Publications/WP/2010WP70.php

Morris, Barry

1989   *Domesticating resistance : the Dhan-Gadi Aborigines and the Australian state*. Oxford : Berg.

Morris, Barry and Andrew Lattas

2010   « The politics of suffering and the politics of anthropology ». In J. Altman and M. Hinkson (eds), *Culture crisis : anthropology and politics in Aboriginal Australia*. Sydney : University of New South Wales Press, p. 61-87.

Myers, Fred R.

1986a   « Reflections on a Meeting : Structure, language, and the polity in a small-scale society ». *American Ethnologist*, 13 (3) : 430-447.

1986b   *Pintupi country, Pintupi self : Sentiment, place and politics among Western Desert Aborigines*. Washington & Londres : Smithsonian Institution Press.

Oliver Tony, Barrett Goody, Bedford Paddy, Nocketa Rameeka, Nyadbi Lena, Patrick Peggy, Peters Rusty, Sampi Desma, Thomas Phyllis, Timms Freddy and Timmy Timms

2002   *Blood on the spinifex*. Parkville (VIC) : Ian Potter Museum of Art.

Peterson, Nicolas

1993   « Demand sharing : reciprocity and the pressure for generosity among foragers ». *American Anthropologist (N.S.)*, 95(4): 860-74.

Poirier, Syvie

1996   *Les jardins du nomade : cosmologie, territoire et personne dans le désert occidental*. Munster : Lit Verlag.

Préaud, Martin

2009   Loi et Culture en Pays aborigènes : anthropologie des réseaux autochtones du Kimberley (nord-ouest de l'Australie). Thèse de doctorat, Paris : EHESS.

2012   « Loi et droit en Australie autochtone : perspectives anthropologique et historique ». In S. Pessina-Dassonville (éd.), *Autochtonies en partage. Regards pluriels*, Paris : Karthala (Cahiers d'Anthropologie du Droit).

Radcliffe-Brown, Alfred R.

1929   « Historical and functional interpretations of culture in relation to the practical application of anthropology to the control of native peoples ». *4th Pan-Pacific Sciences Congress*, 3 : 537-8.

1956   « On Australian Local Organization ». *American Anthropologist*, 58 : 363-67.

Reilly, Alexander

2006   « A constitutional framework for Indigenous Governance ». *Sydney law Review*, 28 : 403-35.

Reining, Conrad
1962   « A lost period of applied anthropology ». *American Anthropologist*, 64 : 593-600.

Reynolds, Henry
1981   *The other side of the frontier : aboriginal resistance to the European invasion of Australia*. Sydney : University of New South Wales Press.

Ricœur, Paul
2004   *Parcours de la reconnaissance*. Paris : Gallimard.

Rowse, Tim
1992   *Remote possibilities : the aboriginal domain and the administrative imagination*. Darwin : North Australia Research Unit, ANU.

Sackett, Lee
1975   « Exogamy or endogamy : Kinship and marriage at Wiluna, Western Australia ». *Anthropological Forum*, 4(1): 44–55.

Sahlins, Marshall
1992   « The economics of develop-man in the Pacific ». *Res*, 21 : 13-25.

Salaün Marie et Natacha Gagné
2010   « De la difficulté à traiter les faits sociaux comme des « choses » : l'anthropologie et la question autochtone ». *Monde Commun*, 1(2): 68-100.

Sanders, Will
2002   « Towards an Indigenous order of Australian government : Rethinking self-determination as Indigenous affairs policy » (*CAEPR Discussion Paper* Nº 230). Canberra : ANU.

Sansom, Basil
1980   *The camp at Wallaby Cross : Aboriginal fringe dwellers in Darwin*. Canberra : AIAS.
1988   « A grammar of exchange ». In I. Keen (ed.) *Being Black : Aboriginal cultures in 'settled' Australia*. Canberra : AIATSIS, p. 159-177.
2007   « Yulara and future expert reports in native title cases ». *Anthropological Forum*, 17(1): 71-92.

SCRGSP (Steering Committee for the Review of Government Service Provision)
2011   *Overcoming Indigenous Disadvantage : Key Indicators 2011*. Canberra : Productivity Commission. http://www.pc.gov.au/gsp/indigenous/key-indicators-2011

Sullivan, Patrick
1996   *All free man now : culture, community and politics in the Kimberley region, north-western Australia*. Canberra : AIATSIS.
2010   « The Aboriginal Community Sector and the Effective Delivery of Services : Acknowledging the Role of Indigenous Sector Organisations » (*DKCRC Working Paper* 73). Alice Springs : Desert Knowledge CRC.
2011   *Belonging together : dealing with the politics nof disenchantment in Australian Indigenous policy*. Canberra : Aboriginal Studies Press.

Sutton, Peter
2001   « The politics of suffering : indigenous policy in Australia since the 1970s ». *Anthropological Forum*, 11(2): 125-171.

2006   « Norman Tindale and native title : His appearance in the Yulara case ». The 2006 Norman B. Tindale Memorial Lecture, presented at the South Australian Museum, Adelaide, 2 December.

2007   « Norms, statistics and the Jango case at Yulara ». *Anthropological Forum*, 17(2): 175-192.

2009   *The politics of suffering : Indigenous Australia and the end of the liberal consensus.* Melbourne : Melbourne University Press.

Tonkinson, Robert

1991   *The Mardu Aborigines: Living the Dream in Australia's desert* (2nd edition). Fort Worth (TX) : Holt, Rinehart & Winston.

Trigger, David

1986   « Blackfellas and whitefellas: the concepts of domain and social closure in the analysis of race relations ». *Mankind*, 16 (2) : 99-117.

Veracini, Lorenzo

2011   « Introducing settler colonial studies ». *Settler Colonial Studies*, 1: 1-12.

Weiner, James F. and Katie Glaskin

2007   « Customary Land Tenure and Registration in Papua New Guinea and Australia : Anthropological Perspectives ». In J.F. Weiner and K. Glaskin (eds), *Customary Land Tenure and Registration in Papua New Guinea and Australia : Anthropological Perspectives.* Canberra : ANU, p. 1-14.

Weir, Jessica K. (ed.)

2012   *Country, Native Title and ecology.* Canberra : ANU E-Press.

Wolfe, Patrick

1994   « Nation and MiscegeNation: Discursive continuity in the post-Mabo era ». *Anthropological Quarterly*, 36 : 93-152.

2006   « Settler colonialism and the elimination of the native ». *Journal of Genocide Research*, 8(4): 387-409.

Chapitre 17

S'approprier l'École. De quelques stratégies autochtones dans le Pacifique insulaire

Marie Salaün

Introduction [1]

Pour les communautés autochtones, dans le Pacifique comme ailleurs, l'École est d'abord le produit de la rencontre coloniale. Elle a été historiquement un lieu de ségrégation, avant de devenir l'instrument privilégié de l'assimilation au lendemain de la seconde guerre mondiale, au nom de « l'égalité » citoyenne de l'idéal démocratique occidental. La région ne déroge pas à un principe qui semble universel : partout où elles ont été marginalisées par la colonisation, mises en minorité démographiquement, économiquement, culturellement, politiquement, les populations autochtones font l'expérience de ce que Jean-Marie Tjibaou a appelé « l'école difficile » (Tjibaou et Missotte 1978 : 21), ce dont témoigne aujourd'hui encore une statistique de l'échec scolaire implacable. La région a également été le lieu de l'émergence d'un ensemble de revendications qui, dans leur versant scolaire, peuvent être solidarisées autour d'un mot d'ordre : celui de la « décolonisation de l'École ».

Littéralement, dé-coloniser reviendrait à dé-faire le système scolaire que la colonisation a mis en place. Or l'école mise en procès par ces revendications, qualifiée d'école « coloniale », semble moins l'héritière de la période coloniale *stricto sensu* que de celle qui lui succède à partir des années 1950. La dissolution de cette illusion de perspective est rendue d'autant plus importante qu'elle néglige un aspect essentiel de l'école coloniale, qui est la ségrégation scolaire, au profit de ce qui devient du coup la quintessence des écoles indigènes : le bannissement des langues et des cultures

---

1. Cet article provient de travaux présentés dans le cadre d'une Habilitation à Diriger des Recherches dont la note de synthèse a été publiée sous le titre *Décoloniser l'école ? Hawaii, Nouvelle-Calédonie. Expériences contemporaines* (Salaün, 2013). Son ancrage théorique est celui de l'anthropologie de l'éducation, champ né aux États-Unis dans les années 1950 de la confluence entre des préoccupations pédagogiques (l'échec scolaire des minorités, l'école comme institution, les conflits culturels à l'école, etc.) et les apports (notamment méthodologiques) de l'anthropologie sociale et culturelle. Pour un tour d'horizon de ce champ et de ses destins « nationaux » (en France, Allemagne, Grande-Bretagne, etc.), on se référera à Anderson-Levitt (2006).

autochtones. Elle laisse donc penser qu'il faut, et qu'il suffit, d'introduire ces langues et ces cultures autochtones, pour « décoloniser » l'école, ce qui a été effectivement le chemin pris par les pouvoirs publics depuis une vingtaine d'années, mais ne constitue, en toute hypothèse, qu'une partie seulement du problème. C'est donc bien la notion même de « souveraineté » en éducation sur laquelle il faut revenir pour commencer, en le faisant « par le bas », c'est-à-dire en scrutant les voies empruntées en pratique pour la conquérir.

Le terme de « moment » postcolonial, comme le souligne Romain Bertrand (2006), est à cet égard trompeur, car il suggère une sorte de temps *t* permettant d'identifier une rupture nette, marquée, franche, entre deux époques. En l'espèce, il n'est pas possible d'isoler des séquences complètement différentes de celles qui les précédaient directement. Il faut plutôt penser les choses en termes de continuum. Les deux cas empiriques sur lesquels ce texte s'appuie en témoignent : aussi bien en Nouvelle-Calédonie qu'à Hawai'i, on observe un décalage important entre la fin « officielle » de la période coloniale, l'émergence d'une dénonciation d'une école « coloniale » et la consécration de l'objectif « d'adaptation » du système éducatif aux réalités locales. Pour analyser cette temporalité problématique, nous proposerons de réfléchir à la structure d'opportunités qui a permis ces revendications scolaires, c'est-à-dire de réfléchir à la caractérisation des conditions qui rendent possibles leur formalisation, leur expression, et leur reconnaissance par l'État et la population majoritaire.

Cet article propose un séquençage *ad hoc* de l'histoire scolaire, et il lui faudra pour ce faire revenir sur les objectifs assignés aujourd'hui à la prise en compte des langues et cultures autochtones, objectifs qui sont dans le même temps patrimoniaux (sauvegarde linguistique et culturelle), politiques (réparation des torts de la colonisation) et pédagogiques (prévention de l'échec scolaire). En effet, à la question « pourquoi faut-il faire une place aux langues et cultures autochtones dans le système scolaire ? », il n'existe pas *une* réponse, mais une multitude de réponses. L'analyse des divers registres de la justification des réformes met en lumière ce que j'appellerai un dissensus dans le consensus, consensus qui masque en fait de grandes divergences de vues entre les acteurs du système éducatif. C'est ce dissensus qui sera présenté dans la dernière partie de ce chapitre.

Prendre au sérieux le mot d'ordre de « souveraineté, c'est aller bien au-delà de l'introduction des langues, voire de la prise en compte de l'environnement conceptuel de l'élève par l'intégration des savoirs et épistémologies autochtones. Il s'agit en fait de transformer complètement la structure et les fonctions du système éducatif. Cette redéfinition s'effectue au prisme de deux intentions étroitement liées : le rejet des formes et des normes scolaires « occidentales » et la volonté de restauration d'une culture autochtone « authentique » au service de la réalisation d'un projet de société alternatif. Mais quelle marge de manœuvre pour cette contre-idéologie scolaire ?

La notion de « souveraineté » en éducation

La souveraineté est une notion ambiguë, qui « peut être à la fois confuse et source de confusion » (Barker 2005 : 2). Depuis l'époque moderne, la souveraineté est largement comprise comme une affaire d'État, c'est-à-dire que c'est à l'État qu'est reconnu le pouvoir suprême de faire ses lois et de les mettre en pratique, impliquant *de facto* l'exclusivité de ses compétences législatives, exécutives et judiciaires. Du point de vue de l'ordre des relations internationales et du droit, ceci implique pourtant une reconnaissance mutuelle des États entre eux. Historiquement, le « recouvrement de souveraineté » que la fin de la période coloniale annonçait a été clairement assimilable à l'« accession à l'indépendance », soit à la « pleine souveraineté » en regard du droit international. Mais après les indépendances de Samoa (1962), Nauru (1968), Tonga (1970), Fidji (1970), Papouasie-Nouvelle-Guinée (1975), Tuvalu (1978), Salomon (1978), Kiribati (1979), Vanuatu (1980), Marshall (1990), Micronésie (1990), la notion a pris un sens différent, notamment sur ces terrains de décolonisation inachevée que constituent ces endroits du Pacifique où ont émergé depuis les années 1970 des revendications « autochtones », dans le sillage de la naissance de la catégorie des « peuples autochtones » dans les forums des Nations-Unies. En Australie, en Nouvelle-Zélande, à Hawai'i, en Nouvelle-Calédonie, en Polynésie française… des individus disant agir au nom de l'autochtonie réclament la possibilité d'exercer une autonomie à l'interne, en restant citoyens des États dans lesquels la colonisation les a enfermés, tout en profitant de droits supplémentaires par rapport à leurs concitoyens au motif de droits collectifs qui leur seraient reconnus au nom de leur histoire partagée de dépossession, d'exclusion et de domination, de leurs modes de vie propres et de leurs capacités en tant que sociétés autonomes avant d'être colonisés, ainsi que de leur situation actuelle comme communautés et cultures menacées (Gagné et Salaün 2010).

L'éventail des « droits » revendiqués est très large. Henriksen (2001) identifie différentes significations que peuvent revêtir les demandes autochtones qui s'articulent en termes « d'autodétermination », ou de « souveraineté » si on utilise le vocabulaire de Barker (2005) :

- contrôle sur la gouvernance locale, tribale ;
- contrôle sur le territoire « traditionnel » ou ancestral ;
- pleine participation à la vie nationale comme citoyens à part entière, ce qui peut impliquer un redressement des disparités socio-économiques ;
- représentation dans les instances de l'État et consultation dans l'élaboration des lois et programmes qui les concernent ;
- décolonisation des institutions et des services (santé, éducation, environnement…) et contrôle (total ou partiel) sur ces institutions et services ;

- reconnaissance de droits coutumiers dans certains domaines (droit foncier, droit familial, justice pénale);
- valorisation des structures et modes de vie traditionnels et liberté de préserver et promouvoir leur culture;
- mise en place de mécanisme de résolution de conflits et de réparation des préjudices;
- etc.

Dans le domaine qui nous intéresse, l'éducation formelle, la Déclaration sur les Droits des Peuples Autochtones adoptée par l'Assemblée générale des Nations-Unies en a donné en 2007 la traduction suivante:

Article 13

1. Les peuples autochtones ont le droit de revivifier, d'utiliser, de développer et de transmettre aux générations futures leur histoire, leur langue, leurs traditions orales, leur philosophie, leur système d'écriture et leur littérature, ainsi que de choisir et de conserver leurs propres noms pour les communautés, les lieux et les personnes.
2. Les États prennent des mesures efficaces pour protéger ce droit et faire en sorte que les peuples autochtones puissent comprendre et être compris dans les procédures politiques, juridiques et administratives, en fournissant, si nécessaire, des services d'interprétation ou d'autres moyens appropriés.

Article 14

1. Les peuples autochtones ont le droit d'établir et de contrôler leurs propres systèmes et établissements scolaires où l'enseignement est dispensé dans leur propre langue, d'une manière adaptée à leurs méthodes culturelles d'enseignement et d'apprentissage.
2. Les autochtones, en particulier les enfants, ont le droit d'accéder à tous les niveaux et à toutes les formes d'enseignement public, sans discrimination aucune.
3. Les États, en concertation avec les peuples autochtones, prennent des mesures efficaces pour que les autochtones, en particulier les enfants, vivant à l'extérieur de leur communauté, puissent accéder, lorsque cela est possible, à un enseignement dispensé selon leur propre culture et dans leur propre langue.

Article 15

1. Les peuples autochtones ont droit à ce que l'enseignement et les moyens d'information reflètent fidèlement la dignité et la diversité de leurs cultures, de leurs traditions, de leur histoire et de leurs aspirations.
2. Les États prennent des mesures efficaces, en consultation et en coopération avec les peuples autochtones concernés, pour combattre les préjugés et éliminer la discrimination et pour promouvoir la tolérance, la compréhension et de bonnes relations entre les peuples autochtones et toutes les autres composantes de la société.

Source: http://www.un.org/esa/socdev/unpfii/fr/drip.html

On gardera à l'esprit pour la suite de notre propos que la prise en compte des langues et cultures dans l'enseignement ne constitue qu'un aspect de ces droits. L'autre aspect, plus fondamental encore, car plus difficile à matérialiser, est celui de l'auto-détermination, qui passe par un contrôle de l'institution par les populations elles-mêmes, alors que ce contrôle est, traditionnellement dans les démocraties modernes, une prérogative étatique, quoique parfois de la responsabilité d'instances décentralisées.

La structure d'opportunités de l'émergence de revendications scolaires

Nous avons souligné en introduction le fait que la notion de « moment » postcolonial est trompeuse, car il n'est pas possible d'isoler des séquences historiques complètement différentes de celles qui les précédaient directement.

La comparaison entre la Nouvelle-Calédonie et Hawai'i est d'une grande portée heuristique. Alors que les deux contextes présentent *a priori* des différences qui rendent la comparaison difficile, on y observe la même invisibilité des changements majeurs qui interviennent à partir des années 1950, le même postulat d'une remarquable continuité entre la période coloniale et le contemporain, du moins lorsqu'on s'en tient au caractère incantatoire de « l'école coloniale » dans la rhétorique souverainiste qui émerge dans les années 1970. Pour autant, quand on regarde de près la structure d'opportunités qui autorise l'émergence de cette rhétorique, force est de constater que pour les enfants hawaïens comme pour les petits kanak, l'école des années 1970, à défaut d'être une école décolonisée, est radicalement différente de celle qui prévalait avant la seconde guerre mondiale. Il est intéressant de remarquer que trois phases se succèdent, de manière chronologiquement assez concordante, sur les deux terrains. La colonisation instaure un statut indigène avec des provisions juridiques spécifiques (identification sur le principe du *blood quantum* [proportion de sang]) à Hawai'i en 1920 (Kaunaui 2002) et régime de l'Indigénat en Nouvelle-Calédonie en 1887 (Merle 2004). Puis les années 1950 voient l'accession des autochtones à la citoyenneté et le déploiement de politiques d'assimilation visant à intégrer ces nouveaux citoyens dans la communauté nationale (Benham et Heck 1998, Salaün 2000 et 2010a). Enfin, la période contemporaine constate le déploiement de revendications autochtones d'un côté, et de logiques de réparation des torts de la colonisation et des effets, jugés destructeurs, des politiques assimilationnistes de l'autre.

Réduites à leur plus petit dénominateur commun, les deux expériences de scolarisation, hawaïenne et calédonienne, ont en commun d'avoir connu trois phases successives : la ségrégation jusqu'aux années 1950, l'assimilation jusqu'aux années 1980, l'adaptation depuis les années 1980. Ces trois termes, ségrégation, assimilation, adaptation, renvoient à la fois à la structure du système éducatif global et à ses objectifs, et croisent simultanément deux dimensions : la volonté de préserver la culture indigène et la nécessité des interactions avec les non-autochtones (Bourhis *et al.* 1997).

La ségrégation correspond à un système où les autochtones sont scolarisés dans des écoles qui leur sont réservées, où la maîtrise de la culture dominante n'est pas l'objectif principal, faute d'une place réservée aux autochtones dans le projet de société. On y observe fréquemment que l'enseignement peut par exemple se faire dans la langue maternelle. L'idéaltype de cette orientation est l'école missionnaire de la période coloniale, qui vise moins à former de bons auxiliaires de la colonisation, encore moins de bons « citoyens », qu'à former de bons chrétiens.

À Hawai'i : cette époque de ségrégation est longue puisqu'elle s'étend, sous diverses formes, de 1820, date de l'arrivée des premiers missionnaires, à l'accession de Hawai'i au statut d'État en 1959. La création en 1840 de *Common Schools* gratuites, distinctes des *Select Schools* payantes, institutionnalise ici aussi un système à deux voies : une pour les *commoners* (gens du peuple) et une pour l'aristocratie hawaïenne (*ali'i*) et les enfants de missionnaires. L'anglais est la langue enseignée dans les *Select Schools*, alors que la langue hawaïenne (précocement publiée par les missionnaires dès 1822) est la langue de l'école « du peuple » jusqu'aux années 1890, moment de son bannissement du système scolaire. L'école est obligatoire pour tous de 4 à 14 ans dès 1840. Les années 1920 consacrent une nouvelle forme d'apartheid scolaire, avec la création en 1924 d'écoles réservées aux seuls enfants des migrants blancs : les *English Standard Schools* comparables à celles existant sur le continent, recrutant des enseignants majoritairement originaires de la côte est des États-Unis, et financées par le gouvernement local. Ces écoles dont l'accès est réservé aux enfants pouvant justifier d'une certaine maîtrise (*proficiency*) de la langue anglaise, ont été créées afin de permettre aux enfants de l'aristocratie hawaïenne et de la bourgeoisie locale d'échapper à ce qui était entrevu comme l'inéluctable « pidginisation » du système scolaire en raison de la diffusion du *Hawaiian Creole English*, devenu depuis les années 1890 la langue véhiculaire entre toutes les communautés désormais présentes à Hawai'i. Comme le notent Benham et Heck, les procédures de sélection de ces écoles, qui portent officiellement sur des compétences linguistiques, séparent en fait la population scolaire selon l'origine ethnique (*race* en anglais pour Benham et Heck 1998 : 148).

En Nouvelle-Calédonie, la ségrégation correspond à la phase dite des « écoles indigènes », qui débute avec l'arrivée des premiers missionnaires dans les années 1840 et s'arrête officiellement avec la fin de l'indigénat (effectivement au début des années 1950). Le système scolaire néo-calédonien connaît un cloisonnement étanche entre d'une part les écoles indigènes (administrées par le service des Affaires indigènes jusqu'en 1919, puis par le service de l'Instruction publique) et les écoles européennes. Ce cloisonnement est « étanche » dans la mesure où il est en pratique impossible aux enfants indigènes de fréquenter les écoles européennes, qu'il leur est impossible de passer les diplômes (certificat d'études, brevets, baccalauréat, etc.) réservés aux seuls Européens, qu'ils y suivent un programme spécifique (fixé en 1885 et inchangé jusqu'à la seconde guerre mondiale) correspondant à peu près aux trois premières années de l'école primaire française de la même époque, et que leurs maîtres (dénommés

« moniteurs » pour bien marquer la différence d'avec les instituteurs) sont recrutés et formés dans un cadre différent de celui des enseignants métropolitains. La politique linguistique officielle est celle de l'imposition du français comme seule langue de scolarisation autorisée à partir de 1863, mais un gouffre sépare souvent les directives officielles de la réalité des écoles des tribus (Salaün 2005, 2010b).

L'assimilation correspond à un système où les autochtones sont scolarisés strictement dans les mêmes conditions que leurs homologues non-autochtones, au nom de l'égalité des chances et du principe de non-discrimination. Le remplacement de la culture d'origine par la culture majoritaire est l'objectif visé : l'enseignement est monolingue et se fait dans la langue de la majorité.

À Hawai'i, la déségrégation scolaire est le fait de nouvelles forces politiques et syndicales « progressistes » : la dualité *English Standard/Common schools* à l'intérieur du secteur public est remplacée progressivement par une dualité public/privé, les enfants des classes supérieures désertant massivement les écoles publiques. L'homogénéisation des conditions d'enseignement avec la disparition officielle des *English Standard schools* en 1949 (*act 227*) se traduit essentiellement par une accélération du processus d'assimilation culturelle des *Native Hawaiians* et *Part-Hawaiians. Speak American, Think American, Act American* : ce qui avait été un thème de propagande pendant la seconde guerre mondiale devient l'objectif des réformes mises en place par la nouvelle administration scolaire. L'accession au statut d'État de la fédération en 1959 renforce cette motivation : l'alignement de l'enseignement local sur celui de son homologue continental est perçu comme la garantie d'une amélioration de sa qualité. Le paradoxe de la situation de ces années 1950-1960 est que l'on est face à un État de la fédération objectivement divers de par les couches de migration successives dans l'archipel, et le plus monoculturel et monolingue pour ce qui est de son système éducatif, paradoxe souligné par Haas en ces termes : « *It may seem surprising that Hawai'i, the most culturally diverse in the United States, has problems related to monoculturalism in education, despite a preponderance of Japanese-American administrators and teachers, who often forget that they were deliberately kept out of the mainstream during the earliest years in Hawai'i* » (1992 : 17).

Le paradoxe s'explique cependant par une croyance largement partagée à l'époque dans l'archipel selon laquelle le meilleur moyen de faire preuve de loyauté et de patriotisme est de renoncer publiquement à toute affirmation de sa différence culturelle. Le propre de cette période est l'occultation quasi absolue d'une spécificité des élèves d'origine hawaïenne, communauté qui ne représente plus, il est vrai, que 10 % de la population quand on additionne les *Native Hawaiians* (1 %) et les *Part-Hawaiians* (9 %). Le différentiel des performances est statistiquement mesurable : 77 % des élèves d'origine hawaïenne se situent en deçà des performances nationales médianes au *Stanford Achievement Test* (SAT – équivalent des évaluations nationales françaises), et ils sont surtout trois fois plus en deçà de la norme nationale que leurs pairs non-hawaïens résidant à Hawai'i. Au tournant des années 1970, le système éducatif dans ses contenus d'enseignement, ses procédures d'évaluation et ses objectifs, n'est plus différent de celui du continent. Pour autant, la preuve semble être faite que ce système ne permet pas de répondre aux besoins spécifiques des enfants autochtones.

En Nouvelle-Calédonie, cette orientation assimilatrice correspond à la disparition d'un système scolaire spécifique pour les Kanak et à leur accession aux écoles jusqu'alors réservées aux seuls enfants de colons. La physionomie du système éducatif néo-calédonien évolue considérablement au cours des trente années qui suivent l'abolition de l'indigénat en 1946 : d'un système dual où sont clairement distinguées une « instruction » réservée aux enfants d'origine européenne, et une « éducation » dispensée aux enfants indigènes, on passe à une organisation qui ne reconnaît qu'une seule catégorie d'élèves, tous, en théorie, égaux devant l'école. Cet alignement (on parle officiellement de « standardisation ») révèle une volonté assimilationniste au sens propre, puisqu'il présente comme semblables deux systèmes éducatifs distants de 20 000 kilomètres. Cette politique d'uniformisation se traduit, particulièrement pour les Kanak, par une croissance exponentielle du nombre d'enfants accédant à l'enseignement secondaire : ils étaient 560 dans l'enseignement secondaire et technique en 1965, soit 20 % des élèves du Second degré du Territoire, ils sont 4 500 en 1980, soit 50 %. Pourtant, massification ne rime pas avec démocratisation du système. En 1978, l'Inspection générale parle d'une « extraordinaire distorsion [...] dans le rendement scolaire entre les différentes ethnies et spécialement entre les deux ethnies principales, à savoir l'ethnie européenne et l'ethnie mélanésienne. » (Archives Territoriales de la Nouvelle-Calédonie, versement 12W76. *Rapport de l'Inspecteur Courtoux*, 1978). La « victoire » que constitue après 1946 la possibilité légale de passer les mêmes examens que les enfants d'origine européenne semble rétrospectivement un acquis bien mince dans la mesure où du point de vue de l'élève, la scolarisation ressemble à une course d'obstacles : pour une cohorte de 1 000 Kanak entrant en CP, 12 seront présentés au baccalauréat général et 4 l'obtiendront à la veille du déclenchement des Événements en 1984.

Dernière phase en date, l'adaptation correspond à une situation postcoloniale « pluraliste » dans laquelle il faut combiner la nécessité d'une intégration dans la société dominante (*via* une intégration économique notamment) et le respect de la culture autochtone. Les systèmes scolaires font une place à la culture autochtone tout en s'assignant l'objectif de lutter contre les discriminations structurelles dont sont victimes les autochtones. Quelles sont les formes prises par cette « adaptation » aujourd'hui ?

Un dissensus dans le consensus

Si la période contemporaine constate le déploiement de revendications autochtones d'un côté, et de logiques de réparation des torts de la colonisation et des effets délétères des politiques assimilationnistes de l'autre, il faut rappeler que cela s'est réalisé, aussi bien à Hawai'i qu'en Nouvelle-Calédonie, dans le cadre de luttes qui furent d'abord politiques avant d'être proprement pédagogiques. Le modèle développé par Jonathan Friedman (voir en particulier Friedman 1994, 2009) permet de se libérer d'une vision « essentialiste » du fait autochtone, pour lui préférer une définition relationnelle en tant que configuration spécifique de rapports de pouvoir.

Il permet de « dénaturaliser » les revendications scolaires autochtones pour montrer qu'elles sont le produit d'une conjoncture spécifique, et n'émergent que dans le contexte de contradictions sociales spécifiques renvoyant à la constitution, à un moment donné, d'un champ sociétal caractérisé par la coexistence de groupes aux intérêts divergents soutenus par des référents idéologiques hétérogènes. Pour que soient entendues les revendications portées à partir de la fin des années 1960 par les mouvances souverainistes (nationalistes en Nouvelle-Calédonie, « autochtones » — au sens des Nations-Unies — à Hawai'i) soient « entendables » par les pouvoirs publics, il aura fallu que deux conditions soient remplies : d'une part que la relégation des enfants autochtones dans le système scolaire apparaisse comme un fait statistique irrécusable, d'autre part qu'une idéologie étatique reconnaissant officiellement la diversité apparaisse. En Nouvelle-Calédonie, les accords successifs (Matignon-Oudinot en 1988 puis Nouméa en 1998) rendent possible l'adaptation des contenus d'enseignement aux réalités locales et font même des langues kanak des « Langues d'enseignement et de culture » — à côté du français. À Hawai'i, la reconnaissance de la langue hawaïenne comme langue officielle — à côté de l'anglais — par la Constitution de 1978, elle-même portée par un soutien aux langues autochtones apporté par le Gouvernement fédéral (*Mother Tongue Bill* de 1990) rend également possible cette adaptation (pour le contexte, voir Kahumoku 2000).

Si l'on se place sur le registre des justifications désormais partagées, les « bonnes raisons » de prendre en compte les langues et les cultures locales ne manquent pas. On peut souhaiter le faire pour des raisons patrimoniales (sauvegarder des langues et cultures menacées), politiques (réparer les torts de la colonisation), pédagogiques (favoriser la réussite scolaire des élèves autochtones). Pour autant, lorsqu'on quitte le registre des principes affichés, du consensus officiel et de la rectitude politique, il ressort que le cumul de ces justifications évite en fait d'interroger leur congruence, et donne l'illusion d'un accord là où semblent au contraire résider de profonds désaccords. En pratique, quand on considère les difficultés de l'opérationnalisation des réformes, la question de la priorité à donner à telle ou telle des justifications reste sans réponse, ce qui engendre une indétermination quant aux moyens de réaliser la transformation des langues autochtones en langues d'enseignement.

Chacune des justifications est, en elle-même, légitime. Le problème se pose en fait quand on cherche, ce qui est le cas des réformes actuelles, à les faire tenir ensemble. Mes recherches à Hawai'i et en Nouvelle-Calédonie auprès des responsables du pilotage de la politique éducative me conduisent à affirmer que dans les faits, il n'y a pas d'accord sur la réponse à donner aux questions suivantes : faut-il enseigner les langues vernaculaires dans le (seul) but de favoriser l'acquisition de la langue dominante (langue véhiculaire — langue obligée de la continuation des études) ? Faut-il les enseigner pour passer de la diglossie au bilinguisme équilibré ? Faut-il les enseigner car si l'école n'assume pas une fonction normalement dévolue à la famille depuis les premiers temps de la colonisation, ces langues disparaîtront et avec elles, une partie du patrimoine mondial ? Faut-il les enseigner pour opérer un rapprochement entre le milieu communautaire et l'institution scolaire, gage de son ouverture désormais, et facteur de réconciliation ? Faut-il les enseigner pour marquer symboliquement le primat de la reconnaissance de l'identité autochtone et signifier ainsi le passage à une ère littéralement postcoloniale ?

On peut illustrer les divergences d'appréciation sur la priorité à donner à chaque objectif par l'exemple de la Nouvelle-Calédonie. Du côté du Gouvernement de la Nouvelle-Calédonie, on trouvait énoncées les « priorités pédagogiques » sous la forme suivante en 2004 :

> Promouvoir une pédagogie interculturelle propice à l'édification de la citoyenneté calédo-nienne fondée sur la volonté de « vivre ensemble », par un travail de réflexion et des débats d'idées avec les élèves sur les valeurs communes qui fondent notre communauté de destin. Ce travail passe par de nouveaux modes de rapprochement école/famille ainsi que par la prise en compte des langues maternelles à l'école, notamment dans l'accueil des tout-petits lorsque cela est possible et prévu dans le projet d'école. Langue du cœur et de ses racines, la langue maternelle est rassurante pour le jeune enfant qui sera invité, le plus tôt possible, à maîtriser le français, langue du partage et de la réussite scolaire des enfants de ce pays[2].

Les priorités de la Province Nord (indépendantiste) étaient alors très différentes :

> La reconnaissance et la prise en compte de la langue maternelle des enfants kanak dans le dispositif scolaire en ses différents degrés, sont des impératifs indispensables à la réussite scolaire, à l'atteinte des objectifs du développement, et à la restauration de l'identité cultu-relle kanak. (Assemblée de la Province Nord. Article 2 de la Délibération 70 de 2002, souligné par moi).

On mesure donc à quel point la hiérarchie des objectifs est différente du point de vue des institutions. Si tous s'accordent avec la proposition « d'ouvrir une nouvelle étape marquée par la pleine reconnaissance de l'identité kanak, préalable à la refondation d'un contrat social entre toutes les communautés qui vivent en Nouvelle-Calédonie », selon les termes de l'Accord de Nouméa, il est clair que certains considèrent que l'enseignement LCK doit contribuer à la « pleine reconnaissance de l'identité kanak », quand les autres sont plus préoccupés du « contrat social entre toutes les communautés qui vivent en Nouvelle-Calédonie ».

---

2. http://www.prim.edu.gouv.nc/maitre/PrioritesGouvNC.htm. Page consultée le 12 décembre 2004. Souligné par moi.

Si le malentendu fondamental qui préside aujourd'hui à la mise en œuvre de la réforme plurilingue est probablement le prix du *modus vivendi* après la fin des « événements », il contribue à obscurcir considérablement les enjeux contemporains de la place des langues et de la culture kanak à l'école [3].

Les mêmes « malentendus » se retrouvent à Hawai'i, quoique sous une forme relativement différente (Salaün 2009). C'est ainsi largement en réaction aux écoles d'immersion en langue hawaïenne (*Kula Kauiapuni*) qui sont créées en 1986 dans le prolongement des *Punana Leo* (« nids linguistiques » pour les enfants d'âge préscolaires, sur le modèle des *Kohanga Reo* māori) que sont nées les Native Hawaiian Charter Schools (*Na Lei Na'auao*).

La contestation des écoles d'immersion a d'abord porté sur les choix faits dans le travail de création lexicale rendu nécessaire par la traduction des programmes scolaires. C'est bien un procès en « authenticité » qui a été fait aux promoteurs de ces écoles. Ainsi Laiana Wong souligne l'émergence d'un clivage fondamental entre les locuteurs « natifs » (en fait, la seule petite communauté de Niihau et quelques anciens), qui sont considérés comme parlant le « vrai » hawaïen, et les autres, désormais plus nombreux, de langue maternelle anglaise, qui ont appris une langue hawaïenne « académique » dans les écoles d'immersion et à l'Université : « La revitalisation linguistique et la modernisation qu'elle implique obligatoirement, peuvent générer du ressentiment dans certains segments de la communauté vis-à-vis de ce qu'ils peuvent considérer comme une menace pour l'existence des valeurs contenues dans la version traditionnelle de la langue » (Wong 1999 : 94). Nombreux sont effectivement ceux qui ont dénoncé ce que l'on pourrait appeler un « biais » occidental, dans la mesure où les créateurs des *Kula Kaiapuni* sont eux-mêmes des locuteurs de langue maternelle anglaise, et seraient, selon leurs détracteurs, plus qu'influencés par une vision du monde anglophone dans leurs analyses de la langue. Non seulement les *Kula Kaiapuni* seraient incapables de rompre avec le système scolaire dominant, mais elles auraient aussi des effets pervers sur la communauté hawaïenne, en raison de leur élitisme qui conditionne « l'hawaïanitude » (*Hawaiianess*) d'un individu à sa maîtrise de *'Ōlelo Hawai'i* tel qu'enseigné à l'université, élitisme qui a causé beaucoup de division dans la communauté. Plus généralement, la neutralité politique dont se

---

3. On a ainsi vu se développer, après le transfert de compétences de l'enseignement primaire à la Nouvelle-Calédonie en 2000, deux dispositifs parallèles sur la Grande-Terre : un dispositif « pays » (sous la houlette du Gouvernement de la Nouvelle-Calédonie) et un dispositif « provincial » distinct en Province nord (depuis le début des années 1990). L'existence de deux dispositifs ne faisait que traduire l'ambiguïté d'un partage de compétences qui confie au Gouvernement la responsabilité de la détermination de la politique éducative dans l'enseignement primaire public, « en tant que celle-ci se traduit par l'élaboration des programmes, la formation des maîtres et le contrôle pédagogique » mais qui confie aux Provinces la compétence d'adaptation aux réalités culturelles et linguistiques locales. La question n'est pas que technique, elle est aussi éminemment politique.

réclament les fondateurs des écoles d'immersion est jugée problématique, puisqu'on a même vu certains de leurs leaders proposer la création d'une « nouvelle nation de locuteurs » (*a new nation of Hawaiian language speakers*) déconnectant, de fait, l'appartenance ethnique et l'usage de la langue : les enseignants comme les élèves peuvent être des non-autochtones, et à la limite revendiquer d'être « plus hawaïens que les Hawaïens » eux-mêmes qui, dans leur immense majorité, ne sont pas locuteurs de leur langue d'origine.[4]

C'est donc la base de l'inadéquation de la formule des écoles d'immersion, notamment de leur focalisation sur la (seule) revitalisation linguistique, qu'est né, en 2000, le réseau *Na Lei Na'auao* (*Native Hawaiian Charter School Alliance*) dont la visée politique du projet pédagogique est tout à fait explicite : « *Founders of Hawaiian charter schools strongly assert that Kanaka Maoli are an indigenous people, with attendant rights to self-determination, and we resist the notion that Hawaiians are simply a racial minority within the larger population of Hawai'i* » (Goodyear-Ka'opua 2005 : 232). Alors que les uns entendent bénéficier des droits afférents aux minorités linguistiques aux États-Unis (écoles d'immersion), les autres entendent exercer un droit à l'auto-détermination scolaire dans le cadre de la défense des droits des peuples autochtones (*Charter Schools*).

Idéologie et contre-idéologie scolaire

Pour revenir aux termes du séquençage proposé *supra*, la phase d'adaptation qui se traduit souvent par l'adoption de législations qui prescrivent la prise en compte des langues et cultures autochtones est rendue possible par la substitution d'une idéologie « pluraliste » à l'idéologie monolingue et uniformisatrice qui a longtemps caractérisé l'école, aussi bien en Nouvelle-Calédonie qu'à Hawai'i. Il ne faut pourtant pas sur-estimer la portée de cette réorientation idéologique qui voit les revendications autochtones en un sens triompher. Les législations, les prises de position officielles des acteurs du jeu politique local, voire les réformes, si on s'en tient à la lettre, sont certes des indices d'un changement majeur dans l'attitude des pouvoirs publics, mais elles ne préjugent en rien de l'effectivité d'un changement dans les représentations de ce qui doit être fait à l'école. Et ce, des deux côtés : le déni de la fonction didactique des langues autochtones reste une attitude largement répandue dans l'institution ; hors de l'institution, dans les cercles militants, le débat sur les contours d'une « autre école » reste enfermé dans un cadre qui ne diffère que marginalement de celui du type d'école qu'ils entendent dénoncer.

---

4. Les stratégies d'enracinement (on pourrait parler de stratégies d'autochtonisation) des non-hawaïens sont bien décrites dans un article de Lisa Kahaleole Hall intitulé '*Hawaiian at Heart' and Other Fictions* (Hall 2005).

Cela n'est en soi pas étonnant. Comme le remarquent Bourdieu et Passeron : « Celui qui délibère sur sa culture est déjà cultivé et les questions de celui qui croit mettre à la question les principes de son éducation ont encore son éducation pour principe. » (Bourdieu et Passeron 1970 : 52-53). Les discours sur l'école des militants autochtones, et la contre-idéologie qui les animent, sont, au final, déjà des discours d'école. Cela nous amène à la question, difficile, des rapports entre l'idéologie scolaire dominante et la contre-idéologie : dans quelle mesure la seconde constitue-t-elle une alternative à la première ?

Poussée jusqu'au bout, la logique de rupture d'avec les institutions existantes va beaucoup plus loin que la simple revendication d'aménagements du curriculum existant. Cette logique n'est plus d'actualité en Nouvelle-Calédonie, bien qu'elle l'ait été du temps des Écoles Populaires Kanak soutenues par le mouvement indépendantiste au milieu des années 1980. Elle semble désormais fortement hypothéquée par l'engagement des indépendantistes dans l'Accord de Nouméa, qui signe leur participation à la construction d'un destin commun avec les autres communautés du territoire (Salaün et Vernaudon 2009). Elle est par contre virtuellement la trame des réformes éducatives négociées aujourd'hui dans les pays dans lesquels les autochtones ont su se faire reconnaître des droits collectifs, ce qui est le cas en Nouvelle-Zélande, aux États-Unis ou en Australie.

Indépendamment des contraintes institutionnelles nationales qui balisent les réalisations concrètes, la construction d'un « front » scolaire s'appuie sur un double objectif : renforcer et perpétuer la différence d'avec la société dominante, d'une part, et soustraire la jeunesse à l'influence corruptrice et à la puissance acculturante de l'école, d'autre part. Il ne s'agit plus simplement d'introduire les langues, ni même de prendre en compte l'environnement conceptuel de l'élève. Il s'agit de transformer complètement la structure et les fonctions du système éducatif. Cette redéfinition s'effectue au prisme de deux intentions étroitement liées : le rejet des formes et des normes scolaires « occidentales » et la volonté de restauration d'une culture autochtone « authentique » car au service de la réalisation d'un projet de société alternatif — si c'est bien le sens qu'on peut donner à la recherche de la « souveraineté ».[5]

On touche ici la tentation du séparatisme, qui conduit certains militants pédagogiques à se mobiliser pour des formes de re-ségrégation des systèmes scolaires, dans lesquels les écoles autochtones fonctionneraient en marge des écoles pour les non-autochtones. L'objectif visé est de sauvegarder et de perpétuer la culture autochtone, pensée comme une sorte d'envers de la culture dominante, au prisme d'une vision qui ne peut pas s'extraire de la comparaison. Mais parce qu'elles ont tendance à enfermer le débat sur la réforme de l'école dans un cadre purement « cultu-

---

5. Ce front scolaire semble avoir trouvé avec le livre de Linda Tuhiwai Smith, *Decolonizing Méthodologies. Research and Indigenous Peoples*, publié en 1999, son manifeste.

rel », les réponses autochtones radicales apparaissent souvent comme le négatif de celles apportées par l'idéologie scolaire dominante, celle qui donne le primat aux discontinuités culturelles. Réflexions et (contre)propositions sont articulées dans le même registre — culturel et moral — mais à partir de positions sociales et scolaires dominées.

Plus problématique encore d'un point de vue théorique, ces réflexions et (contre)propositions confondent des registres différents : les valeurs culturelles, leur transmission, l'organisation sociale de la communauté et la personnalité des individus… La justification d'une éducation autochtone passe ainsi, sans transition, des qualités de l'individu « authentiquement » autochtone, à l'organisation sociale et à la forme scolaire « authentiques ». L'école, comme la société et chacun de ceux qui la composent, est « vraie », en harmonie avec la nature, au service de la collectivité dont elle répond aux besoins fondamentaux, communautaire, solidaire, basée sur l'expérience et l'oralité, libératrice, respectueuse, etc. Au terme d'un « tour de passe-passe conceptuel d'autant plus réussi qu'il est inconscient » (Kohler et Wacquant 1985 : 1670), et au prix d'un intense travail d'idéalisation de la société précoloniale, ce projet scolaire confond le patrimoine culturel et le type d'organisation sociale, et tend à présenter cette société précoloniale comme un modèle social d'avenir. Le paradoxe est que l'école « libératrice », pour reprendre la terminologie de Paulo Freire (1975) dont s'inspirent abondamment les rhétoriques éducatives autochtones, n'est en rien une école « libérée » : on pourrait affirmer qu'elle semble encore plus étroitement asservie au projet de (re)fondation sociétale que ne l'est l'école occidentale.

Le diagnostic posé par Jean-Marie Kohler et Loïc Wacquant sur le projet des Écoles Populaires Kanak (EPK) dans les années 1980 est sans appel : « L'idée d'une école régionalisée, ancrée au village et dispensant un savoir local et coutumier vers une formation ' totale ' pouvant contribuer à permettre une prise en charge, par le peuple canaque, de son avenir et de celui du pays pour la reconquête duquel il lutte, […] relève du fantasme sociologique » (*Ibid.* 1985 : 1670). Ils renvoient ainsi dos à dos les tenants de l'idéologie dominante et ceux de l'idéologie dominée : « Vice rédhibitoire, [le] fétichisme culturel [du projet des EPK] condamne le discours scolaire dominé à ne pouvoir opposer, aux contradictions du discours dominant et de la pratique qu'il justifie, que les contradictions d'une utopie scolaire et sociale. » (*Ibid.* : 1671).

Sans nécessairement adhérer à ce diagnostic, il faut reconnaître à Kohler et Wacquant le mérite d'avoir souligné à l'époque (1985 et les « Événements ») ce qui ne s'est pas démenti par la suite, à mesure que les expériences se multipliaient : l'éducation autochtone semble contrainte de s'écrire dans les formes qu'elle combat. Parce qu'il est avant tout défensif, le projet d'un enseignement spécifique pour les enfants autochtones ne peut se construire qu'en contrepoint de l'enseignement tel qu'il leur est proposé par les non-autochtones. Il y a une forte homologie structurelle entre l'idéologie et la contre-idéologie, tout simplement parce que des schèmes fondamentaux communs balisent les limites du pensable et de l'impensable en matière de réflexion sur le « scolaire », situation qui s'explique par la grande proximité intellectuelle — liée à leur propre formation « scolaire » — entre les pédagogues autochtones à l'origine des réformes et le « système ». Pourrait-il en être autrement ?

Ce serait, pour commencer, ignorer superbement la demande sociale d'éducation, notamment celle qui émane des parents, qui restent soucieux de la fonction de certification de l'École et de l'intégration économique qu'elle facilite (fortement influencés en cela par les rhétoriques étatiques et l'opinion « majoritaire », voir Gagné 2009). On touche là un angle mort du projet d'une école alternative : la question de savoir comment on fait, en pratique, pour « tenir les deux bouts », conforter l'entre-soi et préparer au monde extérieur, n'est presque jamais abordée frontalement. Quand elle l'est, c'est souvent sous la forme de gages donnés à la « modernité », souvent réduite à sa dimension purement technique, par l'usage notamment des nouvelles technologies. La nécessaire ouverture sur le monde extérieur et la préparation à l'insertion économique et sociale sont moins perçues comme des leviers que comme des obstacles à la possibilité d'une éducation autochtone.

Conclusion

L'éducation autochtone comme pratique de la résistance pose la question des savoirs communs que l'expérience scolaire doit faire acquérir.

La contre-idéologie autochtone conçoit en quelque sorte deux niveaux de culture commune. Elle présuppose une culture commune qui préexiste à la scolarisation et s'acquiert hors de l'école : la déperdition culturelle liée à l'expérience de la colonisation fait qu'il ne s'agit pas de la culture (autochtone) du « milieu de vie de l'enfant », mais plutôt la culture dominante allochtone dans laquelle il est baigné, celle des médias, des modèles de consommation, etc., à quoi se trouve assimilée (et réduite) la culture « occidentale ». Dans le cadre d'une stratégie de résistance, il n'est pas question d'encourager l'école à transmettre cette culture aliénante dont il s'agit au contraire de s'émanciper. La deuxième conception renvoie à l'existence d'une culture commune en devenir — autochtone celle-ci — qui serait une (re)construction et un produit de l'école, susceptible de devenir un ensemble commun de connaissances, de références et de manières de concevoir le monde alternatif.

Ce faisant, la contre-idéologie autochtone néglige une fonction importante de l'école, qui est de produire, des individus « programmés », c'est-à-dire dotés d'un programme « homogène de perception, de pensée et d'action » (Bourdieu 1967 : 369). L'école doit produire de la communauté de valeurs, mais il lui faut produire aussi un corps commun de catégories de pensée qui rendent possibles la communication et la « complicité » entre les individus. L'école définit ce que Bourdieu appelle des « itinéraires », c'est-à-dire des méthodes et des programmes de pensée. Or si l'on pousse la logique d'un enseignement autochtone jusqu'au bout, ces « itinéraires », s'agissant de la communication avec les non-autochtones, seront amenés à être beaucoup plus acquis hors de l'école (*via* les médias surtout), et on peut légitimement s'interroger sur le type d'habitus que les enfants autochtones contracteront et sur le type de « communication » qu'ils pourront engager avec une société non autochtone par rapport à laquelle ils sont, de fait, encore dans une situation de grande dépendance.

« Les hommes cultivés d'une époque déterminée peuvent être en désaccord sur les questions dont ils discutent, mais s'ils s'accordent au moins pour discuter de certaines questions » (Bourdieu 1967 : 370). Difficile à penser dans le cadre d'une stratégie de résistance, l'acquisition d'un langage commun, mais surtout de terrains de rencontre et terrain d'entente, problèmes communs et manières communes d'aborder ces problèmes communs, est inhérente au processus même de décolonisation. Décharger l'école de cette responsabilité n'est probablement pas sans risques pour le processus lui-même.

Bibliographie

Anderson-Levitt, Kathryn
2006   « Les divers courants en anthropologie de l'éducation ». *Éducation et sociétés*, 1 (17) : 7-27.

Barker, Joanne
2005   *Sovereignty Matters: Locations of Contestation and Possibility in Indigenous Struggles for Self-Determination*. Lincoln: University of Nebraska Press.

Benham, Maenette and Ronald Heck
1998   *Culture and educational policy in Hawaii : the silencing of native voices*. Mahwah, N.J. : L. Erlbaum Associates.

Bertrand, Romain
2006   *Les sciences sociales et le « moment colonial » : de la problématique de la domination coloniale à celle de l'hégémonie impériale*. Paris : CERI, Questions de recherche (18).

Bourdieu, Pierre
1967   « Systèmes d'enseignement et systèmes de pensée ». *Revue internationale des sciences sociales*, 19 (3) : 367-388.

Bourdieu, Pierre et Jean-Claude Passeron
1970   *La reproduction. Éléments pour une théorie du système d'enseignement*. Paris : Éditions de Minuit.

Bourhis, Richard, Céline Moïse, Stéphane Perreault et Sacha Senecal
1997   « Towards an Interactive Acculturation Model : A Social Psychological Approach ». *International Journal of Psychology*, 32 : 369-386.

Freire, Paulo
1975   *L'Éducation comme pratique de la liberté*. Paris : Cerf (3e éd.).

Friedman, Jonathan
1994   *Cultural Identity and Global Process*. London: Sage.

2009   « L'indigénéité : Remarques à propos d'une variable historique ». In N. Gagné, T. Martin
            et M. Salaün (eds.), *Autochtonies : vues de France et du Québec*. Québec, Presses
            de l'Université Laval, p. 33-57.

Gagné, Natacha
2009   « The Political Dimensions of Coexistence ». *Anthropological Theory*, 9(2): 33-58.

Gagné, Natacha et Marie Salaün
2010   *Visages de la souveraineté en Océanie*. Paris : L'Harmattan, Cahiers du Pacifique Sud
            Contemporain.

Goodyear-Ka'opua, Noelani
2005   Kū i ka māna : building community and nation through contemporary Hawaiian
            schooling. Thesis (Ph.D.). University of California, Santa Cruz.

Haas, Michael
1992   *Institutional racism : the case of Hawai'i*. Wesport: Praeger.

Hall, Lisa
2005   « 'Hawaiian at Heart' and Other Fictions ». *The Contemporary Pacific*, 17(2): 404-413.

Henriksen, John
2001   « Implementation of the Right of Self-Determination of Indigenous Peoples ». *Indigenous
            Affairs*, 3: 6-21.

Kahumoku, Walter
2000   The dynamics of cultural politics and language policy in public education: the case of
            native Hawaiians. Thesis (Ph.D.). University of Hawai'i, Manoa.

Kauanui, Kehaulani
2002   « The Politics of Blood and Sovereignty in Rice v. Cayetano ». *Political and Legal
            Anthropology Review*, 25 (1) : 110-128.

Kohler, Jean-Marie et Loïc Wacquant
1985   « La question scolaire en Nouvelle-Calédonie : idéologies et sociologie ». *Les Temps
            Modernes*, 464 : 1655-1685.

Merle, Isabelle
2004   « De la légalisation de la violence en contexte colonial. Le régime de l'indigénat en
            question ». *Politix*, 17(66) : 137-162.

Salaün, Marie
2000   Les Kanak et l'école. Socio-histoire de la scolarisation des Mélanésiens de Nouvelle-
            Calédonie (1853-1998). Thèse de doctorat de sociologie. Paris. École des Hautes Études
            en Sciences Sociales.
2005   *L'école indigène. Nouvelle-Calédonie. 1885-1945*. Rennes : Presses Universitaires de
            Rennes, collection Histoire.
2009   *Papahana Kaiapuni Hawai'i. Les écoles d'immersion à Hawaï*. Québec : Documents de
            recherche Yawenda, 2, Centre Interdisciplinaire d'Études et de Recherches Autochtones,
            Université Laval.

2010a   « À l'épreuve de l'autochtonie. Penser la décolonisation de l'école. Une comparaison France/États-Unis (Nouvelle-Calédonie/Hawaï). Note de synthèse ». Habilitation à Diriger des Recherches, Paris 8 Saint-Denis.

2010b   « Un colonialisme glottophage ? L'enseignement de la langue française dans les écoles indigènes en Nouvelle-Calédonie (1863-1945) ». *Histoire de l'éducation*, 128 : 53-77.

2013   *Décoloniser l'école ? Hawai'i, Nouvelle-Calédonie. Expériences contemporaines.* Rennes : Presses Universitaires de Rennes.

Salaün, Marie et Jacques Vernaudon

2009   « La citoyenneté comme horizon : destin commun, demande sociale et décolonisation de l'École en Nouvelle-Calédonie aujourd'hui ». *Anthropologie et Sociétés*, 33(2) : 63-80.

Smith, Linda

1999   *Decolonizing Methodologies : Research and Indigenous Peoples*. Dunedin & London : Zed Books & University of Otago Press.

Tjibaou, Jean-Marie et Philippe Missotte

1978   *Kanaké. Mélanésiens de Nouvelle-Calédonie*. Papeete : Éditions du Pacifique (2e éd.)

Wong, Laiana

1999   « Authenticity and the Revitalization of Hawaiian ». *Anthropology & Education Quarterly*, 30(1): 94-115.

Chapitre 18

Noir c'est noir : l'« Africanisation » du Pacifique en question

Éric Wittersheim

Jusqu'à la fin des années 1990, le Pacifique insulaire semblait une région épargnée par les conflits et la violence politique. Certes, un coup d'État était survenu aux îles Fidji en 1987, et la Nouvelle-Calédonie avait connu une longue période de violences politiques durant les « événements » (1984-1988) ; mais les États souverains de la région avaient presque tous acquis leur indépendance sans heurts, et si des contestations sociales d'envergure avaient notamment secoué la Polynésie française dans les années 1990, celles-ci ne font-elles pas partie de la vie de toute démocratie, océanienne ou non ?[1]

En l'espace de deux ans (1998-2000), un nouveau coup d'État à Fidji, une guerre civile aux Îles Salomon et de préoccupants troubles politiques en Papouasie Nouvelle-Guinée et au Vanuatu vont mettre à mal l'image d'un continent sans problème. Retenant habituellement peu l'attention des médias, la vie politique de cette région devient alors l'objet de commentaires quasi unanimes sur l'incapacité des sociétés océaniennes à former de véritables États. Dans la presse comme dans les revues scientifiques, notamment australiennes et françaises, des spécialistes du Pacifique tentent d'apporter des explications à cette situation nouvelle et inquiétante, que les événements du 11 septembre 2001, puis l'attentat de Bali en septembre 2002, ne feront qu'aggraver. Dans ces commentaires, on incrimine volontiers les sociétés mélanésiennes, considérées comme « plus primitives » et « moins structurées » que celles de Polynésie. Les descriptions de ce nouveau désordre régional s'appuient en outre sur des métaphores et des analogies : on commence ainsi à parler d'une « africanisation » ou d'une « balkanisation » du Pacifique, et de l'arrivée au pouvoir de « Big Men » qui chercheraient à renforcer leur « *mana* »[2]. On y explique ces conflits par des interprétations culturalistes et ethniques, en soulignant par exemple l'« atavisme guerrier » océanien ou mélanésien, plutôt qu'en faisant référence à des contextes historiques précis, et notamment à l'héritage colonial contrasté de ces différents pays.

---

1. Ce travail a été présenté à l'EHESS, au séminaire de la FRAO (Formation à la recherche dans l'aire océanienne) en avril 2011. Je remercie les participants présents ce jour-là pour leurs nombreux commentaires.

2. Voir également Tryon (2004, 2005), Angleviel (éd. 2004), Ragnault (2005), Agniel (2008), Huetz de Lemps (2008), et avant eux déjà Guiart (1997) et une réponse à ce dernier (Bensa et Wittersheim 1998a).

Cet chapitre vise à exposer et critiquer les arguments avancés par ces différents points de vue, ainsi que les critiques qui leur ont été formulées par d'autres spécialistes de la région, chercheurs et intellectuels australiens, américains ou océaniens[3]. Il reviendra précisément sur certaines des erreurs et des approximations commises à propos des partis et de la politique régionale, ainsi que sur un problème qui n'est jamais abordé dans ces travaux : la très forte centralisation administrative et économique de ces États, qui malgré des tentatives de décentralisation par la création d'institutions régionales intermédiaires, concentrent toutes les richesses, la bureaucratie et le pouvoir dans la capitale. L'article insistera donc sur le poids du legs colonial dans les conflits océaniens actuels, en opposant à ces raisonnements analogiques et racialisants une sociologie historique détaillée de l'évolution des rapports sociaux dans ces ex-colonies : structuration des rapports économiques, formes de l'État, modes de gouvernement et reconfigurations du lien social. Je pense, à la suite de J.-F. Bayart et Romain Bertrand que « le 'legs colonial', dans la 'gouvernance' contemporaine, va bien au-delà du simple enjeu de la 'mémoire' auquel il est volontiers ramené. Il structure dans leur intimité les sociétés politiques, celles du 'Nord' comme celles du 'Sud'. […] Penser le 'gouvernement du monde', c'est penser, situation par situation, le rapport complexe et contingent qu'il entretient avec ses racines impériales » (2006 : 160).

Dans un premier temps, je décrypterai l'argumentation de l'article fondateur de la théorie de « l'africanisation du Pacifique » (Reilly 2000), que je confronterai ensuite aux diverses critiques qui lui ont été formulées. Puis j'évoquerai la manière dont s'est propagé ce débat parmi les océanistes francophones depuis Doumenge (2002), avant de revenir sur la théorie majeure sur laquelle tous ces auteurs se sont appuyés : le concept d'« État faible » (« weak state », ou « failed state ») et l'idée qu'il existerait en Mélanésie un « arc d'instabilité » menaçant la paix de la région tout entière. Des théories qui justifient une véritable reprise en main par l'Australie, parfois qualifiée de « néocoloniale ». Enfin, en conclusion, je reviendrai sur les problèmes que pose l'emploi d'analogies et de métaphores en sciences sociales. Mon expertise de terrain est fondée sur deux territoires mélanésiens, la Nouvelle-Calédonie et le Vanuatu, où j'ai mené des enquêtes respectivement depuis 1991 et 1997. Mais les chercheurs que je prétends critiquer dans cet article s'étant sentis légitimement fondés à généraliser leur propos à toute la région, je me permettrai donc, moi aussi, d'évoquer des territoires que je connais moins, en m'appuyant cependant à chaque fois sur des enquêtes menées par d'autres chercheurs.

---

3. Aucune lecture critique de ces points de vue n'a jusqu'ici été publiée en français, en dehors d'une tribune signée par le Parti de libération Kanak, en réponse à Doumenge.

Africanisation du Pacifique : l'invention d'une théorie

Le terme d'« africanisation » du Pacifique demeure largement inconnu du grand public français ; tout comme, d'ailleurs, la plupart des crises politiques qui sont survenues dans cette région au cours des dernières décennies, à l'exception des « événements » de Nouvelle-Calédonie (depuis 1984-1988 jusqu'à l'accord de Nouméa en 1998[4]). En revanche, de nombreux débats ont traversé le monde académique anglo-saxon (notamment en Australie), au sujet des conflits ou des guerres civiles qui ont agité plusieurs États insulaires de cette région depuis le début des années 2000. C'est le politologue Benjamin (appelé familièrement « Ben ») Reilly, directeur du CDI (Center for Democratic Institutions) à l'Australian National University (ANU), qui en a popularisé l'usage dans un article devenu célèbre[5]. Parmi les océanistes francophones, cette expression a été popularisée, on le verra, par le géographe François Doumenge dans un article intitulé « La Mélanésie, trou noir du Pacifique » (2002).

En 2000 paraît donc le fameux article de Reilly intitulé « The Africanisation of the South Pacific » dans l'*Australian Journal of International Affairs*. Pour Ben Reilly, le Pacifique a connu, depuis l'ère des indépendances, une période de relative stabilité et de démocratie, comme en témoigne par exemple la longue stabilité politique du Vanuatu depuis son indépendance en 1980. Dans la plupart des territoires océaniens, des élections sont organisées régulièrement ; elles sont très disputées et se déroulent généralement sans heurts. Indice important de leur « bonne santé démocratique », le fait de perdre le pouvoir n'y entraîne pas de risques pour les dirigeants qui se retrouvent dans l'opposition, et tout le monde semble se satisfaire de ce respect fondamental des droits civils et politiques. Selon Reilly, le Pacifique était même alors perçu sur la scène internationale comme une « oasis de démocratie », et la seule région du monde avec l'Europe à être quasiment dépourvue de régimes autocratiques[6].

Par opposition, l'Afrique, l'Asie, le Moyen-Orient, l'ex-Union soviétique et l'Amérique latine arrivaient loin derrière[7]. Sur 93 pays devenus indépendants entre 1945 et 1979, seulement 15 étaient encore démocratiques dans les années 1945-1979, et parmi eux un tiers se situait dans le Pacifique (Stepan and Skach, 1993). Des études comparatives ont montré qu'au cours des années 1980-1990, les pays du Pacifique étaient mêmes les seuls à avoir vu leurs structures démocratiques se consolider ; ils constituaient alors une proportion majeure des « démocraties bien établies » dans le monde

---

4. Cf. Bensa et Wittersheim 1998b.

5. C'est paradoxalement à l'ANU, la grande université australienne installée à Canberra, que sont basés certains des plus virulents critiques de Reilly, notamment à la Research School of Pacific and Asian Studies (devenue depuis la School of Culture, History and Language).

6. À l'exception de deux États polynésiens : les Samoa occidentales et le royaume de Tonga.

7. Cf. Rapport de la fondation privée états-unienne « Freedom House », 1998-1999.

en développement. Cette remarque sur le Pacifique perçu comme une « oasis de démocratie » est d'autant plus intéressante qu'elle invalide certaines autres explications au nouveau désordre régional, comme celle de Doumenge pour qui « une fois levées les contraintes coloniales, les antagonismes d'antan resurgissent » : ces régimes auraient donc fonctionné paisiblement durant 20 à 30 ans après leur indépendance avant de connaître des problèmes politiques majeurs. Malheureusement, la prise en compte de la profondeur historique de ces États ne sert qu'à mieux appuyer l'idée, centrale pour Ben Reilly, qu'un retournement brusque se serait produit aux alentours de l'an 2000. Teresa Teaiwa, une chercheuse océanienne enseignant à l'Université de Victoria à Wellington, critiquera d'ailleurs le « sens historique limité » de Reilly en rappelant que plusieurs crises politiques étaient déjà survenues par le passé, notamment au cours des années 1980 : en Nouvelle-Calédonie, à Fidji, ou au Timor Leste par exemple.

Pour appuyer sa théorie d'une prétendue « africanisation » du Pacifique, Reilly avance 4 arguments principaux :

- Les rapports de plus en plus tendus entre régimes politiques civils et forces armées
- Le lien entre résurgence d'une ethnicité enracinée dans la société mélanésienne et accaparement des ressources (notamment les ressources naturelles) par le truchement de l'appareil d'État
- La faiblesse structurelle des institutions gouvernementales : premiers ministres, parlements et surtout partis politiques.
- Enfin, l'importance croissante de l'État, perçu comme moyen d'acquisition de richesses et d'accession et d'exploitation des ressources.

C'est Jon Fraenkel, un politologue australien lui aussi basé à l'ANU à Canberra, qui a sans doute le mieux synthétisé les différentes critiques que l'on peut porter au propos de Reilly, dans son article : « The Coming Anarchy in Oceania? A Critique of the 'Africanisation' of the South Pacific Thesis » [8] :

> La thèse de l'africanisation est analytiquement faible, elle n'a aucune logique interne et elle est empiriquement fausse. Certains États mélanésiens connaissent de sérieuses tensions actuellement, mais les crises politiques sont localisées, épisodiques et obéissent à des facteurs historiques bien précis, que n'expliquent guère une analogie vague et factuellement erronée avec l'Afrique. Quelques endroits seulement en Mélanésie connaissent une pauvreté et une désintégration urbaine avancées, et des guerres civiles comme en République Démocratique du Congo, ou des guerres entre États comme entre Sierra Léone et Liberia n'apparaissent en aucun cas dans la région [...] L'afro-catastrophisme ne nous aide en rien à comprendre les causes des crises récentes dans le Pacifique, et ne risque donc guère de générer des réponses politiques efficaces.

---

8. Voir aussi Chappell (2005) pour une critique détaillée. Le titre de Fraenkel reprend ironiquement une formule utilisée par R. D. Kaplan (1994), qui annonçait que notre monde allait suivre le même chemin que le Sierra Léone : « *The Coming Anarchy ; How scarcity, crime, overpopulation, tribalism and disease are rapidly destroying the social fabric of our planet* ».

Dans la deuxième partie de son article, Fraenkel épluche méthodiquement les données statistiques (PIB, alphabétisation, éducation et espérance de vie) mais n'y trouve guère la preuve des similarités socio-économiques entre les deux régions avancées par Reilly. Fraenkel reproche à Ben Reilly de justifier son propos par des comparaisons rapides, et guère fondées, de la situation sociale des États africains et océaniens : contrairement à ce que dit Reilly, les indicateurs de pauvreté, d'alphabétisation, de soins médicaux et autres ne sont pas du tout les mêmes dans le Pacifique et en Afrique. Reilly s'appuie en particulier sur le fameux « rapport sur le développement humain » publié par les Nations Unies. Ce bilan publié chaque année cherche à évaluer le « bien-être humain » d'une manière plus élaborée que le « GDP » (*gross domestic product*, ou PIB — produit intérieur brut — en français) ; il comprend des indicateurs mesurant le degré d'éducation, de santé et de qualité de vie. Tout en reconnaissant leur importance, Jon Fraenkel souligne la fragilité et l'imprécision de ces indicateurs : ainsi, mesurer le degré d'éducation en nombre d'années passées à l'école ou par le taux d'échec aux examens néglige la qualité de l'éducation effectivement fournie. Les données concernant le Pacifique seraient en outre, particulièrement faibles et sujettes à caution, comme le montre Fraenkel avec l'exemple du taux d'alphabétisation des adultes : aux Îles Salomon, il serait passé subitement de 24 % en 1992 à 76,6 % en 2000, tandis qu'au Vanuatu, ce même taux serait étrangement tombé d'un seul coup de 64 % à 34 % entre 1999 et 2000.

De même, le PPP (*purchasing power parity* ou « pouvoir d'achat comparable » en français) qui est censé nuancer la rigidité du calcul du PIB, s'avère peu adapté à des pays au sein desquels une large majorité de la population vit d'une agriculture d'autosubsistance. C'est particulièrement le cas dans plusieurs pays de Mélanésie, où l'on n'a jamais observé de problèmes alimentaires, ni *a fortiori* de famines comme c'est le cas dans un certain nombre de pays du continent africain[9]. De manière plus concrète, Fraenkel souligne aussi que la comparaison très rapide qu'établit Reilly entre les indicateurs concernant l'Afrique et le Pacifique est même démentie par le rapport sur le développement humain, aussi inadaptés que soient ses critères de classement : Samoa et Fidji figurent bien au-dessus des 48 États d'Afrique sub-saharienne et devant leurs voisins mélanésiens. Quand à ceux-ci (PNG, Vanuatu et les Îles Salomon), leur PIB et l'espérance de vie dépassent de loin ceux des pays d'Afrique sub-saharienne. En conclusion, Fraenkel évoque la particularité des conflits survenus à Fidji et aux Salomon et quelles leçons on peut tirer de la littérature sur l'Afrique. Il démonte ainsi un à un les 4 arguments centraux avancés par Reilly :

- L'amalgame entre coups d'État, mouvements sécessionnistes et insubordinations militaires, tout d'abord, sur lequel je reviendrai plus loin : Reilly met ainsi

---

9. Sur l'inadaptation des critères des indicateurs socio-économiques à propos de la Mélanésie et du Vanuatu en particulier, voir Wittersheim (2011).

sur le même plan le coup d'État fidjien, des révoltes sociales populaires au Vanuatu et en Nouvelle-Calédonie, et le problème posé aux Îles Salomon par une longue histoire de migrations vers la capitale d'un État très centralisé.

- L'idée que les identités ethniques seraient rigoureusement identiques en Afrique et dans le Pacifique. Reilly avance ainsi que les mouvements sécessionnistes s'appuient sur des critères ethniques facilement manipulables, mais sans expliquer pourquoi aux îles Salomon, où il existe près d'une centaine de langues vernaculaires, ce sont uniquement deux groupes « ethniques » qui agitent ce type de mobilisations.

- Les prédictions de la Banque mondiale annonçant que dans le monde entier, et le Pacifique en particulier, les guerres civiles seront de plus en plus causées par des conflits autour du contrôle des ressources. Pour Ben Reilly, les conflits qui agitent la Mélanésie n'ont d'ethnique ou de politique que le nom ; ils seraient en réalité motivés par l'accès et la distribution des ressources naturelles. Mais on observe cependant que des problèmes politiques ou une dictature militaire n'empêchent pas le *business* de prospérer : en témoignent ainsi l'exploitation de bois tropical précieux ou l'exploitation des mines (d'or notamment) en Papouasie Nouvelle-Guinée (PNG), ou l'ouverture récente d'une mine de bauxite à Fidji, la première de l'archipel.

- Et enfin, il revient sur le rôle des partis politiques, des systèmes électoraux et de l'État dans les deux régions (Pacifique et Afrique).

Reilly répondra à ces différentes critiques en 2002, en s'appuyant sur le rapport des Nations Unies disant que Fidji et PNG sont derrière « certains » pays africains, et s'appuie surtout sur la PNG où on retrouve le même style de corruption qu'en Afrique[10] Le politologue australien Stewart Firth (2001), qui fut l'un des tout premiers à adresser de vives critiques à l'égard de la « théorie de l'africanisation » défendue par Reilly, souligne l'importance de réfléchir au rôle, indirect mais majeur, joué par la Banque mondiale dans la restructuration et la « privatisation » de l'État et de l'économie dans les pays en développement[11]. Si elle a été menée à propos de l'Afrique (notamment au sein des groupes de réflexion du GEMDEV et du CODESRIA), une réflexion plus large sur la globalisation, la perte de souveraineté et l'interdépendance croissantes des États fait encore défaut à notre compréhension de l'État en Océanie. À titre d'exemple, le bilan globalement négatif que dresse Daniel Gay (2004) de la mise en place de la « CRP » (*Comprehensive reform program*, ou programme de réforme globale) au Vanuatu, qui a entraîné ce pays dans la spirale de la dette extérieure, devrait inviter à réfléchir aux possibles conséquences de l'imposition d'une forme de développement exogène et inadapté[12].

---

10. Sur la corruption en Afrique, cf. Blundo et de Sardan (2007) ; ou Bayart (1996).

11. Sur ce phénomène appelé aussi la « privatisation de l'État », cf. Hibou (1996).

12. Le Vanuatu a depuis intégré l'OMC (organisation mondiale du commerce), malgré une forte opposition populaire locale.

« L'africanisation du Pacifique » vue de France

Compte tenu du très faible intérêt des médias et du monde académique francophones vis-à-vis de l'actualité politique en Océanie, c'est finalement assez peu de temps après la sortie du texte de Ben Reilly qu'est paru le premier article en français reprenant cette idée d'une africanisation du Pacifique. Il est l'œuvre de François Doumenge (1926-2008) qui fut un professeur renommé de géographie humaine à l'Université de Montpellier et dirigea notamment l'ORSTOM (devenu depuis l'IRD) durant la première cohabitation en France (1987-1988). Il me semble nécessaire de lui donner ici une place conséquente étant donné le destin de cet article, qui inspirera par la suite un certain nombre d'auteurs francophones sur le sujet. Doumenge parle donc à son tour d'« africanisation » dans un article paru en 2002 dans *Tahiti-Pacifique Magazine*, mais assez curieusement, il ne cite ni l'article célèbre de Ben Reilly, ni personne d'autre d'ailleurs : son texte est pratiquement vierge de toute référence bibliographique. Voici la définition qu'il donne du concept d'« africanisation » : « terme exprimant, à l'échelle subcontinentale, l'anarchie non maîtrisable à base ethno-culturelle, induite par les décolonisations à l'instar de ce que l'Afrique noire révèle depuis 1960 ». Le texte de Doumenge s'avère dans son ensemble assez peu en rapport avec les exigences académiques, qui imposent de citer ses sources et de s'appuyer sur des données concrètes notamment :

> Une fois levées les contraintes coloniales, les antagonismes d'antan resurgissent. Les nouveaux États s'avèrent incapables de les maîtriser, quand ils ne les favorisent pas. L'ordre basé sur le droit positif est une notion étrangère aux sociétés mélanésiennes. Crimes et châtiments sont purement mercantiles, on se rachète sans passer en justice et encourir de peine. L'équilibre des violences conduit à lui seul à la résolution des conflits. [...] L'égalitarisme coutumier, traditionnellement distributeur des richesses et des hiérarchies, bloque toute tentative d'accaparement du pouvoir ou d'enrichissement personnel. C'est un frein aux structures dérivant du droit européen. Pour l'ensemble des nouveaux États mélanésiens, le pouvoir est avant tout un accès à l'argent facile sans que, d'ailleurs, il n'y ait aucune échelle de référence puisque l'économie et la gestion monétaire sont totalement étrangères aux concepts éthiques fondamentaux des insulaires océaniens.

François Doumenge évoque ensuite pêle-mêle les différents États mélanésiens, les Îles Salomon, le Vanuatu, Fidji et la Papouasie-Nouvelle-Guinée :

> Contaminé par le conflit de Bougainville et les mœurs de Port-Moresby [la capitale de la PNG toute proche], l'État salomonais est en proie à des dérives sécessionnistes permanentes, en particulier dans l'archipel de le Nouvelle-Géorgie où la dernière génération des « chasseurs de têtes » était ni plus ni moins celle des grands-parents des leaders actuels.

En quoi une région particulière des Îles Salomon, que lui-même semble considérer comme encore peuplée de sauvages, peut-elle être « contaminée » par ce qui se passe dans d'autres pays ? Peut-être est-il nécessaire ici de rappeler que Twitter et Facebook n'existaient pas à l'époque, et que l'accès à l'internet demeurait alors — et demeure toujours — très limité aux Îles Salomon. On peut encore souligner le parallèle douteux qu'établit Doumenge entre Francis Ona, leader charismatique de la contestation contre le géant minier Rio Tinto qui exploitait la mine de Bougainville (dont il avait lui-même été employé) et Harold Kéké, l'un des leaders de la GRA (*Guadalcanal Revolutionary Army*), qui devint par la suite un violent homme de main coupable de dizaines de meurtres, dont celui d'un ministre et de six missionnaires catholiques mélanésiens : tous deux sont qualifiés de « *big men* à la tête de bandes » sans autre précision, dans une analogie douteuse[13].

Au sujet du Vanuatu, Doumenge (dans une section titrée : « farces et attrapes » pour souligner l'aspect tragicomique selon lui de la politique mélanésienne) évoque la figure controversée de Barak Sope, un ancien Premier ministre, mais sans souligner l'importance qu'a représentée, en termes d'indépendance de la justice et de lutte contre la corruption, sa condamnation à trois ans de prison en 2002 ; puis il mentionne des « émeutes populaires » dangereuses sans plus de précision : il s'agit des émeutes, fin 1997, qui ont suivi le scandale du VNPF, (le *Vanuatu National provident Fund*, caisse de retraite locale), des émeutes fondées sur une exigence de justice sociale et anti-corruption (Wittersheim 2006a) ; et enfin un « durcissement de forces armées de plus en plus adeptes du coup d'État pour assurer leur solde ». L'expression « de plus en plus adeptes du coup d'État » suggérerait qu'elles en ont déjà commis plusieurs, alors que le Vanuatu n'a jamais connu de coup d'État militaire. Lorsque la VMF (Vanuatu Mobile Force) a menacé d'arrêter le Président de la république, c'était pour faire pression sur le gouvernement afin d'être payés, et non pour prendre le pouvoir ; ensuite, ce risque n'a jamais été plus loin qu'un avertissement donné aux gouvernements, et le Vanuatu connaît depuis son indépendance, il y a plus de trente ans, une démocratie qui n'a pas connu d'interruption : chaque élection y est très disputée et se déroule dans des conditions correctes, sans violences[14], et sans que des menaces pèsent sur les dirigeants qui perdent le pouvoir, ou ceux qui cherchent à l'acquérir. Le Vanuatu, comme d'autres pays de la région, connaît certes des problèmes politiques et sociaux mais ils n'ont rien à voir avec la situation du Sierra Léone : point n'est besoin de les exagérer pour en prendre la juste mesure.

À propos de Fidji, Doumenge évoque le « rôle trouble » des militaires, formés au sein de la FINUL comme casques Bleus de l'ONU. Il parle des Indiens intimidés qui quittent Fidji, ce qui fait plonger l'économie ; de la ville de Suva, devenue « un foyer de criminalité majeur », une remarque qui n'est pas corroborée par les faits ni d'autres commentateurs sur Suva, et n'explique pas pourquoi les touristes continuent

---

13. À propos des conflits et du rapport à l'État aux Îles Salomon, cf. notamment Kabutaulaka (2001) et Moore (2004).
14. Cf. mon film sur la campagne électorale de 2002 au Vanuatu : *Grassroots, Ceux Qui Votent*.

d'affluer dans cet archipel qui représente un peu, dans l'imaginaire des classes populaires et moyennes d'Australie, ce que les Baléares sont à la France. Fait remarquable, si quatre coups d'État ont agité Fidji depuis 1987 pour remettre en cause la domination indienne de l'économie (Lal et Pretes 2001, Cretton 2007), jamais cette communauté n'a souffert de persécutions physiques telles qu'on peut en voir justement en Afrique lorsque sont chassées des communautés de migrants devenues indésirables. L'analogie avec l'apartheid sud-africain que propose Doumenge est donc sujette à caution. Autre fait notable aussi, les jeunes fidjiens et indo-fidjiens, en ville du moins, se mélangent allègrement, notamment à l'USP, l'Université du Pacifique Sud à Suva.

Doumenge n'évoque absolument pas le problème majeur qui sous-tend ces troubles politiques à Fidji : la communauté indienne, « importée » par les Anglais pour les besoins de la colonisation (l'industrie de la canne à sucre en particulier), est devenue presque majoritaire sur le plan démographique, ce qui fait que les Fidjiens de souche se sentent menacés de perdre le pouvoir politique [15]. La domination économique des Indo-fidjiens n'est pas due à une quelconque « supériorité intellectuelle » comme le suggère Doumenge : elle provient en large partie du fait que les indigènes fidjiens sont régis par un « Grand conseil des chefs » et une définition de la « coutume » introduits par les Anglais au XIXe siècle, et également du fait d'une législation sur les terres qui rend très complexe pour eux le fait d'exploiter celles-ci commercialement, car elles sont terres coutumières et collectives. Cet état de fait, censé protéger la culture fidjienne (que les Anglais considéraient comme noble et admirable) des effets destructeurs de la modernité, a aujourd'hui pour conséquence de les empêcher pour partie de développer eux-mêmes leurs terres.

On retrouve un problème un peu comparable aujourd'hui en Nouvelle-Calédonie, où se posent des questions analogues et directement héritées des modalités concrètes de la colonisation dans ces archipels. La population autochtone s'y trouve mise en minorité par l'importation massive de populations exogènes (Français de métropole, Wallisiens et Futuniens principalement). Les situations calédonienne et fidjienne apparaissent ainsi comparables à l'aune des enjeux du développement économique. Le projet d'usine de nickel en Province nord, qui entraîne un rapide développement urbain autour de la commune de Koné : le statut des terres coutumières et des réserves kanak rend complexe et difficile l'installation de projets de développement sur ces terres (logements, bâtiments publics, etc.) ; en revanche les Européens qui

---

15. Suite au premier coup d'État de 1987, les autochtones Fidjiens voient leur représentation au Parlement protégée, puisqu'ils bénéficiaient de 37 sièges sur 70 ; une mesure révisée par un changement constitutionnel en 1997. Le Parlement est désormais constitué de 71 membres : 25 élus au suffrage universel ; 23 élus uniquement par les électeurs indigènes ; 19 par les électeurs indo-fidjiens ; 1 par les indigènes de l'île de Rotuma ; et enfin 3 par l'ensemble des électeurs appartenant aux autres catégories ethniques (Européens, Chinois, etc.).

possèdent des terres de droit privé (et notamment les anciens « colons ») peuvent beaucoup plus aisément profiter de l'élan économique actuel, notamment sur le plan foncier. La Nouvelle-Calédonie constituerait pourtant, selon François Doumenge, un modèle complètement différent, et même un contre-modèle de l'africanisation du Pacifique :

> Aujourd'hui, avec sa politique économique et son intégration à l'économie mondiale notamment par le biais du nickel, la Nouvelle-Calédonie n'est ni plus ni moins que le contre-modèle de l'africanisation du reste de la Mélanésie.

Nouvelle forme, selon lui, de « *Pacific Way* »[16],

> la substitution de la négociation aux violences se réalise par la promotion d'un haut niveau de vie partagé par le plus grand nombre : c'est le fondement même de la 'conciliation durable' des communautés ethno-culturelles, et à terme, de l'unification de la société par métissage généralisé des hommes et des valeurs de convivialité qui est fort avancée en Polynésie Française et qui doit être le but à atteindre en Nouvelle-Calédonie.

La vision extrêmement positive et réconciliatrice que propose ici Doumenge de la Nouvelle-Calédonie repose néanmoins sur un mythe, sinon sur un terrible mensonge :

> La colonisation française ayant été conduite selon les normes républicaines, « l'assimilation » des autochtones mélanésiens a toujours été le but assigné, même en termes lointains.

Les Kanak accéderont certes à la citoyenneté en 1946, mais aucun effort substantiel ne sera fait pour améliorer les conditions sociales et sanitaires, et surtout permettre une quelconque « assimilation » : le premier Kanak a décrocher le baccalauréat est Boniface Ounu en 1962, et on peut relire les pages que Tjibaou consacre à son éducation et son interminable parcours scolaire pour se rappeler la discrimination dont ont souffert, et souffrent toujours les Kanak au sein du système scolaire (Tjibaou 1996, Salaün 2005, 2013).

Contrairement au texte nettement plus élaboré de Ben Reilly, voire aux critiques nombreuses et argumentées qui lui ont été adressées, le texte de Doumenge a rencontré un succès certain dans le Pacifique francophone, où il a même fait de nombreux émules. Sans s'attarder ici sur ces textes qui n'apportent guère d'idées ou de révélations supplémentaires (sinon parfois des nuances bienvenues, bien qu'aucun, précisons-le, ne porte à la connaissance du public français les travaux nettement plus précis des politologues australiens), citons néanmoins le politologue Jean-Marc Regnault (2005) qui emploie une autre analogie en parlant de « balkanisation » du

---

16. La *Pacific Way* est une idéologie consensuelle qui s'est développée au cours des années 1970 et 1980 parmi les intellectuels et politiciens océaniens. Elle a joué un rôle important dans la mobilisation en faveur des indépendances à travers toute la région (Crocombe, Slatter et Tupouniua 1976).

Pacifique [17] ; le linguiste australien Darrell Tryon qui résume la guerre civile aux Îles Salomon par un lapidaire : « le pouvoir aux Big Men », ou le géographe Xavier Huetz de Lemps qui évoque : « un *atavisme guerrier* (qui) reste sous-jacent (et) resurgit dans les conflits qui sont réapparus ces dernières décennies dans les hautes terres de Nouvelle-Guinée du fait de la faiblesse de l'État ». Le juriste Guy Agniel (2008) et l'historien calédonien Frédéric Angleviel (2004) ont également développé des points de vue proches, où la Nouvelle-Calédonie et la Polynésie Française constitueraient les seuls contre-exemples positifs à l'anarchie rampante et au retour d'une violence enracinée au plus profond de la culture océanienne, et en particulier mélanésienne. En résumé, heureusement que la France est là !

Ces différents travaux n'ont guère suscité de critiques en Français. Abondamment repris par la vulgate journalistique [18], cet article de Doumenge aura au moins suscité des réactions en Nouvelle-Calédonie : la rédaction du journal *Kanak*, organe du Palika (Parti de Libération Kanak, une des composantes du FLNKS) publia ainsi un commentaire en réaction au texte de Doumenge dans un numéro ultérieur de *Tahiti-Pacifique Magazine* [19] réagissant à ce qu'il qualifie de « tissu d'inepties », de clichés et de poncifs, l'auteur y critique certains des présupposés évidents sur lesquels s'appuie Doumenge : l'idée d'un « égalitarisme coutumier » ou le développement vu comme seul horizon possible, tout comme l'opposition prétendument savante entre le bon sauvage polynésien (incarné par « la vahiné suave et accueillante ») et « l'inquiétant Mélanésien, sanguinaire et cannibale », que le géographe souhaiterait voir dépasser grâce à un « métissage généralisé », idée assez répandue parmi les universitaires français du Pacifique. Rappelons que cet argument du métissage a régulièrement servi d'argument aux anti-indépendentatistes en Nouvelle-Calédonie, et avait été avancé par Bernard Pons lorsqu'il était Ministre des DOM-TOM durant la première cohabitation (1986-1988) [20].

Sans développer ici les différentes critiques que l'on peut formuler au texte de Doumenge (notamment sur le plan méthodologique), rappelons néanmoins que, pour les observateurs des crises politiques dans le Pacifique, les « troubles » évoqués

---

17. Le terme balkanisation, employé récemment à propos de l'Espagne et du Royaume-Uni, est mobilisé en termes positifs dans certains cas, comme l'expression d'un nécessaire besoin de décentralisation.

18. Cf. Jean-Michel Demetz, « Le naufrage de la Mélanésie », *L'Express*, 31 juillet, 2003, pour qui « Le poids de la coutume, la corruption des élites attachées au maintien d'une structure féodale, les désordres ethniques et politiques empêchent le développement économique »
http://www.lexpress.fr/actualite/monde/oceanie/le-naufrage-de-la-melanesie_495677.html.

19. La rédaction de *Tahiti-Pacifique Magazine* accepta de publier ce texte du Palika, tout en prenant la défense de Doumenge, « un vrai homme de terrain, intimement familier avec les conditions réelles des États insulaires de la région, et non pas un quelconque professeur pontifiant depuis une tour d'ivoire », qui font qu'il est devenu « une véritable légende dans les milieux où il œuvre ».

20. Sur l'opposition éculée entre le cannibale et la vahiné, voir l'ouvrage de Boulay (2000) et sur la question du métissage en Nouvelle-Calédonie, Muckle et Trépied (2014).

très (trop) rapidement çà et là dans son article sont souvent, d'abord, des mouvements sociaux. Les troubles politiques de la fin des années 1990 en Papouasie Nouvelle-Guinée étaient liés à des manifestations contre la privatisation d'entreprises gouvernementales, d'où le soutien apporté à l'armée qui s'est opposée à l'emploi de mercenaires par le gouvernement (« Sandline Affair », sous le gouvernement de Bill Skate en 1997). Il en est de même pour les émeutes du VNPF au Vanuatu fin 1997-début 1998, déjà évoquées plus haut : qualifiées par Doumenge de « troubles ethniques », ces émeutes étaient motivées par un scandale politico-financier, de nombreux politiciens ayant bénéficié de prêts à des taux très avantageux, des prêts qu'ils n'avaient d'ailleurs jamais remboursés (voir Wittersheim 2006a). Doumenge n'évoque qu'assez peu, ou alors de manière positive, les territoires francophones du Pacifique. Ainsi, il ne fait guère mention de l'instabilité chronique de la politique en Polynésie française, qui a connu plus d'une dizaine de gouvernements différents depuis 2004 et dont la « stabilité » était due essentiellement à la domination autarcique de Gaston Flosse sur les institutions locales. Les grandes émeutes survenues en 1995 à Faa'a (la ville dont le leader indépendantiste, Gaston Temaru, est maire) ne sont quant à elles pas du tout évoquées dans l'article de Doumenge, pour qui le « trou noir » du Pacifique, c'est avant tout la Mélanésie.

Weak state, failed state et « arc d'instabilité » : désordre régional et reprise en main

Si j'ai volontairement renvoyé dos à dos ici les points de vue pourtant très inégalement argumentés de Doumenge et Reilly, c'est parce qu'ils reposent à mes yeux sur les mêmes fondements idéologiques et qu'ils révèlent la même volonté d'avancer, en sous-main, des « solutions » nécessaires pour dépasser le désordre : reprendre le contrôle des États indépendants et renforcer la mainmise métropolitaine sur les territoires non autonomes. Ces débats sur l'africanisation et la balkanisation du Pacifique s'inscrivent en effet dans une volonté de reprise en main par les deux grandes puissances de la région, l'Australie et la Nouvelle-Zélande. Deux « grandes puissances » à l'échelle régionale, mais dont la relative petite taille à l'échelle mondiale pose problème, dans un contexte de plus en plus grand d'interdépendance entre les États et de montée en puissance de l'Asie, et d'éloignement des États-Unis et de l'Europe. D'où aussi la question, aucunement évoquée par les différents auteurs cités plus haut, d'un projet de marché commun (« PACER PLUS » : *Pacific Agreement on Closer Economic Relations*) qui s'accommode assez bien de l'idée d'un contrôle accru et d'une inféodation politique et commerciale de ces États insulaires [21].

---

21. On assiste aussi à des débats de ce type à l'intérieur même de la fédération australienne, avec la reprise en main du Territoire du Nord par le gouvernement central depuis quelques années (communication personnelle de Martin Préaud), voir Préaud et Dousset, ce volume.

Pour ces différentes raisons, l'opposition travailliste australienne a développé, pour contrer la politique du conservateur John Howard (élu pour la première fois en 1996), l'idée que l'incurie du pays en matière de relations internationales, caractérisée par un « laisser-faire » néolibéral et un mépris puissant pour les voisins océaniens qui l'entourent[22], était en train de laisser se constituer un « arc d'instabilité » au nord et à l'Est de l'Australie. Un « arc » qui, du Vanuatu à l'Irian Jaya en passant par Timor et les Îles Salomon, risquait d'entraîner une contagion progressive de toutes les zones fragiles de la région, et faire basculer celle-ci dans le chaos. La théorie de l'« arc d'instabilité »[23] vient ainsi corroborer et en quelque sorte « localiser » les analyses en termes de *weak state* ou *failed state*, des analyses qui ne sont pas propres à l'Océanie.

Il est nécessaire ici de revenir sur la genèse de ce concept d'« État faible » ou de « *failed state* » (« État en faillite »). Alex Gourevitch (2005), un politologue de Harvard, a clairement synthétisé les différents aspects de ce nouveau paradigme. Il s'est popularisé dans le monde académique et le cercle des décideurs politiques depuis la fin de la Guerre froide, en particulier depuis le 11 septembre. Mais en tant que concept analytique, il demeure, dit Gourevitch, étonnamment vague et même « fondamentalement fallacieux ». Il associe pêle-mêle différents types de conflits politiques (la Somalie, le Liberia, Haïti, la République Démocratique du Congo, l'ex-Yougoslavie, l'Afghanistan ou l'Irak ont tour à tour été qualifiés d'États « faillis ») et tend vers des explications d'ordre tautologiques ou téléologiques[24]. Gourevitch détermine trois grands types de problèmes autour de l'emploi du concept de « *failed state* » : tout d'abord, le concept s'avère difficile à définir et demeure vague. En second lieu, il y a une confusion fréquente entre les causes et les conséquences de ce que serait un État faible ou « en faillite » ; enfin, comme on l'a déjà vu, il rassemble des situations extrêmement diverses de conflits tous censés converger vers l'anarchie et le chaos. En outre, ajoute Gourevitch, un flou théorique entoure chacun de ces points problématiques : l'absence de distinction claire entre l'État, le gouvernement ou les institutions.

> Non qu'il n'y ait, dit Gourevitch, une certaine vérité dans ce concept d'État faible. Mais si les caractéristiques de la doctrine de l'État faible ou « failli » révèlent une vérité, c'est une vérité sur la pensée occidentale et non sur les réalités politiques du tiers-monde. Les États faibles en tant que tels n'existent pas. Ils manifestent plutôt l'incapacité de l'Occident à donner un sens aux conflits dans le tiers-monde, du fait d'un désenchantement de ses propres institutions

---

22. En 1997, la découverte par un journaliste d'un rapport secret marqué « AUSTEO » (« Australian Eyes Only ») fera scandale lorsqu'on découvrira le mépris avec lequel les États et les politiciens de la région sont traités, par des termes dévalorisants et parfois racistes.

23. Pour des analyses critiques de cette théorie, cf. May (2004) et Robert Ayson (2007) « Australia's Arc of Instability », Strategic and Defence Studies Centre, Australian National University.

24. En PNG ou à Fidji, l'État connaît des problèmes, donc l'État est faible, donc ce sont des « États faibles » : une catégorie à part entière.

étatiques. Les préoccupations dictant la doctrine de l'« État faible » sont avant tout révélatrices d'une perte de confiance en l'État et en la souveraineté en Occident (Gourevitch 2005).

Il est en effet bien difficile aux Occidentaux d'imaginer des formes de souveraineté autres que westphaliennes, et c'est d'autant plus vrai à propos des sociétés océaniennes (Gagné et Salaün 2010). Un point de vue qui rejoint les réflexions de Jonathan Friedman sur le déclin hégémonique de l'Occident (1994, 2004), l'affaiblissement des structures étatiques entraînant presque mécaniquement un renforcement des identités locales. Ces théories du *weak state* et du *failed state*, en vogue dans les discours institutionnels internationaux depuis une dizaine d'années, s'accordent quant à elles tout à fait avec la perception anarchique de la région que nous livrent Reilly et Doumenge. Elles justifient que, par extension, il soit logique d'expliquer ainsi la nouvelle politique régionale australienne après le 11 septembre et l'attentat de Bali en septembre 2002, qui avait fait de nombreuses victimes australiennes :

> Voilà maintenant Canberra engagé dans diverses actions destinées à éviter la désintégration des petits pays océaniens, qui pourrait constituer une menace pour la sécurité directe de la région, en en faisant une cible idéale pour les individus ou groupes criminels ou terroristes internationaux. La brillante réélection de M. Howard, le 9 octobre 2004, a renforcé la coopération avec les États-unis de M. George W. Bush et le partage des responsabilités dans la conduite des affaires du monde (Regnault 2005).

Les liens militaires entre l'Australie et les États-Unis n'ont cependant rien de nouveau, et l'on peut même dire qu'en dehors d'une parenthèse où ils s'étaient un peu relâchés, lors de la grande période d'ouverture de l'Australie à l'Asie (années 1980-1990), elles sont une caractéristique majeure de la diplomatie australienne depuis la Seconde guerre mondiale. Des soldats d'élite australiens du « SAS » (*Special Air Service Regiment*) figurèrent ainsi parmi les toutes premières troupes qui envahirent l'Irak en 2003[25].

La théorie de l'africanisation se développe donc à un moment précis de l'histoire du Pacifique, en Australie, quelques années après la première élection du conservateur John Howard (1996) et le retour au pouvoir des Libéraux après treize années de domination travailliste. Howard, partisan d'un renforcement économique et politique de l'Australie dans la zone Asie-Pacifique, est aussi un pro-américain convaincu depuis toujours (il avait soutenu, à l'époque, la Guerre du Vietnam). Chaud partisan de la lutte contre le communisme durant la guerre froide, Howard a fait de la lutte contre le terrorisme l'un de ses chevaux de bataille. Après le 11 septembre, « *the war against terror* » devient une obsession à propos de tout conflit survenant dans la

---

25. Ce soutien presque indéfectible à la politique américaine, symbolisé par la signature du traité militaire de l'ANZUS en 1951, avait notamment conduit l'Australie à envoyer un grand nombre d'appelés au Vietnam dans les années 1970.

région : qui dit conflit civil dit désordre étatique, dit risque de reprise en main par des terroristes et donc danger pour l'Australie et le monde libre (raisonnement téléologique). Ce lien d'« évidence » entre « *failed state* » et lutte anti-terroriste n'a d'ailleurs pas échappé à l'un des meilleurs connaisseurs du conflit salomonais, Tarcisius Tara Kabutaulaka (2004).

C'est durant la législature de John Howard que sera établie la RAMSI, force australienne d'intervention aux Îles Salomon, et que des propos très durs seront tenus à l'égard des régimes indépendants (notamment le Vanuatu, autrefois très hostile à l'Australie), accusés de favoriser le blanchiment d'argent et la circulation de personnes liées au terrorisme [26]. Cette obsession du terrorisme, dans une région qui n'a jamais connu d'actes terroristes, ni au cours des luttes d'indépendance ni après celles-ci, trouve écho chez certains chercheurs préoccupés d'apparaître comme utiles au pouvoir politique des grandes puissances régionales. Taxer de terrorisme un mouvement indépendantiste comme le FLNKS en Nouvelle-Calédonie durant les « événements » ou un État dont la politique extérieure déplaît n'est cependant pas nouveau, ni propre au Pacifique.

État, gouvernement et institutions parlementaires : décrire et observer la politique

L'un des aspects les plus dommageables des théories de l'« africanisation » et la « balkanisation » du Pacifique, est qu'au lieu de proposer une nouvelle approche du politique en Océanie, fondée sur des enquêtes sociohistoriques fines et non sur des préjugés, elles imposent une explication d'ordre général à un éventail de situations très variées. Ces débats rappellent en cela ceux qui ont agité le microcosme intellectuel et politique océanien quelques années auparavant, lorsque les transformations sociales, économiques et politiques étaient systématiquement perçues à travers la grille de lecture rigide et manichéenne de l'« invention des traditions ». En faisant l'économie des contextes sociaux entourant les mouvements culturels et politiques océaniens pour se focaliser sur les symboles les plus visibles (drapeau, hymne, discours), de nombreux anthropologues ont ainsi opposé le traditionnel au moderne, l'authentique à l'inauthentique, le peuple aux élites, le rural à l'urbain ou le païen au christianisé [27]. Un discours séduisant, aux effets rhétoriques efficaces, et transposable à tous les types de contexte, cachant également en sous-main un profond mépris pour les reformulations contemporaines de la culture au sein des sociétés océaniennes, ce qui fit dire à Marshall Sahlins que :

---

26. John Howard perdit le pouvoir en 2007, après onze ans à la tête du gouvernement australien, au profit du travailliste Kevin Rudd, qui infléchit la politique à l'égard des voisins océaniens, sans la transformer radicalement cependant.
27. Cf. Wittersheim (1999 et 2006b) pour un bilan critique de ces débats.

Quand les Européens inventent leurs traditions, on appelle cela un authentique renouveau culturel, les prémisses d'un avenir en construction. Quand d'autres peuples le font, c'est un signe de décadence culturelle, une récupération factice, qui n'est qu'un simulacre du passé (Sahlins 1993 : 8).

Il est nécessaire de resituer ces discours, qui ont suscité de vives polémiques dans plusieurs pays océaniens et au sein des milieux académiques, dans la perspective plus générale du déclin de l'autorité ethnographique et plus généralement de la polarisation de plus en plus vive des affirmations identitaires et de la contestation de l'hégémonie occidentale, soulignées par Jonathan Friedman (1994, 2004). Ceci permet d'inscrire la réflexion sur la politique en Océanie dans une dynamique plus vaste et dans un temps long qui échappe souvent à l'analyse de chercheurs qui n'ont, en outre, souvent pas travaillé directement sur ces situations politiques qu'ils commentent plus en tant que « citoyens concernés » qu'en véritables spécialistes[28]. L'approche que j'ai choisie dans mes travaux sur la politique en Mélanésie, en cherchant à privilégier les pratiques et les institutions plus que les seuls symboles ou discours, me conduit à m'intéresser à l'articulation entre les institutions étatiques (découpages territoriaux, élections, définition du statut des chefs par l'administration ou les missions) et les recompositions des affiliations identitaires et politiques (émergence de revendications régionalistes, revendications « ethniques » lors des campagnes électorales). Il s'agit ainsi de pratiquer une anthropologie des institutions étatiques qui tienne à la fois compte de leur histoire spécifique et du rapport que les individus entretiennent avec elles. Une entreprise qui, dans le contexte de la recherche francophone sur le Pacifique, demeure rare.

Au contraire de l'Afrique sub-saharienne, le Pacifique Sud n'a pas connu de Georges Balandier proposant, dès le début des années 1950 et dans le sillage des anthropologues anglo-saxons de l'École de Manchester, d'étudier la ville, la situation coloniale, la formation de l'État moderne et des partis, ainsi que les transformations complexes qu'entraîne l'imbrication étroite de ces nouveaux phénomènes avec les systèmes sociaux et les croyances locales (Balandier 1955). Une recherche qui tienne compte, en somme, de la « situation coloniale ». L'anthropologie a-t-elle quelque chose à dire dans ce débat, où doit-elle laisser la place aux seuls politologues ? N'est-elle pas au contraire en mesure d'apporter, en associant enquêtes de terrain fines de longue durée et perspective nationale, des éclairages nouveaux à la compréhension de ce phénomène tout aussi nouveau qu'est la démocratie dans le Pacifique ? De récents travaux menés par des anthropologues, des socio-historiens et des politistes montrent tout l'intérêt d'aborder le legs colonial en articulant les ex-colonies à leurs anciennes métropoles, au mépris parfois des frontières disciplinaires étanches qui empêchent de restituer la complexité de la formation de l'État en situation post-coloniale[29]. C'est en proposant des réflexions sur une ethnographie fine de la politique

---

28. Comme en témoignent, par exemple, la faiblesse bibliographique et l'absence de toute ethnographie dans beaucoup de textes sur la politique contemporaine océanienne critiqués dans ce chapitre.

en Océanie que l'on pourra dépasser et invalider des analyses trop rapides et ne reposant que sur de fausses analogies avec d'autres situations qui n'ont positivement rien à voir avec le Pacifique, sinon la couleur de peau de leurs habitants. Comme l'a souligné Fraenkel, les conflits qui permettent à Reilly ou Doumenge de parler d'une « africanisation » du Pacifique sont très localisés et ne peuvent donc être qu'abusivement interprétés comme le signe d'une incapacité générale de ces sociétés à vivre dans la paix ou même à intégrer la démocratie[30].

Des enquêtes détaillées sur le rapport des Mélanésiens à la politique, par exemple, et leur familiarisation progressive à la pratique démocratique, montrent même le contraire (Van Trease 1995, Demmer 2002, Morgan 2003, 2006, Soriano 2000, Wittersheim 2006a, Trépied 2010). Quant aux problèmes d'instabilité parlementaire, il conviendrait avant tout de les penser en rapport aux types d'institutions et de gouvernementalité qui ont été mis en place au moment des indépendances, et non en relation à une supposée « mentalité tribale » dérivée de préjugés racistes et ethnocentristes. C'est d'ailleurs là un oubli important parmi les zélateurs de la théorie de l'« africanisation » (sauf peut-être chez Reilly). Les modèles de gouvernement choisis, et notamment l'adoption d'une démocratie parlementaire de type « Westminster » (Kabutaulaka 2008), sont propices à des changements de gouvernements aisés et préjudiciables à la stabilité ; on peut opposer à cela, cependant, la dérive autoritaire qu'a entraînée en Afrique sub-saharienne l'adoption d'un régime présidentiel calqué sur celui de la Ve République française[31]. De même devrait-on prendre plus systématiquement en compte, à propos du Vanuatu et de l'inévitable référence à son « instabilité parlementaire chronique », la particularité du système de vote en vigueur (le SNTV ou « Single Non Transferable Vote », cf. Van Trease 2005). De manière plus générale, et dans une perspective intégrant le temps long, il est important de rappeler qu'il n'y avait pas, dans la plupart des pays océaniens, de citoyenneté pour les populations indigènes durant la période coloniale. D'autres éléments d'ordre économique entrent en jeu, comme la question des ressources naturelles, dont l'importance varie considérablement selon les îles et les États, ainsi qu'à l'intérieur de ceux-ci.

User (et abuser) des analogies en sciences sociales

Jusqu'à une période récente, les recherches menées dans la région océanienne avaient été dominées par des problématiques anthropologiques classiques (l'échange, la

---

29. Pour ne citer que quelques travaux allant dans ce sens : un numéro spécial de *Politix* intitulé « La colonie rapatriée » (2006), ainsi que Laurens (2009) et Guyon sur la Guyane française (2011).

30. Sur la complexité et la variabilité de la « greffe de l'État » à propos de l'Afrique, voir Bayart (1994).

31. Cf. Michalon, « Pour la suppression de l'élection présidentielle en Afrique », *Le Monde diplomatique* (1998) et sur l'opposition régime présidentiel/régime parlementaire : Stepan et Skach (1993).

parenté, les figures du pouvoir traditionnel), et faisaient très peu de place à la politique contemporaine et à la question de l'État (Wittersheim 2006b). Sauf à en parler sur le mode de l'« inauthenticité » et de l'« invention de la tradition », un concept tout aussi flou et transposable que celui de « *weak state* », par exemple. Mais, malgré cette soudaine abondance de publications sur l'actualité récente, connaissons-nous mieux, pour autant, la politique contemporaine au sein de ces jeunes nations d'Océanie ? La plupart de ces analyses ne reposent pas sur une connaissance fine de ces situations, acquise par des enquêtes de terrain. C'est, on l'a vu, particulièrement le cas des études publiées en français, qui peuvent d'autant plus prendre des libertés avec la réalité du terrain que l'actualité politique des territoires et États océaniens est rarement évoquée par les médias francophones. En outre, l'usage de l'analogie et de la métaphore à des fins de comparaison, bien qu'ayant une efficacité rhétorique certaine, aide-t-il à mieux comprendre ces situations, ou bien ne fait-il que brouiller un peu plus l'écoute nécessaire des enjeux, des motivations, des raisons pour lesquelles ces désordres ont surgi ? Bien que ces théories se soient développées de manière beaucoup plus convaincante parmi les chercheurs anglo-saxons qu'en France, elles possèdent cependant toutes un arrière-fond idéologique qui repose sur le sens commun et un certain nombre de préjugés culturalistes et racialisantes, sinon implicitement racistes[32].

Ces critiques concernent toutes la Mélanésie, les « îles noires », qui ne possédaient pas de royaumes et sont divisées en multitudes de groupes ethnolinguistiques ; déjà, les premiers explorateurs — comme, plus tard, la plupart des fonctionnaires coloniaux — les considéraient comme plus primitives que les populations polynésiennes. Cependant, et cela ne figure ni chez Reilly, ni chez Doumenge ou Agniel voire Regnault, il faut souligner que c'est en Polynésie que la démocratie est la moins bien consolidée : Samoa et Tonga ne sont pas des régimes démocratiques — tant s'en faut — Tonga étant de surcroît l'une des dernières, sinon la dernière monarchie absolue au monde. Ce qui est d'autant plus surprenant que Tonga possède le plus fort ratio de docteurs par habitant, ce qui tendrait à infirmer l'idée que l'éducation, à tout le moins le développement des classes moyennes, serait un gage absolu de démocratie.

En Polynésie Française, l'instabilité politique a atteint des records inégalés dans le Pacifique, avec 13 gouvernements différents depuis 2004[33] ; on pourrait aussi parler de la récente crise politique qui a agité la Nouvelle-Calédonie en 2012, où le congrès du territoire fut incapable durant des mois de se choisir un nouveau gouvernement, comme le stipule désormais la constitution.

---

32. Voir l'article que Delphine Naudier et Éric Soriano (2010) consacrent à Colette Guillaumin, qui cherchait à identifier l'« implicite » dans le racisme et la notion de race, et qui, si elle utilisait l'analogie, le faisait pour montrer que le même type de catégorisation apparemment anodine avait servi à essentialiser la différence entre hommes et femmes ou entre les supposées « races ».
33. Cf. Bosa et Wittersheim, « Chronologie du Pacifique » et entrée « Polynésie française » dans *L'État du Monde*, 2011 et 2012.

Les théories de l'africanisation et de l'État faible, dans le contexte académique australien, s'appuient sur une argumentation fondée et chiffrée, et inscrite dans une temporalité courte. Dans le contexte français, elles sont d'autant plus aisément reprises et généralisées que le public ignore presque tout des réalités politiques contemporaines d'un continent qui demeure connu et évoqué surtout pour ses cultures indigènes traditionnelles, ses volcans, ses lagons, ou ses grands sportifs. Parler d'« africanisation du Pacifique », aussi évidente et frappante que puisse sembler cette formule forte au premier abord, ne procure aucune aide pour penser ces nouvelles situations. Cette formule m'évoque surtout la défense exercée par le philosophe Jacques Bouveresse pour venir en aide à Sokal et Bricmont qui dénonçaient l'usage vague et intempestif, par les littéraires et essayistes, de notions et théorèmes scientifiques mal digérées, où l'on voit : « L'exploitation confuse d'une analogie superficielle et trompeuse […] prendre la forme d'une entreprise théorique et systématique qui ne peut pas ne pas impressionner fortement le lecteur non informé par sa scientificité apparente ».

Conclusion : étudier la politique océanienne contemporaine

« Les sociologues du sport, disait Bourdieu, sont en quelque sorte doublement dominés, et dans l'univers des sociologues, et dans l'univers du sport ». Bourdieu expliquait cela par le fait que la sociologie du sport est dédaignée par les sociologues et méprisée par les sportifs. J'ajouterai ceci : étudier le sport, c'est s'exposer à parler d'un objet sur lequel tout le monde a un avis, et peut se permettre d'en avoir un. Étudier, en anthropologue, la politique contemporaine dans le Pacifique, c'est un peu la même chose. Je travaille dans une aire culturelle où le terrain qu'on a choisi fait de nous un spécialiste généralement reconnu et identifié par le nom même de la « tribu » ou de « l'ethnie » qu'il étudie. Mais, comme je travaillais en ville et en cherchant à ne pas me focaliser sur un groupe ethnolinguistique particulier, j'ai plus d'une fois été confronté à cette réflexion, que Port-Vila (la capitale) « ce n'est pas le vrai Vanuatu »[34]. Et lorsque je présente mes enquêtes sur la politique et les quelques conclusions que je peux en tirer, je suis régulièrement confronté à des critiques ou à des remarques fondées principalement sur le sens commun ; celui-là même qui autorise tout un chacun à laisser entendre ses opinions, surtout en période électorale, et en démocratie.

Une certaine surprise, voire un certain découragement peuvent vous saisir lorsque les longs mois passés sur le terrain à essayer de donner un sens à la participation politique des habitants d'une nation océanienne indépendante sont balayés d'un « mais ils votent tous comme le chef leur a dit ». *Quid* des entretiens menés avec des hommes politiques, députés, ministres, ou simples militants, pour comprendre leurs

---

34. Sur la cécité des anthropologues vis-à-vis du phénomène urbain en Océanie, voir Dussy et Wittersheim (2013).

trajectoires, leurs choix, leurs idées ? Peut-on purement et simplement les qualifier d'affabulations, sans rapport aucun avec la réalité des pratiques politiques locales et la logique — s'il en existe une — de ces partis et de leurs militants ? Affirmer, comme on me l'a parfois fait remarquer que « ces politiciens sont tous corrompus » n'empêche d'ailleurs pas de chercher à comprendre comment fonctionne cette supposée « corruption généralisée ». Il n'est pourtant pas acquis, en France particulièrement, qu'une approche *anthropologique* de ces réalités politiques contemporaines soit, sinon digne d'intérêt, du moins même pertinente. Et il est encore possible d'entendre des spécialistes reconnus de l'Océanie mettre en doute, sur un mode ironique, le bien-fondé et le sérieux même de recherches étudiant l'interaction entre les chefs coutumiers et la démocratie.

Bibliographie

Agniel, Guy
2008   « Démocratie et colonialisme dans le Pacifique ». *Pouvoirs*, 127 : 135-149.

Angleviel, Frédéric (éd.)
2004   *Violences océaniennes*. Paris : L'Harmattan.

Ayson, Robert
2007   « Australia's Arc of Instability ». Canberra : Strategic and Defence Studies Centre, Australian National University.

Balandier, Georges
1955   *Sociologie actuelle de l'Afrique noire*. Paris : PUF.

Bayart, Jean-François (éd.)
1994   *La Greffe de l'État*. Paris : Karthala.

Bayart, Jean-François
1996   *L'État en Afrique. La politique du ventre*. Paris : Fayard.

Bayart, Jean-François et Bertrand Romain
2006   « De quel 'legs colonial' parle-t-on ? ». *Esprit*, n° 330, déc., 134-160.

Bensa, Alban et Éric Wittersheim
1998a   « Jean Guiart and New Caledonia : a Drama of Ambiguity ». *Journal of Pacific History*, 33 (2) : 221-224.
1998b   « À la recherche d'un destin commun en Nouvelle-Calédonie ». *Le Monde Diplomatique*, Juillet : 16-17.

Blundo, Giorgio et Jean-Pierre Olivier de Sardan (eds)
2007   *État et corruption en Afrique. Une anthropologie comparative des relations entre fonctionnaires et usagers (Bénin, Niger, Sénégal)*. Paris : Karthala.

Bosa, Bastien et Éric Wittersheim
2011-2012. « Chronologie du Pacifique ». In *L'État du Monde*. Paris : Éditions La Découverte.

Boulay, Roger

2000   *Kannibals et Vahinés. Imagerie des Mers du Sud*. La Tour d'Aigues : Éditions de l'Aube.

Bouveresse, Jacques

1998   « Qu'appellent-ils 'penser' ? Quelques remarques à propos de 'l'affaire Sokal' et de ses suites » 17 juin, Université de Genève, Société romande de philosophie. http://www.larevuedesressources.org/qu-appellent-ils-penser,1482.html

Chappell, David

2005   « 'Africanization' in the Pacific: Blaming Others for Disorder in the Periphery ? ». *Comparative Studies in Society and History*, 47(2) : 286-317.

Cretton, Viviane

2007   *Négocier le conflit à Fidji : Cérémonie du pardon et enjeux du coup d'État de 2000*. Paris : L'Harmattan (« Mondes océaniens »).

Crocombe, R. G., Claire Slatter and Sione Tupouniua (eds)

1975   *The Pacific Way*. Suva: South Pacific Social Sciences Association, Institute of Pacific Studies.

Demmer, Christine

2002   « Les héritiers d'Éloi Machoro (1941-1985) : une génération nationaliste au pouvoir à Amââ et Kûöö, villages de Xârâcùù (Canala), Nouvelle-Calédonie », Thèse de doctorat, EHESS.

Denoon, Donald

1999   « Black Mischief : the Trouble with African Analogies ». *Journal of Pacific History*, 34(3) : 281-89.

Doumenge, François

2002   « La Mélanésie, trou noir du Pacifique ». *Tahiti-Pacifique Magazine*.

Dussy, Dorothée et Éric Wittersheim (eds)

2013   *Villes invisibles. Anthropologie urbaine en Océanie*. Paris : L'Harmattan.

Firth, Stewart

2001   « A Reflection on South Pacific Regional Security : a Rejoinder ». *Journal of Pacific History*, 36(3) : 277-83.

Fraenkel, Jon

2004   « The Coming Anarchy in Oceania? A Critique of the 'Africanisation' of the South Pacific Thesis », *Commonwealth & Comparative Politics*, 42(1) : 1-34.

Friedman, Jonathan

1994   *Cultural Identity and Global Process*. London : Sage.

2004   « Culture et politique de la culture. Une dynamique durkheimienne ». *Anthropologie et Sociétés*, 28(1): 23-43.

Gagné, Natacha et Marie Salaün (eds)

2010   *Visages de la souveraineté dans le Pacifique*. Paris : L'Harmattan.

Gay, Daniel

2004   « The Emperor's Tailor: an Assessment of Vanuatu's Comprehensive Reform Program ».
        Pacific Economic Bulletin, 19(3): 22.

Gourevitch, Alex

2005   « The Myth of the Failed State : Intervention and Third World Sovereignty », Paper
        presented at the annual meeting of the International Studies Association, Honolulu,
        Hawaii, March 05, http://www.allacademic.com/meta/p71075_index.html.

Guiart, Jean

1997   « A drama of ambiguity: Ouvea 1988-89 ». *Journal of Pacific History*, 32 : 85-102.

Guyon, Stéphanie

2011   « Politisation et hiérarchies coloniales : Amérindiens et Noirs-marrons à St-Paul
        (Guyane française, 1946-2000) ». *Critique Internationale*, 50: 21-37.

Hibou, Béatrice (éd.)

1999   *La Privatisation des États*. Paris : Karthala.

Huetz de Lemps, Christian

2008   « Quelques réflexions sur les sociétés insulaires du Pacifique ». *EchoGéo*, 5.
        http://echogeo.revues.org/3753.

Kabutaulaka, Tarcisius Tara

2001   « Beyond Ethnicity: The Political Economy of The Guadalcanal Crisis in Solomon
        Islands ». *State, Society and Governance in Melanesia Project*, Working Paper 01/1.

2004   « 'Failed State' and the War on Terror: Intervention in Solomon Islands ». *Asia Pacific
        Issues*, 72: 1-8.

2008   « Westminster Meets Solomons in the Honiara Riots ». In S. Dinnen and S. Firth (eds),
        Politics and State-building in Solomon Islands. Canberra : ANU Press, p. 96-118.

Kaplan, Robert D.

1994   « The Coming Anarchy ; How Scarcity, Crime, Overpopulation, Tribalism and Disease Are
        Rapidly Destroying the Social Fabric of Our Planet ». *The Atlantic Monthly*, February.

Lal, Brij V. and Michael Pretes (eds)

2001   *Coup: Reflections on the Political Crisis in Fiji: Reflection on the Political Crisis in Fiji.*
        Canberra : Pandanus Books.

Laurens, Sylvain

2009   *Une politisation feutrée. Les hauts fonctionnaires et l'immigration en France (1962-1981).*
        Belin, coll. Socio-histoire.

May, Ron (ed.)

2005   *Melanesia in the 2000's. An Arc of Instability ?* Canberra: Australian National University.

Morgan, Michael, G.

2003   « *Politik is Poison*: the Politics of Memory Among the Churches of Christ in Northern
        Vanuatu », PhD Thesis, Research School of Pacific and Asian Studies, Australian National
        University, Canberra.

2006   « The *Origins and Effects of Party Fragmentation* in Vanuatu, 1980-2004 ». In

R. Rich, L. Hambly and M. G. Morgan (eds), *Political Parties in the Asia Pacific*. Canberra : Pandanus Books : 117-143.

Moore, Clive
2004   *Happy Isles in Crisis: The Historical Causes for a Failing State in Solomon Islands, 1988-2004*. Canberra : Asia Pacific Press.

Muckle, Adrian et Benoît Trépied
(sous presse). « Les transformations de la 'question métisse' en Nouvelle-Calédonie (1853-2009) ». *Anthropologie et Sociétés*, 38(2).

Naudier, Delphine et Éric Soriano
2010   « Colette Guillaumin. La race, le sexe et les vertus de l'analogie ». *Les Cahiers du Genre*, 48 : 193-214.

Regnault, Jean-Marc
2005   « Une zone d'instabilité méconnue : le Pacifique insulaire » et « Conflits et balkanisation ». *Le Monde diplomatique*, juin.

Reilly, Ben
2000   « The Africanisation of the South Pacific ». *Australian Journal of International Affairs*, 54(3).
2002   « A Reflection on South Pacific Regional Security : a Rejoinder ». *Journal of Pacific History*, 37(3) : 323-24.
2011   « Centripetalism ». In K. Cordell and S. Wolff (eds), *Routledge Handbook of Ethnic Conflict*, Routledge, Oxon, UK and New York, USA, p. 288-299.

Sahlins, Marshall
1993   « Good Bye to 'Tristes Tropes', Ethnography in the Context of Modern World History ». *Journal of Modern History*, 65 : 1-25.

Salaün, Marie
2005   *L'École indigène. Nouvelle-Calédonie, 1885-1945*. Rennes: Presses Universitaires de Rennes.
2013   *Décoloniser l'école? Nouvelle-Calédonie, Hawai'i: expériences contemporaines*. Rennes : Presses universitaires de Rennes.

Soriano, Éric
2000   « Une trajectoire du politique en Mélanésie. Construction identitaire et formation d'un personnel politique, l'exemple kanak de Nouvelle-Calédonie (1946-1999) ». Thèse de doctorat de l'Université Montpellier I.

Stepan, Alfred and Cindy Skach
1993   « Constitutional Frameworks and Democratic Consolidation: Parliamentarianism versus Presidentialism ». *World politics*, 46(1) : 1-22.

Teaiwa, Teresia
2002   « Caribbeanization, Balkanization, Africanization, Indigenization, Et caetera: Rethinking the Pacific in Global Context ». Keynote lecture, European Society of Oceanists meeting, Vienne (Autriche), 4-6 July.

Trépied, Benoît
2010   *Une Mairie dans la France coloniale. Koné, Nouvelle-Calédonie*. Paris: Karthala (coll. « recherches internationales »).

Tryon, Darrell

2000   « Guerre civile aux îles Salomon ». *Limes* (revue française de géopolitique) 5, n° spécial :
       « L'Australie, l'Occident des antipodes » Éditions Golias : 136-139.

2004   « Violence et coutume en Mélanésie insulaire ». In F. Angleviel (éd.), *Violences océaniennes*.
       Paris : L'Harmattan, p. 47-60.

Van Trease, Howard (éd.)

1995   *Melanesian Politics. Stael Blong Vanuatu*. Christchurch: Macmillan Brown Centre for
       Pacific Studies, University of Canterbury ; and Suva: University of the South Pacific.

Van Trease, Howard

2005   « The Operation of the single non-transferable vote system in Vanuatu ». In
       Commonwealth & Comparative Politics, 43(3), Special Issue : « Political Culture,
       Representation and Electoral Systems in the Pacific Islands » : 296-332.

Wittersheim, Éric

1999   « Les chemins de l'authenticité. Les anthropologues et la renaissance mélanésienne ».
       L'Homme, 151 : 181-206.

2003   *Grassroots, ceux qui votent*, film documentaire (85 mn). Production : Films du
       Possible/EHESS (en DVD : www.philux.org 2007).

2006a *Après l'indépendance. Le Vanuatu, une démocratie dans le Pacifique*. Montreuil: Éditions
       Aux Lieux d'Être.

2006b *Des Sociétés dans l'État. Anthropologie et situations postcoloniales en Mélanésie*. Éditions
       Aux Lieux d'Être.

2011   « Paradise For Sale : the Sweet Illusions of Economic Growth in Vanuatu ». *Journal de la
       société des océanistes* : 323-332.

Les Auteurs

Tamatoa BAMBRIDGE est anthropologue an CNRS-CRIOBE. Il travaille sur les relations des sociétés insulaires polynésiennes à leur environnement foncier maritime. Ses travaux portent sur les dynamiques culturelles liées aux savoirs et aux usages traditionnels dans un contexte de pluralisme juridique et sur les services écosystémiques liés aux récifs coralliens.

Pascale BONNEMÈRE est anthropologue, directrice de recherche au CNRS, membre du Centre de Recherche et de Documentation sur l'Océanie (CREDO) et directrice de la Maison Asie-Pacifique (MAP), à Marseille. Elle mène des enquêtes de terrain chez les Ankave de Papouasie-Nouvelle-Guinée depuis 1987. Favorisant une approche monographique, elle a d'abord publié plusieurs articles sur les représentations de la procréation et de la croissance des êtres humains, l'ethnobotanique et les initiations masculines. Dans *Le pandanus rouge* (1996), elle a montré que des liens de correspondance existaient dans cette société entre parenté et genre. Ayant observé les comportements requis des mères et des sœurs des novices en ces occasions (Bonnemère, éd., *Women as Unseen Characters*, 1994), elle a proposé, dans un manuscrit à paraître, que les étapes des rituels masculins constituaient autant de transformations relationnelles nécessaires à l'accession au statut d'oncle maternel, localement très valorisé. Outre les ouvrages déjà cités et une trentaine d'articles, elle a notamment publié *Les tambours de l'oubli* (avec P. Lemonnier), 2007, et *Ce que le genre fait aux personnes* (éd. avec I. Théry), 2008.

Céline CASTETS-RENARD est professeur de droit privé à l'Université de Toulouse Capitole. Elle a passé deux années en Nouvelle-Calédonie, en délégation auprès de l'Université de Nouvelle-Calédonie, au cours desquelles elle a approfondi l'un de ces thèmes de recherche touchant à la protection juridique de la biodiversité et des ressources génétiques, ainsi que des savoirs traditionnels et expressions de la culture. Elle a également co-organisé un colloque sur « Le patrimoine naturel et culturel de la Nouvelle-Calédonie » en septembre 2012. Elle est spécialiste de droit de la propriété intellectuelle, droit du patrimoine, droit des savoirs traditionnels et protection de la biodiversité dans le Pacifique, et droit du numérique. Elle a publié plusieurs articles, ouvrages et contributions d'ouvrages dans ces domaines. Elle co-dirige le Master 2 « Droit et Informatique » à l'Université de Toulouse Capitole.

Estelle CASTRO est *postdoctoral research associate* (chargée de recherche) au sein du projet international et interdisciplinaire « Indigeneity in the Contemporary World : Performance, Politics, Belonging », financé par le Conseil Européen de la Recherche à Royal Holloway, University of London. Elle détient une thèse de doctorat réalisée en cotutelle entre La Sorbonne Nouvelle-Paris 3 et The University of

Queensland sur la littérature aborigène australienne contemporaine (2007). Elle a enseigné l'histoire et la civilisation australienne à l'Université Paris XII, ainsi que les littératures autochtones du Pacifique à King's College London.

Joachim Claudet est chargé de recherche au CNRS, basé au CRIOBE, à Perpignan. Joachim est spécialiste de l'écologie de la conservation, du fonctionnement des systèmes côtiers et du développement d'outils d'aide à la décision. Il dirige actuellement deux projets de recherche sur la résilience socio-écologique des systèmes côtiers. Joachim participe également, entre autres, à un projet européen sur l'évaluation monétaire des services écosytémiques dans les récifs coralliens. Expert en aires marines protégées pour le WWF, il est aussi impliqué dans de nombreux conseils scientifiques et est le président de celui de MedPAN. Joachim Claudet a récemment dirigé la rédaction d'un ouvrage pluridisciplinaire sur les aires marines protégées chez Cambridge University Press.

Gilbert David est directeur de recherche à l'IRD (UMR Espace pour le Développement). Il est géographe de la mer et des îles. Il a travaillé 12 ans dans le Pacifique (Vanuatu puis Nouvelle-Calédonie) entre 1983 et 1996 sur le thème du développement insulaire. Depuis, il s'est spécialisé sur la gestion intégrée des territoires insulaires et la gouvernance des littoraux récifaux, notamment dans le cadre des aires marines protégées de l'océan Indien. Durant la décennie 2000, il a coordonné le programme Valeur socio-économique des récifs de la Réunion puis le projet GERSA (Gestion Intégrée bassin-versant/littoral, du Satellite à l'acteur) du programme CRISP (Coral Reef Initiative for the South Pacific).

Brigitte Derlon, ethnologue, enseigne à l'École des Hautes Études en Sciences Sociales. Elle est directrice du laboratoire d'anthropologie sociale (UMR 7130 – Collège de France, CNRS, EHESS). Elle a réalisé ses premières enquêtes de terrain en Papouasie-Nouvelle-Guinée (Nouvelle-Irlande), où elle a notamment travaillé sur l'art rituel funéraire, avant de mener des investigations en France, en collaboration avec Monique Jeudy-Ballini, sur l'imaginaire des collectionneurs d'art. Elle est l'auteur de *De mémoire et d'oubli. Anthropologie des objets malanggan de Nouvelle-Irlande* (CNRS Éditions/Éditions de la MSH, 1997). Elle a codirigé *Les Cultures à l'œuvre* (Biro Éditeur/Éditions de la MSH, 2005) et coécrit *La Passion de l'art primitif* (Gallimard, 2008) avec M. Jeudy-Ballini.

Anne Di Piazza est archéologue CNRS depuis 1994 et membre titulaire du CREDO depuis 1998. Ses recherches portent sur l'archéologie navale et les savoirs maritimes en Océanie. Il y a 6 000 ans en effet, des marins austronésiens quittent l'Asie à bord de pirogues à voile. Au cours des millénaires, ils développent les techniques d'une navigation hauturière qui leur permettent de traverser le Pacifique.

Pour étudier ces embarcations, Anne Di Piazza analyse les sources écrites anciennes, modélise et simule des trajectoires de pirogues répliquant les routes migratoires des premiers hommes, coordonne des essais en soufflerie de maquettes de pirogues afin de décrire leurs qualités aérodynamiques.

Laurent DOUSSET est maître de conférences à l'EHESS et actuellement directeur du CREDO (Centre de Recherche et de Documentation sur l'Océanie), hébergé par Aix-Marseille Université. Il travaille depuis 1994 en Australie, tout particulièrement avec les groupes dialectaux de Désert de l'Ouest, où il s'intéresse à l'organisation sociale et territoriale, à l'histoire des premiers contacts, aux transformations sociales et aux aspects ontologiques et juridiques de la confrontation avec l'appareillage étatique. Depuis 2008 il effectue également des terrains au Vanuatu sur des questions foncières et politiques, en particulier dans le sud de l'île de Malekula. Il a publié de nombreux articles et chapitres, et rédigé ou co-édite des ouvrages, dont *Assimilating Identities* (2005, Oceania Monographs), *Mythes, Missiles et Cannibales* (2011, Société des Océanistes), *Australian Aboriginal Kinship* (2011, pacific-credo Publications) ou *The Scope of Anthropology* (avec S. Tcherkézoff, 2012, Berghahn).

Pierre FAILLER est directeur de recherche au centre de recherche CEMARE du département d'économie de l'université de Portsmouth en Angleterre. Dans le domaine de la gestion des récifs coralliens, il coordonne le programme de recherche européen CARIPES relatif à l'implémentation de paiements pour les services environnementaux dans la Caraïbe. Il contribue également, dans le cadre de l'IFRECOR, à l'évaluation socio-économique des récifs et écosystèmes associés dans les collectivités françaises d'outre-mer. Plus globalement, il a assuré la coordination de plus de 20 programmes de recherche (financés principalement par la UE-DG Recherche, FAO, UNEP, etc.) dans les domaines de la gestion des océans et des zones côtières en Afrique, Océan Indien, Asie, Europe et Caraïbe. Il est par ailleurs l'auteur et co-auteur de plus de 300 articles scientifiques, chapitres de livres, rapports de recherche, articles de vulgarisations, etc.

Elsa FAUGÈRE est anthropologue à l'Inra dans l'unité Ecodéveloppement d'Avignon (UR 767). Elle a travaillé sur les usages et la signification de l'argent et de la coutume en Nouvelle-Calédonie. En 2010, elle a dirigé, avec Isabelle Merle, historienne, un ouvrage paru chez Karthala « La Nouvelle-Calédonie vers un destin commun ? ». Elle vient de publier, chez le même éditeur, un ouvrage intitulé « Mariages et deuils en Nouvelle-Calédonie. Les économies de l'échange à Maré ». Depuis 2005, elle étudie les grandes expéditions naturalistes contemporaines et l'exercice du métier de taxonomiste-systématicien, dans le cadre d'un projet de recherche qu'elle coordonne, financé par l'ANR (2010-2013). S'inscrivant désormais dans le champ des Social Studies of Science, elle vient de diriger deux numéros thématiques, l'un avec Ingrid

Sénépart, archéologue, pour la revue Techniques et Culture, intitulé « Itinéraires de Coquillages » et l'autre, avec Isabelle Mauz, sociologue, pour la Revue d'Anthropologie des Connaissances, intitulé « Le renouveau de la taxonomie : modalités, effets et enjeux pratiques ».

François Féral est professeur de droit public à l'UFR de Sciences Juridiques et Économique de l'Université de Perpignan Via Domitia et Directeur d'Études à l'École Pratique des Hautes Études au Centre de Recherche Insulaire Observatoire de l'Environnement (CRIOBE EPHE/CNRS) et Directeur du Centre d'Études et de Recherche sur les Transformations de l'Action Publique (CERTAP UPVD EA 4216). En plus de ses publications, il a participé à de nombreux programmes de recherche dont certains sont interdisciplinaires (INCO UE, AMP en Afrique de l'Ouest, GAIUS ANR, GRAMP LITEA, MACROES ANR, POLYPECHE F, COCONET UE, BEST UE). De plus, il dirige des recherches dans le cadre de différents DEA, DESS et dans le cadre de la maîtrise de droit public, des thèses et des HDR. Il dirige des contrats de recherche et d'étude INCO et ECOS de l'Union Européenne et plusieurs contrats d'études et de recherche engagés avec IFREMER sur le thème des institutions et du droit des pêches. Il coordonne des programmes de recherche ANR GAIUS (2007/10), ANR MACROES (2010/13), LITEAU GRAMP (2009/11) et assure la direction scientifique de conventions de recherche.

Natacha Gagné est professeur agrégée au Département d'anthropologie de l'Université Laval. Elle est chercheuse associée à l'IRIS (EHESS, CNRS, Inserm et Université Paris 13). Elle s'intéresse aux questions autochtones, aux processus de décolonisation et à la citoyenneté chez les Māori de Nouvelle-Zélande et les Tahitiens de Polynésie française. Elle a dirigé, avec Thibault Martin et Marie Salaün, *Autochtonies : vues de France et du Québec* (2009, Presses de l'Université Laval) ; avec Laurent Jérôme, *Jeunesses autochtones : affirmation, innovation et résistance dans les mondes contemporains* (2009, Presses universitaires de Rennes) ; et avec Marie Salaün, *Visages de la souveraineté en Océanie* (2010, L'Harmattan). Elle est également l'auteur de *Being Māori in the City : Indigenous Everyday Life in Auckland* (2013, University of Toronto Press).

Jean-Christophe Galipaud, archéologue, chercheur à l'Institut de Recherche pour le Développement, s'est spécialisé en préhistoire océanienne. Il a mené ses recherches dans de nombreuses îles du Pacifique, où il s'est intéressé aux modalités du peuplement initial, et en particulier à la période Lapita. Il est également connu du grand public pour avoir participé aux recherches sur les rescapés du naufrage de l'expédition Lapérouse à Vanikoro. Depuis 2008, il travaille en Indonésie et à Timor sur l'émergence des sociétés austronésiennes.

Barbara GLOWCZEWSKI est anthropologue, directrice de recherche au CNRS, membre du Laboratoire d'Anthropologie sociale (Collège de France), et Adjunct Professor à James Cook University (Australie). Elle enseigne et dirige des étudiants à l'EHESS (Paris). Elle travaille avec les Aborigènes (Désert central, Kimberley, Palm island) depuis 33 ans sur les rites et les formes de créativité artistiques et sociales, notamment dans les revendications pour la justice. Auteur de nombreuses publications et productions numériques, elle a monté en 2012 le LIA (CNRS/JCU) « TransOceanik — Interactive research, mapping, and creative agency in the Pacific, the Indian Ocean and the Atlantic ». En 2013, elle a été Professeur invitée à UFSC (Brésil).

Nathalie HILMI est docteur en sciences économiques, habilitée à diriger des recherches. Elle est spécialiste en macroéconomie, en finance internationale et développement durable. En 2006, elle a travaillé à l'International University of Monaco en tant que professeur de macroéconomie et finance et chercheur au Hedge Fund Research Institute. Récemment, elle a rejoint le Centre Scientifique de Monaco et l'AIEA Environment Laboratories pour développer les liens entre les sciences de l'environnement et l'économie, afin de mieux évaluer l'ampleur socio-économique des impacts du changement climatique et de l'acidification des océans. Elle a coordonné les deux workshops sur l'économie de l'acidification des océans qui se sont tenus à Monaco en 2010 et 2012. Dans le cadre du GDRI-CNRS sur la biodiversité des récifs coralliens, elle co-coordonne l'axe 5 « sciences humaines et sociales ».

Monique JEUDY-BALLINI est chercheur au CNRS et membre du Laboratoire d'anthropologie sociale. Initialement spécialisée dans l'ethnologie des sociétés océaniennes, elle a effectué plusieurs séjours en Papouasie Nouvelle-Guinée, chez les Sulka de Nouvelle-Bretagne. En France, elle s'est intéressée à l'ethnologie d'entreprise après avoir effectué une étude de terrain dans l'industrie française du luxe. Elle a mené ensuite des enquêtes dans le milieu parisien des collectionneurs d'art primitif. Ses recherches actuelles portent sur l'anthropologie de l'art dans le contexte occidental contemporain. Ses principales publications sont *L'Art des échanges. Penser le lien social chez les Sulka* (2004) et, en co-direction, *People and Things. Social Mediations in Oceania* (2002), *Les Cultures à l'œuvre. Rencontres en art* (2005) et *La Passion de l'art primitif. Enquête sur les collectionneurs* (Gallimard 2008).

Jessica de LARGY HEALY est ethnologue, chargée de la recherche au département de la recherche et de l'enseignement du musée du quai Branly et affiliée au CREDO et au College of Arts and Social Sciences de l'Australian National University. Ses travaux récents portent sur les transformations des modes de figuration et de transmission des savoirs aborigènes dans le nord de l'Australie, ainsi que sur les pratiques créatives de restitution de ces savoirs avec les nouveaux médias.

Pierre LEMONNIER est anthropologue, directeur de recherche au CNRS et membre du Centre de Recherche et de Documentation sur l'Océanie à Marseille (Aix-Marseille Université-CNRS-EHESS). Il poursuit depuis 1978 des enquêtes de terrain chez les Anga de Papouasie Nouvelle-Guinée, dont il a étudié les rites mortuaires et les initiations masculines. Ses travaux actuels portent sur la place des objets dans l'action rituelle. Il a récemment publié *Mundane Objects. Materiality and Non-Verbal Communication* (Left Coast Press, 2012), *Le sabbat des lucioles. Sorcellerie, chamanisme et imaginaire cannibale en Nouvelle-Guinée* (Stock, 2006) et, avec Pascale Bonnemère, *Les tambours de l'oubli. Drumming to Forget. La vie ordinaire et cérémonielle d'un peuple forestier de Papouasie* (Au Vent des Îles, Musée du quai Branly, 2007).

Marc LÉOPOLD est ingénieur halieute de formation (AgroParisTech et Agrocampus Ouest). Il est ingénieur de recherche à l'IRD depuis 2004. Ses activités sont localisées dans le Pacifique sud (Nouvelle-Calédonie, Vanuatu, Fidji). Elles consistent à mettre en place des projets appliqués portant sur l'évaluation et la gestion des pêches, des ressources et de l'environnement coralliens, basés sur des collaborations pluridisciplinaires alliant sciences de la nature (biologie, écologie, génétique) et de la société (socio-économie, géographie, anthropologie, droit). Les approches privilégient la collaboration opérationnelle avec les populations locales, pêcheurs en particulier, et les administrations gestionnaires. Les travaux de M. Léopold analysent notamment le fonctionnement des systèmes halieutiques et les impacts anthropiques sur les écosystèmes coralliens, en étudiant les dynamiques spatio-temporelles. Ces recherches trouvent par exemple des applications dans la définition de méthodes de suivi des ressources (poissons et invertébrés) et des activités de pêches à l'aide d'indicateurs, et dans la mise en œuvre de régulations des pratiques de pêche.

Denis MONNERIE, après des travaux sur les civilisations anglaise et américaine, a orienté ses recherches vers l'anthropologie sur le terrain, en Asie et en Océanie, et en ethnohistoire sur le nord-ouest des Îles Salomon. Depuis une vingtaine d'années, il s'intéresse à la région Hoot ma Whaap et à la société d'Arama, situées à l'extrême nord de la Grande Terre de Kanaky Nouvelle-Calédonie. Il pratique une approche monographique et multisituée en observation participante. L'imbrication des relations personnelles, locales, régionales et globales est le thème fédérateur de ses recherches. Son travail porte sur des thèmes diversifiés, principalement en rapport avec les dynamiques sociales (revendications kanak, colonialisme, innovations sociales et culturelles, rapports à la religion, relations et configurations sociales, rituels et cérémonies), les modes verbaux et non verbaux de signification, d'action et de valorisation (nominations, discours, tropes, parenté, monnaies et objets, ethnolinguistique), l'ethnoécologie, l'anthropologie de l'Océanie, la photographie — ainsi que la place et l'efficience des échanges et circulations dans les sociétés et cultures. Il a un intérêt tout particulier pour l'épistémologie des sciences sociales. Professeur d'ethnologie, il participe aux travaux du laboratoire Cultures et Sociétés en Europe de l'Université de Strasbourg/CNRS et à ceux de l'Institut d'Ethnologie, où il enseigne l'anthropologie sociale et culturelle.

Claire MOYSE-FAURIE est linguiste, directrice de recherche au CNRS, rattachée à l'UMR 7107, « Langues et Civilisations à Tradition Orale » (LACITO). L'ensemble de ses recherches s'appuie en grande partie sur des données recueillies au cours d'une quinzaine de missions de terrain menées depuis 1976 en Nouvelle-Calédonie et à Wallis et Futuna. Ces recherches ont donné lieu à des ouvrages sur des langues kanak et polynésiennes : dictionnaires, analyses syntaxiques des langues drehu, xârâcùù, xârâgurè, haméa (Nouvelle-Calédonie), futunien et wallisien, ainsi qu'à un certain nombre d'articles à visée comparative ou typologique dans des domaines syntaxiques divers : catégorisation lexicale, nominalisation, structures actancielles et valence verbale ; constructions réfléchies et réciproques ; phénomènes de grammaticalisation. C. Moyse-Faurie est aussi très investie dans la documentation et la revitalisation des langues kanak, contribue à plusieurs bases de données (Pangloss, Paradisec, Corpus de la Parole) par ses enregistrements de textes de tradition orale transcrits et traduits. Elle enseigne actuellement à l'Université de la Nouvelle-Calédonie (2013-2014) dans la filière Langues et Cultures Océaniennes, et dirige ou codirige plusieurs doctorants.

Nicolas PASCAL est économiste de l'environnement spécialisé sur les écosystèmes coralliens. Il est le coordinateur du projet « économie des récifs coralliens » du programme IFRECOR (Initiative FRançaise pour les REcifs CORalliens) couvrant l'évaluation monétaire des services écosystémiques des récifs de toutes les collectivités françaises d'outre-Mer. Il fut aussi le responsable de la cellule économique du CRISP (Coral Reef InitiativeS for the Pacific), qui a conduit une dizaine d'études économiques sur les écosystèmes coralliens et leur gestion, couvrant une palette de questionnements des décideurs. Il participe à la coordination d'un projet sur l'« Analyse des couts-bénéfices des AMPs (Aires Marines Protégées) gérées par les communautés » au Vanuatu et aux Fidji. Ses champs de recherche touchent les évaluations monétaires des récifs coralliens et les outils économiques pour la gestion des ressources récifo-lagonaire. Pour approfondir ces thématiques, il participe à différents projets de recherche (BEST CORAIL, GRAMP). Sa formation universitaire est basée à la fois sur des études en écologie et en finance. Il est affilié au Laboratoire d'Excellence « CORAIL » USR 3278 CNRS-EPHE, Centre de Recherche Insulaire et Observatoire de l'Environnement (CRIOBE).

Martin PRÉAUD est un chercheur postdoctoral dont les travaux portent sur l'Australie aborigène et les dynamiques culturelles, juridiques et politiques de l'autochtonie. Sa thèse explorait, à travers l'ethnographie d'une organisation régionale aborigène, la reproduction d'une frontière culturelle et radicalisée entre Aborigène et non-Aborigènes en s'appuyant sur les concepts autochtones de « pays » et « loi et culture » et en interrogeant le dispositif des *meetings*. Dans le cadre du programme SOGIP (ERC 249 236), projet comparatif global sur l'autodétermination autochtone, il a développé une recherche sur l'articulation juridique et pratique entre les négociations internationales sur les droits des peuples autochtones aux Nations Unies et leur mise en œuvre ou appropriation militante dans le contexte national australien et régional du Kimberley, que ce soit dans le cadre de revendications foncières, de projets miniers, de programmes aborigènes de gestion de l'environnement ou dans celui de la réforme des services publics locaux pour les communautés isolées. Il est également chercheur associé au Laboratoire International Associé TransOceanik pour lequel il interroge les rapports entre situations créoles et autochtones à partir du terrain australien et notamment des expériences de rapatriement des restes ancestraux et artefacts culturels.

Alain SAFA est spécialisé dans la macroéconomie et la finance internationale. Il est chercheur associé à l'Université de Nice Sophia, professeur dans des établissements d'enseignement supérieur privés, formateur au sein du « CFPB » et professeur vacataire auprès de « Sciences Po Paris ». Ses publications analysent les contraintes macro-économiques, notamment dans la région méditerranéenne. Il a travaillé sur l'adaptation des sociétés aux politiques d'ouverture économique et financière, notamment sur leurs aspects économiques et sociaux dans le cadre de projets de recherche européens et internationaux. Récemment, Alain Safa a intégré la dimension environnementale à ses études. Il explore les impacts socio-économiques du changement climatique. Ainsi, l'exploration de l'acidification des océans et de l'analyse des impacts économiques et sociaux sont une préoccupation centrale de sa recherche aujourd'hui. À ce titre, il a participé aux deux workshops sur l'économie de l'acidification des océans qui se sont tenus à Monaco en 2010 et 2012.

Marie SALAÜN est professeur à l'Université de Nantes, chercheuse au Centre de Recherche en Éducation de Nantes (EA 2661). Ses travaux portent sur l'histoire coloniale et postcoloniale des systèmes éducatifs dans le Pacifique, plus particulièrement sur les terrains de décolonisation inachevée que sont la Nouvelle-Calédonie, la Polynésie française et Hawai'i. Elle a publié, aux Presses Universitaires de Rennes, *L'école indigène. Nouvelle-Calédonie. 1885-1945* (2005) et *Décoloniser l'école ? Hawai'i, Nouvelle-Calédonie. Expériences contemporaines* (2013).

Benoît TRÉPIED est anthropologue, chargé de recherche au CNRS. Membre de l'IRIS (Institut de recherche interdisciplinaire sur les enjeux sociaux), il participe également au programme européen *Scales of Governance and Indigenous Peoples* (ERC-SOGIP, EHESS, Paris). Il mène depuis plus de dix ans une anthropologie politique et historique de la Nouvelle-Calédonie à partir de plusieurs entrées complémentaires : l'histoire coloniale de l'archipel et son inscription dans des dynamiques régionales et impériales plus larges, les configurations historiques des relations interraciales, les transformations de la revendication kanak et les enjeux du processus actuel de décolonisation. Il a notamment publié l'ouvrage *Une mairie dans la France coloniale. Koné, Nouvelle-Calédonie* (Karthala, collection Recherches Internationales, Paris, 2010, 391 p., postface de Frederick Cooper).

Luc VACHER est maître de conférences en géographie à l'Université de La Rochelle. Ses travaux, commencés par une thèse sur les logiques de l'implantation touristique dans la région de la Grande Barrière de Corail, portent sur les pratiques touristiques et la diffusion du tourisme dans le monde. Il s'intéresse particulièrement au rôle des pratiques récréatives dans le processus de mise en tourisme des périphéries. Il a ainsi travaillé sur les espaces touristiques océaniens et en particulier sur ceux de l'Australie tropicale. En 2011, il a publié avec Sarah Mohamed-Gaillard et Fabrice Argounes un « Atlas de l'Océanie, continent d'îles, laboratoire du futur » aux éditions Autrement. Il est aujourd'hui responsable du Centre de Traitement de l'Information géoréférencée de l'Université de La Rochelle et ses recherches au sein de l'UMR 7266 LIENSs (LIttoral ENvironnement et Sociétés), CNRS-Université de La Rochelle, traitent des formes et des variations spatio-temporelles de la fréquentation dans les lieux touristiques littoraux.

Éric WITTERSHEIM, maître de conférences à l'EHESS (membre du laboratoire IRIS), mène des enquêtes sur la politique en Mélanésie depuis une vingtaine d'années. Docteur de l'EHESS, il a enseigné précédemment à l'INALCO et été chercheur au East-West Center (Honolulu, USA). Il est notamment l'auteur de *Après l'indépendance. Le Vanuatu, une démocratie dans le Pacifique*; de *La Présence kanak de Jean-Marie Tjibaou* (avec A. Bensa), et de *La Tradition et l'État* (avec C. Hamelin). Documentariste, il a réalisé plusieurs films primés dont *Grassroots, ceux qui votent* et *Le Salaire du Poète*. Ses recherches actuelles portent sur la question urbaine en Mélanésie.

I-Lin WU est chercheur au Musée National de Préhistoire de Taïwan où elle est responsable du dépôt archéologique du musée. Elle étudie la chronologie néolithique de la côte est de Taiwan à travers la typologie, l'évolution des céramiques et l'analyse spatiale des sites. Depuis 2009 elle s'intéresse plus particulièrement au peuplement néolithique de la baie de Doulan, entre 2400 et 1800 av. J.-C., dans la région de Taitung au sud-est de l'île. Cette étude participe à la problématique plus large des migrations austronésiennes néolithiques entre les îles de l'Asie du sud-est.

www.ingramcontent.com/pod-product-compliance
Lightning Source LLC
Chambersburg PA
CBHW081644280326
41928CB00069B/2913